面向"十二五"应用型高校金融保险专业本科规划教材

# 利息理论

李勇权　主编

南开大学出版社
天　津

图书在版编目(CIP)数据

利息理论 / 李勇权主编. —天津:南开大学出版社,
2013.10(2021.11 重印)
面向"十二五"应用型高校金融保险专业本科规划教材
ISBN 978-7-310-04303-3

Ⅰ.①利… Ⅱ.①李… Ⅲ.①利息-理论-高等学校-教材 Ⅳ.①F032.2

中国版本图书馆 CIP 数据核字(2013)第 222311 号

**版权所有　侵权必究**

利息理论
LIXI LILUN

南开大学出版社出版发行
出版人:陈　敬
地址:天津市南开区卫津路 94 号　邮政编码:300071
营销部电话:(022)23508339　营销部传真:(022)23508542
https://nkup.nankai.edu.cn

天津泰宇印务有限公司印刷　全国各地新华书店经销
2013 年 10 月第 1 版　2021 年 11 月第 4 次印刷
230×170 毫米　16 开本　21 印张　386 千字
定价:59.00 元

如遇图书印装质量问题,请与本社营销部联系调换,电话:(022)23508339

# 目 录

绪 论 ·············································································· 1
  0-1 利息与利率漫谈 ························································· 1
  0-2 利息与利率概述 ························································· 2
第一章 利息的基本概念 ························································ 17
  1-1 利息度量 ································································· 18
  1-2 实质利率 ································································· 21
  1-3 单利和复利 ······························································ 22
  1-4 实质贴现率 ······························································ 25
  1-5 名义利率和名义贴现率 ················································ 29
  1-6 利息强度 ································································· 33
  1-7 价值等式 ································································· 39
  1-8 投资期的确定 ···························································· 42
  1-9 未知时间问题 ···························································· 44
  1-10 未知利率问题 ·························································· 48
  习题一 ········································································ 49
第二章 年 金 ······································································ 53
  2-1 期末付年金 ······························································ 54
  2-2 期初付年金 ······························································ 59
  2-3 永续年金 ································································· 66
  2-4 非标准期的年金问题 ··················································· 68
  2-5 年金的未知利率问题 ··················································· 74
  2-6 变利率年金 ······························································ 82
  2-7 付款频率与计息频率不同的年金 ···································· 85
  2-8 基本变额年金 ···························································· 97
  2-9 更一般的变额年金 ····················································· 104
  2-10 连续年金 ······························································· 107
  习题二 ······································································· 111
第三章 收益率 ··································································· 116
  3-1 贴现现金流分析法 ····················································· 117

3-2　收益率的定义 ······················································ 120
　3-3　收益率的唯一存在性 ············································ 122
　3-4　再投资收益率 ······················································ 126
　3-5　基金收益率的近似计算 ········································· 131
　3-6　时间加权收益率 ··················································· 136
　3-7　投资组合法与投资年度法 ····································· 141
　3-8　资本预算 ····························································· 145
　习题三 ········································································ 149

第四章　分期偿还与偿债基金 ········································ 153
　4-1　未偿还贷款余额 ··················································· 153
　4-2　分期偿还表 ·························································· 156
　4-3　偿还频率与计息频率不同的分期偿还表 ················ 163
　4-4　变额偿还支付 ······················································ 166
　4-5　连续偿还的分期偿还表 ········································ 169
　4-6　诚实信贷 ····························································· 172
　4-7　不动产抵押贷款 ··················································· 175
　4-8　偿债基金 ····························································· 179
　4-9　支付频率与计息频率不同的偿债基金法 ················ 184
　4-10　变额偿还的偿债基金 ·········································· 186
　习题四 ········································································ 189

第五章　债券与其他证券 ··············································· 195
　5-1　债券的定价 ·························································· 195
　5-2　溢价与折扣 ·························································· 198
　5-3　息付日之间债券的价值 ········································ 204
　5-4　收益率的确定 ······················································ 207
　5-5　通知偿还债券 ······················································ 211
　5-6　系列债券 ····························································· 214
　5-7　某些一般情况 ······················································ 215
　5-8　其他证券 ····························································· 217
　习题五 ········································································ 224

第六章　其他的应用和分析 ············································ 229
　6-1　APR 的近似方法 ·················································· 229
　6-2　折旧方法 ····························································· 237
　6-3　投资成本 ····························································· 243

  6-4 卖 空 ································································· 245
  6-5 利率与通货膨胀率 ··············································· 248
  6-6 利率风险和不确定性利率 ····································· 250
  6-7 利率的期限结构 ····················································· 254
  6-8 利率假设 ································································· 257
  6-9 久 期 ································································· 259
  6-10 免 疫 ······························································· 263
  6-11 资产和负债的匹配 ··············································· 268
 习题六 ····················································································· 269
附录一 投资学基础知识 ······················································· 275
附录二 等价利率表 ··································································· 289
附录三 利息因子表 ··································································· 291
附录四 日期序数表 ··································································· 323
附录五 分期偿还表 ··································································· 325

# 绪　论

## 0-1　利息与利率漫谈

　　早在几百年前，本杰明·富兰克林这位近代西方先哲如是说：
　　"金钱具有孳生繁衍性。金钱可以产生金钱，其孳息可以再生更多孳息，如此下去，五先令一变就是六先令，再变就是七先令二便士，如此下去，一直变成一百镑。钱数越多，每次转变所产生的钱也越多，这样利润也越多，这样利润的增长就越来越快。"
　　马克思说，资产阶级在不到 100 年的时间里所创造的生产力，比过去一切世界创造的全部生产力还要多，还要大。
　　一种说法：中国，封建社会的母腹内长期孕育不出成熟的资本主义胎儿，原因之一，是由于不会用钱生钱而只知道将钱深埋地下的土财主太多。
　　《新约·马太福音》的故事：
　　有一贵胄要离家到远方去。行前，叫来十仆人，每人交付一块金币并吩咐曰："你们去做生意，直到我回来时，再来见我。"
　　贵胄回来时，找来该十仆，要知道他们赚了多少钱。
　　头一个说："主啊，你给我的一块金币，已经赚了十块。"
　　第二个说赚了五块。
　　主人分别对二人给予赞赏和奖励。
　　又来一个说："主啊，看哪，你的一块金币在这里，原封未动！我把他一直包在手巾里存着，没敢拿出来。我本来怕你，因为你是最厉害的人，没有放下的还要去拿，没有种下的还要去收……"主人听见这话，沉下脸训斥他说："该死的奴才，你既知我是这样的人，就该把钱拿去放债生利，到时连本带利要回来。"说着转身对旁边的人说："夺去他这块金币，交给那得十块金币的仆人。"
　　"主啊，"旁边的人说："他已经赚了十块了。"

"我告诉你们，"主人说："凡是没赚的，就连他所有的也要夺过来。凡是赚的，我还要加给他，叫他多多益善。"
……
"格林斯潘何以一招平天下？

74岁的秃顶老头子格林斯潘的确是个令人羡慕的主儿。格氏只有调整利率一招，世界上最大的美国经济愣是让他给调节得不温不火，以至于美国国会有'总统有没有无所谓，格林斯潘不可一日没有'的戏言。

老头子一招平天下的奥妙何在呢？

市场经济学说告诉我们，价格是市场机制的核心，价格反映供求关系，为资源流动提供信号，最终引导资源的优化配置。

现代市场经济学说则将利率看作最重要的价格。因为利率是资金的价格、资本的价格。资金作为一种投资、生产、消费等一切经济活动都必须使用的生产要素，其价格机制影响的不是某一局部市场的供求平衡，而是整个社会的供求状况和资源配置效率。

利率升高时，储蓄收益增加、投资和消费收益减少（因为获得资金的成本增加了），市场主体对资金的需求随之减少，经济过热就会缓解。当资金需求过淡，资金市场供大于求，供给方又会降低利率，从而激发资金需求再度增加，投资和消费随之兴旺。

正是因为牵住了利率这个市场经济的牛鼻子，格林斯潘才得以让美国经济史无前例地保持了9年的高增长低通胀。除美国以外，主要的市场经济国家也都无一例外地将利率政策作为最重要的宏观调控手段。在许多国家，利率几乎是唯一经常应用的宏观调控手段。"[1]
……

# 0-2 利息与利率概述

## 一、利息本质

### （一）利息应不应该存在

要现代人面对"利息应不应该存在"这样一个问题，似乎很荒唐，大概很

---

[1] 《南方周末》，2000年6月9日第25--26版

少有人认为这是个问题，大家都把利息的存在视为理所当然的事情。没有谁会觉得贷款取息有什么奇怪，相反，贷款不取息才是不正常（特殊）的事情！然而，很久很久以前，我们的祖先并不这样认为，他们为利息究竟该不该存在，如何看待贷款取息等问题展开了历时几千年，有时还是非常激烈的争议，有人甚至因为为贷款取息辩护而遭受到被流放的处罚。

1. 反对利息的种种形式

远古时代，很多人对利息都有一种与生俱来的反感，他们把贷款取息视为"丑恶"、"罪行"、"耻辱"，认为贷款取息者是"一些很坏的人"，是"铁石心肠的、贪得无厌的吸血鬼"。归纳起来，人们反对利息主要有三种形式：

（1）反映于哲学家们的论著中。远古时代的哲学家们，对利息多表示厌恶与憎恨。如柏拉图、亚里斯多德等人对此都留有文字。亚里斯多德在其所著的《政治学》中说："两种赚钱方法之中的第一种，如我刚才所讲的，是处理家庭事务的一部分；另外一种是金钱的买卖。前者是必要的，是正当的，而后者则是一种应受谴责的交易行为，因为这是不正派的，是人与人之间争利的一种方式。其中最堪憎恨并且最应该憎恨的就是高利贷（Usury），这不是金钱的自然使用，而是由金钱的本身取得金钱。金钱按照其发明的原意是应当用于交换，而不应该用于生息。Usury 这个名词，其原意是金钱产生金钱，所以用来表明金钱的孳生颇为适合，因为它生出来的子孙和原来的母体相似。一切的赚钱方法中，这是最不自然的一种。"马丁·路德则说，贷款取息者是"高尚的盗贼"，是"坐在安乐椅上的强盗"。

（2）反映在宗教教义上。基督教的《新约圣经》在那著名的路加福音（Luke）第六章第35节中说："……你们可以借给别人，还不要有所希冀"（……lend, hoping for nothing again）。伊斯兰教教义也认为，一个穆斯林不经过努力，仅从事货币生息是一种没有道理的快速产生财产权的行径，因而是可耻的。

（3）反映于立法上。如摩西法典禁止放款取息，但禁止的是犹太人之间的放款取息，而并不禁止犹太人向外帮人取息。公元前322年，罗马帝国通过立法，完全禁止罗马市民相互取息，其后又把这项禁令扩大到适用于同盟国人及与州民做交易的人。公元789年，僧侣会议制定的法规中规定：禁止一切人出借任何物品以取利。公元813年的法规又进一步规定，不仅僧侣不得放债取息，即使俗人也不得放债取息。

2. 反对贷款取息的理论依据

上古时代，无论是哲学家，还是宗教教徒；无论是宗教教义，还是国家立法，都反对和禁止贷款取息。这表明当时的人都普遍而且是固执地一口咬定贷款收取利息是一种罪过。

反对贷款取息的理论依据主要有如下几条：

（1）借款者是穷人，贷款者是富人，贷款取息就是使富人更富，穷人更穷。因而，这在道义上很难令善良的人们所接受。

（2）利息来源于劳动，而贷款者并没有付出劳动，真正付出劳动的是借款者，所以，贷款取息就无异于偷和抢。

（3）利息的多少取决于时间的长短，而时间却是人人都拥有的东西，所以，贷款人依时间长短对借款人取息，不仅强夺了他的同人，还欺骗了上帝。

（4）贷款取息等于出卖一个不存在的使用。

3．对禁令的反抗与废除

在法律最初禁止放款取息的时候，经济情况相当简单，禁令的压力也还容易忍受。而且在开始的几百年内，禁令的实施所能运用的力量也相当薄弱。凡是处理实际业务的人，每逢受到禁令的约束而被阻挠时，他即使不予理会，也不会发生多大危险，有些人则采用一些巧妙的办法来取息。但是，到了后来，农工商业逐渐发展壮大，社会各界对信用的需求也更加迫切，而同时，法律禁令的阻拦也更使人困扰。加之禁令的施行范围又愈推愈广，违反禁令的处罚也愈来愈重，于是，禁令与国民经济的冲突加倍的频繁、加倍的严重。经济关系已经变得极其复杂，不再是单纯的无代价信用制度所能适应得了的。一般商人与实业者当然更是一致地拥护利息。

在理论上，人们也开始按如下逻辑思考问题：圣经上反对利息和高利贷的说法，显然是指借款人为了消费而不是为了投资才借钱，是穷人借钱而不是富人借钱。但事实上并不完全如此。任何时候的借贷，都有人是为了消费，也有人是为了投资；有人是穷人，也有人是富人。并且，随着经济的发展，在借贷总额中，消费借贷所占比重在逐渐减小，而用于生产投资、经商投资的借款却逐渐增大。当借者将借来的钱用于生产、用于经商时，在一般情况下，他不仅会收回他预付的成本，还会创造出一定数量的净产品，即生产出利润。很明显，贷款人向借款人收取利息，并不是贷款人在欺骗借款人，也不是贷款人在掠夺借款人。情况恰恰相反，如果借款人不给贷款人支付一定数额的利息，那么，借款人便是真正欺骗了贷款人。他把本来应该归贷款人所有的一部分收入侵吞而攫为己有了。同时，人们也开始认识到，提供借款就是在提供服务，而提供服务在私有制条件下应该是有偿的。

综合而论，人们在理论上论证贷款取息的合理性是基于如下两方面的论据：第一，贷者有所失。这种"失"可以有四种表现：（1）贷款人贷出货币后在自己需要使用货币时感到不方便的损失；（2）贷款人有可能遭受投资机会成本的损失；（3）货币本身贬值的损失；（4）借者倒闭、破产时给贷者带来的风险损失。第二，借者有所得。即借款人投资一般都会带来收益。既然如此，只有用借者的一部分"得"去弥补贷者的"失"才是公正的和真正符合道义的。所以，贷款取息是合情合理的。

进入17世纪以后，欧洲各国反对禁息，要求取消禁令的呼声愈来愈高：

——在荷兰，经济学家们不但公开地抛弃了禁令的纯理论依据，就连禁令本身也被一起抛弃了。在1640年前后，荷兰发表了许多维护利息的论著。

——在德国，虽然有些理论家仍然坚决反对贷款取息，甚至在1629年，在有人要求在刑法上对放贷取息者按偷盗罪论处，并要把所有的犹太人如同毒蛇猛兽一般驱逐出境时，德国各地方的法律早已准许放款取息。到了1654年，德国的帝国立法也照此办理。到17世纪末期，理论家们已经比较普遍地相信利息的合法性了。

——在英国，由于经济的繁荣，工商业的兴旺，立法也很早就适应了经济的要求。早在1545年，亨利八世就废除了利息的禁令，而代之以简单的法定利率了。

——在意大利，虽然整个国土一直在罗马教会的直接监督下，但却是欧洲第一个商业繁荣的国家。在那里，凡是可以逃避那些表面仍然有效的禁令，并且只要是实际业务上的需要，所有的办法都会用上，一切可用的手段也都会用尽。在这方面，意大利人那种少说话、多做事的美德得到了充分的体现。

——在法国，禁息的法律可算欧洲最严厉的。直到1789年，在体现中世纪精神的各项制度大部分被废除之后，禁息令才予以废除。1789年10月2日，法国颁布法律正式取消禁息令并制定了5%的最高利率。

各国的立法取消禁息令之后，放款取息是否正当的原则问题就已经基本解决了。后来的立法讨论的不再是要不要利息的问题，而是要不要有一个法定利率，如果要，应该多高合适的问题。

需要说明的是，尽管到18世纪末期，各国相继取消贷款收息的禁令之后，人们不再争议贷款取息是否为正义的问题了，但是问题并没有最终解决。直到今天——21世纪——有些宗教教义仍然不允许贷款收息。例如，按照伊斯兰教经典《古兰经》教义，收取利息是有罪的。一个穆斯林不经过努力，仅仅利用货币生利息，这是一种没有道理的快速产生财产权的行径，因而是可耻的。利息经济只片面地有利于资本提供者，而企业家却承担着风险；利息会提高生产成本，不利于消费者。因此，穆斯林世界的经济学家们认为，利息不是一种合法的收入。

### (二) 利息何以会存在

当利息应不应该存在的问题得到基本解决之后，学者们便开始讨论另一个问题：利息何以会存在？即探索利息的本质。在这一问题上，几乎凡是在经济学中有所建树的经济学家都有论述，但很难找到两个观点完全相同甚至只要求基本相同的经济学家。每个人对于利息何以会存在的问题都有自己的答卷，而每一个经济学家对于其他人的答卷似乎都不能满意，因而都愿意自己作答，似乎大家都认为，唯有自己才是正确。但如果我们把不同的答卷放在一起进行认真的比较，我们又很难看出，它们之间究竟有多大的差别。这里，我们对几个有代表性的经济学家的观点作简要介绍。

1. 配第的"使用权报酬"说

威廉·配第（William Petty，1633—1687），是英国古典政治经济学的创始人。他认为，利息是"因暂时放弃货币的使用权而获得的报酬"。当贷者贷出货币后，"在约定的时期内，不论自己怎样迫切需要货币，也不能使用你自己的货币。"这就是说，贷者把货币贷出去后，仍然会产生对货币的某种需求，而由于他的货币已经贷出，并且在到期前他不能收回，这样，借贷行为就给贷者带来了事实上的损失。为了弥补这种损失，贷者理所当然要获得报酬。

同时，配第还以地租的存在及其合法性来反证出利息存在的合法性。他认为，既然出租土地可以收取租金——地租，那么，出租货币也同样应该收取租金——利息。否则，货币所有者就不会贷出他的货币，而宁愿将其货币用来购买土地，然后出租以获得地租了。就此而论，地租也不过是一种变形的利息罢了。他还明确指出：货币所有者得到的利息，"至少要等于用借到的货币所能买到的土地所产生的地租"。

2. 洛克的"风险报酬与分配不均"说

约翰·洛克（John Looke，1632—1704）是17世纪英国著名的哲学家和经济学家。他认为，利息是因为贷款人承担了风险而得到的报酬。他说，贷款人所得报酬的多少，应该与他所承担风险的大小相适应。"当人们认为所得报酬与所担风险不相适应时，要么就是外国人把他们的货币调回国内，要么就是本国人不愿意借出款项，这都是有害于贸易的。"

洛克还认为，利息之所以会存在，是由于货币分配不均而引起的。在洛克看来，由于货币分配不均等，一些人货币多，另一些人货币少，货币少的人在需要货币时就会向货币多的人借贷。借款人借到货币后，通过勤奋努力就会创造出财富，他再将创造财富的一部分作为报酬还给贷款人。

3. 斯密的"双重来源"说

亚当·斯密（Adam Smith，1723—1790）是英国资产阶级古典政治经济学的主要代表。他认为利息"作为使用货币的报酬"，在正常情况下（指用于生产），只是"使用货币所获得的利润的一部分。"

就利息的来源而论，他说，借款人借钱以后，可用作资本，也可用作留供目前消费的资财。"如果用作资本，就是用来维持生产性劳动者，可再生产价值，并提供利润。在这种场合，他无须割让或侵蚀任何其他收入的资源便能偿还该资本及其利息。如果用作目前消费的资财，他就成为浪费者，他夺去了维持勤劳阶级的基金，来维持游惰阶级。在这场合，除非他侵蚀某种收入的资源如地产或地租，他就无法偿还资本，支付利息。"这表明，在斯密看来，利息的来源有两个：(1)当借贷的资本用于生产时，利息来源于利润；(2)当借贷的资本用于消费时，利息来源于别的收入，例如地租等等。

马克思对斯密明白地指出利息代表剩余价值的观点给予了很高的评价。他说斯密"不止一次地明白指出，利息由于一般说来代表剩余价值，始终只是从利润中派生的形式"。

### 4. 西尼尔的"节欲"说

纳骚·威廉·西尼尔（Nassau William Senior，1790—1864），是英国资产阶级经济学家，他是"节欲论"的倡导者。他在其主要著作《政治经济学大纲》中提出了否定价值是由生产商品所耗费的劳动创造的观点，指出价值决定于生产费用，而生产费用又由工资和利润两部分组成。他认为，工资是工人劳动的报酬，利润则是资本家节欲的报酬。工人放弃自己的安逸和休息而去劳动，这就是作了牺牲，工资就是这种牺牲的报酬。资本家拥有货币资财，他本来可以用于个人消费，因此得到享乐和满足，但是他放弃了，也就是说，他作了牺牲。利润就是对这种牺牲的报酬。

### 5. 费雪的"不耐—机会"说

欧文·费雪（Irving Fisher，1867—1947）系美国经济学家。费雪在他1930年出版的《利息理论》中，用两个因素来解释利息的产生，一个是心理的或主观的因素，即庞巴维克的时差利息论或贴水说，费雪称之为"人性不耐"；另一个是客观因素，即克拉克的边际生产力说，费雪称之为"投资机会"或"收益超过资本率"。他认为利率即是通过资本借贷市场，由时间偏好率和收益超过成本率共同决定的。

费雪说："利率是三套原理作用的结果，其中市场原理是不讲自明的。其他两大套原理是，一套包含有人性不耐的两个原理，另一套包含有投资机会的两个原理。"不耐原理是关于主观的事实，投资机会原理是关于客观的事实。我们内心的不耐促使我们加速将来收入的到来——把它移向现在。如果收入能够随意转移而且在转移过程中不至于缩减的话，那么，收入的转移就要比实际上大得很多。但是，由于急躁就会招损，等待就会受益，所以技术上的限制就阻碍了自由转移。外部的机会促使我们延迟现在收入——把它移向将来，因为它在转移过程中将会扩大。

所谓不耐就是消费的不耐，而所谓机会就是投资的机会。我们投资愈多，欲望的满足愈迟，则投资机会率就会低，然而不耐率也就愈大，我们消费愈多，欲望满足愈急，则不耐率就愈低，然而机会率也就愈高。

如果钟摆的摆锤摆向投资一端过多，摆离消费一端过远，它将因不耐的加强和投资机会的削弱而反转过来。不耐是由于欲望的增长而加强，机会是由于收获的递减而削弱。如果摆锤摆向消费一端过多，摆离投资一端过远，它将因不耐的削弱和投资机会的加强（理由与上述相反）而反转过来。均衡点就处于这两个极端之中，这一均衡点使市场达到了均衡，它是在表现（在一个完全的市场中）所有不耐率与所有机会率的利率下使市场达到了均衡。

### 6．凯恩斯的"灵活偏好"说

约翰·梅纳德·凯恩斯是当代西方经济学界最有影响的经济学家。他的利息理论主要反映于他的代表作《就业利息和货币通论》中。他说，"就字面上讲，利率一词就直截了当告诉我们：所谓利息，乃是在一特定时期以内，放弃周转灵活性之报酬。"

凯恩斯灵活偏好学说的实质是，以往的学者认为利息是人们不消费的报酬，而凯恩斯则认为，它实际上应该是不储钱的报酬。

另外还有：达德利·诺思的"资本租金"说；弗朗斯瓦·魁奈的"假收入"说；约瑟夫·马西的"利息源于利润"说；大卫·休漠的"劳动报酬"说；阿弗里德·马歇尔的"等待"说；约翰·克拉克的"边际生产力"说；欧根·庞巴维克的"时差利息"说；保罗·萨缪尔森的"双刃"说，等等。

### （三）马克思的利息本质理论和我国学者的认识

利息不是产生于货币的自行增值，而是产生于它作为资本的使用。

马克思说过："事实上，只有资本家分为货币资本家和产业资本家，才使一部分利润转化为利息，一般地说，才创造出利息的范畴。"

我国经济、金融界的理论研究者认为：在资本主义制度下，利息是利润的一部分，是剩余价值的一种转化形式，是那些不从事经营活动而仅仅作为资本所有者的资本家，通过对贷出的借贷资本收取代价的形式而占有的那部分剩余价值。它体现着借贷资本家和职能资本家共同瓜分工人所创造的剩余价值的剥削关系。利率的水平受平均利润率和资本市场上借贷资本供求状况的影响。但是，在社会主义制度下，银行所集中的资金已经不再是借贷资本，而是国家的预算资金、社会主义企业的间歇资金和人民的储蓄存款。国家银行也不再是买卖借贷资本的中介人，而是国家有计划地分配资金的机关之一。由于社会主义社会已经消灭了剥削制度，利息不再是剩余价值的分割部分，而是社会主义纯收入的一部分，它体现的是社会主义的生产关系。社会主义国家的银行摆脱了资产阶级的控制，利息不再属于分割利润的性质，而是对社会主义国家纯收入的再分配。

我国学者的几种观点：

1. 货币资金时间价值论

利息是货币资金的时间价值或货币的时间价值，这是最近几年我国学术界从西方经济学中才引进的概念。虽然我国的学者赋予了它新的内容，但基本的含义并未改变。在西方经济学中，货币的时间价值是："今天的一美元比将来的一美元价值大。"或者是"今天的一美元要比今后某年得到或花掉的一美元值钱得多"。用我们的话来说就是"今天的钱比明天的钱更值钱"，或反过来说"明天的钱不如今天的钱值钱"。因此，如果货币所有者放弃了今天的用钱机会，例如把钱存入银行，就会带来损失，因而需要取得报酬或补偿，这个报酬或补偿就是利息。

2. 劳动生产率论

有的人认为研究利息的性质要区分正常利息与垄断利息。正常利息是劳动生产率提高的产物。垄断利息是人为的产物。正常利息实现等价交换，垄断利息是非等价交换。持这种观点的人认为，由于劳动生产率的提高，使用价值量增加，增加的使用价值成为利息的物质基础，但如果从借贷及归还的价值量看，仍然是等量劳动与等量劳动的交换。持这种观点的人举了这样一个例子，他说，某一个农场第一年花了 100 个单位的劳动，生产了 100 个单位的小麦，每一个单位的小麦凝结着一个单位的劳动，第二年，这个农场借了相当于 10 个单位小麦所凝结的劳动的钱买了一部机器，结果第二年的劳动生产率提高了，农场耗费了 110 个单位的劳动，生产出假定为 121 个单位的小麦，再假定生产这 121 个单位小麦仍然花费了 100 个单位的劳动，借钱购买机器的价值，相当于 10 个单位的劳动全部转移到 121 个单位小麦中，这样从使用价值的总量看，第二年比第一年增加了 21%（121/100=1.21），从价值总量上看，第二年比第一年增加了 10%（110/100=1.1）。但如果从每个单位价值的物质承担者——小麦来看，却由第一年一个单位的粮食增长为第二年的 1.1 个（121/110=1.1）单位小麦，即增长了 10%。因而，持这种观点的人认为，第一年所借的相当于 10 个单位小麦的价值的钱，第二年应当以 11 个单位的小麦去偿还，即应当加 10% 的利息，这样才符合等价交换的原则。这也就是说第一年所借的相当于 10 个单位小麦的价值，由于使劳动生产率增长了 10%，第二年就应归还相当于 11 个单位小麦的价值。持这种观点的人最后得出结论说：在以物易物的条件下，利息率应当等于生产某一特殊商品的平均劳动生产率的增长率；在纸币流通的条件下，利息率应等于整个社会的平均劳动生产率的增长率。

3. 借贷资金价格论

持这种观点的人是从商品经济的角度去考察利息性质的。此种观点认为：(1)融通资金是一种商品买卖。认为银行以借贷、贴现、汇兑、结算、拆借等方式融资，是一种合同式的商品交易，即当事者双方按照信用合同履行着一种权利和义务，所以借贷、贴现、拆借也是一种买卖。汇兑、结算主要是为商品和劳动的交易组织货币资金的清算，这是由银行提供劳务，顾客给银行支付报酬，在一定意义上说是一种商品交换。保险公司征收保费和处理赔偿，租赁公司也以实物融通资金等，都在一定的意义上说是一种延期付款式的商品交易。(2)利息是融通资金的价格。他们认为，信用是在有偿有息的条件下贷者让渡了一种使用价值给借者。让渡一般商品的使用价值，买者要依其价值量的多少偿付等价物。让渡作为特殊商品的使用价值，借者要以其利息的多少偿付"报酬"。从这个意义上说，利息也是一种"价格"。(3)取得利息是基于对资产的所有权。他们认为贷者让渡了资金的使用价值也就为联合劳动从而为新的使用价值的创造尽了一份力。所以贷者通过参与借入者的收入分配，实际上也就是通过价值形式的分配去实现由于自己提供了生产因素从而创造的新的使用价值的分配。

1984年之后，我国理论界开始讨论开放中国的金融市场问题。围绕股息的性质，理论界又开始讨论利息的性质问题。这一次把讨论的对象集中在储蓄存款利息上，把问题集中在储蓄利息究竟是按劳分配还是按资分配；如果是按资分配，有没有剥削的性质；如果具有剥削的性质，社会主义社会是否允许存在这样的剥削？

有人认为，在社会主义制度下，储蓄利息是按劳分配而不是按资分配。但是，大多数人还是承认，利息就是按资分配的果实。他们认为在社会主义制度下，坚持按劳分配为主体时，辅之以按资分配并不是不可以的，特别是在有计划的商品经济体制时期以及商品经济比重愈来愈大的未来。甚至可以说，在社会主义初级阶段，如果没有按资分配方式的存在，经济就不可能有更快速度的发展。

由于大多数人否认利息在社会主义制度下的剥削性，所以对社会主义制度下是否允许存在这种形式的剥削基本上没有展开讨论。

二、利率水平的确定

观察过去的利率，可以发现利率水平是不断变化的，变化的方式可分为两种。第一种是普遍的，从属于市场上起支配作用的利率的总体水平。第二种是特殊的，受金融交易利率水平的影响。经济学理论认为，利率跟其他商品价格一样，由供求关系决定。若对资金的需求很旺，则利率上扬；若对资金的需求微弱，则利率下降。说起来简单，实际上利率的确定是很多因素综合作用的结果。下面列举一些决定利率水平的主要因素。

（1）潜在"纯"利率。绝大多数经济学家和金融专家都认为，有一个潜在的与长期的生产力增长有关的"纯"利率。假如没有通货膨胀，该利率即成为无风险投资利率。该利率已证明在很长的年限中都是相当稳定的，美国稳定在2%～3%的幅度内。我国随着经济高速增长，一度经历了较高的通货膨胀率和较高的利率，20 世纪 90 年代末利率又逐步下调，到现在为止还没有发现稳定的潜在"纯"利率。

（2）社会平均利润率。在商品经济社会，利息是利润的一部分，利率同利润率，准确地说同平均利润率有着密切联系。在其他条件不变的情况下，平均利润率高，银行就要按较高的利率收取或支付利息，因为在这种情况下，企业或其他客户愿意支付较高的利息向银行借贷；因为利息高，生产和经营仍能获得较多的利润。同样，银行也就会向存款者支付较高的利息以吸取更多的存款。反之，平均利润率下降时，情况就会相反。

（3）通货膨胀或物价水平。经验证明通货膨胀对利率有很大的影响。利率与通货膨胀率具有正相关关系，两者同方向变动。一般都认为这种关系存在于现实利率和现实通货膨胀率之间。但研究该现象的经济学家却认为，这种关系存在于现实利率和预期通货膨胀率之间。以银行存贷款利率为例，我们可以较清楚地看出通货膨胀与利率的关系：通货膨胀的直接表现就是物价上涨，货币贬值，货币购买力下降。此时如果银行的存款利率低于物价上涨率，其实际利率就是负利率。这样，在银行存款不仅得不到实际收益，甚至本金也受到损失。因此，在这种情况下，人们将减少甚至不会再去存款。只有银行存款利率高于物价上涨率，才能起到吸引存款的作用。同样，如果银行贷款利率低于物价上涨率，其实际利率也是负利率，这样，银行贷款不但得不到实际收益，甚至本金也受到损失，在这种情况下，银行将处于亏损状况。反之则相反。目前我国的实际情况是通货紧缩，物价下跌，或者说是通货膨胀率为负数，因此人们在银行存款得到的利息率实际上比银行开价的要高，这也是为什么国家要连续降息以及人们愿意存款的原因之一。

（4）风险与不确定性。风险和不确定性的存在对投资和利率水平有很大的影响。之所以很多人宁愿把钱埋入地下也不愿意拿出来进行投资以赚取更多的钱，最主要的一个原因就是因为风险和不确定性的存在。投资可能能赚取更多的钱，但也可能会赔本！在未来收益不确定的情况下，万一在未来某一天（定期存款或长期投资尚未到期时）需用现款，则必须把以前所购长期债券出售，变成现金，一买一卖之间，可能蒙受损失，而持有现金则免于此种情形。这也是为什么会有人愿意用不产生利息（或产生利息甚少）的方式，而不用可以产生（更多）利息的方式来持有财富的一条重要理由。

（5）借贷资本的供求关系。利率是一定的利润率水平下对企业利润的分割比例，因而在利率水平的具体确定上，借者之间、贷者之间以及借贷者之间的竞争起着决定性的作用。当借贷资本供不应求时，利率上升；供过于求时，利率下降。

（6）国际利率水平。国际市场与国内市场利率如果不平衡，就会引起国际间资金流动，以致影响一国国际收支。如果国内利率高于国际利率，将吸引外资流入，国内信贷资金供应增加；反之则相反。

（7）法律、历史和传统因素。利息是一个社会经济范畴，但从来也是一个历史范畴。利率的运动是一个具有历史延续性的过程。由于大部分国家都有一个很早就有的、经过频繁变动流传下来的一般利率。因此，各国的利率，从总体水平到各个具体表现形式，均带有浓厚的传统色彩。

（8）国家经济调节的需要。政府对经济的干预依赖于组织结构、物质实力和经济手段，利率正是政府干预经济生活的重要手段。政府根据需要调整官方利率，影响整个市场利率的变动，通过利率水平的升降调节总供给或总需求，抑制或鼓励某一地区、部门、企业的发展。

以上考察的是某一时期利率的一般水平如何确定，在具体执行过程中，还会因借贷的期限长短、信息是否充分、管理成本高低等情况而有所差别。

## 三、利率的种类

在我国最常用的利率有三种：年率、月率和日率。

按年计算的利息叫年息，年利率是按年计算利息的利率，它一般按本金的百分之几表示，民间通常称年息几厘几毫，如年息 10 厘 5 毫，用 10.5% 表示，即本金 100 元，每年利息 10.5 元。

按月计算的利息叫月息，月利率是按月计算利息的利率，它一般按本金的千分之几表示，民间通常称月息几厘几毫，如月息 8 厘，用 8‰ 表示，即本金 1000 元，每月利息 8 元。

按日计算的利息叫日息，日利率是按日计算利息的利率，它一般按本金的万分之几表示，民间通常称日息几厘几毫，如日息 2 厘 5 毫，用 2.5‱ 表示，即本金 10000 元，每日利息 2.5 元。

西方国家一般习惯用年利率，本课程后文如不特别声明，均使用年利率。

## 四、利率的作用机制

利率是通过对现代商品经济中一系列机制发生影响从而影响社会再生产的。

1. 企业投资

在现代商品经济条件下，无论是企业为扩大再生产进行新的投资，还是企业产品销路不好时维持简单再生产，甚至仅仅为了偿还债务，都需要借贷资金。利率的变化将影响借贷资金成本，从而鼓励或者抑制企业投资，甚至影响到企业生存。

2. 利润

取得较高利润是商品生产者生产与经营的直接目标。然而，利率的高低直接影响到利润的多少。这是因为，在一定的价格水平上，利率的高低与利润的多少是成反比的。

3. 货币

借贷资金市场的扩大和发展，投资场所的不断增加，人们收入的增加，使得人们更加注意比较使用货币的效益，选择货币的用途。因此，当利率下降时，储蓄减少，货币数量相对增加。

4. 工资与消费

利率通过影响企业投资规模和基本建设规模、企业利润状况进而影响就业状况，从而影响工资和消费基金水平。当利率较高时，企业投资、基建规模受到抑制，因而就业机会减少，从而工资性支出和消费基金总额也相应减少。利率下降时，情况则相反。不仅如此，利率的变动还能促使消费基金和投资基金的转化。当利率提高时，人们会把原计划用于购买消费品的一部分钱储蓄起来，投资资金会增多，消费基金就会相应减少。反之，当利率下降时，投资基金减少，消费基金相应增加。

5. 价格

利率的高低直接影响价格水平的高低。这是因为一方面货币量的变动将直接影响到价格水平。另一方面，企业都把利息作为生产费用计算。现代商品经济中，消费信贷也在不断扩大。对那些生产某些"垄断"性商品的企业来说，利率提高，成本即增加，为了不减少利润，需要提高价格。但是利率的提高，同时影响到储蓄增加，货币流通量相对减少，使社会对商品的需求减少，从而使社会商品的价格下降。那些生产某些"垄断"性商品（主要是其中一部分需求弹性较小的商品）的企业在此时即使提高价格，但整个社会购买力的减少，也能抵消这一影响，抑制一般商品价格的上升。同时，较高的利率还能抑制消费信贷。因此，从总的方面讲，提高利率是能够起到抑制社会一般商品的价格水平上升的作用。而降低利率，情况则相反。

#### 6. 证券

证券的价格和利率的变动成反比。利率提高，股票、债券价格下降，将影响企业直接吸收社会资金；利率下降，股票、债券价格上升，能够鼓励企业吸收社会资金。

企业投资、利润、货币、工资与消费、价格、证券都是现代商品经济发展的重要机制，利率对它们所产生的作用也无异于对社会经济发挥着作用。

### 五、利率杠杆的功能

利率是一个重要的经济杠杆，对宏观经济运行和微观经济运行都有着极其重要的调节作用。但在不同的国家、不同的时期、不同的管理体制下，利率的杠杆功能并不一样，甚至是大相径庭。我们这里只想来考察一下利率杠杆的一般功能。

#### （一）宏观功能

从宏观的角度来看，利率作为一个经济杠杆，其功能主要表现在如下几个方面：

##### 1. 积累资金的功能

在商品经济条件下，制约一国经济发展的一个重要因素是资本短缺。但从全社会来看，在任何时候都存在一定数量的闲置资金和个人收入。由于资金的闲置与资金要求增值的本性不符，个人收入的闲置也意味着遭受机会成本的损失，因此，二者都有重新投入流通的要求。但是，在商品经济条件下，由于资金闲置者和资金短缺者经济利益的不一致性，对闲置资金的运用就不能无偿取得，而必须有偿进行。这种有偿的手段就是利率。有了利率的存在，就有了收息的可能。利息收入的引诱就可以迫使资金闲置者主动让渡闲置资金，从而社会能够积累更多的资金。利息率愈高，存款人获得的利息收入就愈多，社会积聚资金的规模就会更大。这样，通过利率杠杆来积聚资金，就可以收到在中央银行不扩大货币供应的条件下，全社会的资金总量也能够增加的效果。

##### 2. 信息反映功能

金融市场上利率的变化可以如实地反映出信贷资金运动和国民经济发展的有关比例结构。利率的这种信息反映功能还为它的宏观调节功能提供了前提条件和必要的基础。

##### 3. 调节宏观经济的功能

利息与利率对经济的制约作用很强。利率调高，一方面是闲置货币和闲置资金的所有者受利益诱导将其闲置资金存入银行等金融机构，使全社会的资金来源增加；另一方面，借款人因利率调高而需多付息，成本也相应增加，而成本对于利润总是一个抵消因素，由此而产生的利益约束将迫使那些经济效益较差的借款人减少借款，经济效益更差的借款者放弃借款，从而使有限的资金流到效益高的行业、企业和产品上来，社会资金（包括信贷资金）从而全社会的生产要素都会产生优化配置效应。在通货膨胀率比较高的情况下，也可以动用利率杠杆来有效地抑制。

运用银行利率杠杆还可以调节国民经济结构，促进国民经济更加协调地按比例发展，从而可以收到产业结构更加合理之效。

4．平衡国际收支的功能

当国际收支发生失衡现象时，可以通过利率杠杆来调节。

5．媒介货币向资金转化的功能

利率的存在与变动能够把部分现实流通中的货币转化为积蓄性货币，能够把消费货币变成生产建设资金，同时延迟购买力的实现。

6．分配收入的功能

利息的存在及其增减变动能够引起国民收入分配比例的改变，从而调节国家与人民、国家财政与企业的利益和中央财政与地方财政的分配关系。

（二）微观功能

从微观角度考察，利率杠杆的功能主要表现在如下两个方面：

1．激励功能

利息对于借款人（这里的借款人既指向商业银行借款的普通工商农企业，也包括向中央银行借款的商业银行、专业银行和其他金融机构）来说，始终是一个减利因素，是一种经济负担。企业借款的金额愈大、借款的时间愈长，利率水平愈高，企业需要支付的利息就愈多，生产或业务经营的成本就愈高，利润就愈少。因此，为减轻利息负担，增加利润，企业就会尽可能地减少借款。通过加速资金周转，提高资金使用效益等途径，按期或提前归还借款。

2．约束功能

利率调高会使企业成本增大，从而使那些处于盈亏边缘的企业走进亏损行列。这样，一些企业可能会作出不再借款的选择；另一些企业也会压缩资金需求，减少借款规模，并且会更谨慎地使用资金。

（三）消极功能

以上所列举的利率杠杆的宏观功能与微观功能，均为其积极功能与直接功能。如果利率水平不合适，或者利率体系不合理，或者利率管理体制不适应经济发展的需要，那么，利率杠杆的功能就有可能会变形。利率杠杆所表现出来的就可能是如下消极功能：

**1. 强化收入分配不均的功能**

如果在一个国家，已经存在有一个食利者阶层的情况下，调高存款利率，特别是大幅度地调高存款利率，将会使一部分国民收入更加向食利者阶层倾斜，而其他小额储蓄者，虽然也会因银行调高存款利率而增加一部分收入，但由于其存款占银行存款总额的比重小，从而银行调高利率后，他的收入占国民收入的比重就会下降。收入分配不均的问题就会更突出。

**2. 促使货币积累转化为实物积累的功能**

如果在存在通货膨胀的经济环境里，名义利率水平低于物价上涨幅度，那么，实际利率就是负数，整个利率就是一种负利率。在负利率条件下，人们将会把货币积累转化为实物积累，货币财富将会向物质财富转移。在负利率和通货膨胀的环境下，贬值的是货币财富，而物质财富则处于升值状态。因此，货币财富便会很自然地向物质财富转化。这也就是为什么在负利率时期，人们都要提取存款，排队抢购，实现货币财富物质化的原因之所在。

**3. 引起银行收益下降甚至亏损的功能**

如果银行存贷利差过小，银行的利润率就会下降，严重时还会出现全行业的亏损局面。

**（四）间接功能**

利率的间接功能主要表现在：

（1）利率的变动会通过成本影响到物价。

（2）利率的变动会通过影响出口企业生产从而影响国际收支平衡，进而再影响到汇率变化。

（3）利率变动会引起"攀比效应"。

# 第一章  利息的基本概念

利息是一个很通俗的概念，在当今社会，很难找到一个认为自己对利息一无所知、或者说不知利息是何物的人。然而，从严格的学术意义上讲，利息又是一个复杂的概念。到目前为止，还没有一个得到完全认可的利息的定义，这表明学术界对它还没有一致的认识。好在关于利息本质问题的讨论不是本书的主要目的，本书旨在提供一个给读者加强对利息感性认识、衡量处置利息的方法。事实上，同经济学大家们的著作相比，本书更多讨论的是微观的、具体的东西，是一些具体的投资项目的分析，而不是针对"利息"原理的一般性讨论。因此在本书的范围内，利息是投资者从其投资项目中得到的回报与他(或她)所有的投入资金之差额。

理论上，资金和利息不必均为货币。例如：甲今日将100担谷子借给乙，一年后，乙归还105担。多出的5担谷子即为利息。另外，资金和利息也不必具有相同的形式。如：A太太将吸尘器借给B太太使用，作为答谢，B太太在还吸尘器的同时可能送给A太太几支打毛衣的针。这里，"吸尘器"为资金，而作为答谢的"几支打毛衣的针"即为利息。

在实际情况中，有时利息以非货币的形式出现还可能有特别的好处。如20世纪70年代中期，美国科罗拉多州的包洛德市银行为了吸引储户，就曾使用各式步枪作为利息支付给存款客户。80年代中期，美国伊利诺斯州汉瑞司堡市的第一信托银行对到期的客户用精致的手枪代替利息支付。根据不同的存款金额与时间，银行支付的枪支类型有所不同。如一个储户在该行存款2000美元，定期10年，期满后该储户便可挑选一支小巧玲珑的密司牌或温落牌手枪，价值相当于1300美元。一张定期2年8000美元的存单，期满后可得价值为1300美元一套的3支小手枪。这种以手枪代替利息的存款业务颇为兴盛，第一信托银行开办两年后就拉到了1000多个客户。

尽管资金和利息均不必为货币，然而，在几乎所有的实际应用中，资金和利息都可以用货币来表示。为了下文讨论的方便，本书以下所有讨论中，资金和利息均以货币的形式体现。

## 1-1 利息度量

一般说来，任何一项普通的金融业务都可看作是一方（投资者）投资一定数量的资金以求得产生一定量的利息。因此，利息的多少是衡量该项业务"好""坏"的一个重要指标。这样，对利息的度量在评价投资项目好坏时就显得非常重要了。

在给出利息的几个基本度量方式前，先引入几个基本的概念：

我们把每项业务开始时投资的金额称为本金，而把业务开始一定时期后回收到的总金额称为该时刻的积累值(或终值)。显然，积累值与本金的差额就是这一时期的利息金额。

这里暂时假定，一旦给定了本金金额，则在任何时刻的积累值均可确定，并假定在投资期间不再加入或抽回本金。也就是说，该投资在数额上的任何变化全部是由于利息的影响而造成的！我们称这种金融业务模型为一次借贷模型。当然，以后我们将放松这一假设而允许在投资期间加入或抽回资金。

很显然，在一次借贷模型假设下，决定积累值的两个主要因素分别是本金金额和从投资日算起的时间长度。理论上，时间长度的单位可以有很多，例如：日、周、月、季、半年、十年等，但是在实际中，最常用的时间单位是年。一般地，我们将用来度量时间的单位统称为"度量期"或"期"。在本书以后的讨论中，一个度量期一般为一年。因此除非特别声明，均可以理解后文中的一个度量期就是一年。

考虑投资一单位的本金。我们用函数 $a(t)$ 来表示该(单位本金的)投资在时刻 $t$ 的积累值，并称之为积累函数。显然，$a(0)=1$。考虑到利息的因素，我们通常认为 $a(t)$ 为一个单增函数。$a(t)$ 为减函数则意味着利息为负，这种情况也可能出现。例如，亏本的生意就意味着产生了负的利息。另外，在实务中偶尔也有利息为零的情况发生，这时积累函数就表现为一个常值函数了。

积累函数 $a(t)$ 有时也被称为 $t$ 期积累因子，因为它是单位本金在 $t$ 期末的积累值。特别地，当 $t=1$ 时，简称 $a(1)$ 为积累因子。

$a(t)$ 一般为连续函数。然而，有时 $a(t)$ 也可能是间断的，如利息只有到付息日时才产生的情形就是如此。

图 1-1 显示了几种主要的积累因子的图形。图 1-1A 是一种线性的形式，图 1-1B 是非线性的、指数形式的图形，图 1-1C 是一条水平线，表示没有利息产

生的情况，图 1-1D 表示利息不是连续地自增，而是离散地增加的情况，它表示在利息支付日之间没有利息产生。

对于投资本金不为 1 的情况，我们引入一个总量函数 $A(t)$，用来表示在 0 时的投资 $K$ 在 $t$ 时的积累值，即

$$A(t) = K \times a(t) \tag{1-1}$$

及

$$A(0) = K$$

显然，总量函数 $A(t)$ 实际上总与积累因子 $a(t)$ 成正比，比例系数就是在 0 时的投资本金。因此，它们的性质完全类似。

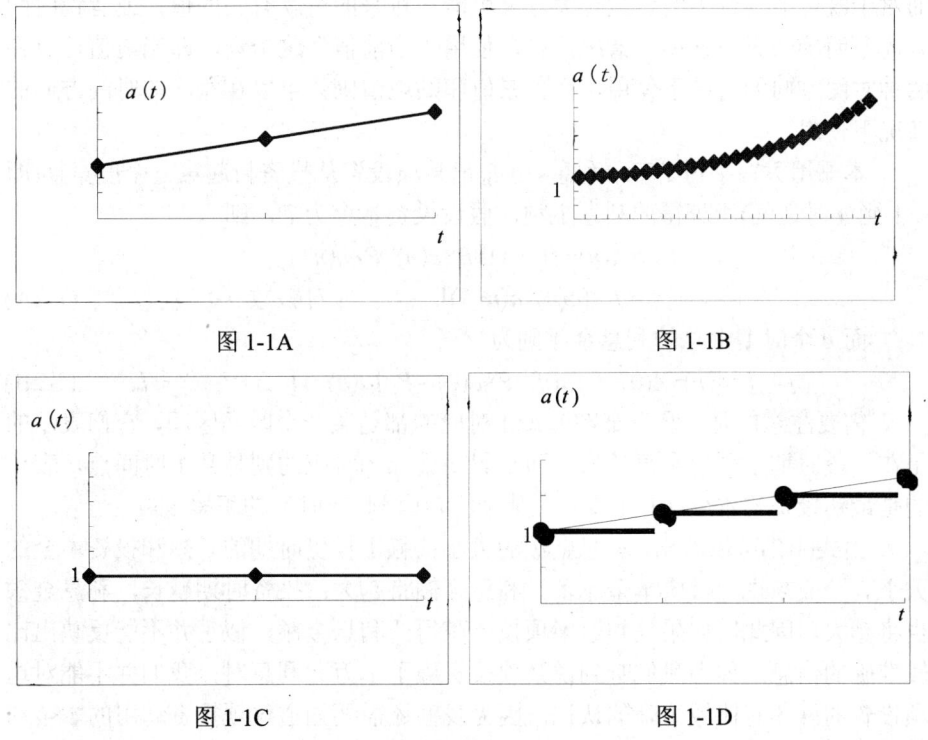

图 1-1　四种常见积累函数的图形

既然 0 时（现在）投资的一元钱在 $t$ 时的积累值为 $a(t)$，那么，一个相应的问题是，要在 $t$ 时积累到 1 元钱，需要现在投资多少？我们称为了在未来某个时候得到某笔钱而需要现在付出的款项为未来得到的款项的现值。

为此，我们定义如下的贴现函数 $a^{-1}(t)$：

$a^{-1}(t)$ 为 $t$ 时的 1 元钱在 0 时的现值。

$a^{-1}(t)$也被称为$t$期贴现因子。类似地，把一期贴现因子$a^{-1}(1)$简称为贴现因子，并简记为$v$。很显然，对于某一特定的业务，如果该业务的$t$期积累因子为$a(t)$，那么，该业务的$t$期贴现因子$a^{-1}(t)=1/a(t)$，反之，如果已知$t$期贴现因子为$a^{-1}(t)$，那么，相应的$t$期积累因子$a(t)=1/a^{-1}(t)$。这也是为什么我们用$a^{-1}(t)$作为贴现函数符号的一个原因。

从上述定义中可以看出，"积累"与"贴现"表示的是时间方向相反的两种过程，$a(t)$为0时投资的1在$t$期末的积累值，对应的是顺着时间的方向；而$a^{-1}(t)$是在$t$期末支付1的现值，对应的是逆着时间的方向。

一般地，"积累值"只与过去的付款有关，"现值"只与将来的付款有关。而对于既可能与过去的付款有关，又可能与将来的付款有关的值，或者说时间方向不明确或无须强调的情况，可以使用"当前值"这个词。即当前值可以在两种时间方向的情况下使用，而积累值和贴现值则只可以在相应的时间方向的情况下使用。

本书用大写字母$I$表示利息。用$I_n$记某项投资从投资日起第$n$个度量期(即$n-1$到$n$时之间)所赚得的利息金额，假设投资本金为$P$，则

$$I_n=A(n)-A(n-1)=P\times a(n)-P\times a(n-1)$$
$$=P\times[a(n)-a(n-1)] \quad （对整数 n\geq 1） \quad (1-2A)$$

而$n$个时期上总的利息金额则为

$$I=A(n)-A(0)=P\times a(n)-P\times a(0)=P\times[a(n)-1]=I_1+I_2+\cdots+I_n \quad (1-2B)$$

需要注意的是，利息金额$I_n$或$I$对应的都是某一个时间区间，它们表示的是在一段时期上所得利息的量，而积累函数$a(t)$对应的则是某个时间点，表示的是最初投资的本金（1元钱）在某个特定时刻（$t$时）的积累量。

由式(1-2)可以看出，利息金额的大小依赖于投资时期的长短和投资本金的大小。一般来说，投资本金越多，利息金额将越大；投资时期越长，利息金额也将越大。因此，如果只知道某项投资赚得的利息金额，似乎并不能反映出比较准确的信息。如当我们听到说某项投资赚了1万元利息时，我们并不能对这项投资的好坏有比较清晰的认识，因为我们还需要知道这项投资动用的本金和投资时期的长短。如果是动用了1万元的本金，只花了一年时间，那么这项投资肯定比动用了10万元的本金、花费10年时间的投资更有吸引力。

因此，要想比较准确、全面地反映出某项投资的信息，只有利息金额的绝对量是不够的。为此，我们引入以下相对的利息量——利率。

所谓利率，是利息与本金的一种比率，其大小相当于单位本金在一个度量期上赚得的利息金额。简单地，

$$利率=利息/本金 \quad (1-3)$$

从形式上看,利率是一种无单位的数值,它通常以一个百分比的形式出现,如通常我们会说,某某利率为10%、某某利率为4%等。但是,需要指出的是,利率还是伴随着某种度量期出现的,本书约定这种度量期一般为一年。因此,本书以后要讨论的利率,通常都是年利率[①]。当然,现实中也可能遇到其他度量期的利率,如上一章中提到的月息一厘或日息一分等。

根据不同的需要,实务中人们使用多种不同的利率。

## 1-2 实质利率

某一度量期上的实质利率,是指该度量期内得到的利息金额与此度量期开始时投资本金金额之比。通常实质利率用字母 $i$ 来表示。

根据定义,我们有:

$$i = \frac{I_1}{A(0)} = \frac{P \times a(1) - P}{P} = a(1) - 1 \tag{1-4}$$

这里 $A(0)=P$ 为在 0 时投资的本金,$i$ 为从 0 到 1 期间的实质利率。如果投资时期较长,整个投资期间可以分成多个度量期,那么可以分别定义各个度量期的实质利率。这时,用 $i_n$ 记从投资日算起第 $n$ 个度量期的实质利率,有

$$i_n = \frac{P \times a(n) - P \times a(n-1)}{A(n-1)} = \frac{I_n}{P \times a(n-1)} \quad (n \geqslant 1 \text{ 为整数}) \tag{1-5}$$

其中 $A(n-1)=P\times a(n-1)$ 为投资本金到 $n-1$ 时(第 $n$ 期的期初)的积累值,自然地,这个值成为了第 $n$ 期的投资本金。

按照式(1-5)的记法,式(1-4)中的 $i$ 也可以记为 $i_1$。

**例 1-1** 某人到银行存入 1000 元,第一年末他存折上的余额为 1050 元,第二年末他存折上的余额为 1100 元,问:第一年、第二年银行存款的实质利率分别是多少?

**解:**

显然 $A(0)=P=1000$,$A(1)=P\times a(1)=1050$,$A(2)=P\times a(2)=1100$

因此 $I_1=A(1)-A(0)=50$,$I_2=A(2)-A(1)=50$

$$i_1 = \frac{I_1}{A(0)} = \frac{50}{1000} = 5\%, \quad i_2 = \frac{I_2}{A(1)} = \frac{50}{1050} = 4.762\%$$

---

① 也就是说,本书后文中,如果没有特别声明,均理解一个度量期为一年。

故第一年的实质利率为 5%，第二年的实质利率为 4.762%。

**例 1-2** 某人借款 10000 元，为期一年，年实质利率为 10%。问：一年后，此人需要还款多少？其中利息为多少？

**解：**

$A(0)=P=10000$，$A(1)=P \times a(1)=P \times (1+i)=10000 \times (1+10\%)=11000$（元）

$I_1=A(1)-A(0)=1000$（元）

故一年后，此人将得到的还款金额为 11000 元，其中 1000 元为利息。

# 1-3 单利和复利

实质利率 $i$ 是一种最为常见、也是最为重要的利率，特别是一年期的情况，实务中遇到的利率多为实质利率。如银行一年期存贷款利率、个人借贷利率等。实质利率针对的是某一个度量期，若投资期为多个或非整数个度量期，则需要有一定的方式来进行利息的度量。其中两种重要的度量方式就是所谓的单利和复利。

考虑在 0 时投资的一单位本金：

（1）如果其在 $t$ 时的积累值为

$$a(t)=1+it \tag{1-6}$$

其中 $i$ 为某常数。那么，我们就说该项投资以单利 $i$ 计息，并将这种计息方式称为单利(计息方式)。

（2）如果其在 $t$ 时的积累值为

$$a(t)=(1+i)^t \tag{1-7}$$

那么，我们就说该项投资以复利 $i$ 计息，这种计息方式称为复利。

由上述定义可以发现：

（1）若以单利 $i$ 计息，那么，对于单位本金而言，在投资期间，每一度量期产生的利息均为常数 $i$。根据实质利率的定义，我们可以讨论在单利 $i$ 下各投资时期的实质利率。

由定义，对于整数 $n \geq 1$，第 $n$ 期的实质利率为

$$i_n = \frac{a(n)-a(n-1)}{a(n-1)}$$

$$= \frac{(1+in)-[1+i(n-1)]}{1+i(n-1)}$$

$$= \frac{i}{1+i(n-1)} \tag{1-8A}$$

显然，此时 $i_n$ 关于 $n$ 单调递减。也就是说，常数的单利意味着递减的实质利率。

（2）若以复利 $i$ 计息，那么，在投资期间，不同时期将产生不同量的利息。事实上，

$$I_n = a(n) - a(n-1) = (1+i)^n - (1+i)^{n-1} = i(1+i)^{n-1}$$
$$= ia(n-1)$$

显然，$I_n$ 关于 $n$ 单调递增。对于每期的实质利率，有

$$i_n = \frac{a(n) - a(n-1)}{a(n-1)} = \frac{I_n}{a(n-1)} = i \tag{1-8B}$$

上式表明，常数的复利意味着常数的实质利率，而且二者是相等的！这是一个非常重要的结果！这表明，虽然定义不同，但是复利利率与实质利率是一致的。

比较单利和复利可以发现，单利具有这样的性质：利息并不作为投资本金而再赚取利息；而对复利来讲，在任何时候，本金和到该时为止得到的利息，总是都用来投资以赚取更多的利息，也就是民间所说的"利滚利"。

由积累函数看，相同数值的单利和复利在不同时期的大小关系是不同的：对于单个度量期，它们产生的结果是相同的；对于较长时期，由于 $t \geqslant 1$ 时有 $(1+i)^t \geqslant 1+it$，所以复利比单利产生更大的积累值；而对于较短时期则相反，因为 $t \leqslant 1$ 时，$(1+i)^t \leqslant 1+it$。证明留作练习。

单利和复利的另一个差别是它们的增长形式不同。就单利而言，它在同样长时期增长的绝对金额为常数；而对复利来说，它增长的相对比率保持为常数。用符号来说明，就是：

对单利，有

$$a(t+s) - a(t) = si \tag{1-9A}$$

即，$t$ 时至 $t+s$ 时赚得的利息与 $s$ 成正比，而不依赖于 $t$。

对复利，则有

$$\frac{a(t+s) - a(t)}{a(t)} = (1+i)^s - 1 \text{（与 } t \text{ 无关）} \tag{1-9B}$$

实务中，期限达到或超过一个度量期的长期金融业务几乎全部使用复利，较短期的业务也常用复利；单利只是偶尔在短期业务中使用。单利有时也用作复利在非整数时期内的近似。以后除非另有声明，本书所用利率均为复利而不是单利。

**例 1-3** 某银行以单利计息,年息为 4%,某人存入 8000 元,问 3 年后的积累值是多少?

**解:**

记总的积累函数为 $A(t)$,于是

$$A(3)=8000\times a(3)=8000(1+3\times 4\%)=8000\times 1.12=8960（元）$$

即:3 年后的积累值为 8960 元。

**例 1-4** 如果上述银行以复利计息,其他条件不变,重解上例。

**解:**

$$A(3)=8000\times a(3)=8000(1+4\%)^3=8998.91（元）$$

即 3 年后的积累值为 8998.91 元。

**例 1-5** 已知年实质利率为 5.5%,求 10 年后 200000 元的现值。

**解:**

由于 $i=5.5\%$

故 $a(10)=(1+5.5\%)^{10}$

从而现值$=200000\times a^{-1}(10)=200000/(1+5.5\%)^{10}=117086.12$（元）。

即 10 年后的 200000 元的现值为 117086.12 元。

**例 1-6A** 设 $0<i<1$,证明:

(1) $(1+i)^t<(1+it)$ (若 $0<t<1$);

(2) $(1+i)^t=(1+it)$ (若 $t=1$);

(3) $(1+i)^t>(1+it)$ (若 $t>1$)。

**证明:**

首先,$t=1$ 时,$(1+i)^t=(1+it)=1+i$。

对其他情况,令 $f(i)=(1+i)^t-(1+it)$,则

$$f'(i)=t[(1+i)^{t-1}-1]$$

对于 $0<i<1$,有 $1+i>1$,

所以,

当 $0<t<1$ 时,$f'(i)=t[(1+i)^{t-1}-1]<0$,

当 $t>1$ 时,$f'(i)=t[(1+i)^{t-1}-1]>0$,

于是,对于 $0<t<1$,$f(i)<(1+i)^t<(1+it)$。

对于 $t>1$,$f(i)>f(0)=0$,即 $(1+i)^t>(1+it)$。

## 1-4 实质贴现率

一个度量期上的实质贴现率为该度量期内产生的利息金额与期末的积累值之比。通常用字母 $d$ 来表示实质贴现率。

根据定义,假设期初投资本金为 $P$,则有

$$d = \frac{P \times a(1) - P}{A(1)} = \frac{I_1}{P \times a(1)} \tag{1-10A}$$

为了帮助理解,我们来看一个例子。假设张三到一家银行去,以年实质利率 10%向银行借款 100 元,为期一年,则银行将付给张三 100 元,一年后,张三将还给银行原始贷款(即本金)100 元,外加 10 元的利息,共计 110 元。

假如不是以年实质利率 10%而是以年实质贴现率 10%向银行借 100 元,为期一年,则银行将预收 10%(即 10 元)的利息,而仅付给张三 90 元。一年后,张三将还给银行 100 元。

由以上例子可以看出,实质利率其实是对期末支付的利息的度量,而实质贴现率则是对期初支付的利息的度量。

值得注意的是,在贴现率中使用的"支付"一词并非通常意义下的支付,因为借款者并没有直接按利率来"付"利息,而是预先按利率"扣除"利息。其实这在结果上与首先借到全部金额、然后借款者立即支付利息并没有什么不同。

类似于实质利率,也可以定义在任一度量期上的实质贴现率,设 $d_n$ 为从投资日算起第 $n$ 个时期的实质贴现率,根据定义,有

$$d_n = \frac{P \times a(n) - P \times a(n-1)}{A(n)} = \frac{I_n}{P \times a(n)} \quad (\text{对整数 } n \geq 1) \tag{1-10B}$$

一般来说,像 $i_n$ 一样,$d_n$ 也是一个特定时期上利息的度量,当然它可能随不同时期而变化。同样地,式(1-10A)中的 $d$ 可以记为 $d_1$。

接下来考虑在常数复利的情况下,相应各期的贴现率情况。

假设常数复利利率为 $i$,那么,对任意正整数 $n$,有

$$a(n) = (1+i)^n$$

于是

$$d_n = \frac{a(n) - a(n-1)}{a(n)} = \frac{(1+i)^n - (1+i)^{n-1}}{(1+i)^n} = \frac{i}{1+i} \triangleq d \tag{1-10C}$$

$d_n$ 与 $n$ 无关，为一常数。这意味着，常数的复利下，贴现率也为常数。

这里，需要对符号 $d$ 作些说明。在实质贴现率的定义和式(1-10A)、式(1-10C)中都出现了符号 $d$，式(1-10A)中的 $d$ 应该记为 $d_1$，定义中的 $d$ 只代表一种记号的主干部分，即用 $d$ 作为贴现率的主干字母符号，具体可以写成如 $d_n$ 的形式，而式(1-10C)中的 $d$ 则表示的是一个常数。我们这样使用符号，也是因为这些符号在式(1-10C)的保证下，正好一致，所以以后我们可以在任意的情况下使用 $d$，无须另外说明也不至于引起混淆。

接下来考虑贴现因子 $a^{-1}(t)$。我们知道，在积累函数为 $a(t)$ 的情况下，$a^{-1}(t)=1/a(t)$，于是，在复利情况下，

$$a^{-1}(t)=1/a(t)=1/(1+i)^t=(1-d)^t \tag{1-11A}$$

通常把这种情况下的贴现方式叫做"复贴现"，这是类似于"复利"的一个术语。

另外，我们有

$$v= a^{-1}(1)=1-d$$

于是，在复贴现的情况下，

$$a^{-1}(t)=(1-d)^t=v^t \tag{1-11B}$$

在实务中，通常在涉及贴现率的场合，可以将利息金额称为贴现金额，如式(1-10B)中的 $I_n$ 可以同时被称为"贴现金额"或"利息金额"。也就是说，在包含贴现率的场合，"利息金额"和"贴现金额"这两个词是通用的。

**例1-7** 重新考虑例 1-1 中存款，所述的事件不变，求第一、第二年的实质贴现率。

**解：**

$$d_1=\frac{P\times a(1) - P}{A(1)}=50/1050=4.762\%$$

$$d_2=\frac{P\times a(2) - P\times a(1)}{A(2)}=50/1100=4.55\%$$

前面我们分别介绍了两种度量利息的（利）率：实质利率和实质贴现率。我们说，任何一笔业务都可以同时用它们来度量。如前面所举例子，张三以实质贴现率 10%借款 100 元，事实上他得到 90 元，而在一年后还款 100 元。这里，我们是用实质贴现率来度量这笔业务的。即这笔业务的年实质贴现率为 10%。如果用实质利率来度量这笔业务，那么，可以这样看待该业务，张三实际借款 90 元，一年的利息为 10 元。于是，年实质利率为 10/90=11.11%。即这笔业务的年实质利率为 11.11%。这样，同样一笔业务，如果用不同的"率"来度量，那么相应就有不同的数值。实务中，对利息的度量还有许多其他的"率"，

这就意味着将不可避免地要进行不同"率"的比较。为此，我们引入如下"等价"的概念。

对于同一笔业务，用不同的率去度量，其结果是"等价"的。

这里，"率"一词既可为"利率"，也可为"贴现率"，也可以是利息的任意度量方式。

由等价的定义可知，年实质贴现率 10% 与年实质利率 11.11% 等价。一般地，若某人以实质贴现率 $d$ 借款 1，则实际得到的本金为 $1-d$，而最终支付的利息(贴现)金额为 $d$，于是，根据实质利率的定义，知：

$$i=d/(1-d) \tag{1-12A}$$

这表明，与实质贴现率 $d$ 等价的实质利率为 $d/(1-d)$。将该式进行简单的代数变形，有

$$i-id=d \tag{1-12B}$$
$$d(1+i)=i \tag{1-12C}$$
$$d=i/(1+i) \tag{1-12D}$$

即，与实质利率 $i$ 等价的实质贴现率为 $i/(1+i)$。

贴现率 $d$ 和贴现因子 $v$ 之间也存在着重要的关系。由式(1-12D) 知

$$d=iv \tag{1-12E}$$

对上式，我们可以这样理解：以贴现率 $d$ 投资 1 赚得的、在期初支付的利息是 $d$，如果该笔业务以利率度量，且等价的实质利率为 $i$，也就是说，这种业务如果投资 1，将在期末赚得利息 $i$。而 $i$ 在期初的现值为 $iv$，这个值显然应该等于 $d$。

由式(1-12E)，还有

$$d=i/(1+i)=1-1/(1+i)=1-v \tag{1-12F}$$

或

$$v=1-d \tag{1-12G}$$

显然，上式两端均可看成是期末支付 1 的现值。

另外，由于

$$d=iv=i(1-d)=i-id \tag{1-12H}$$

有

$$i-d=id \tag{1-12I}$$

上式也可理解为：某人可以借款 1 而在期末还 $1+i$；也可借 $1-d$ 而在期末还 1。两种选择本金的差为 $d$，因此，利息差应为 $id$，而实质上两种选择的利息差为 $i-d$，于是，有式(1-12I)。

前面我们定义了复贴现，也可类似于定义单利那样来定义单贴现。

考虑贴现函数：
$$a^{-1}(t)=1-dt \quad (0\leq t<1/d) \tag{1-13}$$
称这种贴现函数对应的贴现方式为单贴现，其中 $d$ 为常数的单贴现率。

这里，为了保证 $a^{-1}(t)>0$，所以要求 $0\leq t<1/d$。

类似于单/复利与实质利率之间关系的讨论，我们可以讨论单/复贴现与实质贴现率之间的关系。

对于复贴现，我们有：常数的复贴现率等价于常数的实质贴现率。

事实上，由于
$$d_n=\frac{a(n)-a(n-1)}{a(n)}=\frac{(1-d)^{-n}-(1-d)^{-(n-1)}}{(1-d)^{-n}}=1-(1-d)=d \tag{1-14A}$$

因此，复贴现率与实质贴现率其实是一致的。

对于单贴现，如果单贴现率为常数 $d$，那么，由实质贴现率的定义，有
$$d_n=\frac{a(n)-a(n-1)}{a(n)}=\frac{(1-nd)^{-1}-[1-(n-1)d]^{-1}}{(1-nd)^{-1}}=1-\frac{1-nd}{1-(n-1)d}$$
$$=\frac{d}{1-(n-1)d} \tag{1-14B}$$

显然，此时实质贴现率是单增的。

必须注意的是，式(1-12A)至式(1-12I)针对的均为实质利率和实质贴现率，对于单利和单贴现均不成立，除非投资的时间长度恰为一个度量期。

和单利一样，单贴现的使用范围也非常有限。它仅在短期业务中使用以及用作复贴现在非整数时期内的近似。

综合上述讨论可以发现，单贴现和单利具有类似但反向的关系，总结如下：

（1）当投资时期加长时，常数的单利利率意味着实质利率递减，而常数的单贴现意味着实质贴现率(以及利率)递增。

（2）单贴现和复贴现对单个时期产生的结果相同。对较长时期，单贴现比复贴现产生较小的现值，而对较短的时期则相反。

**例 1-6B** 设 $0<d<1$，证明：

$(1-d)^t<1-dt$，如果 $0<t<1$；

$(1-d)^t=1-dt$，如果 $t=1$；

$(1-d)^t>1-dt$，如果 $t>1$。

**证明：**

类似于例 1-6A，

令 $f(d)=(1-d)^t-(-dt)$

于是 $f'(d)=-(1-d)^{t-1}\times t+t=t[1-(1-d)^{t-1}]$

(1) 因为 $0<t<1$

所以对任意的 $0<d<1$，有 $(1-d)^{t-1}=\dfrac{1}{(1-d)^{1-t}}>1$

从而 $f'(d)<0$，$f(d)$ 为单调递减函数，

于是 $f(d)<f(0)=1-1=0$

即 $(1-d)^t<1-dt$。

(2) 如果 $0<t<1$，显然，$(1-d)^1=1-d\times 1$。

(3) 当 $t>1$ 时，$(1-d)^{t-1}<1$

故 $f'(d)>0$，$f(d)$ 为单调递增函数，

从而 $f(d)>f(0)=0$，

即当 $t>1$ 时，$(1-d)^t>1-dt$。

**例 1-8** 某人到银行贷款，贷款期限为 1 年。银行还款有两种可选方式：第一种方式为，本金和利息在一年后一起还；另一种方式为，先还利息，本金在一年后还。已知这两种方式下的相应的利率是等价的，对该借款人来说，根据他所需要借的款项和相应的利率，计算出在两种方式下所需要支付的利息分别为 840 元和 800 元，求这两种还款方式下的利率和该人的贷款额。

**解：**

由题设，很显然银行提供的两种方式对应的利率分别为年度实质利率和实质贴现率，我们设实质利率为 $i$，实质贴现率为 $d$，设贷款额为 $L$，于是

$$I=L\times i=840, \quad D=L\times d=800$$

从而

$$1+i=840/800=1.05, \quad i=5\%$$

于是

$$d=i/(1+i)=5/105=4.76\%$$
$$L=840/5\%=16800（元）$$

即银行贷款的实质利率为 5%，实质贴现率为 4.76%，贷款人向银行贷款的金额为 16800 元。

## 1-5 名义利率和名义贴现率

前面我们讨论了实质利率和实质贴现率，"实质"一词的主要含义在于：利息在每个度量期上支付一次，或在期初，或在期末，视具体情况而定。然而，

实际问题中,往往有很多在一个度量期中利息支付不止一次或在多个度量期利息才支付一次的情形。这时,"实质"率往往不是最好的度量方式,为此,我们引入"名义"率。

我们用符号 $i^{(m)}$ 记每一时期付 $m$ 次利息的名义利率。$m$ 一般为大于 1 的整数,有些时候,$m$ 也可以小于 1 或不为整数,只是这种情况很少见。所谓名义利率 $i^{(m)}$,是指每 $1/m$ 个度量期支付利息一次,而在每 $1/m$ 个度量期上的实质利率为 $i^{(m)}/m$。也就是说,某度量期上的名义利率为 $i^{(m)}$ 的意思是每 $1/m$ 个度量期上的实质利率为 $i^{(m)}/m$。例如:若一年为一个度量期,$i^{(4)}$=8% 的名义利率指的是每季度的实质利率为 2%,称作每年计息 4 次的年名义利率为 8% 或季度转换名义利率为 8%。

由等价的定义,还可以得到 $i^{(m)}$ 与等价的实质利率 $i$ 之间的关系。

事实上,有

$$1+i=(1+\frac{i^{(m)}}{m})^m \tag{1-15A}$$

$$i=(1+\frac{i^{(m)}}{m})^m-1 \tag{1-15B}$$

及

$$i^{(m)}=m[(1+i)^{\frac{1}{m}}-1] \tag{1-15C}$$

图 1-2A 比较形象地揭示了在一个度量期中以名义利率积累的过程,其中向右的对角线箭头可理解为加号,而向下的箭头则可看成是等号。

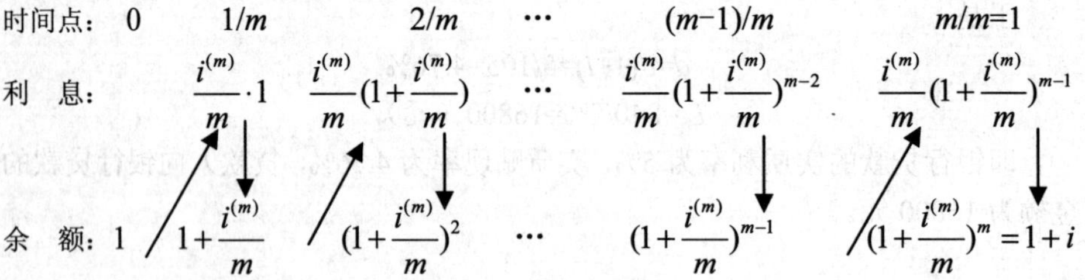

| 时间点: | 0 | $1/m$ | $2/m$ | $\cdots$ | $(m-1)/m$ | $m/m=1$ |
|---|---|---|---|---|---|---|
| 利 息: | | $\frac{i^{(m)}}{m} \cdot 1$ | $\frac{i^{(m)}}{m}(1+\frac{i^{(m)}}{m})$ | $\cdots$ | $\frac{i^{(m)}}{m}(1+\frac{i^{(m)}}{m})^{m-2}$ | $\frac{i^{(m)}}{m}(1+\frac{i^{(m)}}{m})^{m-1}$ |
| 余 额: | 1 | $1+\frac{i^{(m)}}{m}$ | $(1+\frac{i^{(m)}}{m})^2$ | $\cdots$ | $(1+\frac{i^{(m)}}{m})^{m-1}$ | $(1+\frac{i^{(m)}}{m})^m=1+i$ |

图 1-2A 名义利率图

类似地,用符号 $d^{(m)}$ 记每一度量期付 $m$ 次利息的名义贴现率。所谓名义贴现率 $d^{(m)}$,是指每 $1/m$ 个度量期支付利息一次,而在每 $1/m$ 个度量期上的实质贴现率为 $d^{(m)}/m$。

正如 $d$ 是对每个度量期初支付的利息的度量一样,名义贴现率 $d^{(m)}$ 是一种对 1/$m$ 个度量期初支付的利息的度量。

类似于对 $i^{(m)}$ 与 $i$ 的关系的推导,由等价的定义,也可推导出 $d^{(m)}$ 和 $d$ 之间的关系。

事实上,若 $d^{(m)}$ 与 $d$ 等价,则有:

$$1-d=(1-\frac{d^{(m)}}{m})^m \tag{1-16A}$$

$$d=1-(1-\frac{d^{(m)}}{m})^m \tag{1-16B}$$

$$d^{(m)}=m[1-(1-d)^{\frac{1}{m}}]=m(1-v^{\frac{1}{m}}) \tag{1-16C}$$

图 1-2B 描述了在一个度量期中以名义贴现率进行贴现的过程,向左的对角线箭头可理解为减号,向下的箭头表示等号。

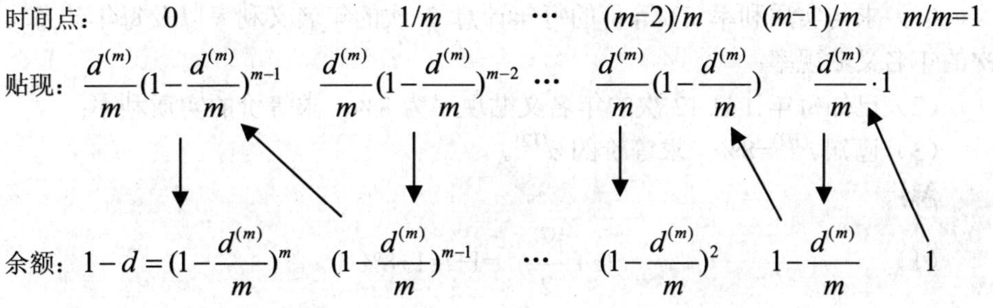

时间点: 0　　　　1/$m$　　…　　($m$−2)/$m$　　($m$−1)/$m$　　$m$/$m$=1

贴现: $\frac{d^{(m)}}{m}(1-\frac{d^{(m)}}{m})^{m-1}$　$\frac{d^{(m)}}{m}(1-\frac{d^{(m)}}{m})^{m-2}$ … $\frac{d^{(m)}}{m}(1-\frac{d^{(m)}}{m})$　$\frac{d^{(m)}}{m}\cdot 1$

余额: $1-d=(1-\frac{d^{(m)}}{m})^m$　$(1-\frac{d^{(m)}}{m})^{m-1}$ … $(1-\frac{d^{(m)}}{m})^2$　$1-\frac{d^{(m)}}{m}$　$1$

图 1-2B　名义贴现率图

名义利率与名义贴现率之间也存在密切的关系。显然,

$$(1+\frac{i^{(m)}}{m})^m=1+i=(1-\frac{d^{(n)}}{n})^{-n} \text{(对于任意的 } m, n\text{)} \tag{1-17A}$$

若 $m=n$,则上式变为:

$$1+\frac{i^{(m)}}{m}=(1-\frac{d^{(m)}}{m})^{-1} \tag{1-17B}$$

若 $m=1$,则 $i^{(m)}=i$ 为实质利率;若 $n=1$,则 $d^{(n)}=d$ 为实质贴现率。这样,无论是"实质"的还是"名义"的"率",都可从式(1-17A)找到等价的"率"。

另一个类似于式(1-12I)的有关 $i^{(m)}$ 与 $d^{(m)}$ 的关系式是

$$\frac{i^{(m)}}{m}-\frac{d^{(m)}}{m}=\frac{i^{(m)}}{m}\cdot\frac{d^{(m)}}{m} \tag{1-17C}$$

这一关系也可像理解(1-12I)式一样来理解。

在推导上述有关等价率的公式时，我们都是在一个度量期上用等价的定义来建立等式。需要指出的是，对于复利和复贴现，以等价关系建立等式时并不要求在一个度量期上，而是可以任意选择时间区间。不过，对于其他类型的利率，如单利和单贴现，不同时间区间上的等价率将不同。

还有一个值得注意的利率问题，是对于利率的描述，因为实务中有关利率的术语不统一，而且有些术语有多重含义。我们这里称 $i^{(m)}$ 为每年计息 $m$ 次的年名义利率（各计息期长度相同），$d^{(m)}$ 为每年计息 $m$ 次的年名义贴现率，如 $i^{(12)}=6\%$ 表示每年计息 12 次的年名义利率为 6%，也即月度实质利率为 0.5%；$d^{(2)}=8\%$ 表示每年计息 2 次的年名义贴现率为 8%，也即每半年的实质贴现率为 4%。而 $i^{(1/2)}=6\%$ 则表示每两年计息一次的年名义利率为 6%，即两年（为一计息）期的实质利率为 12%。需要注意的是，在遇到这些术语时，不必深究它们的具体说法，而是要弄清利息是如何计算和支付的。

**例 1-9**

（1）求与实质利率 8%等价的每年计息 2 次的年名义利率以及每年计息 4 次的年名义贴现率；

（2）已知每年计息 12 次的年名义贴现率为 8%，求等价的实质利率；

（3）已知 $i^{(3/2)}=8\%$，求等价的 $d^{(12)}$。

**解：**

（1）
$$(1+\frac{i^{(2)}}{2})^2=1+i=1+8\%$$

$$i^{(2)}=[(1+8\%)^{1/2}-1]\times 2=7.85\%$$

$$(1-\frac{d^{(4)}}{4})^{-4}=1+i=1.08$$

$$d^{(4)}=4[1-(1.08)^{-1/4}]=7.623\%$$

（2）
$$1+i=(1-\frac{d^{(12)}}{12})^{-12}$$

$$=(1-\frac{8\%}{12})^{-12}$$

$$=1.0836$$

$$i=8.36\%$$

（3）因为 $(1+\frac{i^{(m)}}{m})^m=(1-\frac{d^{(p)}}{p})^{-p}$，此时 $m=3/2$，$p=12$，所以有

$$(1-\frac{d^{(12)}}{12})^{-12}=(1+\frac{8\%}{3/2})^{3/2}$$

$$1-\frac{d^{(12)}}{12}=(1+\frac{8\%}{3/2})^{-3/24}$$

$$d^{(12)}=12\times[1-(1+\frac{8\%}{3/2})^{-3/24}]=7.77\%$$

**例 1-10** 求 1 万元按每年计息 4 次的年名义利率 6% 投资 3 年的积累值。

**解：**

$$A(3)=10000a(3)=10000(1+i)^3$$
$$=10000(1+\frac{i^{(4)}}{4})^{3\times4}=10000(1+\frac{6\%}{4})^{12}$$
$$=10000(1.015)^{12}=11956.2（元）$$

**例 1-11** 以每年计息 2 次的年名义贴现率 10%，在 6 年后支付 5 万元，求其现值。

**解：**

记现值为 $PV$，则

$$A(6)=PV\times a(6)$$

于是 $PV=A(6)\times a^{-1}(6)=50000(1-d)^6$

$$=50000(1-\frac{d^{(2)}}{2})^{2\times6}$$
$$=50000(1-5\%)^{12}=50000(0.95)^{12}$$
$$=27018（元）$$

## 1-6 利息强度

前面定义的各种利息度量都是用来度量在一定时间区间内的利息的。实质利率和实质贴现率度量的是一个度量期内的利息，而名义利率和名义贴现率则用来度量在 $1/m$ 个度量期内的利息。

在很多情况下，我们还需要度量在任一时间点上的利息，或者说在无穷小时间区间上的利息。利息强度就是用来度量在各个时间点上的利息的。

考虑投资一笔资金，设在时刻 $t$ 的资金金额由总量函数 $A(t)$ 给出，这笔资金的变化完全是由于利息的原因，即既不追加新的投资也不撤回原有资金。

定义

$$\delta_t=A'(t)/A(t)=a'(t)/a(t) \tag{1-18}$$

为该投资在 $t$ 时的利息强度。

显然，$\delta_t$ 为利息在时刻 $t$ 的一种度量，并且由定义可以看出，$\delta_t$ 为 $t$ 时单位资金的变化率。

将上式变形，有

$$\delta_t = \frac{d}{dt}\ln A(t) = \frac{d}{dt}\ln a(t) \tag{1-19}$$

用 $r$ 代替 $t$，然后将上式两端在 $0$ 到 $t$ 上积分，有

$$\int_0^t \delta_r dr = \int_0^t d\ln A(r) = \ln A(r)\Big|_0^t = \ln\frac{A(t)}{A(0)} \tag{1-20}$$

从而

$$\exp\left(\int_0^t \delta_r dr\right) = A(t)/A(0) = a(t)/a(0) = a(t) \tag{1-21}$$

另外，由式(1-18)可得

$$A(t)\delta_t = A'(t) \tag{1-22}$$

将上式两端在 $0$ 到 $n$ 上积分，得

$$\int_0^n A(t)\delta_t dt = \int_0^n A'(t)dt = A(t)\Big|_0^n = A(n) - A(0) \tag{1-23}$$

上式也可作如下解释：$A(n) - A(0)$ 为在 $n$ 个度量期内获得的利息，而微分表达式 $A(t)\delta_t dt$ 则可看成是利息强度为 $\delta_t$ 的情况下，资金 $A(t)$ 在 $t$ 时刻获得的利息，将此表达式在 $0$ 到 $n$ 上积分，就给出了 $n$ 个度量期内获得的利息总额。

**例 1-12** 如果 $\delta_t = 0.1 + 0.02t$，$0 \leq t \leq 2$，确定投资 1000 元在第 1 年末的积累值和第 2 年内的利息金额。

**解：**

$$A(1) = 1000a(1) = 1000\exp\left(\int_0^1 \delta_t dt\right)$$

$$= 1000\exp\left(\int_0^1 (0.1 + 0.02t)dt\right)$$

$$= 1000 e^{0.11}$$

$$= 1116.29 \text{（元）}$$

$$I_2 = A(2) - A(1) = 1000\exp\left(\int_0^2 (0.1 + 0.02t)dt\right) - A(1)$$

$$= 1000(e^{0.14} - e^{0.11}) = 34.00 \text{（元）}$$

理论上，利息强度可以随时变化，即 $\delta_t$ 可随 $t$ 任意变化。但是，实际上，常见的形式是，$\delta_t$ 在各个度量期上保持为常数。

假设 $\delta_n$ 为从投资日算起的第 $n$ 个时期上的常数利息强度，即
$$\delta_t = \delta_n, \quad n-1 \leqslant t < n$$
那么，$a(t) = \exp(\int_0^1 \delta_1 dr) \exp(\int_1^2 \delta_2 dr) \cdots \exp(\int_{t-1}^t \delta_t dr)$

$$= e^{\delta_1} e^{\delta_2} \cdots e^{\delta_t} \tag{1-24A}$$

于是

$$i_n = \frac{a(n) - a(n-1)}{a(n-1)} = \frac{a(n)}{a(n-1)} - 1 = e^{\delta_n} - 1 \tag{1-24B}$$

为第 $n$ 个时期上的实质利率，

从而，在利率随度量期而变化的情形，积累函数可表示为

$$a(n) = (1+i_1)(1+i_2) \cdots (1+i_n) \tag{1-24C}$$

这也是复利理论涉及可变利率的一个常用公式，它是式(1-6)的一个一般形式，事实上，如果 $i_1 = i_2 = \cdots = i_n = i$ 就有 $a(n) = (1+i)^n$。

**例 1-13** 如果实质利率在头 3 年为 10%，随后 2 年为 8%，再随后 1 年为 6%，求一笔投资 1000 元在这 6 年中所得总利息。

**解：**
$$I = A(6) - A(0)$$
$$= 1000[a(6) - 1]$$
$$= 1000[(1+0.1)^3(1+0.08)^2(1.06) - 1]$$
$$= 645.63（元）$$

如果利息强度在某段时间区间上为常数，那么，在包含在该时间区间内的各"期"上的实质利率也为常数。事实上，若在 $n-1$ 到 $n$ 之间 $\delta_t = \delta$ 为常数，则有

$$i_n = \frac{a(n) - a(n-1)}{a(n-1)} = \frac{e^{n\delta} - e^{(n-1)\delta}}{e^{(n-1)\delta}} = e^{\delta} - 1 = i \tag{1-25A}$$

为常数。这里，第二个等号是由于

$$a(n) = \exp(\int_0^n \delta_t dt) = e^{n\delta}$$

反过来，若实质利率在某时间区间上为常数，是否该时间区间上的利息强度也一定为常数呢？回答是否定的。为了说明这种可能性，考虑 $n$ 个度量期，假设在这 $n$ 个度量期上实质利率为常数 $i$，那么

$$a(n) = (1+i)^n = \exp(\int_0^n \delta_r dr) = \exp(\int_0^1 \delta_r dr + \int_1^2 \delta_r dr + \cdots + \int_{n-1}^n \delta_r dr)$$

$$= \exp(\int_0^1 \delta_r dr) \exp(\int_1^2 \delta_r dr) \cdots \exp(\int_{n-1}^n \delta_r dr)$$

显然，可以允许 $\delta_t$ 在每个度量期间进行变动，从而使得在每个度量期上的积分相等，这样的话，就可以保证上式成立而它在各个度量期间则是变化的。

在利息强度(从而实质利率)为常数的情况下，我们已经有一个关于 $i$ 和 $\delta$ 的关系式：

$$e^{\delta}-1=i \tag{1-25B}$$

由此可得：

$$e^{\delta}=1+i \tag{1-26}$$

从而

$$\delta=\ln(1+i) \tag{1-27}$$

上式也可直接由利息强度的定义式得到。事实上

$$\delta=\delta_t=\frac{\frac{d}{dt}a(t)}{a(t)}=\frac{\frac{d}{dt}(1+i)^t}{(1+i)^t}=\ln(1+i)$$

这样，$\delta$ 便和 $i$ 联系起来了，从而 $\delta$ 也可与前面定义的利息的其他度量联系起来。下式是一个将本节各种利息度量联系在一起的一个很常用的关系式：

$$[1+\frac{i^{(m)}}{m}]^m=1+i=v^{-1}=(1-d)^{-1}=[1-\frac{d^{(n)}}{n}]^{-n}=e^{\delta} \tag{1-28}$$

最后，我们再由导数的定义来考察一下利息强度。这里只限于利息强度为常数的情形，一般的情形类似，留作练习。

由导数的定义可知：

$$\delta=\frac{\frac{d}{dt}a(t)}{a(t)}=\lim_{h \to 0}\frac{a(t+h)-a(t)}{ha(t)}=\lim_{h \to 0}\frac{(1+i)^{t+h}-(1+i)^t}{h(1+i)^t}$$

$$=\lim_{h \to 0}\frac{(1+i)^h-1}{h}=\lim_{h \to 0}i^{(\frac{1}{h})}=\lim_{m \to \infty}i^{(m)} \tag{1-29}$$

其中 $m=1/h$。由于 $i^{(m)}$ 是指每 $1/m$ 个度量期计息一次的名义利率，故 $\delta$ 可理解为连续计息的名义利率。

有趣的是，由式(1-17C)知：

$$i^{(m)}=d^{(m)}+\frac{i^{(m)} \cdot d^{(m)}}{m}$$

从而

$$\delta = \lim_{m\to\infty} i^{(m)} = \lim_{m\to\infty}[d^{(m)} + \frac{i^{(m)} \cdot d^{(m)}}{m}] = \lim_{m\to\infty} d^{(m)} \tag{1-30}$$

于是，$\delta$ 也可理解为连续计息的名义贴现率。事实上，利息强度有时也被叫做贴现强度。我们是利用积累函数来定义利息强度的，其实也可以通过贴现函数来定义，即可定义为

$$\delta_t = -\frac{\dfrac{d}{dt}a^{-1}(t)}{a^{-1}(t)} \tag{1-31}$$

这里负号是为了保证利息强度为正数。因为贴现函数是单减的。可以证明，利息强度的这两种定义是等价的。

下面，我们再来考察一下在单利和单贴现下的利息强度。

对单利，有

$$\delta_t = \frac{\dfrac{d}{dt}a(t)}{a(t)} = \frac{\dfrac{d}{dt}(1+it)}{1+it} = \frac{i}{1+it} \quad (\text{对 } 0 \leq t) \tag{1-32}$$

对单贴现，有

$$\delta_t = -\frac{\dfrac{d}{dt}a^{-1}(t)}{a^{-1}(t)} = -\frac{\dfrac{d}{dt}(1-dt)}{1-dt} = \frac{d}{1-dt} \quad (0 \leq t < 1/d) \tag{1-33}$$

可以发现，对单利来说，$\delta_t$ 为 $t$ 的递减函数；而对单贴现来说，$\delta_t$ 则为 $t$ 的递增函数。

从理论上看，利息最基本的度量就是利息强度。但在实务中，实质、名义利率与贴现率用得更多，因为它们更简单、更易理解，而且大多数金融业务涉及的是离散过程而非连续过程。这并不是说利息强度没有实际意义，除了它的理论意义外，实务中在计息非常频繁(如日计)的业务中，常用它来作近似计算。另外，近年来，有些金融业务已经开始使用连续复利了。

**例 1-14** 已知年度实质利率为 8%，求等价的利息强度。

**解：**

$$\delta = \ln(1+i) = \ln 1.08 = 7.7\%$$

**例 1-15** 一笔业务按利息强度 6% 计息，求投资 500 元，经 8 年的积累值。

**解：**

积累值 $= 500e^{8\delta} = 500e^{0.48} = 808.04$（元）

**例 1-16** 图 1-3 中曲线是数学函数 $a(t)=(1+i)^t$ 的曲线图。图中允许自变量 $t$ 为负数。

图中 $A_1$、$A_2$、$A_3$、$A_4$ 分别为曲线 $a(t)=(1+i)^t$ 上对应 $t=-1$、$-1/2$，$1/2$，$1$ 的点；$B_1$、$B_2$、$B_3$、$B_4$ 则分别为高度为 1 的水平线上对应 $t=-1$、$-1/2$，$1/2$，$1$ 的点；$C_1$、$C_2$、$C_3$、$C_4$ 分别为横轴上对应 $t=-1$、$-1/2$，$1/2$，$1$ 的点；$E_1$、$E_2$、$E_3$、$E_4$ 为曲线 $a(t)=(1+i)^t$ 过（0，1）点的切线上的对应 $t=-1$、$-1/2$，$1/2$，$1$ 的点；

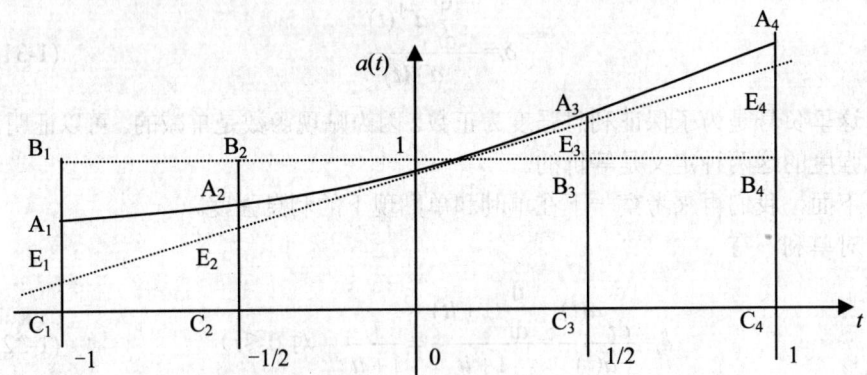

图 1-3A 函数 $a(t)$ 的图像

试分别解释图中线段 $A_1B_1$、$A_2B_2$、$A_3B_3$、$A_4B_4$、$A_1C_1$、$A_2C_2$、$A_3C_3$、$A_4C_4$ 和 $E_4B_4$ 长度的含义。

**解：**

我们将其中的正常数 $i$ 看成是利率，则本图将成为一张能够很好地说明各种利率之间关系的示意图。

首先，由各点的位置，可以发现，

$A_4B_4$ 的长度正好为 $A_4$ 与 $B_4$ 的高度差 $(1+i)-1=i$；

$A_3B_3$ 为 $A_3$ 与 $B_3$ 的高度差 $(1+i)^{1/2}-1=(1+\dfrac{i^{(2)}}{2})-1=i^{(2)}/2$；

而 $A_1B_1$ 则为 $1-(1+i)^{-1}=1-(1-d)=d$；

$A_2B_2$ 为 $1-(1+i)^{-1/2}=1-(1-d)^{1/2}=d^{(2)}/2$；

$A_1C_1$、$A_2C_2$ 分别为贴现因子 $(1-d)$、$(1-d)^{1/2}=1-d^{(2)}/2$；

$A_3C_3$、$A_4C_4$ 则分别为积累因子 $(1+i)^{1/2}=1+i^{(2)}/2$ 和 $1+i$；

因为 $E_1E_4$ 是曲线 $a(t)=(1+i)^t$ 过（0，1）点的切线，所以 $E_4B_4$ 正好为该切线与水平线夹角的正弦值，即 $a'(0)=\ln(1+i)=\delta$ 为与 $i$ 等价的利息强度，其中上标 "′" 表示求导数。

**例 1-17** 假设 $i^{(m)}$、$d^{(m)}$、$d$、$i$、$\delta$ 分别是相互等价的名义利率、名义贴现率、

实质贴现率、实质利率和利息强度，$m>1$，试比较它们的大小。

**解：**

首先，由上例图中的 $B_4C_4$ 和 $B_3C_3$ 线分别移至 $t=-1/m$ 和 $1/m$ 处，得图 1-3B：

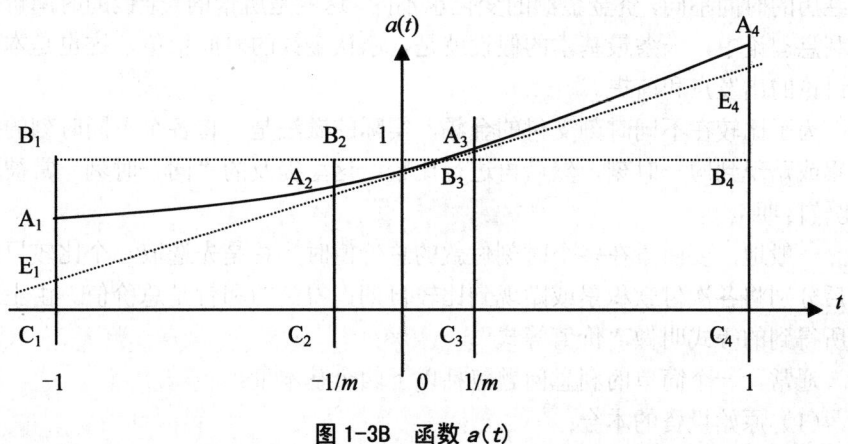

图 1-3B 函数 $a(t)$

类似上例的讨论，$i^{(m)}/m$、$d^{(m)}/m$、$d$、$i$、$\delta$ 可分别由 $A_3B_3$、$A_2B_2$、$A_1B_1$、$A_4B_4$、$E_4B_4$ 表示，由相似三角形的原理，知

$$\delta=E_4B_4=mE_3B_3<mA_3B_3=i^{(m)},\quad \delta=E_1B_1=mE_2B_2>mA_2B_2=d^{(m)}$$

（其中 $E_2$ 位于 $A_2$ 稍下方、$E_3$ 位于 $A_3$ 稍下方，类似于上例中的位置顺序，在本图中未标出。）

另外，观察图形的凹凸性，可以发现

$$d=A_1B_1<2\,A_2B_2=d^{(m)},\quad i=A_4B_4>mA_3B_3=i^{(m)}$$

综合上述讨论和观察，我们有：

$$i>i^{(m)}>\delta>d^{(m)}>d$$

# 1-7 价值等式

利息理论的基本原则是：任何时刻资金的积累额依赖于其所经历的时间。千万不要漠视"时间"！要知道"时间并不闲着，并非无所事事的悠然而逝……时间在…进行着令人惊奇的工作"；"*Time can do so much！*"

对过去支付的资金来说，它所经历的时间当然就是指从支付日到所考察时的时间，资金的变化是一个积累的过程；对于在未来将要支付的资金，其所经历的时间是指从所考察的时间到未来支付日的这一段时间,这时使用的是贴现的过程。

由上述原则容易发现,在不同时刻支付的金额是不能直接进行比较的。因为经历的时间不同,资金金额的变化也不同,这就是所谓的"金钱的时间价值"。在利息理论中,一条最基本的假设就是,承认金钱的时间价值,这也是本书所有讨论的出发点和前提。

为了比较在不同时刻支付的金额,实际的做法是,将各个不同时刻的付款积累或贴现到同一时刻,然后再进行比较。这里提及的"同一时刻"常被称为"比较日期"。

一般地,要衡量在多个时刻付款的总价值时,总是先选取一个比较日期,然后分别将各次付款积累或贴现到比较日期,得到的和就是总价值。由上述过程所得到的等式叫做"价值等式"。

通常,一个简单的利息问题包括以下四个基本量:

(1) 原始投资的本金;

(2) 投资时期的长度;

(3) 利率;

(4) 本金在投资期末的积累值。

如果已知其中的任何三个,就可以建立一个价值等式,由此等式确定第四个量。事实上,前面已经进行过这类实践。如,有关积累值的问题(第四个量为未知量)和有关现值的问题(第一个量为未知量)。后面我们还将分别讨论第二个量(未知时期问题)和第三个量(未知利率问题)为未知量的问题。

建立价值等式时,先要有一个比较日期。那么,比较日期如何得到呢?通常比较日期可以任意选取。也就是说,可以选取我们认为方便和易于计算的任一日期为比较日期。因为对于不同的比较日期,由价值等式得到的解是确定不变的。不过,这是有条件的,即这一结论是在复利的条件下才成立。对于其他的利息类型,如单利或单贴现,比较日期的不同将导致解的不同。这一点务必注意。

另外,在建立价值等式的时候,常借助于一种被称为时间图的工具。所谓时间图是一个表示时间顺序的一维的直线线段,在直线上按顺序标示付款的时间,然后将付款金额标示在对应的时间点的正上或正下方,朝同一个方向的付款(付出或收入)标于图的上部,而朝另一个方向的付款则标在图的下部,比较日期用一箭头来表示,如图 1-4:

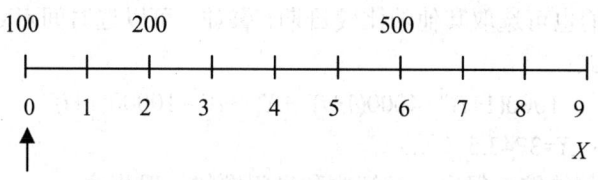

图 1-4 时间图

其中 100，200，500 分别表示在时间 0，2，6 时的付款金额，这三笔付款是朝同一方向的付款，$X$ 表示朝相反方向的在时间 9 的付款。根据上述的时间图，我们可以很清楚地知道其所要表示的交易为，分别在 0、2 和 6 时付款 100、200 和 500，交换在 9 时的一笔付款，求 9 时的（使交易成立）付款量。

当然，在实际的利息问题中，对问题的叙述会有很多不同的描述方式，可能会涉及很多相关但对问题求解没有影响的词句。一般来说，与问题求解有关的信息通常都能由一个如上的时间图表示清楚。

图 1-4 中箭头指向 0 表示选择 0 时为比较日期，于是，可建立价值等式如下：

$$100+200v^2+500v^6=Xv^9$$

显然，箭头标在不同的位置会产生不同的价值等式，但是在复利下不会影响未知量的解值。

**例 1-18** 某人为了能在 7 年后得到一笔 10000 元的款项，愿意在第一年末付出 1000 元，在第三年末付出 4000 元，并在第 8 年末付出一笔钱，如果年利率为 6%，问他在第 8 年末应付多少？

**解：**

由题意可建立如下时间图：

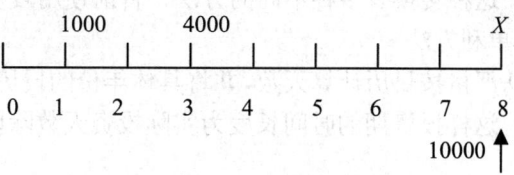

其中 $X$ 为第 8 年末应付金额，是要求的未知量。

这里，选取时间点 8 为比较日期，于是，有如下价值等式：

$$1000(1+i)^7+4000(1+i)^5+X=10000(1+i)$$
$$X=10000\times1.06-4000\times1.06^5-1000\times1.06^7$$
$$=3743.5（元）$$

这里，我们也可选取其他的比较日期，譬如，可以选时间点 0 为比较日期。这时有价值等式：

$$1000(1+i)^{-1}+4000(1+i)^{-3}+X(1+i)^{-8}=10000(1+i)^{-7}$$

同样可得：$X=3743.5$（元）

至此，我们能综合得出一套解决利息问题的一般程序：

面对一个利息问题，首先，可以借助时间图来分析问题，设计好合适的时间刻度，将涉及的数据标示在合适的位置；其次根据需要选取一个比较日期，以比较日期为计算各次付款价值的时间点，建立价值等式——即将时间图上方的各次付款的价值(现值或终值)置于等式的一边(不妨左边)，将时间图下方的各次付款的价值置于等式的另一边，两边分别相加，然后以等号相连，即可得到价值等式；最后，价值等式里一般带有一个未知变量，余下来的工作就是解方程，求出这个未知数。

## 1-8 投资期的确定

在利息问题的求解中，我们以度量期作为时间的单位，在实际问题中常常会遇到投资时期不为整数个度量期的情况，这时就涉及计算天数和将天数转化为年数的问题。看起来，这没有什么可讨论的，因为，很自然

年数=投资期天数/基础天数

不过在实务中，由于基础天数即一年有多少天并不固定，有时有 365 天，有时有 366 天，从而导致有必要对"将天数转换为年数的方法"进行专门的讨论。实务中，这种转换有多种不同的方法，目前使用较多的有三种：

1. 严格单利方法

这种方法严格按日历计算天数，并将具体年份的日历天数作为一年的天数，即基础天数，这样投资期的时间长度为实际投资天数除以对应年份的一年实际总天数。

这里之所以提及一年实际总天数，是考虑了闰年的影响，因为一般年份的实际天数为 365 天，而闰年为 366 天。因此，这里一年的总天数可能为 365 天，也可能为 366 天。严格单利方法主要在英国使用，故有时又被称为英国法，又由于它严格按日历计算生息天数和基础天数，因此又常记为"实际/实际"。

2. 常规单利法

该法把一年中各个月份的天数都视为 30 天，而不管各月份实际的天数是多

少，并将一年的天数视为 360 天，这时，有一个公式计算两个给定日期间的天数。

天数$=360\times(Y_2-Y_1)+30\times(M_2-M_1)+(D_2-D_1)$

其中：

$M_1$ 为第一日期的月份，

$M_2$ 为第二日期的月份，

$D_1$ 为第一日期的日期，

$D_2$ 为第二日期的日期，

$Y_1$ 为第一日期的年份，

$Y_2$ 为第二日期的年份。

这样，相应的投资年数=天数/360。

这种方法在欧洲大陆的许多国家流行，因此，常叫做大陆法，由其计算基础，又常记为"30/360"。

3．银行家规则

这是一种混合型的方法，它用投资期的实际天数作为投资天数，但用 360 天作为一年，这种方法常记为"实际/360"。由于 360 比实际一年的天数要小，因此，算出的投资时期往往比其他算法要长，因而投资人总更愿意使用此法。这种方法也叫做欧洲货币法，它也是使用范围最广的一种方法。

当然，还有一些其他的、但并不常用的方法，特别是涉及闰年的情况，还有一些其他的讨论。

一般说来，在计算利息的天数时，不应把存款日和取款日这两天都包括在内，而是只计算其中的一天，如果按正常方法计算两个日期的差，就会得到这个结果，然而实务中偶尔也会遇到将存款和取款日都计息的情况，这时，事实上造成了有一天额外的利息。

并不是所有包含利息的问题都需要计算天数，许多金融业务是按照月度、季度或半年度来处理的，在这些情况下，这里描述的计算方法就不需要了。

**例 1-19** 一项投资从美国参加第二次世界大战之日即 1941 年 12 月 7 日开始，到战争结束之日即 1945 年 8 月 8 日终止，问一共投资了多少天？

（1）按实际/实际计算；

（2）按 30/360 计算。

**解：**

（1）由于 1941 年 12 月 7 日到 1943 年 12 月 7 日实际经历了 $2\times365=730$ 天，而 1943 年 12 月 7 日到 1944 年 12 月 7 日经历了 366 天(因为 1944 年为闰年)。1944 年 12 月 7 日到 1945 年 8 月 8 日共经历了

31+31+28+31+30+31+30+31+1=244 天。

因此，这次投资共经历了 730+366+244=1340 天。

（2）天数=360×(1945-1941)+30×(8-12)+8-7=1321(天)

**例 1-20** 某项投资从 2013 年 3 月 13 日开始，到同年的 11 月 27 日结束，利率为单利 8%，投资金额为 100000 元。试确定该项投资的利息金额。

（1）按英国法；

（2）按大陆法；

（3）按银行家规则。

解：

（1）天数=31+30+31+30+31+31+30+31+14=259(天)

年数=259/365=0.710

$I=Pit$=100000×8%×0.710=5676.71（元）

（2）天数=30×(11-3)+(27-13)=258

年数=258/360=0.717

$I=Pit$=100000×8%×0.717=5733.33（元）

（3）天数=259 天

年数=259/360=0.719

$I=Pit$ =100000×8%×0.72=5755.56（元）

# 1-9　未知时间问题

前面讲过，一个利息问题一般包含四个基本量，如果已知其中的三个，则第四个就可确定。这里，讨论投资时期的长度为未知量的情形。

首先讨论只有一次付款的未知时间问题。例如：以每月计息的年名义利率 12% 投资 1 万元，若欲积累到 3 万元，问要几年时间？

这其实是一个很简单的问题。

假设需要 $n$ 年的时间，

那么，根据问题的条件，可以得到如下的价值等式：

$$10000(1+\frac{i^{(12)}}{12})^{n\times 12}=30000$$

即
$$(1.01)^{n\times 12}=3$$

解出：$12n = \ln 3 / \ln 1.01 = 110.41$

从而：$n = 110.41/12 = 9.2$

故需要 9.2 年。

由上例可以发现，对于只有一次付款的未知时间问题，可以立刻写出价值方程，然后解这个简单的方程即可。但是，有一点必须注意，在解价值方程的时候，能直接得到的解通常会带有指数或对数形式。而实务中需要的是真实的数值解，这就要求我们能够将带有指数或对数形式的数化为确切的数值。通常有以下几种方法：

第一种方法是使用个人计算机或具有指数和对数函数的计算器。无疑，这也是最简单和最有效的方法。

第二种方法是利用复利表，这种表列在本书附录中，它包括 $v^n$ 和 $(1+i)^n$ 以及将在以后定义的其他一些函数的值，如果需要的值出现在表中，则利用复利表也是一种合适的方法。

如果以上方法都不可用，那么，可能就需要用手算了，级数展开是直接手算的一个重要途径。显然，这样的计算方法是最不方便的，因而也是最少用的方法。

实务中，还有一种常用的方法，就是对整数时期用复利，对非整数时期用单利，这只是一种近似的方法，它相当于假设在 $0<k<1$ 时，下式的展开中只取前两项，即利用

$$(1+i)^{n+k} = (1+i)^n (1+i)^k \approx (1+i)^n (1+ki) \qquad (1\text{-}34\text{A})$$

对于贴现的近似可以类似地进行，即对整数时期用复贴现，对非整数时期用单贴现，也即

$$v^{n+k} = v^n v^k \approx v^n (1-kd) \qquad (1\text{-}34\text{B})$$

在实务中，有时还会出现这样一种情况：在不同时刻的多次付款要被数值上等于这些付款之和的一次付款所代替。问题是要找到付这一次款的时刻，使得两项付款的价值无差别，也就是

设在 $t_1, t_2, \cdots, t_n$ 时分别付出 $s_1, s_2, \cdots, s_n$，要求 $t$，使在 $t$ 时一次付出的 $s_1 + s_2 + \cdots + s_n$ 等价于分别付出的 $s_1, s_2, \cdots, s_n$ 之和。

显然，该问题的价值等式为：

$$(s_1 + s_2 + \cdots + s_n) v^t = s_1 v^{t_1} + s_2 v^{t_2} + \cdots + s_n v^{t_n}$$

从而

$$t = \frac{\ln(s_1 v^{t_1} + s_2 v^{t_2} + \cdots + s_n v^{t_n}) - \ln(s_1 + s_2 + \cdots + s_n)}{\ln v} \qquad (1\text{-}35)$$

上式的计算显然比较麻烦。实务中一般只需要求到 $t$ 的一个近似值，常用

的一种近似公式为:

$$\bar{t} = \frac{s_1 t_1 + s_2 t_2 + \cdots + s_n t_n}{s_1 + s_2 + \cdots + s_n} = \frac{\sum_{k=1}^{n} s_k t_k}{\sum_{k=1}^{n} s_k} \tag{1-36}$$

即用各次付款时间的加权平均值作为 $t$ 的近似,记为 $\bar{t}$,其中各次付款的金额为权,称这种近似方法为等时间法。

可以证明,$\bar{t}$ 的值总不小于 $t$ 的真实值,换言之,用等时间法得到的时间值小于真实的时间值,这是因为

$$v^{\bar{t}} \leqslant \frac{s_1 v^{t_1} + s_2 v^{t_2} + \cdots + s_n v^{t_n}}{s_1 + s_2 + \cdots + s_n} = v^t$$

事实上,可以把 $\dfrac{s_1 v^{t_1} + s_2 v^{t_2} + \cdots + s_n v^{t_n}}{s_1 + s_2 + \cdots + s_n}$ 看成是 $s_1$ 个 $v^{t_1}$,$s_2$ 个 $v^{t_2}$,$\cdots$,$s_n$ 个 $v^{t_n}$ 的算术平均值,而这些量(共 $s_1 + s_2 + \cdots + s_n$ 个)的几何平均为

$$\left(v^{s_1 t_1 + s_2 t_2 + \cdots + s_n t_n}\right)^{\frac{1}{s_1 + s_2 + \cdots + s_n}} = v^{\bar{t}}$$

我们知道,$n$ 个正数的算术平均不小于其几何平均,因此,

$$\frac{s_1 v^{t_1} + s_2 v^{t_2} + \cdots + s_n v^{t_n}}{s_1 + s_2 + \cdots + s_n} \geqslant v^{\bar{t}}$$

即 $(s_1 + s_2 + \cdots + s_n) v^{\bar{t}} \leqslant s_1 v^{t_1} + s_2 v^{t_2} + \cdots + s_n v^{t_n}$。

等时间法在分析金融业务的平均时间长度时是有用的,这一点在后面还将涉及。

**例 1-21** 预定在今后 10 年内,每年末付款 1000 元,并在第 10 年末另外付款 10000 元(即第 10 年末总共付款 11000 元),假设实质年利率为 6.75%,试确定一个一次付款 20000 元的时刻,使这次付款与上面四次付款之和等价。

(1)用等时间法;
(2)用精确方法。

**解:**

(1) $\bar{t} = \dfrac{1000 \times (1 + 2 + \cdots + 10) + 10000 \times 10}{20000} = 7.75$

(2)价值方程为:

$$20000v^t=1000(v+v^2+\cdots+v^{10})+10000v^{10}$$
$$20v^t=v+v^2+\cdots+11v^{10}=12.31$$

于是 $t=\ln(12.31/20)/\ln v=7.43$。

不出所料，$\bar{t}$ 比 $t$ 稍大。

还有一个实务中经常遇到的、很有趣的问题是：在利率给定的情况下，一笔投资需要多长时间才能翻倍。

设利率为 $i$，投资额为 1，经过 $t$ 年后，积累值为 2，那么

$$(1+i)^t=2$$

从而

$$t=\ln2/\ln(1+i)$$

即在给定条件下，要经过 $\ln2/\ln(1+i)$ 年投资才能翻倍。

初看起来，上述问题似乎并没有什么特别之处，然而，如果对 $\ln2/\ln(1+i)$ 作进一步的考察，将发现一个很有趣的规律。

先把 $\ln2/\ln(1+i)$ 写成 $[\ln2/i]\times[i/\ln(1+i)]$ 的形式，然后，将 $i=8\%$ 代入，算得
$$i/\ln(1+i)=8\%/\ln1.08=1.0395$$
$$\ln2=0.69315$$
$$1.0395\times0.69315=0.7205$$

即 $t\approx 0.72/i=72/100i$ (1-37)

有趣的是，上式不仅对 $i=8\%$ 成立，对于其他的 $i$ 也成立。这个公式常被称为 72 律。这是一个很著名的规律。一方面因为它的简单易用，另一方面则是因为它在一个很大的利率范围内会产生很准确的结果，下表提供了一些数据比较。

表 1-1 使存款翻倍的时间长度

| 利率(%) | 72 律 | 准确值 |
| --- | --- | --- |
| 4 | 18 | 17.67 |
| 5 | 14.4 | 14.21 |
| 6 | 12 | 11.9 |
| 7 | 10.29 | 10.24 |
| 8 | 9 | 9.01 |
| 10 | 7.2 | 7.27 |
| 12 | 6 | 6.12 |
| 18 | 4 | 4.19 |

## 1–10 未知利率问题

前面我们考虑了投资期长度为未知的情形，这里我们再来考虑未知利率的情形。在实务中，未知利率问题是常见的、也是很重要的利息问题。

事实上，无论未知量是什么，我们都可以通过建立价值等式来求解未知量。在已知本金、投资期长度和积累值的情况下也可依此来确定未知量——利率。不过，在实际问题中，我们将发现，求解未知利率与求解其他的未知量不大一样，因为往往很难算出未知利率的数值解。

对于最简单的只有单次付款的未知利率问题，我们可以直接由价值等式，借助于具有指数函数和对数函数的计算器来得到利率的数值解。

**例 1-22** 某人 8 年前投资 15000 元，该项投资目前已经积累到 35000 元，问该人这项 8 年的投资的季度转换名义利率为多少？

**解：**
价值方程为：
$$15000(1+\frac{i^{(4)}}{4})^{4\times 8}=35000$$

从而
$$i^{(4)}=4[(\frac{35000}{15000})^{1/32}-1]=10.73\%$$

对于具有多次付款的未知利率问题，仅凭计算器一般是不能得到数值解的。当然，有时会遇到一些比较特殊的情况，这时，可以用代数的方法来帮助解价值方程。

**例 1-23** 某人现在投资 3000 元，2 年后再投资 6000 元，这两笔投资将在 4 年后积累至 15000 元，问实质利率是多少？

**解：**
依题意可建立如下的价值方程：
$$3000(1+i)^4+6000(1+i)^2=15000$$

于是 $(1+i)^4+2(1+i)^2-5=0$

从而 $(1+i)^2=\dfrac{-2\pm\sqrt{4+20}}{2}$

$=-1\pm\sqrt{6}$

因为$(1+i)^2>0$，所以

$$(1+i)^2=\sqrt{6}-1=1.45$$

$$i=20.4\%$$

显然，这种方法的使用范围也很小，事实上它仅适用于付款次数很少、投资期限不长的较特殊的情形。

更一般的确定未知利率的方法有下面两种：

1. 线性插值法

线性插值法是先利用复利表，确定两个近似的利率值，一个大于真实值，另一个小于真实值，然后在这两个值之间作线性插值，从而得到真实值的一个近似值。

2. 迭代法

迭代法事实上相当于多次线性插值，其结果是能够达到所需的精度。

线性插值法和迭代法是确定未知利率的常用的方法，有时在确定未知时期的问题中，也可以应用这两种方法。当然，仅凭手算或仅借助袖珍计算器来计算时，这两种方法的计算量还是很大的。不过，如果可以使用计算机，那么，这两种方法将显得非常简便和有效。

## 习题一

1. 已知：对 $0 \leqslant t \leqslant 4$，有 $A(t)=Kt^2+Lt+M$，并且 $A(0)=100$，$A(1)=110$，$A(2)=136$，求：

（1）$i_2$；

（2）$a(3)$；

（3）$I_4$。

2. 某投资者分别存入基金 A 和基金 B 各 100 万元。基金 B 以复利积累，基金 A 则以单利积累，且基金 A 的年度利率是基金 B 年度利率的 1.05 倍。已知在第二年末，该投资者在两个基金中的投资积累值相同，求在第五年末基金 B 的积累值。

3. 某人分别在两家银行各有一个存款账户。甲银行的实质利率为 3%，乙银行的实质利率为 2.5%。在第 20 年末，该人在上述两家银行的两个存款账户中的存款余额总数为 1 万，在第 31 年末，在甲银行的存款账户中的金额为乙银行中金额的 2 倍。求第 10 年末两个存款账户中的总金额。

4. 现有一笔 1000 元的贷款，贷款利率为季度转换名义利率 12%。贷款用以下三次支付来偿还：在第一年末支付 400 元，在第 5 年末支付 800 元，余额在第 10 年末支付。求最后支付的金额。

5. 已知季度转换名义贴现率为 12%，求：
(1) 等价的每 4 年转换一次名义利率；
(2) 等价的每 3 年转换一次的名义贴现率；
(3) 等价的实质利率；
(4) 等价的实质贴现率；
(5) 等价的月度转换名义利率；
(6) 等价的半年度转换名义贴现率。

6. 某人存入 1 万元到银行。在第一年，银行利率为年度实质利率 $i$，第二年，银行利率为年度实质利率 $i$-5%，在第二年末，该存款人在银行的存款余额积累到 12093.75 元。现假设银行一开始的实质利率就一直保持为 $i$+9%，求该存款人在第三年末的存款余额。

7. 甲向乙借款 1000 元，利率为年度实质利率 $i$，在这种利率条件下，如果甲在第 6 年末还款 1000 元，则还需在第 12 年末再还款 1366.87 元。实际还款情况是，甲在第 6 年末还款 1000 后，再过 3 年就一次性地将剩余余额全部还清，求甲的最后一次（也即第二次）还款金额。

8. 某甲签了一张 1 年期的 1000 元借据并从银行收到 920 元，在第六个月末，甲付款 288 元，假设为单贴现，问甲在年末还应付款多少？

9. 分别在第 5、6、8 年末支付 300 元、500 元和 700 元，年度实质利率为 4%。现在要确定在某个时间点上的一次性 1500 元的支付会与上述支付等价。已知：
(1) 用等时间方法计算的时刻为 $X$；
(2) 确切的时刻为 $Y$。
求 $X+Y$。

10. 在第 $T$ 个月末支付的 1004 元的现值等于以下三次支付的现值之和：
(1) 在第 1 个月末支付 314 元；
(2) 在第 18 个月末支付 271 元；
(3) 在第 24 个月末支付 419 元。
已知年度实质利率为 5%，求 $T$。

11. 甲投资 100000 元，在半年度转换利率 $j$ 下，4 年后的积累值为 214358.88 元；乙投资 10 万元，在季度转换名义贴现率 $k$ 下，2 年后的积累值为 232305.73 元；丙投资 10 万元，第一年的实质利率为 $j$，第 2 年的实质贴现率为 $k$，求丙投资 2 年后的积累值。

12. 在 1990 年 1 月 1 日，某人存入 1 万元到甲银行，该银行以半年度转换

名义利率 $j$ 计息；在 1995 年 1 月 1 日，他将在甲银行的账户转到乙银行，乙银行以季度转换名义利率 $k$ 计息；在 1998 年 1 月 1 日，乙银行账户的余额为 19907.6 元。

如果该人能够从 1990 年 1 月 1 日开始就一直以季度转换名义利率 $k$ 计息的话，那么到 1998 年 1 月 1 日，他的账户余额将为 22037.6 元。

计算 $k/j$。

13. 在年度实质利率 $i(i>0)$ 下，下列三种情况相等：

（1）在第 6 年末的 1 万元的现值；

（2）在第 $t$ 年末的 6000 元和在第 $2t$ 年末的 5.6 万元的现值之和；

（3）即刻支付的 5000 元。

求在该利率下，第 $t+3$ 年末的 8000 元的现值。

14. 在确定的利率下，以下两个支付列的现值相等：

（1）在第 5 年末支付 200 元加上在第 10 年末支付 500 元；

（2）在第 5 年末支付 400.94 元。

在相同的利率下，现在投资 100 元加上第 5 年末投资 120 元将在第 10 年末积累到 $P$，求 $P$。

15. 如一项投资从香港回归日即 1997 年 7 月 1 日开始，到澳门回归日即 1999 年 12 月 20 日终止，问一共投资了多少天？

（1）按实际/实际计算；

（2）按 30/360 计算；

（3）按银行家规则计算。

16. 按 10% 单利，从 6 月 5 日到 9 月 8 日，投资 1 万元，试确定得到的利息金额。

（1）假设为严格单利；

（2）假设为常规单利；

（3）假设遵守银行家规则。

17. 在利息强度 $\delta$ 下，单位投资经过 27.72 年将翻番。在每两年转换一次、数值上等于 $\delta$ 的名义利率下，1 单位的投资经过 $n$ 年后将增加到 7.04 单位。求 $n$。

18. 求 $\left(\dfrac{d}{dv}\delta\right)\left(\dfrac{d}{di}d\right)$。

19. 已知一项四年期的贷款，以如下方式计息：

（1）第一年的实质贴现率为 6%；

（2）第二年的每两年计息一次的年名义贴现率为 5%；

（3）第三年的每半年计息一次的名义利率为5%；
（4）第四年的利息强度为5%。
求这四年的年实质利率。

20. 已知 $t$ 期积累因子由一个 $t$ 的二次多项式给出（$0 \leq t \leq 1$），并且在前半年，等价的半年度转换的名义利率是5%，而这一年的实质利率为4%。求 $\delta_{0.75}$。

21. 基金 $A$ 以月度转换12%的利率积累，基金 $B$ 以利息强度 $\delta_t = t/6$（$t \geq 0$）积累，在 $t=0$ 时，分别在两支基金中各存入1元，求使两支基金积累值相等的时刻 T（T>0）。

22. 基金 I 以利息强度 $\dfrac{0.05}{1+0.05t}$（$t \geq 0$）积累，基金 II 以常数利息强度5%（$t \geq 0$）积累，已知：

（1）在0时，基金 I 的金额为1000元；
（2）在0时，基金 II 的金额为500元；
（3）在任何时刻 $t$（$t \geq 0$），基金 III 的金额等于基金 I 的金额与基金 II 的金额之和；

基金 III 利息强度 $\delta_t$（$t \geq 0$）积累。
求 $\delta_2$。

23. 常数利息强度 $\delta$ 将1元投资积累成3元所需的时间为87.88年，在数值上等于 $\delta$ 的每四年转换一次的名义利率下，将1元投资积累成4元所需的时间为 $t$ 年，求 $t$。

24. 已知3个系列的支付数据如下：

| | 在年度末的支付 | | | 在第18年末的积累值 |
|---|---|---|---|---|
| | 6 | 12 | 18 | |
| 系列1 | 240 | 200 | 300 | $X$ |
| 系列2 | 0 | 360 | 700 | $X+100$ |
| 系列3 | $Y$ | 600 | 0 | $X$ |

假设利率是年度复利，求 $Y$。

# 第二章 年 金

所谓年金是指一系列按照相等时间间隔支付的款项。年金最初指的是每年支付一次的一系列支付，后来范围扩大了，只要是相邻两次支付的时间间隔相同的一系列支付，都可以称之为年金。年金在经济生活中有很广泛的应用，如按月领取的工资、按月交的房租、按年交的学费、分期支付的保险费、以及小孩每年得的压岁钱都可以形成年金。

按照年金的期限是否确定，可以将年金划分为确定年金和不确定年金。所谓确定年金是指年金的期限是确定的，如期限为 10（期）、20（期）的年金，有时称它们为 10 期年金、20 期年金，这一类年金也包括期限是无穷期的，即所谓的永续年金，因为无穷也被理解为一定数，只是这个数是无穷大罢了；不确定年金则是指年金的期限是不确定的、事先未知的，如生命年金。生命年金以年金受领者生存为条件，只要生存，就可以按照一定的时间间隔领取相应的款项，直到死亡为止。因为人的死亡时间是未知的，所以事先不能知道年金最终的期限，因此为不确定年金。

本书主要讨论确定年金，不确定年金的讨论超出本书的范围。

从年金的定义看，决定一系列支付是否可以被看成是一项年金的条件只有一个，即相邻两次支付的时间间隔相同。因此，从理论上讲，年金的形式可能有许多的变化，如各次支付金额的情况、利率的情况等都可以有许多不同的模式。但是，实务中，常见的年金往往是比较简单的，如每次付款金额相同、利率为常数且计息频率与付款频率一致的年金。

我们将利率为常数、计息频率与付款频率一致且每次付款为 1 的年金称为基本年金。对于其他条件相同，每次等额付款，但是付款额为 C 的（C≠1）年金，我们称之为系数为 C 的基本年金，在不致引起混淆的情况下，也可以简单称之为基本年金。其他年金为一般年金。

## 2-1 期末付年金

在每个付款期末付款的基本年金为期末付年金,简称为末付年金或延付年金。$n$ 期延付年金的付款情况如图 2-1 所示:

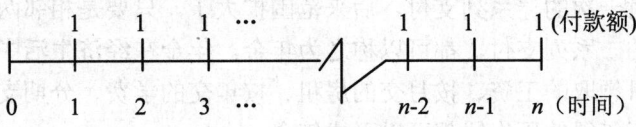

图(2-1)　$n$ 期延付年金的付款情况图

从上图可以看出,年金的各次付款均发生在各期期末。我们用符号 $a_{\overline{n}|i}$ 表示 $n$ 期延付年金的现值,用符号 $s_{\overline{n}|i}$ 表示 $n$ 期延付年金的终值,其中 $i$ 为每期的利率。在不至于引起混淆的情况下,这两个符号中的下标 $i$ 都可以省略不写。

于是,对于系数为 $C$ 的 $n$ 期期末付年金,因为该年金每次的付款金额都是(系数为 1 的)基本年金相应时刻付款量的 $C$ 倍,所以该年金的现值和终值自然为 $Ca_{\overline{n}|}$ 和 $Cs_{\overline{n}|}$。

为了推导基本年金现值和终值的计算公式,考虑在利率 $i$ 条件下,投资 1 产生的现金流,如以下时间图所示:

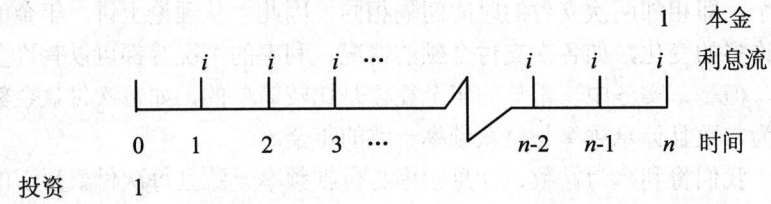

图 2-2　在利率条件 $i$ 下,投资 1 产生的现金流图

由价值相等原则,可以知道,时间数轴上方的现金流(利息流+本金)的现值与时间数轴下方的现金流(投资本金 1)相等,即均为 1。注意到上方的利息流正好形成一项系数为 $i$ 的 $n$ 期期末付年金,而归还的本金 1 的现值为 $v^n$,所以有:

$$1 = i a_{\overline{n}|} + v^n \tag{2-1}$$

由式(2-1)可以得到 $a_{\overline{n}|}$ 的表达式：

$$a_{\overline{n}|}=\frac{1-v^n}{i} \qquad (2\text{-}2\text{A})$$

如果在对时间图 2-2 上下方价值进行比较时，所选择的比较日期不是 0 而是 $n$ 时，则可以发现上下方现金流的价值分别为 $(1+i)^n$ 和 $1+i\,s_{\overline{n}|}$，由价值相等原则，有

$$(1+i)^n = 1+i\,s_{\overline{n}|} \qquad (2\text{-}3)$$

从而

$$s_{\overline{n}|}=\frac{(1+i)^n-1}{i} \qquad (2\text{-}4\text{A})$$

式(2-2A)和式(2-4A)给出了基本年金计算的一般表达式。事实上，这两个表达式可以直接由图 2-1 将每次的支付贴现积累到 0 时或 $n$ 时，然后分别（利用等比级数求和公式）相加而得到，即

$$a_{\overline{n}|}=v+v^2+\cdots+v^n=\frac{1-v^n}{i} \qquad (2\text{-}2\text{B})$$

$$s_{\overline{n}|}=1+(1+i)+(1+i)^2+\cdots+(1+i)^{n-1}=\frac{(1+i)^n-1}{i} \qquad (2\text{-}4\text{B})$$

由 $a_{\overline{n}|}$ 与 $s_{\overline{n}|}$ 的定义还可以看出，$a_{\overline{n}|}$ 与 $s_{\overline{n}|}$ 其实是同一项年金在不同时刻的价值。$a_{\overline{n}|}$ 为基本延付年金的现值，$s_{\overline{n}|}$ 则为同一项年金的终值，显然它们之间的关系应该为：

$$s_{\overline{n}|}=a_{\overline{n}|}(1+i)^n \qquad (2\text{-}5\text{A})$$

或

$$a_{\overline{n}|}=s_{\overline{n}|}v^n \qquad (2\text{-}5\text{B})$$

**例 2-1** 计算年利率为 2.5%的条件下，每年年末投资 3000 元，投资 20 年的现值及积累值。

**解：**

显然投资支付形成一项系数为 3000、时间为 20 期的期末付年金，于是，

年金现值为：$3000\,a_{\overline{20}|0.025}$ = 3000×15.58916 = 46767.49（元）

年金积累值为：$3000 s_{\overline{20}|0.025} = 3000 \times 25.54466 = 76633.97$（元）

可以验证：$46767.49 \times (1.025)^{20} = 76633.97$

另外，由于 $a_{\overline{n}|}$ 是 $n$ 项 1 的现值，所以也可以这样来理解：一笔为 $a_{\overline{n}|}$ 的债务，可以由每次还款 1、分别在接下来的 $n$ 期期末支付的 $n$ 次还款还清。进一步，假设有一笔总量为 1 的债务，如果用分别在接下来的 $n$ 期期末支付的 $n$ 次等额还款来偿还的话，则每次还款量应该为 $\dfrac{1}{a_{\overline{n}|}}$。因此，可以把 $\dfrac{1}{a_{\overline{n}|}}$ 看成是一个等额还款因子，用于对每次还款量的计算。也就是说，如果用分别在接下来的 $n$ 期期末支付的 $n$ 次等额还款来还一笔总量为 $L$ 的欠款的话，每次还款额为 $L \cdot \dfrac{1}{a_{\overline{n}|}}$。

类似地，注意到 $s_{\overline{n}|}$ 为 $n$ 项 1 的终值，所以可以把 $s_{\overline{n}|}$ 看成是在常数利率 $i$ 下 $n$ 次存款 1 的积累值，如果需要通过在今后 $n$ 期期末等额存款以在 $n$ 时积累到 1，则很显然每次需要的存款量为 $\dfrac{1}{s_{\overline{n}|}}$，所以 $\dfrac{1}{s_{\overline{n}|}}$ 可以看成是一个储蓄因子。即如果需要通过在今后 $n$ 期期末等额存款以在 $n$ 时积累到 $L$ 的话，那么，每次存款量就应该是 $L \cdot \dfrac{1}{s_{\overline{n}|}}$。

$\dfrac{1}{a_{\overline{n}|}}$ 与 $\dfrac{1}{s_{\overline{n}|}}$ 之间还有一个重要的关系：

$$\dfrac{1}{a_{\overline{n}|}} = \dfrac{1}{s_{\overline{n}|}} + i \tag{2-6}$$

这个关系的数学推导很简单（留着练习），我们从另外的角度来推导这个关系式：

一笔金额为 1、期限为 $n$ 的债务可以通过 $n$ 次等额支付来偿还，每次需还款 $\dfrac{1}{a_{\overline{n}|}}$；这笔债务也可以这样来还，在每期期末偿还利息 $i$，本金由一项等额的存款计划来积累，显然，存款计划的目标是在 $n$ 期期末积累到 1，而要实现这一目标则要求每次存款 $\dfrac{1}{s_{\overline{n}|}}$。比较两种还款，因为期限、利率条件一样，还款人支付次数和时间也完全一样，所以，还款人每次支付的总量也应该一样，即有 $\dfrac{1}{a_{\overline{n}|}} = \dfrac{1}{s_{\overline{n}|}} + i$。

**例 2-2** 某人希望通过等额的年度存款在 10 年后攒够 100000 元,在年度实质利率 8%的情况下,问每年末需存入多少钱才能达到其要求?

**解:**

假设每年末需等额存入 $D$ 元。

我们知道,要在 10 年末攒够 1 元,只需每年末存款 $\dfrac{1}{s_{\overline{10}|}}$,即储蓄因子为 $\dfrac{1}{s_{\overline{10}|}}$。

因此,要积累 100000 元,每年末所需的存款 $D$ 为:

$$D=100000\times \dfrac{1}{s_{\overline{10}|0.08}}$$

$$=100000\times 0.069029$$

$$=6902.29(元)$$

即该人每年末需存入 6902.29 元,才能在 10 年后攒够 100000 元。

**例 2-3** 某人在银行存入 10000 元,计划分 4 年等额支取完,每年末支取一次,银行的年度实质利率为 7%。计算该人每次可支取的金额。

**解:**

设 $R$ 为每次支取金额,因为等额还款因子为 $\dfrac{1}{a_{\overline{4}|}}$,所以有:

$$R=10000\times \dfrac{1}{a_{\overline{4}|0.07}}$$

$$=10000\times \left(\dfrac{1}{s_{\overline{4}|0.07}}+0.07\right)$$

$$=10000\times (0.225228+0.07)$$

$$=2952.28(元)$$

即,该人每次可支取的金额为 2952.28 元。

需要说明的是,有关 $a_{\overline{n}|}$、$s_{\overline{n}|}$ 以及 $\dfrac{1}{a_{\overline{n}|}}$、$\dfrac{1}{s_{\overline{n}|}}$ 的计算,现在一般都可以利用计算器来完成。但是,在计算技术还不是很发达的过去,精算师(以及其他的金融业者)一般使用事先编制好的表格来帮助完成有关年金的计算。附录 1 给出了在过去得到广泛使用的一些表格。在这些表格中,可以查找到一些标准利率(如 1%、1.5%、2%、10%等)下的各期年金的 $a_{\overline{n}|}$、$s_{\overline{n}|}$ 及 $\dfrac{1}{s_{\overline{n}|}}$ 的值,而 $\dfrac{1}{a_{\overline{n}|}}$ 的值则可以利用式(2-6)通过查找表中相应的 $\dfrac{1}{s_{\overline{n}|}}$ 的值而得到。

**例 2-4** 某人从银行借得贷款 10000 元,期限为 10 年,年实质利率为 6%,计算下面三种还款方式中所需支付总的利息金额。

(1) 贷款本金及利息积累值在第 10 年末一次性还清;

(2) 每年末支付贷款利息,第 10 年年末归还本金;

(3) 利用基本年金的方式,每年末支付相同的金额,到第 10 年末正好还清贷款。

**解:**

(1) 一次性支付的本利和为贷款本金金额在 10 年后产生的积累值,该积累值为:
$$10000(1.06)^{10}=17908.48（元）$$
其中利息额为 17908.48-10000=7908.48（元）

(2) 每年支付利息为
$$10000\times0.06=600（元）$$
10 年共支付利息 600×10=6000（元）

(3) 等额还款因子,每期偿还额为
$$R=10000\times\frac{1}{a_{\overline{10}|0.06}}=10000\times(\frac{1}{s_{\overline{10}|0.06}}+0.06)$$
$$=10000\times(0.075868+0.06)$$
$$=1358.68（元）$$

10 年共还款 1358.68×10=13586.80（元）。

其中利息额为 13586.80-10000=3586.80（元）。

注意到,本例显示,相同贷款本金、相同利率、相同期限的三种还款中,由于还款方式不同,产生的还款利息也是不同的。第一种方式产生的利息是 7908.48 元,而第三种方式的利息只有 3586.80 元。对此的解释是,第一种方式的还款速度最慢,因此其全部贷款 10000 元都按照 6% 的贷款利率积累了 10 年的利息,因此,产生的利息自然就比较多;而第三种方式中,由于每次还款都能抵消部分贷款本金,所以全部的贷款本金中有相当多的部分没有按照 6% 的贷款利率积累 10 年,有的只积累了 1 年,有的积累了 2 年,…,因此,积累的利息自然较少;而第二种方式中,由于利息按年支付,所以每年产生的贷款利息,由于及时支付给了贷款人,所以不会产生（利息的）利息,即没有利滚利的部分,但是其贷款本金很明显都以 6% 的贷款利息逐年（共 10 年）产生利息。从还款速度上看,第一种方式的速度最慢,第三种方式的速度最快,因此,相应的利息金额的大小正好以相反的顺序排列。

## 2-2 期初付年金

上一节我们介绍了期末付年金,与之相对应,在每个付款期的期初付款的年金为期初付年金,简称为初付年金或即付年金。初付年金的支付情况如图 2-3 所示:

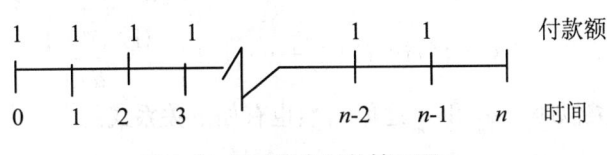

图 2-3 初付年金付款情况图

$n$ 期初付年金的首次付款发生在 0 时,每期付款一次,分别发生在各期期初,一共付款 $n$ 次。$n$ 期初付年金的现值用 $\ddot{a}_{\overline{n}|}$、终值用来 $\ddot{s}_{\overline{n}|}$ 表示。

类似地,系数为 $C$ 的 $n$ 期期初付年金的现值为 $C\ddot{a}_{\overline{n}|}$、终值为 $C\ddot{s}_{\overline{n}|}$。

对于在 0 时的投资 1,在利率 $i$ 下,如果以贴现的方式支付利息,则可以有如图 2-4 的时间图。

其中 $d$ 为与 $i$ 等价的贴现率。

选择 0 点为比较日期,有

$$1 = d\ddot{a}_{\overline{n}|} + v^n \tag{2-7A}$$

于是

$$\ddot{a}_{\overline{n}|} = \frac{1-v^n}{d} \tag{2-8A}$$

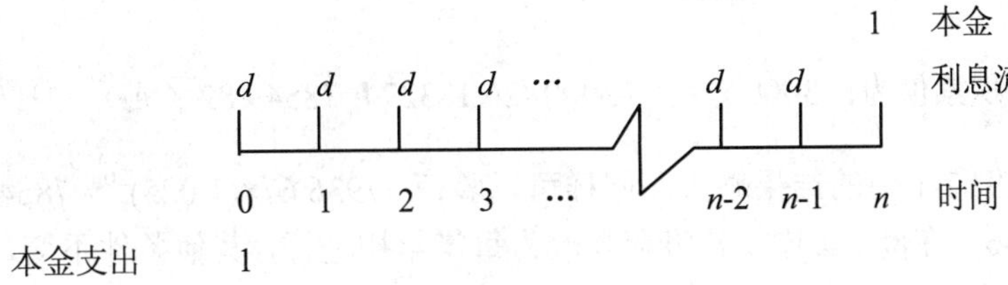

图 2-4 投资 1 产生的以贴现的方式支付利息的现金流图

再选择 $n$ 为比较日期,又有

$$1 + d\ddot{s}_{\overline{n}|} = (1+i)^n \qquad (2\text{-}7B)$$

于是

$$\ddot{s}_{\overline{n}|} = \frac{(1+i)^n - 1}{d} \qquad (2\text{-}9A)$$

式(2-8A)和式(2-9A)当然也可以由级数求和公式，利用图 2-3，将各次付款分别贴现到 0 时或积累到 n 时，然后相加即可得到，即

$$\ddot{a}_{\overline{n}|} = 1 + v + v^2 + \cdots + v^{n-1} = \frac{1-v^n}{d} \qquad (2\text{-}8B)$$

$$\ddot{s}_{\overline{n}|} = (1+i) + (1+i)^2 + \cdots + (1+i)^n = \frac{(1+i)^n - 1}{d} \qquad (2\text{-}9B)$$

另外，类似地，$\ddot{a}_{\overline{n}|}$ 和 $\ddot{s}_{\overline{n}|}$ 之间自然也有如下关系式：

$$\ddot{s}_{\overline{n}|} = \ddot{a}_{\overline{n}|}(1+i)^n \qquad (2\text{-}10A)$$

或

$$\ddot{a}_{\overline{n}|} = \ddot{s}_{\overline{n}|} v^n \qquad (2\text{-}10B)$$

也可以类似于上述关于 $\frac{1}{a_{\overline{n}|}}$ 和 $\frac{1}{s_{\overline{n}|}}$ 的讨论，对 $\frac{1}{\ddot{a}_{\overline{n}|}}$ 和 $\frac{1}{\ddot{s}_{\overline{n}|}}$ 进行讨论，并有类似的关系式：

$$\frac{1}{\ddot{a}_{\overline{n}|}} = \frac{1}{\ddot{s}_{\overline{n}|}} + d \qquad (2\text{-}11)$$

**例 2-5** 在例 2-1 的条件下，若将投资支付改为发生在每年年初，其他条件不变，计算投资 20 年末的现值及积累值。

**解：**

相应地将例 2-1 解中的延付改为即付即可，于是，

年金现值为：$3000\ddot{a}_{\overline{20}|0.025} = 3000 \times 15.97889 = 47936.67$（元）

年金积累值为：$3000\ddot{s}_{\overline{20}|0.025} = 3000 \times 26.183274 = 78549.82$（元）

均比例 2-1 中的结果略大。同样可以验证 $47936.67 \times (1.025)^{20} = 78549.82$。

**例 2-6** 在例 2-2 中，若将存款改为每年年初进行，其他条件不变，计算每年需存入的款项。

**解：**

根据题设知，每年初存入的款项构成期初付年金，设每年年初存款额为 $D'$，

则：

$$D' = 100000 \times \frac{1}{\ddot{s}_{\overline{10}|0.08}}$$

$$= 100000 \times 0.0639162$$
$$= 6391.62 \text{（元）}$$

即该人只需要每年初存入 6391.62 元——低于例 2-2 中的 6902.29 元的存款，就可在 10 年后积累到 100000 元。

由延付年金和初付年金的定义，我们可以发现 $a_{\overline{n}|}$ 与 $\ddot{a}_{\overline{n}|}$ 及 $s_{\overline{n}|}$ 与 $\ddot{s}_{\overline{n}|}$ 之间的关系，事实上，观察下图：

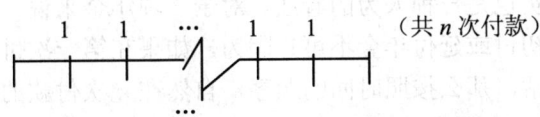

图 2-5　年金时间图

在这个时间图中，我们有意没有像前面的图一样用数字 0，1，2，…来标示时间。这样做自然不会影响到各项符号（或付款）的价值，因为数字只是人为设定的，只要按照一定的逻辑顺序就可以，所以用来标示时间的数字不应该对各项付款的价值造成影响。事实上，对同一个时间图，用来表示时间刻度的数字的表示也不会是唯一的。如，我们可以在图 2-5 中，在第一个付款 1 的前一时刻（下方）标 0，然后依次标 1，2，…，如同图 2-1 一样，我们也可以在刚才标 0 的地方改为标 2000（以实际的日历年份来标示），然后依次标 2001，2002，…。显然，这两种标示不应该对各次付款的价值造成影响。

所以，在没有用数字标明时间的情况下，上图依然意义明确。并且，根据上文的讨论，我们可以得出这 $n$ 次付款分别在四个不同时刻的值，如图 2-6 所示。

由图 2-6 可以发现，$a_{\overline{n}|}$、$\ddot{a}_{\overline{n}|}$、$s_{\overline{n}|}$ 和 $\ddot{s}_{\overline{n}|}$ 其实是同一项年金在不同时刻的价值。$a_{\overline{n}|}$ 是时间数轴上方的 $n$ 期年金在第一次付款的前 1 期的价值，$\ddot{a}_{\overline{n}|}$ 则是这项年金在第一次付款时刻的价值，很显然，$\ddot{a}_{\overline{n}|}$ 相当于 $a_{\overline{n}|}$ 经过一期的积累值，即有

$$\ddot{a}_{\overline{n}|} = a_{\overline{n}|}(1+i) \tag{2-12A}$$

同样地，有

$$\ddot{s}_{\overline{n}|} = s_{\overline{n}|}(1+i) \tag{2-12B}$$

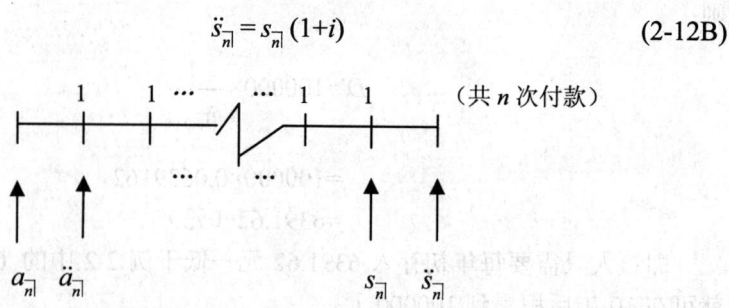

图 2-6　年金在四个特殊时间点上的价值图

另外，由这个没有用数字来标示时间的时间图还可以看出，上述定义的初付或延付年金其实也是一种人为的看法。对于一项年金来说，并没有什么固有的特性使它非是初付或延付年金不可！因为，如果在第一次付款时刻的前一期处用 0 来表示的话，那么按照时间的顺序，自然在 $n$ 次付款的时刻应该分别用 1，2，…，$n$ 来表示，这样它显然同延付年金的时间图（2-1）一致，所以它可以被看成是一项延付年金；而如果用 0 来表示第一次付款时刻的话，则需要用 1，2，…，$n-1$ 来表示后 $n-1$ 次付款时刻，这样的表示使相应的时间图与初付年金的时间图 2-3 相同，因此，这项年金又可以被看成是一项初付年金。事实上，还可以有很多其他的时刻表示法，如用 2013 来表示第一次付款时刻，则结果将与初付或延付年金时间图均不完全相同。

事实上，将一项年金看成是初付年金通常是为了方便对年金在第一次支付时刻和最后一次支付时刻一期后的年金价值的计算，而要计算在年金第一次支付时刻一期前或在年金最后一次支付时刻的价值时，将年金看成是延付的可能更方便。

因此，将一系列付款作怎样的看待其实是很主观的，完全可以根据不同的需要而将一系列付款作不同的看待：将它看成是初付的或延付的，也可以看成是别的形式的，甚至可以看成是多项年金的组合。

例如，可以将分别在 0，1，2，…，$n-1$ 时各付款 1 的 $n$ 次付款看成是一项 $n$ 期初付年金，也可以看成是在"0 时付 1 的一次付款"与"分别在 1，2，…，$n-1$ 时各付款 1 的 $n-1$ 次付款"这两个付款系列的和，后一系列的付款可以被看成是一项 $n-1$ 期延付年金。由此有：

$$\ddot{a}_{\overline{n}|} = 1 + a_{\overline{n-1}|} \tag{2-13A}$$

对于被看成是 $n$ 期初付年金的分别在 0，1，2，…，$n-1$ 时各付款 1 的 $n$

次付款，其终值—即在 $n$ 时的值—为 $\ddot{s}_{\overline{n}|}$，而这一系列付款又可以看成是"分别在 0，1，2，…，n-1，n 时各付款 1 的 $n+1$ 次付款"与"在 $n$ 时付款 1 的 1 次付款"的差，这两列付款在 $n$ 时的值分别为 $s_{\overline{n+1|}}$ 和 1，因此有：

$$\ddot{s}_{\overline{n}|} = s_{\overline{n+1|}} - 1 \tag{2-13B}$$

式(2-12A)~(2-13B)也是利用利息表来查找期初付年金值时最常使用的公式。因为在一般的利息表中，出于简化和方便的目的，没有列出初付年金的标准值，所以一般利用式(2-12A)~(2-13B)，将初付年金转换为延付年金，然后查表得到最后的数值。本书附录的利息表中有期初付年金的标准值，因此，可以不利用这些转换公式，就可以查到相应的数值。当然，在人人都具有比较高级的计算工具（计算器或计算机）的今天，表格的方法使用得越来越少了，所以上述转换可能更多的只是具有理论意义罢了。

以上的讨论主要针对在年金第一次支付时刻或前一期和最后一次支付时刻或后一期上的年金价值的计算，当然这四个点上价值的计算是实务中最常见的，所以需要进行专门的讨论。

在理论上和实务中也会经常遇到计算在任意时刻（即不同于上述四个时刻点）上年金值的问题。归纳起来，可以将这些问题归为三类：

（1）第一次付款时刻多期前的年金值；
（2）最后一次付款时刻多期后的年金值；
（3）付款期间某时刻的年金值。

这里假定考虑的时刻都是整数时刻，即距各付款时刻的距离为付款期间的整数倍。

下面通过一个例子来说明这三种时刻的年金值（现值或积累值）。如图 2-7 所示：

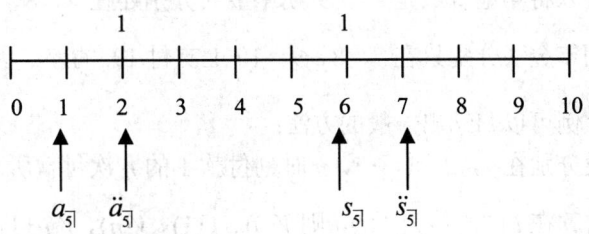

图 2-7 年金时间图

付款次数为 5，首次付款发生在时刻 2，最后一次付款发生在时刻 6。由上述的讨论，如图 2-7 所示，可以知道这 5 次付款分别在 1、2、6、7 时的值为：

$$V(1)=a_{\overline{5}|};$$
$$V(2)=\ddot{a}_{\overline{5}|};$$
$$V(6)=s_{\overline{5}|};$$
$$V(7)=\ddot{s}_{\overline{5}|}。$$

接下来，考虑年金在 0 时、4 时和 10 时的值。

（1）首先，年金在 0 时的值可以通过年金在 1 时的值乘以 1 期贴现因子得到，即 $V(0)=V(1)\times v = a_{\overline{5}|}\times v$；

也可以通过将这一 5 期年金看成是在 1 时还有一次付款的 6 期年金与只在 1 时有付款 1 的 1 期年金的差，因此又有，$V(0)=a_{\overline{6}|}-a_{\overline{1}|}$；

（2）年金在 4 时的值可以由年金在 1 时的值乘以一个 3 期积累因子得到，即 $V(4)=V(1)\times(1+i)^3 = a_{\overline{5}|}\times(1+i)^3$；

也可以由年金在 6 时的值乘以一个 2 期贴现因子得到，即 $V(4)=V(6)\times v^2 = s_{\overline{5}|}\times v^2$；

还可以将这一 5 期年金看成是一个 3 期年金（前三次付款）和一个 2 期年金（后两次付款）的和，从而有 $V(4)=s_{\overline{3}|}+a_{\overline{2}|}$；

（3）年金在 10 时的值可以由年金在 6 时的值乘以一个 4 期积累因子得到，即 $V(10)=V(6)\times(1+i)^4 = s_{\overline{5}|}\times(1+i)^4$；

也可以将年金看成是一个 9 期年金（分别还在 7、8、9、10 上支付 1）与一个 4 期年金（分别只在 7、8、9、10 上支付 1）的差，因此，$V(10)=s_{\overline{9}|}-s_{\overline{4}|}$。

由上例可以归纳出一般的方法：

假设分别在 1，2，3，…，$n$ 时刻付款 1 的 $n$ 次付款所形成的付款系列，记该系列付款在 $t$ 时的值为 $V(t)$，则 $V(0)$、$V(1)$、$V(n)$、$V(n+1)$ 分别为 $a_{\overline{n}|}$、$\ddot{a}_{\overline{n}|}$、$s_{\overline{n}|}$ 和 $\ddot{s}_{\overline{n}|}$，对于其他任意（整数）点 $t$，

(1) 如果 $t<0$（这里为了方便，我们允许负数作为时间的标识数，其意义符合逻辑顺序，如-1 表示在 0 前一期，-5 表示在 0 前 5 期），则

$$V(t)=(1+i)^t a_{\overline{n}|}=v^{-t}a_{\overline{n}|}=a_{\overline{n-t}|}-a_{\overline{-t}|}$$

注意，这里 $t<0$ 为负数；

(2) 如果 $1<t<n$，则 $V(t)=(1+i)^t a_{\overline{n}|}=v^{n-t}s_{\overline{n}|}=s_{\overline{t}|}+a_{\overline{n-t}|}$；

(3) 如果 $t>n+1$，则 $V(t)=(1+i)^t a_{\overline{n}|}=(1+i)^{t-n}s_{\overline{n}|}=s_{\overline{t}|}-s_{\overline{t-n}|}$。

观察上述结果，我们发现，对于任意的 $t$，均有 $V(t)=(1+i)^t a_{\overline{n}|}$，尽管我们的讨论局限在 $t$ 为整数的范围内，但是 $V(t)=(1+i)^t a_{\overline{n}|}$ 对任意的实数 $t$ 都是成立的。这在理论上实现了表达式的统一性，具有较好的理论结果，但是，在实务中，我们更感兴趣的还是除此之外的其他的一些结果，特别是一些用加减法表示而不是用乘法表示的结果，因为加减法的计算比乘法更简单，其含义也更有启发意义。

**例 2-7** 某人从 1980 年 1 月 1 日起开始向希望工程捐款，每年捐款支付 3000 元，到 2005 年 1 月 1 日为止从未间断。该人还表示，他的捐款将持续到 2019 年 1 月 1 日为止。假设年实质利率为 6%，分别求该人的全部捐款在下列各时刻的价值：

(1) 1960 年 1 月 1 日；
(2) 1979 年 1 月 1 日；
(3) 1980 年 1 月 1 日；
(4) 2000 年 1 月 1 日；
(5) 2019 年 1 月 1 日；
(6) 2020 年 1 月 1 日；
(7) 2060 年 1 月 1 日。

**解：**

以 1960 年 1 月 1 日为 0 点，我们有如下的时间图：

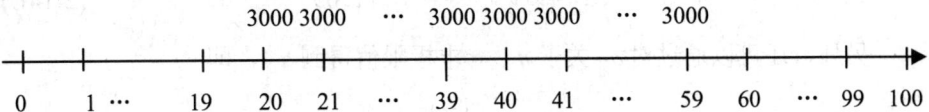

(1) $V(0)=V(19)\times v^{19}=3000(a_{\overline{59}|}-a_{\overline{19}|})=14918.99$；

(2) $V(19)=3000 a_{\overline{40}|}=45138.89$；

（3）$V(20)=3000\ddot{a}_{\overline{40|}} = 47847.22$；

（4）$V(40)= V(19)\times(1+i)^{21}=3000(s_{\overline{21|}} + a_{\overline{19|}})=153452.53$；

（5）$V(59)=3000 s_{\overline{40|}} = 464285.90$；

（6）$V(60)=3000 \ddot{s}_{\overline{40|}} = 492143.05$；

（7）$V(100)= V(59)\times(1+i)^{41}=3000(s_{\overline{81|}} - s_{\overline{41|}})=5062044.60$。

## 2-3 永续年金

前面所讨论的年金都是假定期限为一有限数 $n$。然而年金的期限也可以是无限的，我们把期限无限的即付款永远持续的年金称为永续年金。似乎永远持续的事情总不太现实，因此，关于这种年金的讨论，其理论价值可能比实际应用价值更大。不过，需要指出的是，永续年金模型在实务中也还是有很广泛的应用的，如，股票的红利就可以看成是永续年金的例子。

记期末付永续年金的现值为 $a_{\overline{\infty|}}$，$a_{\overline{\infty|}}$ 其实为分别在 1，2，3，…支付 1 的无穷次付款形成的年金在 0 时的值。

类似于 $n$ 期年金公式的推导，考虑在 0 时付出 1，如果利率条件为 $i$，则这笔付出可以分别在 1，2，3，…收回利息收入 $i$，只要不收回本金，这种利息收入将持续下去，直到永远。也就是说，在 0 时付出的 1，可以交换分别在 1，2，3，…付出的 $i$，即一项每次付款为 $i$ 的永续年金。从而，只要选定 0 时作为比较日期，就有

$$1=ia_{\overline{\infty|}}$$

于是

$$a_{\overline{\infty|}}=1/i \quad (i>0) \qquad (2\text{-}14\text{A})$$

当然，$a_{\overline{\infty|}}$ 也可以通过将每次付款的现值相加而得到，即

$$a_{\overline{\infty|}}=v+v^2+\cdots=\frac{1}{i} \quad (i>0) \qquad (2\text{-}14\text{B})$$

另外，还可以通过对 $a_{\overline{n|}}$ 关于 $n\to\infty$ 求极限值得到 $a_{\overline{\infty|}}$，即

$$a_{\overline{\infty|}}=\lim_{n\to\infty} a_{\overline{n|}}=\lim_{n\to\infty}\frac{1-v^n}{i}=1/i \quad (i>0) \qquad (2\text{-}14\text{C})$$

相应地记期初付永续年金的现值为 $\ddot{a}_{\overline{\infty|}}$，即在 0，1，2，…分别付 1 的无穷次付款在 0 时的值为 $\ddot{a}_{\overline{\infty|}}$，类似地，考虑在 0 时的投资 1，如果每期利息改在期

初支付，则相应的金额将变为 $d$。从而有：

$$1=d\ddot{a}_{\overline{\infty}|}$$

于是

$$\ddot{a}_{\overline{\infty}|}=1/d \tag{2-15A}$$

或

$$a_{\overline{\infty}|}=1+v+v^2+\cdots=1/d \quad (i>0) \tag{2-15B}$$

或

$$a_{\overline{\infty}|}=\lim_{n\to\infty}\ddot{a}_{\overline{n}|}=\lim_{n\to\infty}\frac{1-v^n}{d}=1/d \quad (i>0) \tag{2-15C}$$

永续年金的最终积累值不存在，因为给付没有终点时刻，且无穷次的给付也将导致积累值变得无穷大。

注意到 $a_{\overline{n}|}=\frac{1-v^n}{i}=\frac{1}{i}-v^n\times\frac{1}{i}=a_{\overline{\infty}|}-v^n a_{\overline{\infty}|}$，我们发现，也可以将 $a_{\overline{n}|}$ 看成是两个永续年金的组合（其中 $v^n$ 为 $n$ 期贴现因子）：一个在 1，2，3，… 分别支付 1 的永续年金和另一个在 $n+1$，$n+2$，$n+3$，… 分别支付 1 的永续年金，显然，这两个永续年金的付款差正好是在 1，2，3，…，$n$ 分别支付 1 的 $n$ 次付款。

**例 2-8** 有甲、乙、丙三人共同为某学校设立总额为 100 万元的奖学基金。该基金以永续年金的方式每年支付一次用作该校部分学生的奖学金，第一次支付在基金设立一年后。甲、乙、丙经协商，决定由甲为前 8 年的支付出资，乙为接下来的 10 年的支付出资，余下的款项由丙出。假设基金可以以年实质利率 8% 计息。分别计算甲、乙、丙三人的出资额。

**解：**
由题设，知学校每年可从该基金中取出的用作奖学金的金额为：

$$R=100\frac{1}{a_{\overline{\infty}|}}=8（万元）$$

甲的出资：

$$PV_{甲}=8\times a_{\overline{8}|}=45.97311（万元）$$

乙的出资：

$$PV_{乙}=8\times(a_{\overline{18}|}-a_{\overline{8}|})=29.00199（万元）$$

丙的出资：
$$PV_丙=100-45.97311-29.00199=25.0249（万元）$$

乍一看，上述结果似乎有点出乎意料。因为从出资包含的支付次数上看，似乎甲的贡献最小，丙的贡献最大，而从上述解答的结果来看，恰恰相反，甲对基金的贡献是最大的，丙却是最小的。其中原因自然是由于 8%的实质利率的影响！

## 2-4 非标准期的年金问题

我们知道，一般的利息问题包含有未知时间问题，对于年金问题来说，同样如此。

年金的未知时间问题，指的是在其他基本量已知的情况下，求解年金的期数。例如，某人有一笔 10000 元的债务，利率为 10%。他决定自借债时刻起，每年末还一次 2000 元。问：要还清债务，他一共需要还款几次？

这个问题看起来很简单。假设需要还 $n$ 次，则有方程

$$10000=2000\, a_{\overline{n}|}$$

或

$$a_{\overline{n}|}=5$$

由 $a_{\overline{n}|}$ 的表达式，可以得出 $n=\ln(1-5i)/\ln v$，将 $i=10\%$ 代入，得 $n=\ln2/\ln1.1\approx7.27$。

结果不是一个正整数！这与我们对 $a_{\overline{n}|}$ 中的 $n$ 的理解是不一致的。因为从上述的讨论中看，$a_{\overline{n}|}$ 中的 $n$ 表示的应该是付款的次数或年金的期数，这种理解是不允许 $n$ 不为整数的，而上述简单的例题里竟然出现了非整数的 $n$！显然是出乎我们的意料的。

从例题本身来看，实务中这种问题应该是非常常见的。因此，需要扩大对年金的理解，即引入非标准期年金。

所谓非标准期年金，指的是期数不为整数的年金，用符号表示即为 $a_{\overline{n+k}|}$，其中 $n$ 为整数，$0<k<1$。

在给出 $a_{\overline{n+k}|}$ 的含义之前，我们先套用年金公式进行理论上的推导：

$$a_{\overline{n+k}|} = \frac{1-v^{n+k}}{i}$$

$$= \frac{1-v^n+v^n-v^{n+k}}{i}$$

$$= a_{\overline{n}|} + v^{n+k}\left[\frac{(1+i)^k-1}{i}\right] \tag{2-16}$$

观察上式的最后结果，我们知道 $a_{\overline{n}|}$ 有明确的含义，即分别 1, 2, …, $n$ 时支付 1 的 $n$ 期年金在 0 时的值。而最后结果中的后一部分则可以看成是在 $n+k$ 时刻支付的 $s_k = \frac{(1+i)^k-1}{i}$ 在 0 时的现值。因为 $v^{n+k}$ 为 $n+k$ 期贴现因子，它实际上暗示了支付应该发生的时刻。由此，可以给出一个对 $a_{\overline{n+k}|}$ 的描述：

0 时的一笔大小为 $a_{\overline{n+k}|}$ 的债务，可以通过在 1, 2, …, $n$ 时分别还款 1, 然后在 $n+k$ 时还款 $\frac{(1+i)^k-1}{i}$ 来还清。这种还款方式中的前 $n$ 次付款 1 通常被称为规则付款，而最后一次付款则常被称为零头付款，因为 $\frac{(1+i)^k-1}{i} \approx k<1$。

上述的举例相当于是 $2000 a_{\overline{7.27}|} = 10000$ 的问题。根据上述讨论，这项贷款可以按照如下方式还款：

将贷款时刻记为 0 时，则还款可以分别在 1、2、3、4、5、6、7 时各支付 1×2000 元，然后再在 7.27 时付款大约 0.27×2000 元（精确值为在 $n+k$ 时支付 $2000 \times \frac{(1+i)^k-1}{i}$，这里 $n=7$, $i=10\%$, $k$ 满足方程 $a_{\overline{n+k}|}=5$）。

通过上述的讨论，我们解决了在这一节开始看起来有点麻烦的问题。但是，上述的解决方法在实务中应用起来有时会显得不太方便。其最大的不方便之处是它要求计算最后一次付款的时刻（不是人为选定的日期，而是由借款金额、每次还款金额和利率情况决定），即由计算出来的 $k$ 值决定最后的零头付款的时间。这样做可能导致的结果是，算出来的日期可能会给借贷双方来带来不方便，或影响借贷双方的财务计划。因此，为了解决这种不足，实务中人们提出了一些其他的替代的方法：

一种方法是将本来应该在 $n+k$ 时的零头付款改在最后一次规则付款时刻（即整数点 $n$ 上）支付，当然，这时的支付量不应该是 $1 + \frac{(1+i)^k-1}{i}$，而是应该根据价值等式另外计算。利用复利的方法，很容易算得在 $n$ 时超出 1 的支付额

应该为 $\frac{(1+i)^k-1}{i}v^k=\frac{1-v^k}{i}=a_k$。这种方式有时被叫做上浮支付。这样做避免了由于非人为因素而带来的有关日期选择上的尴尬。但是在应用中，这种方式有时也会受到一些限制，如，当还款人的最大还款能力就是每次规则还款量时，这种在最后一次要附加一笔小额支付的要求可能就不能得到满足。为此，人们又引入了另一种做法，它不是将最后的零头支付提前到最后一次规则付款时刻，而是延迟到下一个规则付款时刻，即在 $n+1$ 时支付本应在 $n+k$ 时应该支付的 $\frac{(1+i)^k-1}{i}$，自然，由复利的计算，可以知道在 $n+1$ 时应该支付的金额为 $s_k \times (1+i)^{1-k}=a_k \times (1+i)$。更具体地，就是 0 时的 $a_{\overline{n+k}|}$ 的债务，可以通过在 1, 2, …, $n$ 时分别还款 1，然后在 $n+1$ 时还款 $a_k(1+i)$ 来还清。这种方式有时被称为扣减式付款。

**例 2-9**  某人借款 500000 元用于购买住房，并计划每年年末还款 50000 元，直到还完，贷款利率为年度实质利率的 6%。分别以上文讨论过的三种还款方式，计算借款人还款的整数次数 $n$ 以及最后的还款零头。

**解：**
（1）假设还款零头在最后一次规则还款时刻，即在时刻 $n$ 时支付。
根据题设，由价值等式
$$50000\,a_{\overline{n+k}|}+f_1 v^n=500000$$

即 $a_{\overline{n+k}|}=10$，查表（或计算）知，$15<n<16$，即借款人还款的整数次数为 15 次，每次规则还款金额为 50000 元。

假设最后一次小额还款量为 $f_1$，则有：
$$50000\,a_{\overline{n}|}+f_1 v^n=500000$$

可得 $f_1=34480.6$（元）。

（2）假设零头在 $n\sim n+1$ 中间支付，如式(2-15)所述情况，
首先，规则还款次数如同情况（1）中一样，仍然是 $n=15$ 次。

现在零头支付在 $n+k$ 时，由 $a_{\overline{n+k}|}=10$ 可以解出 $k=0.72521$。

在 $n+k$ 时的零头支付金额为 $f_2=50000\,\frac{(1+i)^k-1}{i}=35968.88$（元）。

注意，在实际还款中，还需要将 $k=0.72521$ 化为日历上的日期。

因为 $365×0.72521≈265$，假设规则还款发生在每年的 1 月 1 日，则最后一次零头支付将发生在 9 月 24 日左右。

$f_2$ 的计算中，如果用 $k$ 来代替 $\dfrac{(1+i)^k-1}{i}$，其实相当于用了一次单利近似复利，得到 $f_2≈36260.43$，误差为 $35968.88-36260.43=-291.55$。负号表明在不到一期的情况下，单利的积累比复利快（多），这与第一章中的结论是相符的。

（3）假设零头在最后一次规则还款的一年后，即在 $n+1$ 时刻支付。

同前面的情况一样，$n=15$ 次，假设零头为 $f_3$，则有

$$50000\, a_{\overline{n}|}+f_3 v^{n+1}=500000$$

即

$$f_3=(500000-50000\, a_{\overline{n}|})×(1+i)^{n+1}=f_1×(1+i)=36549.44（元）$$

本例中各种还款方式的时间图如下：

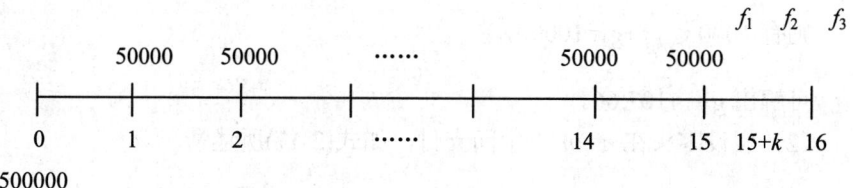

图 2-8A  交易时间图

前面我们讨论了非标准期年金的现值问题，对于非标准期年金的终值问题，可以进行类似的讨论。

$$\begin{aligned}s_{\overline{n+k}|}&=\frac{(1+i)^{n+k}-1}{i}\\&=\frac{(1+i)^{n+k}-(1+i)^k+(1+i)^k-1}{i}\\&=(1+i)^k s_{\overline{n}|}+\frac{(1+i)^k-1}{i}\end{aligned} \quad (2\text{-}17)$$

式(2-16)的解释是，为了积累 $s_{\overline{n+k}|}$，可以在 $1,2,\cdots,n$ 时分别存入 1 元，在 $n+k$ 时补足零头 $\dfrac{(1+i)^k-1}{i}$，这样在 $n+k$ 时就能积累到所需的 $s_{\overline{n+k}|}$ 了。

类似于非标准期年金现值问题中的上浮支付和扣减式付款,在终值问题中也可以有类似的讨论,有关的讨论留作练习。

**例 2-10** 某人拟每年年末在银行存款 1000 元,以便在某年年末积累到 10000 元,设年利率为 3%,按照类似于非标准期年金现值问题中的三种还款方式,计算规则的存款次数和零头存款额。

**解:**
由年金积累公式有:

$$1000 s_{\overline{n+k}|0.03}=10000$$

即

$$s_{\overline{n+k}|0.03}=10$$

查表或通过计算知:$8<n+k<9$。因此需要有 8 次规则的存款和 1 次零头存款。

(1) 假设零头存款在最后一次规则存款时刻,即在时刻 8 时。

则有 $1000 s_{\overline{8}|0.03}+g_1=10000$,

可解出 $g_1=1107.66$。

(2) 假设零头在 $n\sim n+1$ 中间支付,如式(2-17)所述情况。

于是,由 $1000 s_{\overline{n+k}|0.03}=10000$,解出 $n+k\approx 8.876$,从而零头存款为在 $n+k=8.876$ 时的 $g_2=1000\times\dfrac{(1+i)^k-1}{i}=874.40\approx 1000k\approx 876$ 元,积累 10000 元的目标在此时就告实现了。

(3) 假设零头在最后一次规则还款的一年后,即在 $n+1$ 时刻支付。

设零头存款为 $g_3$,则有:

$$1000 s_{\overline{8}|0.03}\times(1.04)+ g_3=10000$$

$$g_3=840.89(元)$$

本例中各种还款方式如图 2-8B 所示(付款单位:1000)。

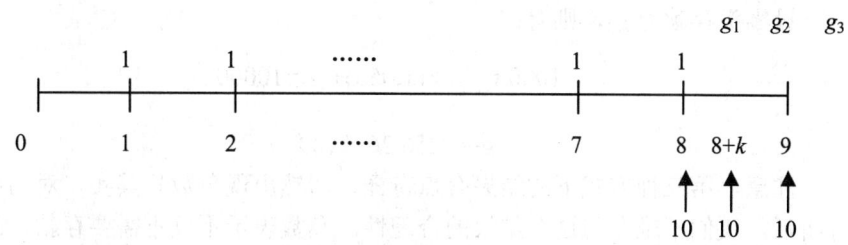

**图 2-8B  交易时间图**

图中向上的箭头所指的时刻表示积累到 10000 元的时刻。

同现值问题一样，实务中第二种方式的应用并不多见。

与现值问题不同的是，在第一种方式中，这里计算的结果是 $g_1$= 1107.66，比 1 次规则付款量还大。这种情况在现值问题的第一种方式（上浮支付）中是不会出现的，当然，在现值问题的第三种方式（扣减式付款）中，有可能会出现零头金额大于 1 次规则付款量的情况，但是，在终值问题中，这种情况不会出现。其中的理由留着练习。

**例 2-11**  若在上例中，利率改为 6%，重新计算规则的存款计数和零头存款额，看看会发生什么变化。

**解：**

由题意，

$$1000\, s_{\overline{n+k}|0.055} = 10000$$

同样有
$$8 < n+k < 9$$

所以同样需要有 8 次规则的存款和 1 次零头存款。

（1）假设零头存款在最后一次规则存款时刻，即在时刻 8 时。

则有
$$1000\, s_{\overline{8}|0.055} + g_1 = 10000$$

可解出
$$g_1 = 278.43$$

（2）假设零头在 $n\sim n+1$ 中间支付，如式(2-17)所述情况。

于是，由 $1000\, s_{\overline{n+k}|0.055} = 10000$，解出 $n+k \approx 8.18544$，从而零头存款为在 $n+k=8.18544$ 时的 $g_2 = 1000 \times \dfrac{(1+i)^k - 1}{i} = 181.42 \approx 1000k \approx 185.44$ 元，积累 10000 元的目标在此时就告实现了。

（3）假设零头在最后一次规则还款的一年后，即在 $n+1$ 时刻支付。

设零头存款为 $g_3$，则有：

$$1000 s_{\overline{8}|0.055} \times (1.055) + g_3 = 10000$$

$$g_3 = -256.26 \text{（元）}$$

注意，第三种方式下的结果有点奇怪，居然出现负数！其实，对问题进行分析后，我们不难发现这个结果的合理性。负数表示不仅不需要存款，反而在不存入任何钱的情况下，可以超支 256.26 元。之所以会发生这种情况，是复利积累造成的。因为在这种情况下，在最后一次规则存款即第 8 次 1000 元存款时，存款账户的余额已经非常接近于 10000 元了，虽然还没有达到 10000 元，但是再经过 1 年后，原有余额在这一年中产生的利息就超过在 1 年前（即 8 时）所差的余额。也就是说，在 1 年后（即 9 时），账户的余额已经自增到 10256.26 元了，因此无须任何存款；相反，在达到积累 10000 元的目标的同时，还可以取出另外超出的 256.26 元。

这种情况在非标准期年金的现值问题中不会出现，它是非标准期年金的终值问题中所特有的。

## 2-5 年金的未知利率问题

在关于基本利息问题的讨论中，我们知道还有一种问题，就是未知利率问题。

从某种意义上讲，利率是利息问题中最重要的基本量。一方面如第一章中所显示的，对未知利率的利息问题的求解是最复杂的，有时甚至是不可能的；另一方面则是因为利率是用来表示金钱时间价值大小的参数，利率的些微变化可能导致付款的价值发生非常大的变化，付款在比较日期上的价值容易受到利率影响的这种特性常被称为付款关于利率的敏感性。正是因为付款关于利率的敏感性使利率成为了利息问题中最重要的变量。

年金问题是一种特殊的利息问题，是付款等时间间隔进行的利息问题。所以年金的未知利率问题实际上属于上一章中讨论过的一般的未知利率的问题。鉴于年金付款方式的特殊性，本节在上一章的基础上，讨论更有针对性的求解年金未知利率的方法。

年金的未知利率问题是指付款次数和各次付款金额均已知，并且付款形成一项年金，同时还知道该年金在某个时间点上的价值的情况下，求解未知的利率的问题。

一般来说，年金的未知利率问题通常都会归结为对方程 $a_{\overline{n}|i}=k$ 或 $s_{\overline{n}|i}=k$ 的求解上。对于 $n\leq 2$，显然 $a_{\overline{n}|i}=k$ 其实是一个关于 $1+i$ 的一元二次（或一次）方程，直接求出其根，即可解出 $i$ 的值。

**例 2-12**  某人存入某基金 10000 元，这笔存款恰好可以被分别在半年后和一年后的 6000 元取款取空，求该基金的利率。

**解：**

由题意，有

$$10000=6000\,a_{\overline{2}|i}=6000v+6000v^2$$

于是，

$$v=\frac{-6\pm\sqrt{36+240}}{12}=0.8844（另一负根舍去）$$

从而

$$1+i=1/v\approx 1.13$$

即

$$i=13\%$$

在年金问题中，$n\leq 2$ 是非常个别的情况，更常见的 $n$ 都是比较大的，所以上述方法的使用范围是极其有限的。因此，对于更一般的问题的求解，需要使用其他的方法。

正如前文中提到的，因为利率是利息问题中最重要的变量，所以求解未知利率问题就显得非常重要。同时又因为未知利率的求解是最复杂和最困难的，所以相关的解决问题的方法也很多。

以下介绍一些在求解年金未知利率问题中常用的方法。

1. 级数展开法

级数展开法是指利用数学上的级数展开技术，将年金看成是未知数 $i$ 的函数，然后利用泰勒展开的方法，得到年金函数的泰勒展开式，再取展开式的前几项（通常是前两到三项）作为原年金函数的近似，这样，原年金函数就变成了一个关于未知变量 $i$ 的（一次或二次）多项式，代入年金值，得到一个一元一次（或二次）方程，然后解这个简单的方程，得到未知变量的解。

具体地，如需要求解未知利率问题 $a_{\overline{n}|i}=k$。

首先，利用泰勒展开，有：

$$f(i) = a_{\overline{n}|} = f(0) + f'(0)\,i + \frac{f''(0)}{2!}i^2 + \cdots$$

$$= n - \frac{n(n+1)}{2!}i + \frac{n(n+1)(n+2)}{3!}i^2 - \cdots \tag{2-18}$$

取上式右端前两项作为近似，则有

$$k = a_{\overline{n}|} \approx n - \frac{n(n+1)}{2!}i$$

从而

$$i \approx 2(n-k)/[n(n+1)]$$

如果取前三项作为近似，则可以得到一个更复杂同时也可能更精确的利率的表达式。

在利用级数展开的方法求解未知利率问题的过程中，人们还发现，如果对 $\dfrac{1}{a_{\overline{n}|}}$（而不是 $a_{\overline{n}|}$）进行泰勒展开，效果会更好：

$$\frac{1}{a_{\overline{n}|}} = \frac{1}{n}\left(1 + \frac{n+1}{2}i + \frac{n^2-1}{12}i^2 + \cdots\right) \tag{2-19}$$

同样，以前两项作为近似，则有

$$\frac{1}{k} = \frac{1}{a_{\overline{n}|}} \approx \frac{1}{n}\left(1 + \frac{n+1}{2}i\right)$$

从而

$$i \approx 2(n-k)/[k(n+1)] \tag{2-20}$$

## 2. 插值法

插值法的具体做法是：首先利用其他的方法找到两个近似的利率值，设为 $i_1$ 和 $i_2$，使这两个利率满足 $a_{\overline{n}|i_1} > k$ 和 $a_{\overline{n}|i_2} < k$。这个要求是很容易得到满足的，这是因为 $a_{\overline{n}|i}$ 关于利率 $i$ 是严格单减的函数，所以就算在没有更好的方法的情况下，也可以随意选取一个数 $i$（如 10%），计算相应的 $a_{\overline{n}|i}$，如果 $a_{\overline{n}|i} > k$，则令该 $i$ 为所需的 $i_1$，然后通过从大于该 $i$ 的数中，取足够大的、合适的、满足 $a_{\overline{n}|i_2} < k$ 的数为 $i_2$ 即可；如果开始随意选取的 $i$ 使 $a_{\overline{n}|i} < k$，那么可以令其为所需的 $i_2$，然后从小于该 $i_2$ 的数中去寻找 $i_1$。

一般地，比随意选取更好的方法是利用上述由级数展开而得到的公式找到 $i_1$ 和 $i_2$ 中的一个，然后再在其附近找到另一个。有时也可以利用利息表来得到最初的 $i_1$ 和 $i_2$。

得到最初的 $i_1$ 和 $i_2$ 只是插值法的第一步。由 $a_{\overline{n}|i_1}>k$ 和 $a_{\overline{n}|i_2}<k$ 以及 $a_{\overline{n}|i}$ 关于利率 $i$ 的单调性，可以断定真实的 $i$ 一定介于 $i_1$ 和 $i_2$ 之间，于是，可以在 $i_1$ 和 $i_2$ 之间插入一个数，以这个数作为比 $i_1$ 和 $i_2$ 更好的对真实 $i$ 的估计，这就是插值法的原理所在。在 $i_1$ 和 $i_2$ 之间插入一个数（即所谓的插值）的方法又可以分为很多种，如线性插值、指数插值或调和插值等都是常用的方法。我们这里介绍一种中点插值的方法。因为我们认为，在未知利率求解的实际应用中，其他方法的效率并不明显高于中点插值方法，而中点插值方法则具有比其他方法更简便和易于掌握的好处。

中点插值方法是指，选取 $i_1$ 和 $i_2$ 之中间的那个数，即 $(i_1+i_2)/2$ 作为进一步的估计。到此完成一次插值，并得到一个相对（$i_1$ 和 $i_2$）更精确的对 $i$ 的近似值。之所以认为 $(i_1+i_2)/2$ 相对 $i_1$ 和 $i_2$ 更精确，并不因为这三个数分别与 $i$ 的距离以 $(i_1+i_2)/2$ 对应的距离（即 $(i_1+i_2)/2$ 减去 $i$ 的绝对值）最小，而是因为，以 $i_1$ 或 $i_2$ 作为 $i$ 的近似时，误差范围为 $|i_1-i_2|$，而以 $(i_1+i_2)/2$ 作为近似时，误差范围缩小了一半，为 $|i_1-i_2|/2$。

插值方法的好处不仅表现为它能够得到一个在某种意义下的更精确的近似值 $(i_1+i_2)/2$，而且更重要的好处是它能够一次接一次地重复做下去，直到达到所需的精度为止。

如，假设精度为 $|i_1-i_2|/2$ 还不够，那么将 $(i_1+i_2)/2$ 代入 $a_{\overline{n}|i}$ 中，如果它使 $a_{\overline{n}|i}>k$，则以之代替原来的 $i_1$，否则代替 $i_2$，这样重复上一次操作，可以得到一个新的 $(i_1+i_2)/2$，而这个新的 $(i_1+i_2)/2$ 比真实的 $i$ 值的误差范围又缩小了一倍。可以看出，每多做一次中点插值，误差范围就能缩短一倍，做 $n$ 次插值，最终的近似值与真实值之间的距离就将被控制在最初的（第一次插值前的）$|i_1-i_2|/2^n$ 之内，因为当 $n$ 足够大时，$|i_1-i_2|/2^n \to 0$，所以可以得到任意精度的近似解。

3. 迭代法

迭代法是另一种非常重要的求解未知利率问题的方法。

迭代法的做法是：首先要得到一个形如 $i=g(i)$ 的迭代方程，然后选择一个初值 $i_0$，由 $i_{n+1}=g(i_n)$ 得出一系列值 $i_0, i_1, \cdots, i_n, i_{n+1}, \cdots$，如果这个数列收敛的话，那么它一定收敛于真实值 $i$。因此，如果这个数列收敛的话，可以选择一个比较大的 $n$，以 $i_n$ 作为真实值 $i$ 的近似值就可以了。一般来讲，$n$ 越大，精度越高。

从这种方法看，其关键的要求是迭代出来的数列 $i_0, i_1, \cdots, i_n, i_{n+1}, \cdots$ 收敛。一般地，数列 $i_0, i_1, \cdots, i_n, i_{n+1}, \cdots$ 是否收敛是由函数 $g(\bullet)$ 决定的。关于什么样的函数 $g(\bullet)$ 能保证相应的迭代数列收敛的讨论，不属于本课程的范围，

有兴趣的读者可以参考其他有关书籍。在这里我们只针对 $a_{\overline{n}|i}=k$ 的求解。

我们说，由 $a_{\overline{n}|i}=k$ 导出的 $i=\dfrac{1-(1+i)^{-n}}{k}$ 作为迭代关系式即可。或者说，$g(i)=\dfrac{1-(1+i)^{-n}}{k}$ 时，迭代出的数列收敛。

于是，可以根据需要，决定迭代次数，得出满足精度要求的解。

在计算机还没有得到普遍应用的年代，只能借助简单的计算器进行计算，那么，每多进行一次迭代（包括插值），带来的计算量都是令人生厌的。因此，光能保证收敛还不够，收敛速度也是非常重要的，在那时，有很多人致力于寻找收敛速度快的迭代关系式，他们通过构造不同的迭代公式（或插值方法），找到了许多不仅收敛而且收敛速度很快的迭代公式，他们的工作极大地提高了迭代的效率，极大地减少了计算量。

今天，在有了计算机作为计算辅助工具的年代，计算次数的多少已经显得不那么重要了。因为对计算机而言，进行 10 次计算与进行 1000 次计算几乎没有明显的差别。所以，一般情况下，上述的迭代法和插值法与其他的具有较快收敛速度的方法在应用中已经没有本质的差别了。

需要特别注意的是，上述的迭代只对由 $a_{\overline{n}|i}=k$ 推导 $i$ 有效，对于已知 $s_{\overline{n}|i}=k$，求解 $i$ 则不能如法炮制。

事实上，如果类似地由 $s_{\overline{n}|i}=k$ 得到 $i=\dfrac{(1+i)^n-1}{k}$，然后用迭代的方法，可以发现，产生出来的 $i_0$, $i_1$, $\cdots$, $i_n$, $i_{n+1}$, $\cdots$ 数列发散！即这种迭代是不行的。

上述迭代方法出现问题并不意味着迭代方法不能解决由 $s_{\overline{n}|i}=k$ 求解 $i$ 的问题。因为由 $s_{\overline{n}|i}=k$ 产生的 $i=g(i)$ 的形式可以有很多种，比如 $i=s_{\overline{n}|i}-k+i$ 或 $i=\dfrac{k\cdot i}{s_{\overline{n}|i}}$ 就是与上述 $i=\dfrac{(1+i)^n-1}{k}$ 不同形式的 $i=g(i)$。

研究发现，如果令 $g(i)=i\left\{1+\dfrac{(1+i)^n-1-ki}{(1+i)^{n-1}[1-i(n-1)]-1}\right\}$ 时，那么由 $s_{\overline{n}|i}=k$ 可以导出 $i=g(i)$，这样的 $i=g(i)$ 产生的迭代结果会收敛，而且收敛速度还比较快。这种迭代方法有时被称为 Newton-Raphson 方法，相应的迭代公式如下：

$$i_{s+1}=i_s\left\{1+\dfrac{(1+i_s)^n-1-ki_s}{(1+i_s)^{n-1}[1-i_s(n-1)]-1}\right\} \tag{2-21A}$$

第二章 年金    79

由此看来，在使用迭代法时，$g(i)$的选择或构造非常重要，关于如何构造出合适的$g(i)$的讨论已超出本书的范围，有兴趣的读者可以参考相关资料。

另外，Newton-Raphson方法也有求解$a_{\overline{n}|i}=k$中$i$的方法：

$$g(i)=i\left\{1+\frac{1-v^n-ki}{1-v^{n+1}[1+i(n+1)]}\right\}$$

或

$$i_{s+1}=i_s\left\{1+\frac{1-(1+i_s)^{-n}-ki_s}{1-(1+i_s)^{-n-1}[1+i_s(n+1)]}\right\} \tag{2-21B}$$

这种迭代比上述 $i_{s+1}=\dfrac{(1+i_s)^n-1}{k}$ 的迭代的收敛速度要快许多。

**例 2-13** 在利率为$i$时，某人存入银行10000元，然后每年年末从银行支取1000元，共支取12年，恰好支取完毕，计算$i$值。

**解：**

由题设，可得相应的年金表达式：

$$1000\,a_{\overline{12}|i}=10000$$

即

$$a_{\overline{12}|i}=10$$

（1）插值法：

首先，查表知

$$a_{\overline{12}|0.03}=9.954,\quad a_{\overline{12}|0.025}=10.2578$$

于是，可知$i$介于$i_1=2.5\%$与$i_2=3\%$之间。

利用线性插值，即由点（2.5%，9.954）、（$i$，10）和（3%，10.2578）位于同一条直线上，可以解出：

$$i=i_1+(k-a_{\overline{n}|i_2})(i_2-i_1)/(a_{\overline{n}|i_1}-a_{\overline{n}|i_2})$$

$$=2.5\%+(10-10.2578)(3\%-2.5\%)/(9.954-10.2578)$$

$$=2.924289\%$$

将该值代入$a_{\overline{n}|i}$中，如果得到的$a_{\overline{n}|i}$值大于$k=10$，则将该$i$值赋予$i_1$，如果比$k=10$小，则将该$i$值赋予给$i_2$，重复上述过程。如果觉得得到的$a_{\overline{n}|i}$值已经非常接近$k=10$，则可以终止插值，得到所需利率。

我们将 $i$=2.924289%代入后，发现 $a_{\overline{n}|i}$=9.999142 已经很接近 10，可以终止插值，提交答案。

如果觉得精度还不够，可以将该 $i$ 值赋予给 $i_2$，结合原有的 $i_1$=2.5%，重复上述过程。

（2）迭代法：

首先，利用 $i_{s+1}=\dfrac{(1+i_s)^n-1}{k}$ 迭代，下表给出了 140 次迭代的结果。其中任意选择初值 $i$=10%。

| | | | | | | | | | |
|---|---|---|---|---|---|---|---|---|---|
| 1 | 10.0000000000% | 29 | 2.9317529992% | 57 | 2.9228948827% | 85 | 2.9228542646% | 113 | 2.9228540778% |
| 2 | 6.8136918229% | 30 | 2.9301928075% | 58 | 2.9228774473% | 86 | 2.9228543318% | 114 | 2.9228540776% |
| 3 | 5.4660483050% | 31 | 2.9289067506% | 59 | 2.9228818597% | 87 | 2.9228542047% | 115 | 2.9228540775% |
| 4 | 4.7198298871% | 32 | 2.9278464707% | 60 | 2.9228770015% | 88 | 2.9228541824% | 116 | 2.9228540774% |
| 5 | 4.2501983469% | 33 | 2.9269722016% | 61 | 2.9228729929% | 89 | 2.9228541639% | 117 | 2.9228540773% |
| 6 | 3.9315563890% | 34 | 2.9262512222% | 62 | 2.9228696852% | 90 | 2.9228541487% | 118 | 2.9228540772% |
| 7 | 3.7044912982% | 35 | 2.9256565957% | 63 | 2.9228669559% | 91 | 2.9228541362% | 119 | 2.9228540772% |
| 8 | 3.5370735416% | 36 | 2.9251661377% | 64 | 2.9228647039% | 92 | 2.9228541258% | 120 | 2.9228540771% |
| 9 | 3.4105468689% | 37 | 2.9247615719% | 65 | 2.9228628457% | 93 | 2.9228541173% | 121 | 2.9228540771% |
| 10 | 3.3131438271% | 38 | 2.9244278375% | 66 | 2.9228613124% | 94 | 2.9228541102% | 122 | 2.9228540771% |
| 11 | 3.2370983507% | 39 | 2.9241525205% | 67 | 2.9228600472% | 95 | 2.9228541044% | 123 | 2.9228540770% |
| 12 | 3.1770761176% | 40 | 2.9239253866% | 68 | 2.9228590032% | 96 | 2.9228540996% | 124 | 2.9228540770% |
| 13 | 3.1292934126% | 41 | 2.9237379975% | 69 | 2.9228581418% | 97 | 2.9228540956% | 125 | 2.9228540770% |
| 14 | 3.0909952135% | 42 | 2.9235833943% | 70 | 2.9228574310% | 98 | 2.9228540923% | 126 | 2.9228540770% |
| 15 | 3.0601319447% | 43 | 2.9234558381% | 71 | 2.9228568445% | 99 | 2.9228540896% | 127 | 2.9228540770% |
| 16 | 3.0351515597% | 44 | 2.9233505952% | 72 | 2.9228563606% | 100 | 2.9228540874% | 128 | 2.9228540770% |
| 17 | 3.0148613834% | 45 | 2.9232637611% | 73 | 2.9228559612% | 101 | 2.9228540856% | 129 | 2.9228540770% |
| 18 | 2.9983336713% | 46 | 2.9231921149% | 74 | 2.9228556318% | 102 | 2.9228540841% | 130 | **2.9228540769%** |
| 19 | 2.9848394283% | 47 | 2.9231329996% | 75 | 2.9228553599% | 103 | 2.9228540828% | 131 | 2.9228540769% |
| 20 | 2.9738010037% | 48 | 2.9230842231% | 76 | 2.9228551355% | 104 | 2.9228540818% | 132 | 2.9228540769% |
| 21 | 2.9647574710% | 49 | 2.9230439769% | 77 | 2.9228549504% | 105 | 2.9228540809% | 133 | 2.9228540769% |
| 22 | 2.9573389105% | 50 | 2.9230107691% | 78 | 2.9228547977% | 106 | 2.9228540802% | 134 | 2.9228540769% |
| 23 | 2.9512470145% | 51 | 2.9229833686% | 79 | 2.9228546716% | 107 | 2.9228540796% | 135 | 2.9228540769% |
| 24 | 2.9462402662% | 52 | 2.9229607598% | 80 | 2.9228545677% | 108 | 2.9228540792% | 136 | 2.9228540769% |
| 25 | 2.9421224842% | 53 | 2.9229421046% | 81 | 2.9228544818% | 109 | 2.9228540788% | 137 | 2.9228540769% |
| 26 | 2.9387338777% | 54 | 2.9229267117% | 82 | 2.9228544110% | 110 | 2.9228540785% | 138 | 2.9228540769% |
| 27 | 2.9359440025% | 55 | 2.9229140105% | 83 | 2.9228543526% | 111 | 2.9228540782% | 139 | 2.9228540769% |
| 28 | 2.9336461728% | 56 | 2.9229035303% | 84 | 2.9228543044% | 112 | 2.9228540780% | 140 | 2.9228540769% |

再利用 Newton-Raphson 方法，下表给出了前 10 次迭代的结果。同样选择 10% 为初值。

| 1 | 10.0000000000% |
|---|---|
| 2 | 0.4536363813% |
| 3 | 2.6648217285% |
| 4 | 2.9199293305% |
| 5 | 2.9228536996% |
| 6 | **2.9228540769%** |
| 7 | 2.9228540769% |
| 8 | 2.9228540769% |
| 9 | 2.9228540769% |
| 10 | 2.9228540769% |

比较两种迭代方法，可以发现 Newton-Raphson 方法只用了 6 次迭代就达到了上一种迭代差不多 130 次的精度了。由此可以发现，在计算机还没有普及、计算技术不够发达的年代，Newton-Raphson 方法的应用价值是非常巨大的。不过，就目前而言，在一般的简单计算里，这种方法已经没有像从前那么重要了。

**例 2-14** 推导如下的求解未知利率问题 $a_{\overline{n}|}=k$ 的初值公式

$$i_0 = \frac{1-(\frac{k}{n})^2}{k} \tag{2-22A}$$

并应用该公式求解上例。

**解：**

考虑 $n$ 个数 $v, v^2, \cdots\cdots, v^n$

该 $n$ 个数的代数平均为

$$(v+v^2+\cdots+v^n)/n = \frac{a_{\overline{n}|}}{n} = k/n$$

该 $n$ 个数的几何平均为

$$v^{\frac{1+2+\cdots+n}{n}} = v^{\frac{1+n}{2}}$$

注意到 $n$ 个不全相等的正数的代数平均总大于其几何平均这一事实，所以我们有

$$k/n > v^{\frac{1+n}{2}}$$

我们将上式右边稍微放大，然后令其近似相等，即有
$$k/n \approx v^{n/2}$$
也即
$$(1+i)^{-n} \approx (k/n)^2$$
再由 $i = \dfrac{1-(1+i)^{-n}}{k}$，所以有

$$i_0 = \dfrac{1-(\dfrac{k}{n})^2}{k}$$

将该式用于上例中，有
$$i_0 = 3.0556\%$$
已经比较接近真实解。

类似地，可以推导求解未知利率问题 $s_{\overline{n}|i}=k$ 的初值公式

$$i_0 = \dfrac{(\dfrac{k}{n})^2 - 1}{k} \tag{2-22B}$$

具体推导留作练习。

# 2-6 变利率年金

前面我们介绍了基本年金，基本年金实际上是最简单、同时也是最常见的年金。这种年金的付款量总保持不变、利息转换频率与付款频率保持一致、利率保持为常数。但是在实务中经常会遇到可能不完全满足上述条件的年金，如利率不为常数；利息转换频率与付款频率可能不一致；付款金额不为常数等，所有的这些不符合基本年金条件的年金统称为一般年金。

对于一般年金，如果其过于一般化，即与基本年金的特征相差甚远，没有什么特别之处，那么，这样的年金就没有什么规律性，也就没有可以单独讨论的余地。对于这种毫无规律可循的一般年金，我们可以利用第一章中处理一般利息问题的基本方法，即将各次付款在比较日期上的价值相加，建立价值等式，从而可以求解。以下我们要讨论的年金，是与基本年金稍有不同的年金。尽管与基本年金有所不同，但只是有某一点不同，而其他的地方则与基本年金相同。

对于基本年金来说,整个年金的生命期内利率是不变的。本节讨论利率在年金生命期内会发生变化的情况,对于年金的其他情况,与基本年金情况相同。

实务中,变动利率年金的利率变动方式通常有两种:

(1) 利率依时期而变

利率依时期而变是指在计算各项付款的价值时,所使用的利率应该是积累或贴现所经过时期上的利率。

例如:假设 $n$ 期年金的各付款期上的利率分别为 $i_1, i_2, \cdots, i_n$,如果利率依时期而变,则所有付款的年金现值为:

$$a_{\overline{n}|} = (1+i_1)^{-1} + (1+i_1)^{-1}(1+i_2)^{-1} + \cdots + (1+i_1)^{-1}(1+i_2)^{-1}\cdots(1+i_n)^{-1}$$

$$= \sum_{t=1}^{n} \prod_{s=1}^{t} (1+i_s)^{-1} \tag{2-23}$$

原因是第一个 1(在 1 时支付的 1)贴现到 0 时所经过的时期是第 1 期,所以使用第 1 期的利率 $i_1$;第二个 1(在 2 时支付的 1)贴现到 0 时所经过的时期分别是第 2 期和第 1 期,所以分别使用利率 $i_2$ 和 $i_1$;…;第 $n$ 个 1(在 $n$ 时支付的 1)贴现到 0 时所经过的时期分别是第 $n$ 期、第 $n$-1 期、…和第 1 期,所以分别使用利率 $i_n, \cdots, i_2$ 和 $i_1$。

同样,可知该年金的积累值为:

$$s_{\overline{n}|} = 1 + (1+i_n) + (1+i_n)(1+i_{n-1}) + \cdots + (1+i_n)\cdots(1+i_2)$$

$$= \sum_{t=1}^{n} \prod_{s=0}^{t-1} (1+i_{n-s+1}) \quad (\text{其中令 } i_{n+1}=0) \tag{2-24}$$

相应的 $\ddot{a}_{\overline{n}|}$ 及 $\ddot{s}_{\overline{n}|}$ 的表达式留作练习。

(2) 利率依付款而变

利率依付款而变是指在计算各项付款的价值时,所使用的利率应该是该项付款所在时期的利率,它与所经历的时期无关。

例如:假设 $n$ 期年金的各付款期上的利率分别为 $i_1, i_2, \cdots, i_n$,如果利率依时期而变,则该年金的现值为:

$$a_{\overline{n}|} = (1+i_1)^{-1} + (1+i_2)^{-2} + \cdots + (1+i_n)^{-n}$$

$$= \sum_{t=1}^{n} (1+i_t)^{-t} \tag{2-25}$$

这是因为第一个 1(在 1 时支付的 1)贴现时所用的利率总是 $i_1$;第二个 1

（在 2 时支付的 1）贴现时所用的利率总是 $i_2$；…；第 $n$ 个 1（在 $n$ 时支付的 1）贴现时所用的利率总是 $i_n$。

同样，可知年金积累值为：

$$\ddot{s}_{\overline{n}|} = 1 + (1+i_{n-1}) + (1+i_{n-2})^2 + \cdots + (1+i_2)^{n-2} + (1+i_1)^{n-1}$$

$$= \sum_{t=1}^{n} (1+i_t)^{n-t} \tag{2-26}$$

$\ddot{a}_{\overline{n}|}$ 及 $\ddot{s}_{\overline{n}|}$ 的有关表达式的推导留作练习。

理论上，利率还可以以其他方式变化，但上述两种方式是最常见的。至于在实际问题中利率具体以哪种方式变化，这要根据具体的情况和所需要达到的目的而定。一般来说，在利率下降时期，如果银行想要稳定储户，避免出现集中取款，可能会采用依付款而变作为计算利息的办法，即老的（还未到期的）存款依然使用存款时期的利率，而不是使用已经降低了的利率，新的存款当然使用新的利率，这样做的好处是，银行的老储户不会因为降息而将原先存在银行的款项提前支取出来，降低了银行由于降息而可能带来的被挤兑的风险；而当利率上升时期，银行出于同样的考虑，则可能选择依时期而变的计息方法，因为如果还选择依付款而变的方法的话，很可能导致原先的存款被提前支取出来，因为原先的存款利率较低，而这种结果出现的话，对银行的财务稳定可能是不利的。

由此也看出，不同的利率变化方式完全是由不同的环境所决定的，它们能满足交易者的不同目的。比较起来，通常在实际情况中，采用依时期而变的情况较多一些，所以后文中涉及变动利率的问题时，如果没有特别的说明，一般按依时期而变来处理。

另外，实务中，在涉及变动利率的情况时，利率往往不是每期都变的，一般是好几期才变化一次，这样的话，实际上的计算可能会稍微简单一些。

**例 2-15** 某人每年年初存入银行 3000 元钱，共存款 8 年，前 4 年的年利率为 5%，后 4 年银行调低利率，将年利率降至 4%，假设利率依时期而变，计算第 8 年末时的存款积累值。

**解：**

各期付款及利率情况如图 2-9 所示。

因为利率依时期而变，所以前 4 期付款在第 8 年末的积累值为：

$$3000 \ddot{s}_{\overline{4}|0.05} (1+4\%)^4 = 15883.05 （元）$$

后 4 年的存款在第 8 年末的积累值为：

$$3000\ddot{s}_{\overline{4}|0.04} = 13248.97 \text{（元）}$$

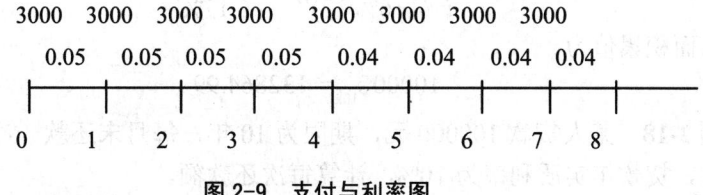

图 2-9  支付与利率图

因此，所有存款在第 8 年末的积累值为：
$$15883.05 + 13248.97 = 29132.01 \text{（元）}$$

**例 2-16**  若上例中，假设利率依付款而变，即 5%的年利率针对前 4 次付款，4%的年利率针对后 4 次付款，计算整个存款在第 8 年末的积累值。

**解：**
因为利率依付款而变，所以前 4 期付款在第 8 年末的积累值为：
$$3000\ddot{s}_{\overline{4}|0.05}(1+5\%)^4 = 16502.80 \text{（元）}$$

而后 4 次存款的积累值不变，因而第 8 年末的存款积累值为：
$$16502.80 + 13248.97 = 29751.77 \text{（元）}$$

## 2-7  付款频率与计息频率不同的年金

付款频率与计息频率不同的年金不外乎两种情况：一种是付款频率小于计息频率，另一种是付款频率大于计息频率。这里我们只就这两种情形下每次付款额相同的等额付款年金进行讨论。

若只是为了计算出年金现值或终值的结果，而无需进一步的分析，那么可以先利用第一章中有关的等价利率的公式，由已知利率计算出付款期上的实质利率，从而将相应的年金变成基本年金的形式，然后利用基本年金的有关公式，计算出相应的年金值。下面通过几个例子来予以说明。

**例 2-17**  某人计划每年末存入银行 10000 元，一共 10 年，第一次存款计划在第 1 年末。假设银行月度转换的存款利率为 6%，求在第 10 年末全部存款的积累值。

**解：**

因为月度转换名义利率为 6%，
所以年度实质利率

$$i=(1+6\%/12)^{12}-1\approx 6.17\%$$

从而积累值为

$$10000\,s_{\overline{10}|i} = 132864.99$$

**例 2-18** 某人贷款 100000 元，期限为 10 年，每月末还款一次，每次还款额相等，贷款年实质利率为 10%，计算每次还款额。

**解**：因为还款每月进行，所以先计算出月度实质利率 $j$。
由 $(1+j)^{12}= 1+10\%$，有

$$j=(1.1)^{1/12}-1= 0.7974\%$$

设每次还款额为 $R$，则有

$$R=100000\times \frac{1}{a_{\overline{120}|j}}=1297.75（元）$$

即每月需还款 1297.75 元。

**例 2-19** 假设上例中还款均在每月初进行，求相应的每月初的还款额。

**解**：
因为还款期限和利率不变，假设每月初的还款额为 $S$，则

$$S=100000\times \frac{1}{\ddot{a}_{\overline{120}|j}}= 1287.49$$

**例 2-20** 假设某人在 2009 年和 2010 年中的每个 1 月 1 日和 7 月 1 日分别在银行存款 2000 元，2011、2012 年、2013 年的每个 1 月 1 日、4 月 1 日、7 月 1 日和 10 月 1 日在银行存款 2000 元,银行利率为月度转换年名义利率 12%，计算这些存款在 2013 年 12 月 31 日的积累值。

**解**：
由题意知，每月实质利率为 1%，则每半年的实质利率为：

$$(1+0.01)^6-1=0.0615202$$

每季实质利率为 $(1+0.01)^3-1=0.030301$
5 年末该储户的存款积累值为：

$$2000[\ddot{s}_{\overline{4}|0.0615202}(1.01)^{12\times 3} + \ddot{s}_{\overline{12}|0.030301}]=42612.43（元）$$

上述方法对付款频率与计息频率不同的年金的计算非常有效，所有的此类问题均可以通过这种方法得到解决。但是，这种方法不是求解付款频率与计息频率不同年金问题的最佳方法。表现在：首先，这种方法的计算有时会比较复杂，因为将已知利率转换成支付期上的实质利率时，往往得到的实质利率会是

一个比较复杂的数,特别在计算工具和手段不够先进的情况下,有可能造成计算量十分庞大或在作近似计算时往往产生较大的误差;其次,这种方法不便于对相关问题进行更深入的分析,甚至在对计算结果进行检验时也会很麻烦,因为可能要从最初的计算开始检验,并且可能存在的错误还不容易被发现。因此,有必要发展更进一步的有关解决付款频率与计息频率不同年金问题的方法。在这里我们讨论一种被称为代数分析法的方法。

这种方法将付款频率与计息频率不同的情形分为两种,分别为付款频率小于计息频率的情形和付款频率大于计息频率的情形,并针对这两种情形分别进行讨论。

1. 付款频率小于计息频率的情形

(1) 期末付年金

考虑一项有 $n$ 个计息期的年金。该年金在每 $k$ 个计息期期末付款 1 次,每次付款为 1。因为每 $k$ 个计息期期末付款 1 次,所以年金总的付款次数为 $n/k$,这里 $n$,$k$ 为整数,并且假设 $n/k$ 也为整数。该年金具体的付款情形如图 2-10A 所示:

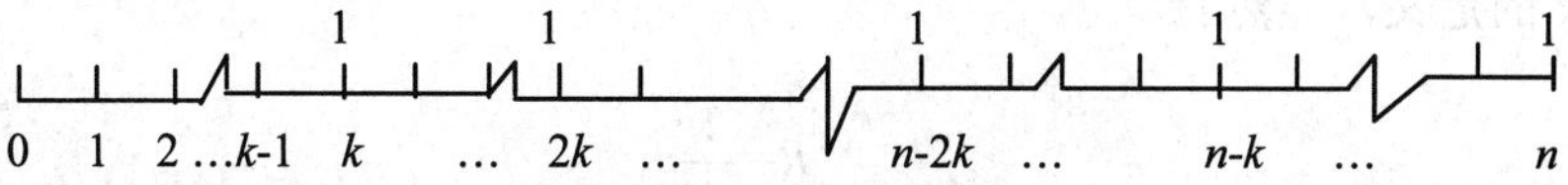

**图 2-10A 年金支付图**

假设每个计息期的实质利率为 $i$,则该年金的现值为:

$$v^k + v^{2k} + \cdots + v^{\frac{n}{k}\cdot k} = \frac{v^k - v^{n+k}}{1 - v^k}$$

$$= \frac{1 - v^n}{(1+i)^k - 1}$$

$$= \frac{1 - v^n}{i} \cdot \frac{i}{(1+i)^k - 1}$$

$$= \frac{a_{\overline{n}|}}{s_{\overline{k}|}} \tag{2-27}$$

相应的年金积累值为:

$$(1+i)^{n-k} + (1+i)^{n-2k} + \cdots + 1 = \frac{(1+i)^n - 1}{(1+i)^k - 1}$$

$$= \frac{s_{\overline{n}|}}{s_{\overline{k}|}} \tag{2-28}$$

式(2-28)也可直接通过式(2-27)得到：

$$\frac{a_{\overline{n}|}}{s_{\overline{k}|}}(1+i)^n = \frac{s_{\overline{n}|}}{s_{\overline{k}|}}$$

另外，我们也可以这样来考虑，第一次（即在图 2-10A 中 $k$ 上的）的付款 1，可以看成是在 1，2，…，$k$ 上的一项基本年金的终值，假设分别在 1，2，…，$k$ 上支付的 $k$ 个 $R$ 在 $k$ 时的值为 1，那么，分别在 $k+1$，$k+2$，…，$2k$ 上支付的 $k$ 个 $R$ 在 $2k$ 时的值也一定为 1，分别在 $n-k+1$，$n-k+2$，…，$n$ 上支付的 $k$ 个 $R$ 在 $n$ 时的值也一定为 1，这样，图 2-10A 表示的支付就变成了图 2-10B 所示的支付。

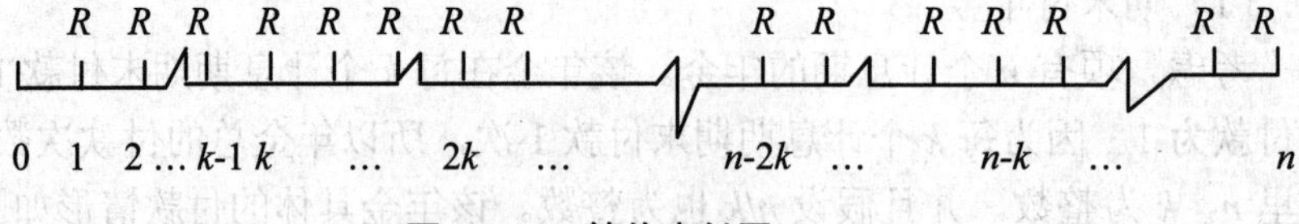

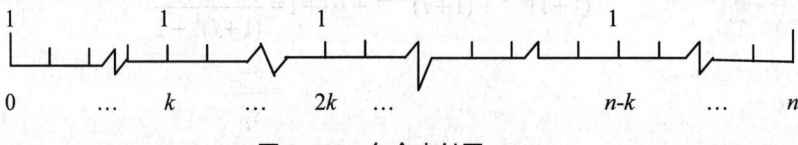

图 2-10B　等价支付图

由 $R$ 的定义，显然有

$$R = \frac{1}{s_{\overline{k}|}}$$

于是，图 2-10B 所示付款（在 0 时）的现值和（在 $n$ 时）终值分别为：

$$R a_{\overline{n}|} = \frac{a_{\overline{n}|}}{s_{\overline{k}|}} \tag{2-29}$$

和

$$R s_{\overline{n}|} = \frac{s_{\overline{n}|}}{s_{\overline{k}|}} \tag{2-30}$$

（2）期初付年金

这种年金其他条件与（1）中相同，只是每次付款时间改为期初，即从时刻 0 起开始付款，每隔 $k$ 个计息期付款一次，如图 2-11A：

图 2-11A　年金支付图

于是，年金的现值为：

$$1+v^k+v^{2k}+\cdots+v^{n-k}=\frac{1-v^n}{1-v^k}$$

$$=\frac{a_{\overline{n}|}}{a_{\overline{k}|}} \quad (2\text{-}31\text{A})$$

年金的终值为：

$$(1+i)^n+(1+i)^{n-k}+\cdots+(1+i)^k=\frac{(1+i)^n-1}{1-v^k}$$

$$=\frac{s_{\overline{n}|}}{a_{\overline{k}|}} \quad (2\text{-}32\text{A})$$

也可以类似于（1）中讨论，将每次付款 1 看成是系列（次）付款的年金（现值），即将图 2-11A 所示付款等价成如图 2-11B 所示的付款，

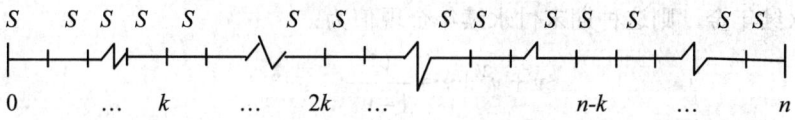

图 2-11B　等价支付图

如图 2-11B，将在 0 时的付款 1 看成是分别在 1，…，k-1，k 时的 k 个付款 S 的现值，则在 k 时的付款 1 可看成是分别在 k+1，…，2k-1，2k 时的 k 个付款 S 的现值，在 n-k 时的付款 1 可看成是分别在 n-k+1，…，n-1，n 时的 k 个付款 S 的现值，于是

$$S=\frac{1}{a_{\overline{k}|}}$$

现值为

$$S a_{\overline{n}|}=\frac{a_{\overline{n}|}}{a_{\overline{k}|}} \quad (2\text{-}31\text{B})$$

终值为

$$S s_{\overline{n}|}=\frac{s_{\overline{n}|}}{a_{\overline{k}|}} \quad (2\text{-}32\text{B})$$

比较在付款频率小于计息频率情况下的期初付年金和期末付年金的表达式(2-27)～式(2-32)，我们发现，其表达式的不同表现在各式的分母上，而不是

如基本年金中的 $a_{\overline{n}|}$ 与 $\ddot{a}_{\overline{n}|}$，$s_{\overline{n}|}$ 与 $\ddot{s}_{\overline{n}|}$。事实上，我们可以发现，在用 $k$ 个 $R$ 或 $S$ 来替代一个 1 的支付时，因为把期初付年金的每次付款都看成是一项期末付年金的现值，所以原来的期初付年金就变成了一个期末付年金了，因此，在最后的表达式中就不出现期初付年金的符号了。

当然，我们也可以用期初付年金符号来表示这里的年金值。事实上，如果我们将图 2-10A 和图 2-11A 中的每次支付 1 都看成是一项 $k$ 期期初付年金的终值或现值的话，那么，相应的结果就会变成：

$$\frac{\ddot{a}_{\overline{n}|}}{\ddot{s}_{\overline{k}|}},\ \frac{\ddot{s}_{\overline{n}|}}{\ddot{s}_{\overline{k}|}},\ \frac{\ddot{a}_{\overline{n}|}}{\ddot{a}_{\overline{k}|}},\ \frac{\ddot{s}_{\overline{n}|}}{\ddot{a}_{\overline{k}|}},$$

分别对应式(2-27)～式(2-32)。详细的讨论留作练习。

（3）其他的付款频率小于计息频率的情况

（1）中描述的给付方式中，若整个计息期是无限的，即年金为该种假设下的永续年金，则这种期末付永续年金现值为：

$$v^k + v^{2k} + \cdots = \frac{v^k}{1-v^k}$$

$$= \frac{1}{(1+i)^k - 1}$$

$$= \frac{1}{is_{\overline{k}|}} \tag{2-33}$$

或

$$\text{现值} = R\, a_{\overline{\infty}|}$$

$$= \frac{a_{\overline{\infty}|}}{s_{\overline{k}|}} \tag{2-34}$$

相应的期初付永续年金为

$$1 + v^k + v^{2k} + \cdots = \frac{1}{1-v^k}$$

$$= \frac{1}{ia_{\overline{k}|}} \tag{2-35}$$

或

$$\text{现值} = S\, a_{\overline{n}|} = \frac{a_{\overline{\infty}|}}{a_{\overline{k}|}} \tag{2-36}$$

计息频率为无穷大的情况是计息频率大于付款频率的一种特殊情况。此时利率以利息强度的形式给出。假设利息强度为常数 $\delta$，则利用关系式 $(1+i)=e^{\delta}$ 和 $v=e^{-\delta}$ 以及上述的讨论，就可以得出相应的年金值的表达式。更进一步的讨论留作练习。

有时候会还遇到一个支付期包含的利息转换期不为整数的情况，即 $k>1$ 但不为整数，这种情况下，使用上述的代数分析法将不太方便，此时可以回到第一章讨论过的基本方法中，即将各次付款各自贴现或积累到比较日期，然后求和并建立价值等式，最后解方程，得出最终解。

**例 2-21** 某人将收到一项年金支付，该年金一共有 $n$ 次支付，每次支付 1，每 $m$ 年支付一次，第一次支付发生在 $r$ 年末，假设实质利率为 $i$，求该年金的现值。

**解：**

本例的支付如下图所示：

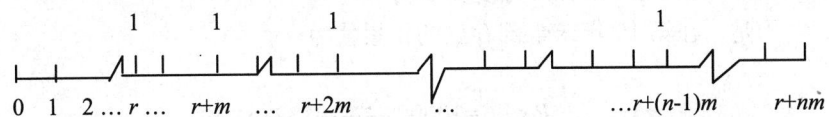

我们可以用不同的方法来求年金的现值：

（1）直接利用级数求和的方法，记现值为 $PV(0)$，则：

$$PV(0)=v^r+v^{r+m}+\cdots+v^{r+(n-1)m}=\frac{v^r(1-v^{mn})}{1-v^m}$$

（2）将每次付款 1 看成是 $m$ 次付款 $R$ 的终值，第一次付款 $R$ 发生在 $r-m+1$ 时，每个利息转换期支付一次 $R$，最后一次 $R$ 发生在 $r+(n-1)m$ 时，于是

$$PV(r-m)= R\, a_{\overline{nm|}}=\frac{a_{\overline{nm|}}}{s_{\overline{m|}}}$$

$$PV(0)= PV(r-m)\, v^{r-m}=\frac{a_{\overline{nm|}}v^{r-m}}{s_{\overline{m|}}}$$

其中显然有 $R=\dfrac{1}{s_{\overline{m|}}}$

（3）将每次付款 1 看成是 $m$ 次付款 $S$ 的现值，第一次付款 $S$ 发生在 $r+1$ 时，每个利息转换期支付一次 $S$，最后一次 $S$ 发生在 $r+nm$ 时，于是

$$PV(r) = S a_{\overline{nm}|} = \frac{a_{\overline{nm}|}}{a_{\overline{m}|}}$$

$$PV(0) = S a_{\overline{nm+r}|} - S a_{\overline{nm}|} = \frac{a_{\overline{nm+r}|} - a_{\overline{nm}|}}{a_{\overline{m}|}}$$

其中显然 $S = \dfrac{1}{a_{\overline{m}|}}$

当然，还可以有其他的分析方法，请读者自己考虑。

**例 2-22** 利用本节讨论的代数分析法，重新求解例 2-16。

**解：**

首先，将每年末的 10000 元看成是相应年度的 12 个月的每月末存款 $R$ 的积累值，即

$$10000 = R s_{\overline{12}|j}$$

其中 $j = 6\%/12 = 0.5\%$ 为月度实质利率。

于是，在第 10 年末全部存款的积累值为

$$R s_{\overline{120}|j} = 10000 \frac{s_{\overline{120}|j}}{s_{\overline{12}|j}} = 132851.14$$

与例 2-17 中的 132864.99 略有不同，这种不同的原因是因为在例 2-17 的求解中，对年度实质利率的计算进行了一次近似。

**2. 付款频率大于计息频率的情形**

这种情形的年金在实务中更常遇到。本节也按期末付年金、期初付年金及其他情形分别讨论。

**（1）期末付年金**

设每个计息期内付款 $m$ 次，$n$ 为年金总的计息期数，$i$ 为每个计息期的实质利率，假设 $m$、$n$ 均为正整数，显然总的付款次数为 $mn$。

考虑在年金的每个付款期期末付款 $1/m$ 的情况，因为每个计息期内付款 $m$ 次，所以每个计息期内全部付款总量为 $m \times 1/m = 1$，而年金总共有 $n$ 个计息期，因此，年金总的付款量为 $n$。

我们将这种年金的现值记为 $a_{\overline{n}|}^{(m)}$，于是：

$$a_{\overline{n}|}^{(m)} = \frac{1}{m}[v^{\frac{1}{m}} + v^{\frac{2}{m}} + \cdots + v^{n-\frac{1}{m}} + v^n]$$

$$= \frac{1}{m}\left[\frac{v^{\frac{1}{m}}(1-v^n)}{1-v^{\frac{1}{m}}}\right]$$

$$= \frac{1-v^n}{m\left[(1+i)^{\frac{1}{m}}-1\right]}$$

$$= \frac{1-v^n}{i^{(m)}} \tag{2-37A}$$

相应的年金的终值为:

$$s_{\overline{n}|}^{(m)} = a_{\overline{n}|}^{(m)}(1+i)^n$$

$$= \frac{(1+i)^n - 1}{i^{(m)}} \tag{2-38A}$$

也可以用另一种方式来推导式(2-37A)和式(2-38A)。因为年金总共付款 $nm$ 次,每个付款期的实质利率 $j$ 为每 $1/m$ 个利息转换期上的实质利率,也就是 $j=i^{(m)}/m$,所以,将 $1/m$ 个利息转换期看成是一个标准期,将原年金看成为 $nm$ 期的系数为 $1/m$ 的基本年金,就有

$$a_{\overline{n}|}^{(m)} = \frac{1}{m} a_{\overline{mn}|j} = \frac{1}{m} \times \frac{1-v_j^{mn}}{j} = \frac{1-v^n}{i^{(m)}} \tag{2-37B}$$

$$s_{\overline{n}|}^{(m)} = \frac{1}{m} s_{\overline{mn}|j} = \frac{1}{m} \times \frac{(1+j)^{mn}-1}{j} = \frac{1-v^n}{i^{(m)}} \tag{2-38B}$$

另外,注意到,

$$a_{\overline{n}|}^{(m)} = \frac{1-v^n}{i^{(m)}} = \frac{1-v^n}{i} \times \frac{i}{i^{(m)}}$$

$$= \frac{i}{i^{(m)}} a_{\overline{n}|} \tag{2-39A}$$

$$s_{\overline{n}|}^{(m)} = \frac{i}{i^{(m)}} s_{\overline{n}|} \tag{2-39B}$$

以上两式给出了付款频率大于计息频率的年金与基本年金之间的转换关系,通常在可以利用利息表的情况下,使用上述两式来计算 $a_{\overline{n}|}^{(m)}$ 和 $s_{\overline{n}|}^{(m)}$ 的值,因为一般 $a_{\overline{n}|}$,$s_{\overline{n}|}$ 和 $\frac{i}{i^{(m)}}$ 的值都可以通过利息表查到。

在式(2-39)中,令 $n=1$,则有:

$$s_{\overline{1}|}^{(m)} = \frac{i}{i^{(m)}} \tag{2-40}$$

将上式代入(2-39A)及(2-39B)式，可以有：

$$a_{\overline{n}|}^{(m)} = s_{\overline{1}|}^{(m)} a_{\overline{n}|}$$

$$s_{\overline{n}|}^{(m)} = s_{\overline{1}|}^{(m)} s_{\overline{n}|}$$

事实上，在推导式(2-37B)和式(2-38B)时，可以先分别计算各个利息转换期上的 $m$ 次付款在该利息转换期期末的值，这些值均为 $s_{\overline{1}|}^{(m)}$，因此，相应的年金就变成了系数为 $s_{\overline{1}|}^{(m)}$ 的 $n$ 期基本年金了。从而可以有式(2-37B)和式(2-38B)。

**例 2-23** 某年轻人从他 20 岁参加工作开始每个月末存入 100 元到某基金中，直到 60 岁退休为止共进行了 40 年 480 次的存款。假设基金利率为 13%，求到最后一次存款时全部存款的积累值。

**解：**

因为每年存款 12 次，每次存款 100 元，所以每年存款 1200 元，且 $m=12$，$n=40$，于是，积累值为

$$1200 \, s_{\overline{40}|}^{(12)} = 1200 \frac{(1+i)^{40}-1}{i^{(12)}}$$

其中 $i=13\%$，$i^{(12)} = 12[(1+i)^{1/12}-1] = 12.28\%$

从而

$$1200 \frac{(1+i)^{40}-1}{i^{(12)}} = 1287325.93$$

注意，结果超过 100 万！

**（2）期初付年金**

考虑每个付款期期初付款 $1/m$，每个计息期付款 $m$ 次，共 $n$ 个计息期的年金。我们将这种年金的现值和终值分别记为 $\ddot{a}_{\overline{n}|}^{(m)}$ 和 $\ddot{s}_{\overline{n}|}^{(m)}$，类似地，有：

$$\ddot{a}_{\overline{n}|}^{(m)} = \frac{1-v^n}{d^{(m)}} \tag{2-41}$$

和

$$\ddot{s}_{\overline{n}|}^{(m)} = \frac{(1+i)^n-1}{d^{(m)}} \tag{2-42}$$

以及

$$\ddot{a}_{\overline{n}|}^{(m)} = \frac{i}{d^{(m)}} a_{\overline{n}|} \tag{2-43}$$

$$\ddot{s}_{\overline{n}|}^{(m)} = \frac{i}{d^{(m)}} s_{\overline{n}|} \tag{2-44}$$

同样，注意到 $\ddot{s}_{\overline{1}|}^{(m)} = \frac{i}{d^{(m)}}$，所以有：

$$\ddot{a}_{\overline{n}|}^{(m)} = \ddot{s}_{\overline{1}|}^{(m)} a_{\overline{n}|} \tag{2-45}$$

和

$$\ddot{s}_{\overline{n}|}^{(m)} = \ddot{s}_{\overline{1}|}^{(m)} s_{\overline{n}|} \tag{2-46}$$

另外，类似于基本期初付年金和期末付年金之间的关系，由于 $\ddot{a}_{\overline{n}|}^{(m)}$ 与 $a_{\overline{n}|}^{(m)}$ 为同一系列付款在相差一个付款期的两个时间点上的值，所以有，

$$\ddot{a}_{\overline{n}|}^{(m)} = (1+i)^{\frac{1}{m}} a_{\overline{n}|}^{(m)}$$

再将式(2-38)代入上式，则有

$$\ddot{a}_{\overline{n}|}^{(m)} = (1 + \frac{i^{(m)}}{m}) \frac{i}{i^{(m)}} a_{\overline{n}|}$$

$$= (\frac{i}{i^{(m)}} + \frac{i}{m}) a_{\overline{n}|} \tag{2-47}$$

类似地有：

$$\ddot{s}_{\overline{n}|}^{(m)} = (\frac{i}{m} + \frac{i}{i^{(m)}}) s_{\overline{n}|} \tag{2-48}$$

在利用利息表计算年金值时经常会用到式(2-45)和式(2-46)，因为一般的利息表不包含 $\frac{i}{d^{(m)}}$，但是含有 $\frac{i}{i^{(m)}}$。

对于这种年金，还可以推导出许多有用的关系式，特别是存在类似于式(2-6)和式(2-11)~式(2-13)的关系式，这些关系式的推导留作练习。

**例 2-24** 利用本节的讨论，重新计算例 2-19。

**解：**

假设每次还款量为 $S$，则每年还款 $12S$，于是，有：

$$100000 = 12S \ddot{a}_{\overline{10}|}^{(12)}$$

$$S = 100000/[12 \ddot{a}_{\overline{10}|}^{(12)}] = 1287.49$$

即每月初需还款 1287.49 元。

与例 2-18 中结果相同。

（3）其他形式的付款频率大于计息频率的情形

类似于式(2-37)和式(2-41)中年金的永续年金的现值记为 $a_{\overline{\infty}|}^{(m)}$ 与 $\ddot{a}_{\overline{\infty}|}^{(m)}$，易知：

$$a_{\overline{\infty}|}^{(m)} = 1/i^{(m)} \tag{2-49}$$

$$\ddot{a}_{\overline{\infty}|}^{(m)} = 1/d^{(m)} \tag{2-50}$$

同样，也可能有一个利息转换期包含的支付期不为整数即 $m>1$ 但不为整数的情况，这种情况下，同样建议回到基本方法，将各次付款各自贴现或积累到比较日期，然后求和并建立价值等式，最后解方程，得出最终解。

需要注意的是，对于本节讨论的年金，年金系数的正确表示是非常重要的，因为每次付款 $1/m$ 的年金的系数为 1。也就是说，我们想强调的是，这种年金的系数是每个计息期上的付款总量，而不是每次的支付金额。年金的一个利息转换期上的支付总量有时又被称为年金的"年度收益"。当然，如果一个利息转换期恰好为一年的话，这种说法是很好理解的。不过有时一个利息转换期并不正好为一年，那么这时的年度收益一词的就可能不太好理解了。有时为了避免歧义的产生，可以用术语"每期收益"来代替"年度收益"。

**例 2-25** 一项为期 8 年的年金，每月支付 1。求在下列时刻年金值的表达式：

（1）在第一次支付前 5 个月；

（2）在第一次支付后 3 年；

（3）在最后一次支付后 16 个月。

**解：**

很显然，在第一次支付时刻的年金值为 $12\ddot{a}_{\overline{8}|}^{(12)}$，在最后一次付款时刻的年金值为 $12s_{\overline{8}|}^{(12)}$。所以

（1）在第一次支付前 5 个月的年金值为 $12\ddot{a}_{\overline{8}|}^{(12)} v_j^5$，其中 $j=\dfrac{i^{(12)}}{12}$ 为月度实质利率，$v_j^5 = (1+j)^{-5}$。

（2）在第一次支付后 3 年的年金值为 $12\ddot{a}_{\overline{8}|}^{(12)} (1+i)^3$，其中 $i$ 为年度实质利率；

（3）在最后一次支付后 16 个月的年金值为 $12s_{\overline{8}|}^{(12)} (1+j)^{16}$。

当然，上述的表示方法并不唯一，其他的表示方法留作练习。

**例 2-26** 假设年利率为 5%，求每月初付款 800 元的永续年金的现值。

**解：**

永续年金的现值为

$$800 \times 12\,\ddot{a}_{\overline{\infty}|}^{(12)} = \frac{9600}{d^{(12)}} = \frac{9600}{12[1-(1+i)^{-1/12}]} = 197161.24$$

**例 2-27** 某人在退休前 10 年，每半年存入银行 8000 元，退休时恰好进行第 20 次存款。假设银行年利率为 4%，求该人所有 10 年的存款在退休时的积累值。

**解：**
因为每年总共存款 2×8000=16000 元，所以

积累值为 $16000 s^{(2)}_{\overline{10}|0.04} = 16000 \dfrac{(1.04)^{10}-1}{2[(1.04)^{1/2}-1]} = 47082.77$（元）。

## 2-8 基本变额年金

前面讨论的都是等额年金，即都假设年金的每次付款额相同。年金的各次付款的金额也可以不同，这种年金被称为变额年金。

一般的变额年金并无任何规律可循，因此，无法（也没有必要）进行有针对性的讨论，如果遇到一般的变额年金，可以利用第一章的求解利息问题的基本方法进行处理。本节所要讨论的变额年金，尽管各次付款额是变化的，但是其变化不是任意的，而是按照某种规律进行的。

除了付款额的情况与基本年金不同外，本节讨论的变额年金的其他特征与基本年金相同，即利息转换期与付款期相同，利率保持不变。

**1. 等差变额年金**

首先考虑付款额成等差变化的年金。假设某 $n$ 期期末付年金首期付款额为 $P$，从第二期开始，每期付款额比前一期增加 $Q$，每期利率为 $i$。这里 $Q$ 可以为正数，也可以为负数（$Q$ 为负数表示付款额递减）。因为只考虑付款额大于 0 的年金，所以要求 $P>0$，且 $P+(n-1)Q>0$。

该年金现值为：

$$V(0)=Pv+(P+Q)v^2+(P+2Q)v^3+\cdots+[P+(n-1)Q]v^n \quad (2\text{-}51)$$

上式右边求和的各项的通项可以分解为一个等差因子与一个等比因子的乘积，对于这种级数的求和，数学上有一种技巧，即在上式两边同时乘以一个公比，可得：

$$V(0)\times v = Pv^2+(P+Q)v^3+(P+2Q)v^4+\cdots+[P+(n-1)Q]v^{n+1} \quad (2\text{-}52)$$

然后用式（2-52）减去式（2-51），有

$$V(0)(1-v) = Pv+Qv^2+Qv^3+\cdots+Qv^n-[P+(n-1)Q]v^{n+1}$$
$$= Pv-[P+nQ]v^{n+1}+Q(v^2+v^3+\cdots+v^n+v^{n+1})$$

$$=v[P(1-v^n)-nQv^n+Q(v+v^2+v^3+\cdots+v^n)]$$

从而

$$V(0)=[P(1-v^n)-nQv^n+Q(v+v^2+v^3+\cdots+v^n)]/i$$

$$=P a_{\overline{n}|}+Q\frac{a_{\overline{n}|}-nv^n}{i} \tag{2-53}$$

相应的年金积累值为

$$V(n)=V(0)(1+i)^n=P s_{\overline{n}|}+Q\frac{s_{\overline{n}|}-n}{i} \tag{2-54}$$

上述讨论是针对付款等差变化年金的一般讨论。实务中更常见的是两种特殊形式，即 $P=1$，$Q=1$ 或 $P=n$，$Q=-1$ 的形式。

我们将 $P=1$，$Q=1$ 对应的年金称为递增年金，其现值和终值分别用符号 $(Ia)_{\overline{n}|}$ 和 $(Is)_{\overline{n}|}$ 表示，由（2-53）式，有：

$$(Ia)_{\overline{n}|}=a_{\overline{n}|}+\frac{a_{\overline{n}|}-nv^n}{i}$$

$$=\frac{a_{\overline{n}|}+1-(n+1)v^n}{i}$$

$$=\frac{\ddot{a}_{\overline{n+1}|}-(n+1)v^n}{i}$$

$$=\frac{\ddot{a}_{\overline{n}|}-nv^n}{i} \tag{2-55A}$$

及

$$(Is)_{\overline{n}|}=s_{\overline{n}|}+\frac{s_{\overline{n}|}-n}{i}$$

$$=\frac{s_{\overline{n}|}+(1+i)^n-(n+1)}{i}$$

$$=\frac{s_{\overline{n+1}|}-(n+1)}{i}$$

$$=\frac{\ddot{s}_{\overline{n}|}-n}{i} \tag{2-56A}$$

注意，在推导式（2-53）时，我们利用了一种数学上求级数的技巧，如果不掌握这种数学技巧或数学经验的话，式（2-53）的推导似乎就比较困难。

其实，式（2-55）完全无须凭借纯数学的技巧或经验，只要能熟练应用年金的计算，就可以很简单地推导出式（2-53）。

为了便于描述，我们以递增年金为例：注意到该年金在 1, 2, …, n 时的付款分别为 1, 2, …, n，我们将付款 m 看成是 m 个付款 1，m=1, 2, …, n。于是，我们有递增年金的付款示意图（图 2-12A）：

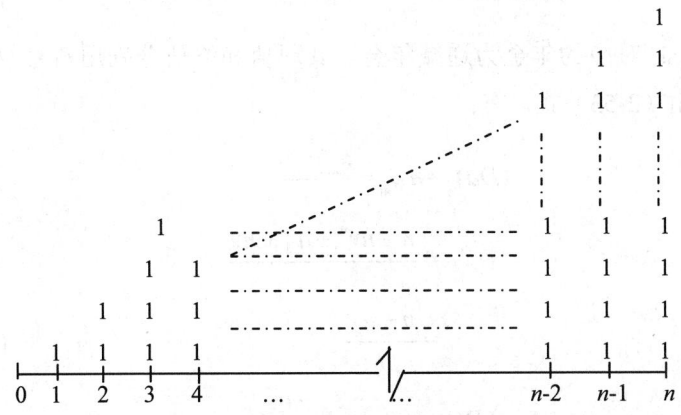

图 2-12A　递增年金分解支付图

根据该图，可以将递增年金各期的付款分成 n 层，并且计算年金值时不按照先竖后横的方式（这是一般计算的习惯方式，推导式（2-53）也是这种计算方式），而采取先横后竖的方式。如，计算 $(Is)_{\overline{n}|}$ 时，先算最下面一层付款的终值。由图 2-12A 可以看出，最下面一层的付款正好为一基本年金，因此该层付款的终值为 $s_{\overline{n}|}$，类似地，倒数第二层付款的终值为 $s_{\overline{n-1}|}$，余类推，第二层付款的终值为 $s_{\overline{2}|}$，第一层的付款为 $s_{\overline{1}|}$，至此，所有的横向的计算完成，然后将各层的终值(纵向)求和，得：

$$(Is)_{\overline{n}|} = s_{\overline{n}|} + s_{\overline{n-1}|} + \cdots + s_{\overline{2}|} + s_{\overline{1}|}$$

$$= \frac{(1+i)^n + (1+i)^{n-1} + \cdots + (1+i)^2 + (1+i)^1 - n}{i}$$

$$= \frac{\ddot{s}_{\overline{n}|} - n}{i} \tag{2-56B}$$

类似地，计算 $(Ia)_{\overline{n}|}$ 时，最下面一层付款的现值为 $a_{\overline{n}|}$，倒数第二层付款的现值为 $va_{\overline{n-1}|}$ 或 $a_{\overline{n}|} - a_{\overline{1}|}$，倒数第三层付款的现值为 $v^2 a_{\overline{n-1}|}$ 或 $a_{\overline{n}|} - a_{\overline{2}|}$，…，第二层付款的现值为 $v^{n-2} a_{\overline{2}|}$ 或 $a_{\overline{n}|} - a_{\overline{n-2}|}$，第一层的付款为 $v^{n-1} a_{\overline{1}|}$ 或 $a_{\overline{n}|} - a_{\overline{n-1}|}$，因此，全部付款的的现值为：

$$(Ia)_{\overline{n}|} = a_{\overline{n}|} + va_{\overline{n-1}|} + v^2 a_{\overline{n-1}|} + \cdots + v^{n-2} a_{\overline{2}|} + v^{n-1} a_{\overline{1}|}$$

$$= \frac{1+v+v^2\cdots+v^{n-2}+v^{n-1}-nv^n}{i}$$

$$= \frac{\ddot{a}_{\overline{n}|}-nv^n}{i} \tag{2-55B}$$

$P=1$，$Q=-1$ 对应的年金为递减年金，其现值和终值分别用符号 $(Da)_{\overline{n}|}$ 和 $(Ds)_{\overline{n}|}$ 表示，由（2-53）式，有：

$$(Da)_{\overline{n}|} = n\,a_{\overline{n}|} - \frac{a_{\overline{n}|}-nv^n}{i}$$

$$= \frac{n-nv^n-a_{\overline{n}|}+nv^n}{i}$$

$$= \frac{n-a_{\overline{n}|}}{i} \tag{2-57A}$$

$$(Ds)_{\overline{n}|} = n\,s_{\overline{n}|} - \frac{s_{\overline{n}|}-n}{i}$$

$$= \frac{n(1+i)^n-s_{\overline{n}|}}{i} \tag{2-58A}$$

类似于式(2-55B)和式(2-56B)的讨论，也可以由"先横后竖"的计算方法得到递减年金的年金值。

首先，递减年金的付款情况可以如下图表示：

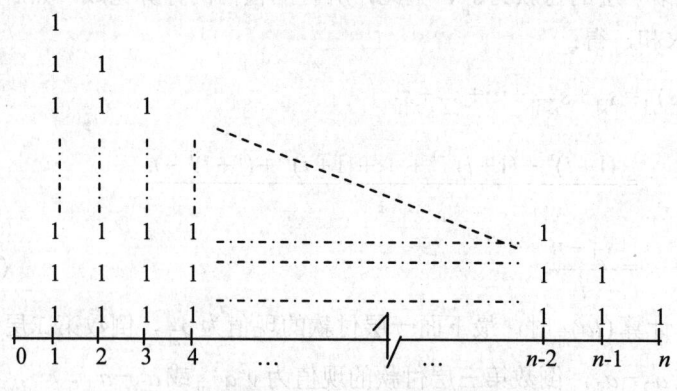

图 2-12B　递减年金分解支付图

然后，通过类似的讨论，有

$$(Da)_{\overline{n}|} = a_{\overline{n}|} + a_{\overline{n-1}|} + \cdots + a_{\overline{2}|} + a_{\overline{1}|}$$

$$= \frac{n - (v^n + v^{n-1} + \cdots + v^2 + v)}{i}$$

$$= \frac{n - a_{\overline{n}|}}{i} \tag{2-57B}$$

$$(Ds)_{\overline{n}|} = s_{\overline{n}|} + s_{\overline{n}|} - s_{\overline{1}|} + s_{\overline{n}|} - s_{\overline{2}|} + \cdots + s_{\overline{n}|} - s_{\overline{n-2}|} + s_{\overline{n}|} - s_{\overline{n-1}|}$$

$$= n s_{\overline{n}|} - (s_{\overline{1}|} + s_{\overline{2}|} + \cdots + s_{\overline{n-2}|} + s_{\overline{n-1}|})$$

$$= \frac{n(1+i)^n - s_{\overline{n}|}}{i} \tag{2-58B}$$

以上我们特别针对递增年金和递减年金讨论了"先横后竖"的计算方法，这种方法应该是比纯数学的方法更有效，也更容易掌握和使用。对于一般的变额年金，完全可以进行类似讨论，对于其他的 $P$, $Q$ 形式的讨论留作练习。

本节讨论的变额年金都是期末付年金，也可以类似地讨论期初付变额年金。具体讨论留作练习。

另外，也可以有永续变额年金。对于永续变额年金的现值，可以通过对式（2-53）关于 $n \to \infty$ 取极限即可。即，首期付款额为 $P$，以后每期付款额比前一期增加 $Q$ 的期末付永续年金的现值为：

$$\lim_{n \to \infty} (P a_{\overline{n}|} + Q \frac{a_{\overline{n}|} - nv^n}{i}) = \frac{P}{i} + \frac{Q}{i^2} \tag{2-59}$$

注意，这里 $P$ 和 $Q$ 都必须为正数，否则（不考虑 $Q=0$ 的情况）将出现负的支付。

$P=Q=1$ 对应的年金为单增永续年金，其现值为 $(Ia)_{\overline{\infty}|}$，由式(2-59)，显然有

$$(Ia)_{\overline{\infty}|} = \frac{1}{i} + \frac{1}{i^2} \tag{2-60}$$

另外，在求解变额年金时，以下三个量的适当使用，可能会带来极大的方便：

$F_n = v^n$：为在 $n$ 时支付 1 的现值或 $n$ 期贴现因子；
$G_n = v^n/d$：为第一次支付在 $n$ 时的、每期支付 1 的等额永续年金的现值；
$H_n = v^n/d^2$：为第一次支付在 $n$ 时的单增永续年金的现值。

在推导变额年金的表达式时，如果能灵活使用上述三个量，那么只要能够正确描述好支付模式，就有可能直接将年金的表达式写出来。如：

$n$ 期递增年金，其在 1, 2, $\cdots$, $n$ 时的支付与第一次支付发生在 1 时的单增永续年金前 $n$ 次的支付完全一样，因此只要将后者在 $n$ 以后的所有支付去掉

即可，而第一次支付发生在 1 时的单增永续年金在 $n$ 以后的支付可以分解为第一次支付发生在 $n+1$ 时的单增永续年金和第一次支付发生在 $n+1$ 时的系数为 $n$ 的等额永续年金之和，因此，有

$$(Ia)_{\overline{n}|}=H_1-H_{n+1}-nG_{n+1} \tag{2-61}$$

又如：

$n$ 期递减年金，考虑第一次支付在 1 时的系数为 $n$ 的等额永续年金减去第一次支付在 2 时的单增永续年金，其结果在前 $n$ 期的支付正好与 $n$ 期递减年金的支付相同，而作为被减项的单增永续年金，其从 $n+1$ 时开始支付不少于等额永续年金的支付，从 $n+2$ 时开始超过等额永续年金的支付，其超过部分正好为一项第一次支付在 $n+2$ 时的单增永续年金，因此，

$$(Da)_{\overline{n}|} = nG_1-(H_2-H_{n+2}) \tag{2-62}$$

**例 2-28** 假设某年金的支付如下图所示，

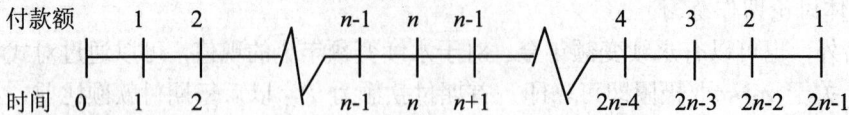

求该年金的现值。

**解：**

先分析这种年金的付款。

由题中图示可以看出，该年金在前 $n$ 次的付款正好形成一项 $n$ 期递增年金。而从 $n$ 时看，该年金后 $n-1$ 次付款则形成一项 $n-1$ 期递减年金，因此，该年金的现值为：

$$\begin{aligned}(Ia)_{\overline{n}|}+v^n(Da)_{\overline{n-1}|}&=\frac{\ddot{a}_{\overline{n}|}-nv^n}{i}+v^n\frac{(n-1)-a_{\overline{n-1}|}}{i}\\&=\frac{1}{i}[a_{\overline{n-1}|}+1-nv^n+nv^n-v^n-v^na_{\overline{n-1}|}]\\&=\frac{1}{i}[a_{\overline{n-1}|}(1-v^n)+(1-v^n)]\\&=\frac{1}{i}(1-v^n)(a_{\overline{n-1}|}+1)\\&=a_{\overline{n}|}\cdot\ddot{a}_{\overline{n}|}\end{aligned}$$

另外,我们也可以根据年金的支付,将现值表示为:

$$(H_1-H_{n+1})-(H_{n+1}-H_{2n+1}) = H_1-2H_{n+1}+H_{2n+1}$$

$$= \frac{v-2v^{n+1}+v^{2n+1}}{d^2}$$

$$= \frac{v-2v^n+v^{2n}}{id}$$

$$= a_{\overline{n}|} \cdot \ddot{a}_{\overline{n}|}$$

至于为什么可以这样表示,请读者自己考虑。

**例 2-29** 我们用符号 $(I_{\overline{m}|}a)_{\overline{n}|}$ 表示这样一项 $n$ 期期末付年金的现值:首次付款 1,以后每次付款递增 1,直到 $m$ 时付款 $m$,然后保持付款水平不变,即每次付款 $m$ 直到 $n$ 期期末。这里 $0<m<n$。试写出 $(I_{\overline{m}|}a)_{\overline{n}|}$ 的表达式。

**解:**

对于这种年金的现值,利用不同的方法,我们可以得出许多不同的表达式,如

$$(I_{\overline{m}|}a)_{\overline{n}|} = (Ia)_{\overline{m}|} - v^m a_{\overline{n-m}|}$$

$$(I_{\overline{m}|}a)_{\overline{n}|} = (Ia)_{\overline{n}|} - v^m (Ia)_{\overline{n-m}|}$$

$$(I_{\overline{m}|}a)_{\overline{n}|} = m a_{\overline{n}|} - (Da)_{\overline{m-1}|}$$

$$(I_{\overline{m}|}a)_{\overline{n}|} = \sum_{t=0}^{m-1} v^t a_{\overline{n-t}|} = \sum_{t=0}^{m-1} (a_{\overline{n}|} - a_{\overline{t}|})$$

$$(I_{\overline{m}|}a)_{\overline{n}|} = H_1 - H_{m+1} - m G_{n+1}$$

以上各式的具体推导过程留作练习。

**2. 等比变额年金**

各期付款成等比级数变化的年金即为等比变额年金。

假设某 $n$ 期期末付年金的各期付款额依次为 $1, (1+k), (1+k)^2, \cdots, (1+k)^{n-1}$,则 $i \neq k$ 时,该年金现值为:

$$V(0) = v + v^2(1+k) + v^3(1+k)^2 + \cdots + v^n(1+k)^{n-1}$$

$$= v \left[ \frac{1-\left(\frac{1+k}{1+i}\right)^n}{1-\left(\frac{1+k}{1+i}\right)} \right]$$

$$= \frac{1-\left(\frac{1+k}{1+i}\right)^n}{i-k} \tag{2-63}$$

若 $i=k$，有

$$V(0)=v+v^2(1+k)+v^3(1+k)^2+\cdots+v^n(1+k)^{n-1}=nv \tag{2-64}$$

相应的年金终值为

$$V(n)=V(0)(1+i)^n=\begin{cases} \dfrac{(1+i)^n-(1+k)^n}{i-k} & (i\neq k) \\ n(1+i)^{n-1} & (i=k) \end{cases}$$

等比变额年金也可以有永续年金，永续等比变额年金的现值同样可以通过对 $n$ 期等比变额年金关于 $n\to\infty$ 取极限得到。对于这种情况，通常要求 $k<i$，因为如果 $k\geqslant i$，则永续等比变额年金的现值将变为 $\infty$。

对于 $k<i$ 的情况，这种年金的现值为

$$\lim_{n\to\infty}\frac{1-\left(\dfrac{1+k}{1+i}\right)^n}{i-k}=\frac{1}{i-k} \tag{2-65}$$

**例 2-30** 某期末付 30 期等比变额年金第一次付款为 3000 元，以后每次付款比上一次增加 5%，假设利率为年度实质利率 4%，求该年金的现值。

**解**：因为 $i=4\%\neq k=5\%$，所以，由式(2-63)，有

$$V(0)=3000\frac{1-\left(\dfrac{1+5\%}{1+4\%}\right)^{30}}{4\%-5\%}=99760.65$$

**例 2-31** 某期末付永续年金首期付款额为 6000 元，以后每期付款额是前一期付款额的 1.05 倍。当利率分别为 0.04,0.05,0.08 时，计算该永续年金的现值。

**解**：

$$1.05=1+0.05=1+k\ (k=0.05)$$

（1）当 $i=0.04$ 时，显然有 $k>i$，永续年金现值不存在；

（2）当 $i=0.05$ 时，显然有 $i=k$，永续年金现值仍不存在；

（3）当 $i=0.08$ 时，由式(2-65)知，现值为

$$6000\frac{1}{0.08-0.05}=200000\text{（元）}$$

## 2-9 更一般的变额年金

上节考虑的年金假设利息转换期和支付期相同且一致，本节我们放宽这种

限制，讨论利息转换期频率与支付频率不一致的情形，尽管这种情形在变额年金的实务中并不经常出现。

这里，我们只考虑递增年金的更一般形式，即在利息转换期频率与支付频率不一致的情况下，求解递增年金的年金值，对于其他的变额年金的更一般形式，可以类似处理。

首先考虑支付频率低于利息转换频率的情况。令 $k$ 为一个支付期内的计息期数，$n$ 为年金总的计息期数，并假设 $n/k$ 为整数，$i$ 为每个计息期的实质利率。这种更一般的递增年金的支付情况如下图所示：

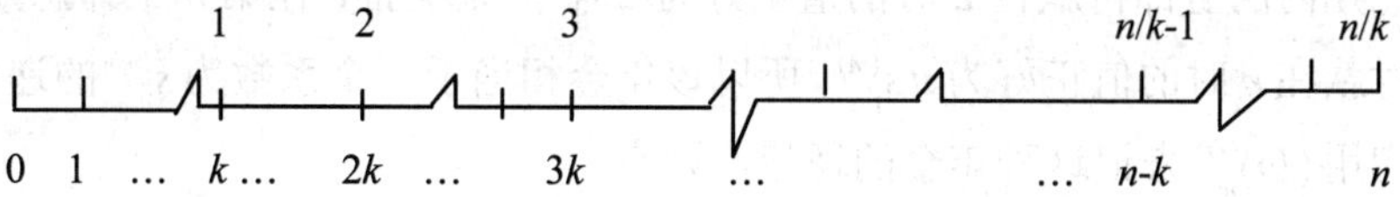

图 2-13　更一般的递增年金的支付图

令 $A$ 为该年金的现值，于是有

$$A = v^k + 2v^{2k} + 3v^{3k} + \cdots + \left(\frac{n}{k}-1\right)v^{n-k} + \frac{n}{k}v^n$$

及

$$v^k A = v^{2k} + 2v^{3k} + \cdots + \left(\frac{n}{k}-1\right)v^n + \frac{n}{k}v^{n+k}$$

由上两式，有

$$(1-v^k)A = v^k + v^{2k} + v^{3k} + \cdots + v^{n-k} + v^n - \frac{n}{k}v^{n+k}$$

从而

$$A = \frac{\dfrac{a_{\overline{n}|}}{a_{\overline{k}|}} - \dfrac{n}{k}v^n}{is_{\overline{k}|}} \tag{2-66A}$$

上式是式(2-55)的一般形式，请读者比较二者之间的相似性。

接下来考虑支付频率大于利息转换频率的情况。考虑有 $n$ 个计息期的递增年金，每 $1/m$ 个计息期支付一次。这时，关于支付额的变化情况，有两种考虑：即，支付额是一个计息期变化一次，还是一个支付期变化一次。

首先考虑支付额一个计息期变化一次的情况。这种情况意味着在每个利息转换期，年金的支付是等额的。此时，我们考虑有如下支付的年金：在第一个利息转换期，每 $1/m$ 个计息期的期末支付一次，每次支付 $1/m$；在第二个利息转换期，每 $1/m$ 个计息期的期末支付一次，每次支付 $2/m$；余类推，在第 $n$ 个利息转换期，每 $1/m$ 个计息期的期末支付一次，每次支付 $n/m$。这种年金的支付如下图所示：

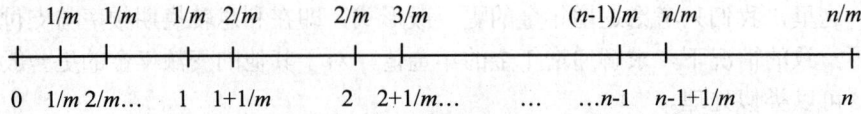

图 2-14 支付频率大于利息转换频率的递增年金的支付图

注意到，在第一个计息期内的全部付款在 1 时的值正好为 $s_{\overline{1}|}^{(m)}$，在第二个计息期内的全部付款在 2 时的值正好为 $2s_{\overline{1}|}^{(m)}$，余类推，在第 $n$ 个计息期内的全部付款在 $n$ 时的值正好为 $ns_{\overline{1}|}^{(m)}$，所以该年金相当于一个系数为 $s_{\overline{1}|}^{(m)}$ 的递增年金。我们用 $(Ia)_{\overline{n}|}^{(m)}$ 来记这种年金的现值，则有

$$(Ia)_{\overline{n}|}^{(m)} = s_{\overline{1}|}^{(m)} (Ia)_{\overline{n}|} = \frac{\ddot{a}_{\overline{n}|} - nv^n}{i^{(m)}} \tag{2-67A}$$

再来考虑每个支付期付款都变化的情况：第一次支付发生在第一个 $1/m$ 计息期的期末，支付金额为 $1/m^2$，以后每 $1/m$ 个计息期支付一次，每次支付比上次支付增加 $1/m^2$，直到第 $n$ 个利息转换期的期末支付 $mn/m^2$ 为止。该年金的支付如下图所示：

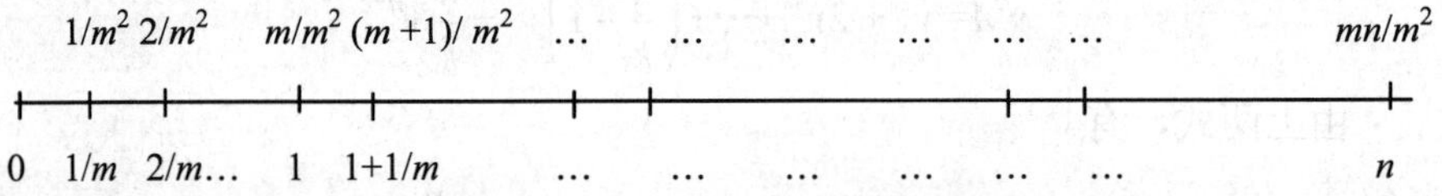

图 2-15 每个支付期付款都变化的更一般递增年金的支付图

我们将 $1/m$ 计息期作为一期，则该期上的实质利率为 $j = i^{(m)}/m$，于是，上述支付可以看成是系数为 $1/m^2$ 的 $mn$ 期递增年金，我们用 $(I^{(m)}a)_{\overline{n}|}^{(m)}$ 表示该年金的现值，则有

$$(I^{(m)}a)_{\overline{n}|}^{(m)} = \frac{1}{m^2}(Ia)_{\overline{mn}|j} = \frac{1}{m^2} \frac{\ddot{a}_{\overline{nm}|j} - nmv_j^{nm}}{j} = \frac{\ddot{a}_{\overline{n}|}^{(m)} - nv^n}{i^{(m)}} \tag{2-68A}$$

图 2-13～图 2-15 所示的递增年金也可以有永续年金的形式，此时，只需对式 2-66～2-68 中关于 $n \to \infty$ 取极限即可。相应地有

$$A(永续) = \lim_{n \to \infty} \frac{\frac{a_{\overline{n}|}}{a_{\overline{k}|}} - \frac{n}{k}v^n}{is_{\overline{k}|}} = \frac{1}{i^2 a_{\overline{k}|} s_{\overline{k}|}} = \frac{1}{[(1+i)^k - 1][1 - v^k]} \tag{2-66B}$$

$$(Ia)_{\overline{\infty}|}^{(m)} = \lim_{n \to \infty} \frac{\ddot{a}_{\overline{n}|} - nv^n}{i^{(m)}} = \frac{1}{i^{(m)}d} \tag{2-67B}$$

$$(I^{(m)}a)_{\overline{\infty}|}^{(m)} = \lim_{n \to \infty} \frac{\ddot{a}_{\overline{n}|}^{(m)} - nv^n}{i^{(m)}} = \frac{1}{i^{(m)}d^{(m)}} \qquad (2\text{-}68\text{B})$$

有时也可能遇到支付频率与利息转换频率不同的等比变额年金。不过没有必要对这种年金进行进一步的讨论，因为有关的年金值一般总能写成一个等比级数之和的形式。例 2-32 是这种情况的一个示例。

**例 2-32** 某永续年金每 5 年付款一次，第一次付款在第 2 年末，付款额为 5000 元，以后每次付款额比上一次付款增加 3000 元，假设年利率为 4%，计算该永续年金现值。

**解：**

$$V(0) = 5000v^2 + 8000v^7 + 11000v^{12} + 11000v^{17} + \cdots$$

于是

$$v^5 V(0) = 5000v^7 + 8000v^{12} + 11000v^{17} + \cdots$$

从而，

$$(1-v^5) V(0) = 5000v^2 + 3000v^7 + 3000v^{12} + 3000v^{17} + \cdots$$
$$= 2000v^2 + 3000v^2/(1-v^5)$$
$$= 17425.14$$

**例 2-33** 某 10 年期年金的支付按月进行，第一月末支付 1000 元，以后每月支付比上一月增加 1%，假设半年度转换利率为 5%，求该年金的现值。

**解：**

以月作为年金的期，则题设年金为 120 期期末付年金。令 $j$ 为月度实质利率，则，$1+j=(1+2.5\%)^{1/6}$

于是，年金的现值为

$$1000/(1+j) + 1000(1+1\%)/(1+j)^2 + \cdots + 1000(1+1\%)^{119}/(1+j)^{120}$$
$$= [1000/(1+j)] \times \{1 - [(1+1\%)/(1+j)]^{120} / [1 - (1+1\%)/(1+j)]\}$$
$$= 172586.05$$

## 2-10 连续年金

前面讨论的年金的支付频率都是有限的，还有一种支付频率无限大的年金，这种年金叫连续年金。因为支付频率无限大，所以一个支付期的长度就变为 0 了，即支付期缩短为一个点了，这相当于连续支付的形式，因此叫做连续年金。连续支付的现实背景较难想象，但是这种年金的理论意义和分析价值却非常强。

另外，在实务中，这种年金也可作为有较大支付频率（如按日支付）的年金的近似。

对连续年金而言，在描述支付的情况时，将出现前所未有的问题。前面我们都是通过给出各次支付的金额来描述支付的情况，但是这种描述方法在连续年金中不适用，因为连续年金在每个点上的支付都是无穷小量。为此，我们改用在各时刻的支付率来描述支付的情况。所谓支付率，其实是一个相当于速率一样的量，是相对于一个点而言的。假设在某个点上的支付率为 $A$，那么，在这点附近一个很小的、长度为 $dt$ 的时间区间内的付款总量就差不多为 $Adt$，这是因为时间长度非常小，所以在这个时间区间上付款的速率近似于保持常数。

首先我们讨论支付率为常数的连续年金。

记有 $n$ 个计息期，并且在每个计息期的支付总量为 1 的支付率为常数的连续年金的现值为 $\bar{a}_{\overline{n}|}$。

因为在每个计息期上的支付总量为 1，支付率又为常数，所以可以知道在每点的支付率均为 1，因此有

$$\bar{a}_{\overline{n}|} = \int_0^n v^t dt \tag{2-69}$$

将上式化简，有

$$\bar{a}_{\overline{n}|} = \int_0^n v^t dt = \left.\frac{v^t}{\ln v}\right|_0^n = \frac{1-v^n}{\delta} \tag{2-70A}$$

记相应的积累值为 $\bar{s}_{\overline{n}|}$，于是，

$$\bar{s}_{\overline{n}|} = \int_0^n (1+i)^{n-t} dt \tag{2-71}$$

$$= \int_0^n (1+i)^s ds \tag{2-72}$$

$$= \left.\frac{(1+i)^s}{\ln(1+i)}\right|_0^n = \frac{(1+i)^n - 1}{\delta} \tag{2-73A}$$

另外，注意到连续年金是支付频率为无穷大的年金这一特点，也可以通过对 $a_{\overline{n}|}^{(m)}$ 关于 $m \to \infty$ 取极限得到 $\bar{a}_{\overline{n}|}$，即

$$\bar{a}_{\overline{n}|} = \lim_{m \to \infty} a_{\overline{n}|}^{(m)} = \lim_{m \to \infty} \frac{1-v^n}{i^{(m)}} = \frac{1-v^n}{\delta} \tag{2-70B}$$

或

$$\bar{a}_{\overline{n}|} = \lim_{m \to \infty} \ddot{a}_{\overline{n}|}^{(m)} = \lim_{m \to \infty} \frac{1-v^n}{d^{(m)}} = \frac{1-v^n}{\delta} \tag{2-70C}$$

类似地有

$$\overline{s}_{\overline{n}|} = \lim_{m\to\infty} s^{(m)}_{\overline{n}|} = \lim_{m\to\infty} \ddot{s}^{(m)}_{\overline{n}|}$$

$$= \lim_{m\to\infty} \frac{(1+i)^n - 1}{i^{(m)}} = \lim_{m\to\infty} \frac{(1+i)^n - 1}{d^{(m)}}$$

$$= \frac{(1+i)^n - 1}{\delta} \tag{2-73B}$$

另外，注意到

$$\overline{a}_{\overline{n}|} = \frac{1-v^n}{\delta} = \frac{i}{\delta} a_{\overline{n}|} \tag{2-74A}$$

$$\overline{s}_{\overline{n}|} = \frac{(1+i)^n - 1}{\delta} = \frac{i}{\delta} s_{\overline{n}|} \tag{2-74B}$$

其中 $i/\delta = \overline{s}_{\overline{1}|}$ 可以从一般的利息表中查到。上两式是利用一般的利息表计算连续年金的重要关系式。

对于式(2-70A)和式(2-73A)关于年金期限求微分，有

$$\frac{d}{dt} \overline{a}_{\overline{t}|} = v^t = 1 - \delta \overline{a}_{\overline{t}|} \tag{2-75A}$$

$$\frac{d}{dt} \overline{s}_{\overline{t}|} = (1+i)^t = 1 + \delta \overline{s}_{\overline{t}|} \tag{2-75B}$$

式(2-75B)可以这样来理解：一项连续支付的支付率为 1 的存款，存款账户在 $t$ 时的余额为 $\overline{s}_{\overline{t}|}$，账户余额的瞬间改变率受两种因素的影响，第一种是瞬间的支付率 1，第二种则是账户余额瞬间产生的利息率，这一项为 $\delta \overline{s}_{\overline{t}|}$，因此，有式(2-75B)。

式(2-75A)也可以有类似的理解，不过具体的描述要等到第四章以后再给出。

连续年金的支付频率是无穷大的，其计息频率也可以是无穷大的，即可以直接用利息强度来表示连续年金。此时，式(2-70)和式(2-73)可以直接表示为

$$\overline{a}_{\overline{n}|} = \frac{1-v^n}{\delta} = \frac{1-e^{-n\delta}}{\delta} \tag{2-76A}$$

$$\overline{s}_{\overline{n}|} = \frac{(1+i)^n - 1}{\delta} = \frac{e^{n\delta} - 1}{\delta} \tag{2-76B}$$

连续年金的支付率也可以不是常数，这种连续年金就被称为变额连续年金。变额连续年金的讨论基本上只有理论价值。

考虑 $t$ 时的支付率为 $t$ 的 $n$ 个利息转换期的连续递增年金。这种年金的现值和终值分别为 $(\overline{Ia})_{\overline{n}|}$ 和 $(\overline{Is})_{\overline{n}|}$，我们有

$$(\overline{Ia})_{\overline{n}|} = \int_0^n tv^t \, dt \tag{2-77}$$

$$= \frac{tv^t}{\ln v}\bigg|_0^n - \int_0^n \frac{v^t}{\ln v} dt$$

$$= \frac{tv^t}{\ln v}\bigg|_0^n - \frac{v^t}{(\ln v)^2}\bigg|_0^n$$

$$= -\frac{nv^n}{\delta} - \frac{v^n}{\delta^2} + \frac{1}{\delta^2}$$

$$= \frac{\overline{a}_{\overline{n}|} - nv^n}{\delta} \tag{2-78A}$$

注意到，上式也可以由式(2-68)得到，即

$$(\overline{Ia})_{\overline{n}|} = \lim_{m \to \infty} (I^{(m)}a)_{\overline{n}|}^{(m)} = \lim_{m \to \infty} \frac{\ddot{a}_{\overline{n}|}^{(m)} - nv^n}{i^{(m)}} = \frac{\overline{a}_{\overline{n}|} - nv^n}{\delta} \tag{2-78B}$$

对于这种年金的终值，有

$$(\overline{Is})_{\overline{n}|} = (\overline{Ia})_{\overline{n}|}(1+i)^n = \frac{\overline{s}_{\overline{n}|} - n}{\delta} \tag{2-79}$$

一般地，如果连续年金在 $t$ 时的支付率为 $f(t)$ 时，那么 $n$ 期这种变额连续年金的现值为：

$$\int_0^n f(t) v^t \, dt \tag{2-80}$$

更为一般的情况是，利率也随时变化，即给出的是一般的利息强度 $\delta_r$ 的形式，此时，上述年金的现值的表达式为

$$\int_0^n f(t) \exp\left(-\int_0^t \delta_r \, dr\right) dt \tag{2-81}$$

**例 2-34** 假设某 10 年期连续年金的支付率为常数 30，年度实质利率为 8%，求该年金在其开始前 3 年的值。

**解：**

要求的值为

$$30 v^3 \overline{a}_{\overline{10}|} = 30(\overline{a}_{\overline{13}|} - \overline{a}_{\overline{3}|}) = 30 \frac{v^3 - v^{13}}{\delta}$$

$$= 30 \frac{(1.08)^{-3} - (1.08)^{-13}}{\ln 1.08} = 166.11$$

**例 2-35** 某 $n$ 年期连续年金，其 $t$ 时的支付率为 $t^2 + t (0 < t < n)$，如果利息强度为常数 $\delta$，求该年金的终值的表达式。

**解:**

终值的表达式为

$$\int_0^n (t^2+t)e^{(n-t)\delta}dt = \frac{(t^2+t)e^{(n-t)\delta}}{-\delta}\bigg|_0^n + \int_0^n (2t+1)e^{(n-t)\delta}dt$$

$$= \frac{n^2+n}{-\delta} + \frac{(2t+1)e^{(n-t)\delta}}{-\delta^2}\bigg|_0^n + \int_0^n \frac{2e^{(n-t)\delta}}{\delta^2}dt$$

$$= \frac{n^2+n}{-\delta} + \frac{2n+1}{-\delta^2} + \frac{e^{n\delta}}{\delta^2} + \frac{2e^{(n-t)\delta}}{-\delta^3}\bigg|_0^n$$

$$= -\frac{n^2+n}{\delta} - \frac{2n+1}{\delta^2} + \frac{e^{n\delta}}{\delta^2} - \frac{2-2e^{n\delta}}{\delta^3}$$

$$= \left[\frac{2}{\delta^3} + \frac{1}{\delta^2}\right]e^{n\delta} - \left[\frac{n^2+n}{\delta} + \frac{2n+1}{\delta^2} + \frac{2}{\delta^3}\right]$$

### 习题二

1. 已知 $a_{\overline{n}|}=10$ 和 $a_{\overline{3n}|}=24.40$,求 $a_{\overline{4n}|}$。

2. 在年度实质利率 $i$ 下,已知:
 (1) 年度支付 1 的 $n$ 期延付年金的现值为 40;
 (2) 年度支付 1 的 $3n$ 期延付年金的现值为 70。
 求年度支付 1 的 $2n$ 期延付年金的积累值。

3. 已知一项 20 年期的年金的支付情况如下:每两年支付一次,第一次支付在第 2 年末,且每次支付 100 元,另外,分别在第 3 年、9 年和 15 年末支付 300 元。如果年度实质利率为 4%。求该年金的现值。

4. 已知:
 (1) 每年末支付 1 的 $6n$ 年期延付年金的现值为 9.996;
 (2) 每两年末支付 1 的 $6n$ 年期延付年金的现值为 4.760;
 (3) 每三年末支付 1 的 $6n$ 年期延付年金的现值为 $X$。
 求 $X$。

5. 已知:$s_{\overline{10}|0.1}=15.94$,求 $\sum_{n=1}^{10} s_{\overline{n}|0.1}$。

6. 以下三个年金有相同的现值 $PV$:
 (1) 在年度实质利率 $i$ 下,每年支付 2 的永续延付年金;
 (2) 在年度实质利率 $2i$ 下,每年支付 $X$ 的 20 年期延付年金;
 (3) 在年度实质利率 $2i$ 下,每年支付 $0.96154X$ 的 20 年期初付年金。

求 $PV$。

7. 一项延付年金分别在第 1、2 年末支付 10，在第 3、4 年末支付 9，如此等等，每两年支付减 1，直到支付为 0 为止。年度实质利率为 5%。求该延付年金的现值。

8. 一项变额的期末付年金的期限为 $2n$ 年，第一次支付金额为 1，以后每年支付增加 1，直到在第 $n$ 年末的支付为 $n$。在第 $n+1$ 年末的支付保持为 $n$，然后每年的支付减少 1，直到在第 $2n$ 年末的支付为 1。推导该年金的现值的表达式。

9. 某连续的 $n$ 年期年金在 $t$ 时的支付率为 $1-kt$, $0 \leqslant t \leqslant n$。该年金的现值为 $f-g-h$，其中 $f$ 是连续支付 1 的永续年金的现值，$g$ 是连续支付 $1-kn$ 的 $n$ 年延期永续年金的现值，求 $h$。

10. 某寿险保单的死亡福利可以以下列方式支付，下列不同方式的支付有相同的（等于死亡福利）的现值：

（1）在每个月末支付 1200 的永续年金；

（2）在每个月末支付 3654.7 的持续 $n$ 年的年金；

（3）在第 $n$ 年末一次性支付 178663.2。

求该死亡福利金额。

11. 某人在 20 年中，每年初存款 100 元，在此期间，存款利率为单利 $i$，并且这些存款在第 20 年末的积累值为 2840 元。现在假设，如果使用的是复利 $i$，则这些存款在第 20 年末的积累值将变为多少？

12. 某永续年金的支付依次为 $(1+k)$, $(1+k)^2$, $(1+k)^3$, 等等，第一次支付在第一年末，每年支付一次。在年度实质利率 4% 下，该年金在 0 时的现值为 51。求 $k$。

13. 某单增永续年金每两年支付一次，第一次支付 1，发生在第 2 年末，第二次支付 2，第三次支付 3，如此等等。该永续年金的价格为 110。求年度实质利率。

14. 在 1995 年到 2005 年期间，每年的 1 月 1 日和 7 月 1 日都有一笔存款存入某基金。在 7 月 1 日的存款都比同年的 1 月 1 日的存款多 10.25%，1 月 1 日的存款则与上年 7 月 1 日的存款金额相同（1995 年 1 月 1 日除外）。基金以半年度转换名义利率 10% 计息。在 2005 年 12 月 31 日，该基金的余额将达 11000 元。求第一次存款的金额。

15. 已知 $\bar{a}_{\overline{10}|} = 7.52$ 及 $\dfrac{d}{d\delta}\bar{a}_{\overline{10}|} = -33.865$。求 $\delta$。

16. 已知 $i^{(4)} = 4\%$，求 $(Da)_{\overline{68}|}$。

17. 现有每年支付 1 的一项 $n$ 期初付年金加上最后在 $n+k-1$ 时的一项支付（$0<k<1$）。所有这些支付的现值和为 $\dfrac{1-v^{n+k}}{d}$。求最后一次支付的金额。

18. 一项年金提供 30 年的年度支付。第一次支付 100，并且立即进行，以后每次支付增加 8%，年度利率为 13.4%。求该年金的现值。

19. 某人利用 12000 元来购买两项不同的年金，每项年金的价格为 6000 元。第一项年金是 24 年期的延付年金，每年支付 $K$ 元给该人自己；第二项年金是一项 8 年期延付年金，每年支付 $2K$ 元给他儿子。假设利率为 $i$，求 $i$。

20. 现有某永续年金，每年支付 100，第一次支付在第 11 年末。为了得到该年金，可以有如下两种选择：

（1）每年末支付 90，共支付 10 年；

（2）每年末支付 $K$，共支付 5 年。

求 $K$。

21. 某永续年金的年度支付始于第 10 年初。第一次支付为 50，以后的每次年度支付比上一次支付增加 10，直到支付达到 150，以后的支付就保持为 150 的水平。该永续年金用一项 10 次的年度支付来购买，第一次支付 $P$ 立即进行，以后每次支付比前一次增加 5%。假设前 9 年的实质利率为 5%，以后的实质利率为 3%，求 $P$。

22. 在 $t$ 时的利息强度为 $kt^3$，$R$ 为一项连续年金的现值，该连续年金在 $t$ 时的支付率为 $mt^3$，求 $R$。

23. 已知：

（1）在前 15 年内每 6 个月支付 300 元，在后 15 年内每 6 个月支付 200 元的初付年金的现值为 6000；

（2）在 15 年内，每 6 个月支付 350 元的延期 15 年的初付年金的现值为 4000 元；

（3）在前 15 年内每 6 个月支付 100 元，在后 15 年内每 6 个月支付 200 元的初付年金的现值为 $X$。

所有的计算使用相同的利率，求 $X$。

24. 在每 8 年末支付 2、一直持续下去的一系列支付的现值等于 5，求年度实质利率。

25. 一项延付年金由 11 次的年度付款 100 和最后一次在第 12 年末的上升（balloon）支付组成。在年度实质利率 3.5% 下，所有这些支付在 0 时的现值为 1000。

利用年度实质利率 1%，计算在第 9 年初所有剩余支付的现值。

26. 已知年度实质利率 $j>0$，并且

（1）在 $2n$ 年内，前 $n$ 年每年末支付 3，后 $n$ 年每年末支付 2 的现值为 36；

（2）每年支付 2 的 $n$ 年延期 $n$ 年期期末付年金的现值为 6。

求 $j$。

27. 一项 11 年的年金有一系列年度支付 1、2、3、4、5、6、5、4、3、2、1，第一次支付在第二年末，在利率 $i$ 下，年金的现值为 25；一项 12 年的年金有一系列年度支付 1、2、3、4、5、6、6、5、4、3、2、1，第一次支付在第一年末。计算在利率 $i$ 下，12 年的年金的现值。

28. 某人为希望工程提供一项为期 10 年的资助。第一年的每月资助为 1000 元，第二年的每月资助为 1100 元，第三年的每月资助为 1200 元，如此等等。支付发生在每个月末。希望工程委员会愿意为资助者建立一个专门账户，并为该账户提供 3% 的年度利率。

求提供资助者需要在 0 时一次性存入多少钱，才足以满足这 10 年的支付。

29. 一个 40 岁的人，通过每年年末向账户中存入 $X$ 元积累他的退休金，该账户的年实际收益率为 4%。在 65 岁，他会用账户中所有的钱购买一份 15 年期每年年末付 10000 元的年金，该年金的收益为 5%。试计算 $X$。

30. 已知：

（1）20 年期的每年支付 1 的期初付年金在第 2 年末的当前值为 $X$；

（2）第 $t$ 年年度实质利率为 $1/(8+t)$。

求 $X$。

31. 某人借款 100000 元，为期 30 年。已知：

（1）该借款人在第 1 年末第一次还款 $X$；

（2）在接下来的 19 年中，该借款人每年还款都比上年多还 100 元，然后在最后 10 年保持等额还款；

（3）年度实质利率为 5%。

求 $X$。

32. 某永续年金的年度支付如下：

（1）每三年支付一次 1，第一次支付 1 发生在第 1 年末；

（2）每三年支付一次 2，第一次支付 2 发生在第 2 年末；

（3）每三年支付一次 3，第一次支付 3 发生在第 3 年末。

假设利率为半年度转换 5%，求该永续年金的现值。

33. 某期末付永续年金的年度支付呈几何级数增加，年度增加率为 7%。已知实质利率为 12%，第一次支付为 1，求该年金的现值。

34. 某延付年金每年支付的基本福利为 1，并且每 4 年增加 10.25%，年金

共支付 40 年，在年度实质利率 5%的情况下，求该年金的表达式。

35. 已知如下支付：

（1）分别在 $t=1$，3，5，…，19 时支付 100；

（2）分别在 $t=2$，4，6，…，20 时支付 200。

一位精算师被要求确定时间 $t^*$，使在 $t^*$ 的一次支付 3000 的现值与上述 20 次支付的现值和相等，对 $i>0$，求 $t^*$ 的表达式。

36. 已知某延付年金在前 10 年每年支付 10，然后在接下来的 9 年中，每年比上一年少支付 1，以后每年支付 1，永远持续下去。年度实质利率为 4%，求该年金的现值。

37. 某人在 2025 年 1 月 1 日需要有一笔钱来支付一项一次性的 50000 元的付款以及同时购买一项 15 年期的初付年金，该年金每半年初支付 $K$。该笔钱通过自 2000 年 1 月 1 日开始的 25 次年度存款 $K$ 来累积。存款以半年度转换名义利率 4%积累，年金的支出则基于半年度转换名义利率 3%。求 $K$ 的表达式。

38. 某项永续年金在每 4 年末进行支付，第一次支付在第 4 年末，支付 1，以后各次支付都比上一次多支付 5。已知 $v^4=0.75$，求该永续年金的现值。

39. 在 1985 年 1 月 1 日，为了偿还贷款，某人面临如下选择：

（1）60 次的月度支付，每次支付 100 元，第一次支付在 1985 年 2 月 1 日；

（2）在第 $K$ 月末一次性支付 6000 元。

已知利率为月计复利 12%，这两种选择有相同的现值，求 $K$。

40. 某年度支付 1 的延期期初付永续年金的现值为 $P$，假设年度实质利率为 $i$，$i>0$，求延迟期的长度。

41. 年金 I 和 II 提供如下的支付：

| 年末 | 年金 I | 年金 II |
| --- | --- | --- |
| 1—10 | 1 | $K$ |
| 11—20 | 2 | 0 |
| 21—30 | 1 | $K$ |

在实质利率 $i$ 下，年金 I 和 II 有相同的现值，其中 $v^{10}=1/2$。求 $K$。

42. 一项 700 的投资用作如下的支付：在第一年末支付 10，在第二年末支付 20，在第三年末支付 30，余类推，直到全部投资本息花光为止。最后一次小额的支付在最后的规则付款后一年进行。假设基金的实质利率为 5%，求最后一次小额支付的金额。

# 第三章 收益率

本章是在前面各章基础上，对利率概念的进一步推广。

如果说利率是一个人所共知的通俗的概念，那么收益率则跟有意识的投资密切相关。我们将如银行存款的投资理解为无意识的投资，因为有些银行存款纯粹是为了将钱找个安全的地方存放，特别是对一些活期的存款，存款人可能根本不是为了利息（或投资收益）的原因而存款。

在市场经济环境中，投资活动或投资意识对所有人都是非常重要的。因为有时候，有效地运用资金的收获会远高于努力劳动所带来的收获。这一点由复利的思想很容易理解。正如例 2-22 中所讨论过的，每个月存款 100 元，如果基金利率为 13%，那么 40 年后这总共 48000 元的投资将产生近 130 万元的回报！

问题是，如何才能赚到如题设中的利率？

对于如银行存款的无意识投资，其所能赚到的只是由银行规定的、较低的利率，较高的利率一定是其他形式的投资才可能赚到的，如购买股票或投资于房地产等所谓的有意识的投资。

实务中，一般将与这些有意识的投资有关的利率称为收益率。收益率的正式定义还将在后文中给出，这里只是作一些简单的描述。

如果从作为单位本金在一期上赚得的利息量的角度看，利率和收益率本质上是一致的。事实上，当在不同的场合看到这两个词时，我们的反应通常都是一样的，即并不会觉得这两个术语有太大的差别。

然而，这两个词还是有一些明显差别的。首先，在使用利率一词时，通常是有一个给定的利率值，比如我们会说银行利率为 5%，贷款利率为 8%等；而使用收益率一词时，通常不会有一个事先给定的收益率值，而是需要在相应的投资项目结束后，或者依据预期的投资项目情况，计算或估算出相应的收益率。其次，在使用利率一词时，通常意味着投资者的被动接受，如银行利率为 2.25%或 1.98%，那么到银行存款就只能接受这个利率，而收益率则由投资人的具体投资经历决定，如购买股票，如果操作得当，则可能赚取更多的差价（利息），从而有比较高的收益率，否则，可能赚得较少、甚至赔本，此时的收益率就将比较低甚至为负。因此，收益率一词具有一定的主动含义，而利率一词则带有一定的被动含义。最后，对利率而言，通常在同一环境中所有不同个体都使用同样的利率，而收益率由于其主动的特性，所以在相同环境中不同个体的投资活动将产生不同的收益率。

利率是被使用的，而收益率则是被创造的。一般的个人不可以随意改变利率(格林斯潘等除外)，同时任何人又都在创造着自己的（各项投资的）收益率！正是由于收益率的这种特性，使得金融市场中的投资者更需要随时度量自身/不同项目的收益率。

## 3-1 贴现现金流分析法

贴现现金流分析方法是可以用于分析收益率的一种重要的方法。

在前面计算系列付款的现值时，我们的做法是：将各次付款乘以相应的贴现因子，然后相加，就能得到所需的现值。将这种做法一般化，就是以下我们所要讨论的所谓的现金流分析方法。

考虑如下的情况：

某投资人的投资记录为：在 $0, 1, 2, \cdots, n$ 时分别有资金流出（或称为投资）$O_0, O_1, \cdots, O_n$，同时分别有资金流入（或投资回报）$I_0, I_1, \cdots, I_n$。相应的时间图如下：

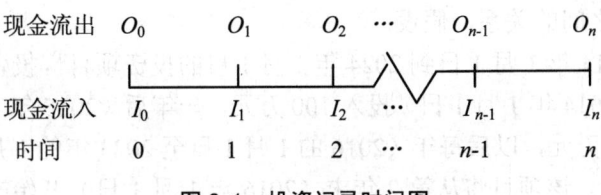

图 3-1 投资记录时间图

注意：这里为了方便起见，我们将有资金流动(流入或/和流出)的时间点用整数值 $0, 1, 2, \cdots, n$ 来表示，这是因为这种简化的处理并不影响我们所要讨论的方法。实际中有资金流动的时间点完全不必是整数点。在实际应用中，如果需要的话，完全可以用符号 $t_j$ 来代替这里的 $j$ ($j=0, 1, 2, \cdots, n$)。另外，对于每一个时间点 $j$，我们均给出了一对符号 $(O_j, I_j)$ ($j=0, 1, 2, \cdots, n$)。这里的 $O_j$ 和 $I_j$ 均为非负数，但可以（不同时）为零，为零表示在相应时刻没有发生相应的现金流动。

实务中，如果只涉及收益率的计算，通常并不需要掌握全部的原始记录，往往只需要有现金流的净值就足够了。因此，我们令 $C_t=O_t-I_t$，表示时刻 $t$ 的投资支出净值或净现金流出。$C_t$ 可以为正数、负数或零。$C_t$ 为正数表示在时刻 $t$ 的流出金额大于流入金额，因此表现为净的流出；$C_t$ 为负数则表示在时刻 $t$ 的流出金额小于流入金额，表现为有净的流入（投资回报），负的净流出即为正的净流入。如果 $C_t$ 为 0，则表示流入与流出相抵。从净值的角度看，$C_t$ 为 0 表示在这一时刻没有净的现金流动，因此就可不考虑在此时的现金流。很显然，考虑净现金流将比考虑原始现金流更为简便。

净现金流除了包括净流出现金流外，也可以站在对立的立场，考虑净流入（回报）现金流。我们以 $R_0, R_1, \cdots, R_n$ 表示在时刻 $0, 1, \cdots, n$ 的净回报现金流。类似地，负的 $R_t$ 表示在 $t$ 时发生正的净流出，并且 $R_t=-C_t$，$0 \leq t \leq n$。

在涉及收益率（或一般的商业交易）的问题中，往往需要问题的解决者——我们有一个立场，即是站在借方还是贷方的立场？因为一般来讲，这两方是对立的：贷款人总希望在贷款中赚取更多的利息，其赚到的利息是由借款方支付的，借款方自然希望借款所需支付的利息越少越好。

为了不至于混淆，我们令最先出资方为贷款方，或者叫投资方。也就是说，如果以 0 时作为一项业务的起始时刻，那么对于投资方来说，总有 $R_0<0$ 或 $C_0>0$，或者说，在交易双方中，$R_0<0$（同时 $C_0>0$）的那方为贷方（投资方），另一方则为借方。

本章为了讨论的方便，除非特别声明，一律站在贷方的立场进行讨论。

实务中，投资方更愿意关注其投资项目中的净回报现金流。为了更好地说明各种现金流之间的关系，假设：

有一从 2014 年 1 月 1 日到 2024 年 1 月 1 日的投资项目[①]，投资人需要在项目启动之时（2014 年 1 月 1 日）投入 100 万元，一年后（2015 年 1 月 1 日）需要追加投资 80 万元，以后每年（2016 的 1 月 1 日至 2023 年的 1 月 1 日）还需要投入 10 万元。该项目将从第 2 年末（2016 年 1 月 1 日）开始产生回报。假设从第 2 年末到第 9 年末（2023 年 1 月 1 日）可收回的投资回报每年增加 10 万元，第 2 年末的投资回报为 20 万元。另外，第 10 年末（2024 年 1 月 1 日）项目结束时还可收回 120 万元。

根据上述文字描述，可以得到如下的原始数据表：

---

① 假设年初为 1 月 1 日的话，年末假设为 12 月 31 日更为合理，这里为简便起见，简单地假设下一年的年初即为当年的年末。

表 3-1　原始记录表(单位：万元)

| 日期 | 投资支出 $O_t$ | 投资回报 $I_t$ |
|---|---|---|
| 2014-1-1 | 100 | |
| 2015-1-1 | 80 | |
| 2016-1-1 | 10 | 20 |
| 2017-1-1 | 10 | 30 |
| 2018-1-1 | 10 | 40 |
| 2019-1-1 | 10 | 50 |
| 2020-1-1 | 10 | 60 |
| 2021-1-1 | 10 | 70 |
| 2022-1-1 | 10 | 80 |
| 2023-1-1 | 10 | 90 |
| 2024-1-1 | | 120 |
| 总计 | 260 | 560 |

由总计栏，我们可以发现这个项目投资产生 560-260=300（万元）的利息。

将原始现金流数据转换为净现金流数据，以 0 时对应日期 2014 年 1 月 1 日，1 年为一期，有：

表 3-2　净现金流表(单位：万元)

| 时刻 $t$ | $C_t$ | $R_t$ |
|---|---|---|
| 0 | 100 | -100 |
| 1 | 80 | -80 |
| 2 | -10 | 10 |
| 3 | -20 | 20 |
| 4 | -30 | 30 |
| 5 | -40 | 40 |
| 6 | -50 | 50 |
| 7 | -60 | 60 |
| 8 | -70 | 70 |
| 9 | -80 | 80 |
| 10 | -120 | 120 |
| 总计 | -300 | 300 |

从总计栏可以看出，净流入现金流的总和正好为该项目产生的利息金额。这也是投资方更愿意关注净流入现金流的原因之一。

将原始现金流转化为净（流入）现金流只是贴现现金流分析方法的第一步，接下来，要对所得的净现金流进行贴现。

我们知道，在对某支付进行贴现时，首先需要有可使用的利率。而对于一个具体的投资项目而言，是没有一个可供使用的现存的利率的！

因此，我们用一个一般的变量$i$，来讨论在$i$下的现金流的现值。

令

$$P(i)=\sum_{t=0}^{n}v^{t}R_{t} \tag{3-1}$$

很显然，$P(i)$的值随着$i$的变化而改变，它是一个关于变量$i$的函数，其取值可能为正数，也可能为负数，当然也有可能为0。事实上，对于上述举例来说，

$$P(i)=\sum_{t=0}^{n}v^{t}R_{t}=-100-80v+10v(Ia)_{\overline{9}|}+30v^{10}$$

$$P(10\%)=67.75>0，P(20\%)=-32.95<0$$

因为$P(i)$是投资项目所有净回报在利率$i$下的现值和，所以我们称之为利率$i$下投资项目的净现值。

## 3-2 收益率的定义

我们将使得净现值为0的利率$i$定义为相应投资项目的收益率。或者简单地说，收益率为方程

$$P(i)=\sum_{t=0}^{n}v^{t}R_{t}=0 \tag{3-2}$$

的根。

根据收益率的定义，对照第一章的价值等式，如果将第一章中分别位于时间图上下方的现金流用$O_t$和$I_t$来表示的话，选择0时作为比较日期，那么，在实质利率$i$下，有价值等式$\Sigma O_t v^t=\Sigma I_t v^t$或$\Sigma(I_t-O_t)v^t=0$或$\sum_{t=0}^{n}v^{t}R_{t}=0$。

可以看出，第一章中的实质利率其实就是这里定义的收益率。我们说，对于前面讨论过的所有利息问题，其中的实质利率都满足这里对收益率的定义，

也就是说，它们都可以被称为收益率。

前面讨论过的利率，除了实质利率外，还有名义利率、实质贴现率和名义贴现率等。我们已经发现，实质利率其实是符合这里关于收益率的定义的，而其他的利率则似乎不一定。我们说，其实就收益率而言，同样有多种收益率，由方程(3-2)给出的收益率通常被称为内部收益率(IRR)。它是一个相对于实质利率的概念，也是最常用的一种收益率。就像前文中多次强调的一样，实务中对"收益率"一词的使用，就像对"利率"一词的使用一样，在不同场合的含义有很大的不同，我们需要特别留意其真实的含义，而不要轻易被术语本身所左右。

另外，方程(3-2)给出的收益率是通过贷方的净回报现金流而得到的，我们通常称之为贷方的收益率。

我们知道，对于借贷双方来说，一方的流出正好为另一方的流入，反之亦然。所以，对借方来说，因为其净回报现金流正好为贷方的净流出现金流，即为$(C_t)\ 0 \le t \le n$ 或$(-R_t)\ 0 \le t \le n$，显然，由$\Sigma v^t R_t = 0$，有$\Sigma v^t(-R_t) = \Sigma v^t C_t = 0$，这表明，同一业务涉及的借贷双方有相同的收益率。

**例 3-1** 某人提供 10000 元的贷款，其还款要求是，在 5 年后还 10000 元并在 10 年后再还 10000 元。求该贷款人实际要求的收益率。

**解：**
首先，根据题设，知贷款人所要求的净回报现金流为：
$$R_0 = -10000,\ R_5 = 10000,\ R_{10} = 10000$$
根据式(3-2)有，
$$P(i) = -10000 + 10000v^5 + 10000v^{10} = 0$$
于是 $v^5 = \dfrac{-1 \pm \sqrt{5}}{2}$，

因为 $v$ 为贴现因子，所以为一正数(否则，则没有任何现实意义)，所以
$$v^5 = \dfrac{\sqrt{5}-1}{2} = 0.618$$

从而 $i \approx 10.1\%$。

本例是涉及收益率计算的最简单的情况。一般来说，由于收益率与利率在本质上的一致性，所以求收益率的问题实际上相当于一种未知利率问题，因此，前面介绍过的有关未知利率问题的求解方法都可以用来求解未知收益率。

像求解未知利率问题一样，收益率的计算也是整个利息问题求解中最困难的部分。不过，在拥有先进计算工具（计算机或比较高级的计算器）的今天，其困难程度已经大大地降低了。利用普通计算机就可以在很短的时间内算出具有足够精度的一般项目的收益率。

**例 3-2** 利用试错法，计算表 3-2 中现金流的收益率。

**解：**
根据表 3-2 中数据及式(3-2)，有

$$P(i)=\sum_{t=0}^{n} v^t R_t = -100-80v+10v(Ia)_{\overline{9}|}+30v^{10}=0$$

上文的讨论中实际给出了两次试错的结果：

$$P(10\%)=67.75>0,\ P(20\%)=-32.95<0$$

再取 15%，有 $P(15\%)=7.65>0$；

再取 17%，有 $P(17\%)=-10.47<0$；

再取 16%，有 $P(16\%)=-1.77<0$；

……

取 15.806%，有 $P(15.806\%)=0.003322\approx 0$。

因此该项目的收益率大约为 15.806%（精度已经超过一般情况下所要求的）。

# 3-3 收益率的唯一存在性

首先，从一般意义上讲，只有不小于-1 的实数作为收益率才有意义，并且任何一个投资项目应该有 1 个、而且只有唯一的 1 个收益率才是符合我们对收益率的理解的！可是对照收益率的定义，容易发现可能存在如下的问题：

➢ 收益率可能不存在！

➢ 对于同一个投资项目，可能同时存在多个收益率，即收益率可能不唯一！

因为收益率是由形如 $\Sigma v^t R_t=0$ 的方程的根来定义的。具有一定数学基础的人不难发现上述问题。

事实上，例 3-3、例 3-4 表明，在现实中，的确存在上述问题。

**例 3-3** 某两人达成如下的一项协议：甲先借 9950 元给乙，两年后再给乙 15000 元；作为回报，一年后乙支付 24500 元给甲。求该项协议中，甲（从而也是乙）的收益率。

**解：**
根据题意，甲的净流入现金流为：$R_0=-9950$，$R_1=24500$，$R_2=-15000$

于是由 $\sum_{t=0}^{n} R_t v^t = 0$

有，$-9950+24500v-15000v^2=0$

即，$9950(1+i)^2-24500(1+i)+15000=0$

解得：$i=32.17\%$ 或 $14.06\%$

**例 3-4** 一家存贷合作社宣布同时提供存贷业务，存贷款利率由双方面议，对同一个客户，存、贷利率相等，合作社还公布其所成交的每一笔业务的收益率。现有某人在一年后需用 2 万元资金，于是想到这家存贷合作社贷款。该人现有 1 万元，并计划在 2 年后将所需还款一次还清。在向合作社说明了来意和还款计划后，合作社惊奇地发现，除非存贷利率为 0，否则无论如何都无法公布该笔业务的收益率，为什么？

**解：**

假设存贷合作社同意该人的全部要求，即在 0 时接受其 1 万元的存款，并在 1 年后提供 2 万元的贷款，余下所需的还款在 2 年末一次还清，假设所需还款量为 $X$，因为 $R_0=-1$，$R_1=2$，$R_2=-X$，所以，收益率由下式确定：

$$-1+2v-Xv^2=0$$

或

$$(1+i)^2-2(1+i)+X=0$$

于是

$$1+i=\frac{2\pm\sqrt{4-4X}}{2}=1\pm\sqrt{1-X}$$

显然，如果 $X<1$，则有两个收益率存在；如果 $X>1$，则不存在收益率。因此，只有当 $X=1$ 时，有一个收益率，而该收益率正好又为 0。

除了上面提到的两个问题外，偶尔还会遇到由下例揭示出的问题。

**例 3-5** 章三向吕四借款 1000 元，年利率为 10%，转手贷给汪五，年利率为 15%，期限都为一年。计算章三的收益率。

**解：**

从章三的现金流率看，

$t=0$ 时：借入 1000 元，贷出 1000 元，$R_0=1000-1000=0$

$t=1$ 时：收回 1150 元，还给吕四 1100 元，$R_1=1150-1100=50$

由 $R_0+vR_1=0$ 知，则 $vR_1=0$ 或 $v=0$，从而 $i$ 为无穷大。

乍一看，$i$ 为无穷大作为一项投资的收益率也还凑合着可以。无穷大可以被理解为是一个比任何有限大的数都大的数，这样的话，无穷大的收益率就是比任何有限大的收益率还要大的收益率。从这个意义上讲，$i$ 为无穷大还勉强有些实际的意义。但是，如果同时考虑如下的情况：马六以 10%的利率贷到 1000 元，然后以 20%的利率贷出，显然马六的收益率同样是无穷大。试问，如何将章三的收益率与马六的比较？很显然马六的交易要比章三的好，但是收益率却没有表现出来。

上述三个例题揭示的问题是我们所不愿看到的，当然它又是我们不得不面对的。因此，在进行有关收益率的讨论或计算前，确定收益率是否唯一存在是具有非常重要意义的。

有两个被经常用来判断收益率是否唯一存在的充分条件。

**充分条件一**：在整个投资期间，如果净现金流的方向只改变一次，那么该项目的收益率唯一存在。具体地说，对于一项 $0\sim n$ 上的项目，如果存在一个时刻 $t^*$，使在 $t^*$ 之后的净现金流方向是一致的，$t^*$ 之前的净现金流向也是一致的，且这两个现金流方向相反，则收益率必然是唯一存在的。用符号表示就是：存在 $0<t^*<n$，使当 $0<t<t^*$ 时，$R_t<0$，而当 $t^*<t<n$ 时，$R_t>0$[①]。

充分条件一中的存在性是显然的。因为 $P(i)=\sum_{t=0}^{n}R_t v^t$ 关于 $i$ 为连续函数，只要付款满足 $R_0<0$ 和 $R_n>0$，就有 $\lim_{i\to+\infty}P(i)=R_0<0$ 和 $\lim_{i\to-1^+}P(i)=+\infty$，由 $P(i)$ 的连续性，知道一定有 $(-1, +\infty)$ 之间的 $i$，使 $P(i)=0$。

充分条件一中的唯一性可以由一个重要的数学定律——Descartes 符号定律——导出。Descartes 符号定律的具体表述为：

$n$ 次方程 $f(x)=a_n x^n + a_{n-1}x^{n-1}+\cdots+a_1 x + a_0=0$ 正根的个数不会超过系数 $a_n$，$a_{n-1}$，$\cdots$，$a_1$，$a_0$ 符号改变的次数，并且 0 的系数不算作符号的改变。

对上述定律感兴趣的读者可以参考相关数学书籍，我们这里不作进一步的讨论。

充分条件一能保证现实中的许多投资项目存在唯一的收益率。因为一般的投资项目都有这样的特性，在项目启动后，通常有一段投入期，投入一次或连续多次，然后就可以坐享投资回报了。我们日常所见的大多数投资项目都具有这种现金流性质，所以一般情况下，我们无须担心发生上述三个例题中所发现的麻烦问题了。如表 3-2 中的现金流，取 $t^*$ 为 1 到 2 间的任何数，如 1.5，就有当 $0<t<t^*$ 时，$R_t<0$，而当 $t^*<t<n=10$ 时，$R_t>0$。

不过，现实中有时也会遇见如下的投资情况：项目开始时，有一些初始的投资，然后开始收取回报，在一段时期后，由于进一步发现了项目潜在的盈利能力，比如有了某种新的研究成果或产品专利后，可能需要扩大项目规模，从

---

① 这里站在投资方的立场。

而涉及追加投资。在中间追加投资的后果将可能导致净回报流符号再次改变(由正变为负),于是就可能不再满足上述的充分条件。

不过,幸运的是,上述条件只是充分的而不是必要的,所以不满足该条件也并不意味着麻烦问题就一定存在。

下面的充分条件给出了具有唯一收益率项目的更大范围。

**充分条件二:** 若在整个投资期间,在投资项目结束前,投资项目的余额总为正,则如果存在收益率,那么收益率一定是唯一的。

**证明:**

设 $B_t$ 为时刻 $t$ 时投资项目余额,$t=0,1,2,\cdots,n$,则有:

$$B_0 = C_0$$

$$B_t = B_{t-1}(1+i) + C_t \quad (t=0, 1, 2, \cdots, n)$$

假设存在的收益率为 $i$,则有 $1+i>0$ 且

$$B_n = C_0(1+i)^n + C_1(1+i)^{n-1} + \cdots + C_{n-1}(1+i) + C_n$$
$$= -(1+i)^n[B_0 + B_1v + \cdots + B_{n-1}v^{n-1} + B_n v^n] = 0$$

现在假设

$$B_t > 0 \quad (t=0, 1, 2, \cdots, n-1)$$

即有:

$$C_0 = B_0 > 0$$
$$C_1 + B_0(1+i) = B_1 > 0$$
$$C_2 + B_1(1+i) = B_2 > 0$$
$$\vdots$$
$$C_{n-1} + B_{n-2}(1+i) = B_{n-1} > 0$$
$$C_n + B_{n-1}(1+i) = B_n = 0$$

如果存在另一个收益率值 $j>-1$,且首先设 $j>i$。

将在 $j$ 下投资项目在各时刻的余额记为 $B'_t$,则有:

$$B'_0 = C_0 = B_0$$
$$B'_1 = B'_0(1+j) + C_1 > B_0(1+i) + C_1 = B_1$$
$$B'_2 = B'_1(1+j) + C_2 > B_1(1+i) + C_2 = B_2$$
$$\vdots$$
$$B'_{n-1} = B'_{n-2}(1+j) + C_{n-1} > B_{n-2}(1+i) + C_{n-1} = B_{n-1}$$
$$B'_n = B'_{n-1}(1+j) + C_n > B_{n-1}(1+i) + C_n = B_n = 0$$

$B'_n > 0$ 与 $j$ 为收益率是矛盾的。所以,不存在大于 $i$ 的收益率。同理可证明也不存在小于 $i$ 的收益率。因此,收益率是唯一的。

注意到，充分条件一可以看成是充分条件二的一个特殊情形，因为对 $0<t<t^*$ 时，$R_t$ 均小于 0，从 $C_t$ 均大于 0，于是在 $t^*$ 之前 $B_t$ 是单增的，而当 $t^*<t<n$ 时，如果出现某个 $B_t<0$，则其后的所有的 $B_t$ 均会小于 0，从而导致 $B_n$ 小于 0，这将与 $B_n$ 等于 0 相矛盾。

另外，充分条件二并没有给出收益率的存在性，它给出的只是收益率的唯一性，这种唯一性是建立在存在一个收益率的前提下的。当然，在实务中，对收益率唯一性的关注远比对存在性的关注更强烈。原因是，一方面，收益率不存在的投资项目比较罕见，另一方面，对收益率不存在的投资项目的处理要比收益率不唯一的项目的处理更简单。关于这一点，在本章的最后有更进一步的说明。

## 3-4 再投资收益率

到目前为止我们还没有考虑过再投资问题。所谓再投资是指将原始投资所得的收益进行投资的过程。第一、二章的讨论建立在给定利率条件的基础上，所有的支付都按照给定的利率积累或贴现。而在实际情况中，特别是涉及有意识投资的情况下，并没有一个可以一直依靠的利率，收益率是靠自己去赚取的。实际的情况通常是，一定的投资支出交换（产生）一定的回报，如图 3-1 所示的一系列支出现金流交换一系列流入现金流。第一章引入的价值等式实际上是隐含了各次付款都可以以给定的利率按照（常数）复利的方式积累或贴现到比较日期上，而我们可以随意选择比较日期的原因，则是暗含的常数复利可以在整个期限内对所有的支付适用。

而事实上，对于现实中常见项目而言，大多情况并不是如此的。如表 3-2 中的现金流，在从 2 时开始的正的净回报出现后，正的回报流向了那里，这些正的回报还能产生利息吗？它们还能产生多少利息？它们很可能被存入银行，赚取也许不到 5%的年度利率，也可能购买债券，赚取 10%的利率，也可能用于其他的投资，也可能在当年度就被用于其他的支出等。很显然，对这些现金流的不同（再投资）对待，所产生的后果都是不同的。例 3-2 利用收益率的定义计算出该投资项目的（内部）收益率为 15.81%，其实隐含着假设这些回报现金流可以继续赚到 15.81%的年度利率，而这与实际情况很可能是不相符的。为了达到与现实更为接近的结果，有必要对此作进一步的分析。

首先考虑最简单的情形：在 0 时刻投资 1 单位货币，投资期限为 $n$，本金

投资利率为 $i$，投资本金每年产生的利息按利率 $j$ 再投资。相应的现金流如图 3-2 所示：

注意，该时间图反映的是接受投资者在 0 时的投资，并在 1，2，…，$n$ 时支付本金和利息给投资者的交易对方的现金流情况图，而不是我们所要考虑的投资者的最终现金流的情况，因为，投资者在收到利息流（入）的同时又将它们流出进行再投资了！

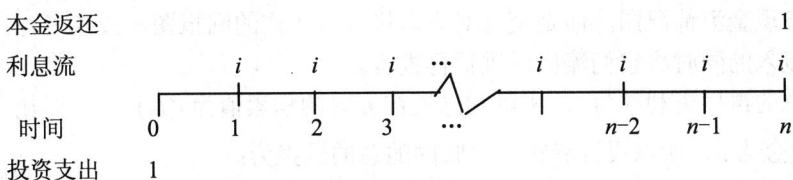

图 3-2　单位投资产生的现金流

我们来考虑这项投资最终的结果，即在 $n$ 时的结果。首先，在 $n$ 时将收回投资本金 1；同时，将所有的利息收回，因为投资本金每期产生的利息值为 $i$，而这些利息在流入到投资者手中的同时，再从投资者手中流出，去以利率 $j$ 赚取再投资利息，因此，在这期间（即在 $n$ 时之前），投资者没有净的现金流，直到 $n$ 时，这些利息流产生的总的积累值为 $is_{\overline{n}|j}$。所以，在 $n$ 时总的积累值为：

$$1+is_{\overline{n}|j} \tag{3-3}$$

若 $i=j$，式(3-3)就变成了 $(1+i)^n$，所以，上式是积累方式 $(1+i)^n$ 的更一般形式。也就是说，积累方式 $(1+i)^n$ 相当于假设了投资本金 1 所产生的所有利息都可以以相同的利率 $i$ 再投资。

对于考虑了再投资的上述情况，可以发现，该投资人的净回报现金流为 $R_0=-1$，$R_n=1+is_{\overline{n}|j}$，因此，投资收益率 $k$ 满足[①]：

$$(1+is_{\overline{n}|j})v_k^n=1 \tag{3-4}$$

于是

$$k=\sqrt[n]{1+is_{\overline{n}|j}}-1 \tag{3-5}$$

容易验证，$k$ 介于 $j$ 和 $i$ 之间。

接下来考虑标准年金的情况。假设年金的各次付款以利率 $i$ 产生利息，利息则以利率 $j$ 再投资，于是，有如下的时间图：

---

① 为了不引起混淆，这里用字母 $k$ 来表示收益率，用 $v_k$ 表示 $1/(1+k)$，为相应的贴现因子。

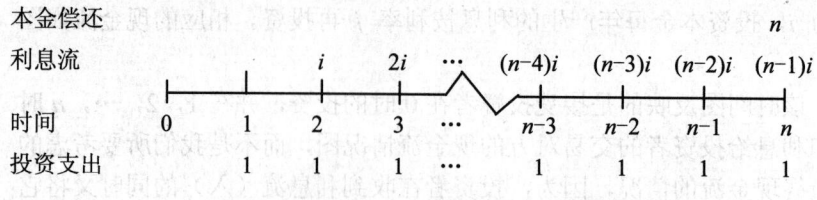

**图 3-3 年金投资产生的现金流**

同样，类似图 3-2 的说明，这个图并不是分别在 1, 2, ⋯, n 时投资 1 的投资者的最终现金流情况图，而是交易对方对投资者所作的回报图，投资者在接受到利息流入的同时将它们流出以进行再投资。

由于利息的再投资利率为 $j$，所以利息流在 $n$ 时的积累值为 $i(Is)_{\overline{n-1}|j}$，而在 $n$ 时收回的本金为 $n$，所以投资者在 $n$ 时收回的总的回报为：

$$n + i(Is)_{\overline{n-1}|j} \tag{3-6}$$

若 $i=j$，则上式就变为了 $s_{\overline{n}|i}$。也就是说，$n + i(Is)_{\overline{n-1}|j}$ 是 $s_{\overline{n}|i}$ 的更一般的情况，$s_{\overline{n}|i}$ 相当于利息再投资利率与本金投资利率相同的特殊情况。

同样地，因为投资者的净回报现金流 $R_1=R_2=\cdots=R_{n-1}=-1$，$R_n=n-1+i(Is)_{\overline{n-1}|j}$，所以，这项投资的收益率 $k$ 满足：

$$[n + i(Is)_{\overline{n-1}|j}] v_k^n = a_{\overline{n}|k}$$

或

$$n + i(Is)_{\overline{n-1}|j} = s_{\overline{n}|k}$$

同样地，$k$ 介于 $j$ 和 $i$ 之间。

**例 3-6** 某人以价格 $P$ 购买一项期末付 10 期年金，该人每年末得到年金付款 1000 元，同时以 8% 的利率再将其投资出去，这些投资所产生的年度利息又以 4% 的利率再投资。10 年后，收回全部投资的本利 $X$，并发现总的收益率为 10%。求 $P$ 和 $X$。

**解：**

根据题设，知该人的净现金流为：$R_0=P$, $R_{10}=X$。

也就是说，除了在 0 时和 10 时外，其他时间点上没有净现金流。

显然，这里所谓的没有净现金流不表示没有现金流。事实上，在 1, 2, ⋯, 9 时都有现金流，它们是来自年金的流入支付 1000，但是同时又有以利率 8% 的投资流出 1000，另外还有上年度各次 1000 所产生的利息，这些利息同时又以 4% 的投资利率再投资流出，因此，总的效果是，在 1, 2, ⋯, 9 时所有的流入与流出正好相抵，表现为净现金流为 0。

因此，由收益率为 10%，可以得到 $P$ 和 $X$ 的关系为：$P = X/(1+10\%)^{10}$。

注意到 $X$ 为 10 次 1000 元的投资所产生的本利和，正好符合式 (3-6)所讨论过的情形，所以有：

$$X = 1000 \times [10 + 8\%\times (Is)_{\overline{9}|0.04}]$$
$$= 1000 \times [10 + 8\%\times (\frac{s_{\overline{10}|0.04} - 10}{4\%})]$$
$$= 14012.21 \text{（元）}$$

从而 $P = 14012.21/(1+10\%)^{10} = 5402.32$（元）。

**例 3-7** 某人贷出款项 300 万元。本金利率为 10%，期限为 8 年，若期间将所得的还款以 4%的利率再投资，问在以下各种还款方式下，贷款人的投资收益率分别为多少？

（1）以年金方式，每年末收取还款一次，每次还款额相同；

（2）以等价的贴现方式，在贷款开始时一次性扣除全部利息，本金到期偿还；

（3）每年末收取贷款本金当年自增利息，本金到期偿还；

（4）贷款本利在到期时一次性收回。

**解：**

（1）记每年末还款额为 $R$，则

$$R = 3000000 \frac{1}{a_{\overline{8}|0.10}} = 562332.05$$

因为这些还款又被以 4%的利率再投资，所以它们到第 8 年末的积累值为：

$$R\, s_{\overline{8}|0.04} = 5181454.77$$

显然，这种方式下，贷款人的净回报现金流为 $R_0 = -3000000, R_8 = 5181454.77$。于是，收益率 $i$ 满足：

$$3000000\,(1+i)^8 = 5181454.77$$

$$i = \left(\frac{5181454.77}{3000000}\right)^{\frac{1}{8}} - 1 = 7.07\%$$

（2）因为贷款利率为 10%，所以 3 年期的 3000000 元贷款所需扣除的贴现金额为 $3000000 \times d^{(m)}/m$，其中 $m = 1/8$，即

贴现金额 $D = 3000000 \times [1-(1-d)^{1/m}]$
$= 3000000 \times [1-(1+i)^{-1/m}]$
$= 3000000 \times [1-(1+10\%)^{-8}]$
$= 1600477.86$

由于在 0 时扣除的这笔钱以 4%的利率再投资，所以这笔钱在 8 时的积累值为：

$$1600477.86\times(1.04)^8=2190364.46$$

从而 8 时总的投资可收回值为：3000000+2190364.46=5190364.46，于是，贷款人的净回报现金流为 $R_0$=-3000000，$R_3$=5190364.46，故总的投资收益率为：

$$i=\left(\frac{5190364.46}{3000000}\right)^{\frac{1}{8}}-1=7.09\%$$

（3）贷款本金每年的自增利息为：

$$3000000\times10\%=300000（元）$$

这些钱（每年末 300000 元，共 8 年）按 4%再投资将在 8 时产生的积累值为

$$300000\,s_{\overline{8}|0.04}=2764267.88$$

从而 8 时总的投资回收额为

$$3000000+2764267.878=5764267.878$$

于是，贷款人的净回报现金流为 $R_0$=-3000000，$R_3$=5764267.878，从而总的投资收益率为：

$$i=\left(\frac{5764267.878}{3000000}\right)^{\frac{1}{8}}-1=8.51\%$$

（4）这种情况最简单，第 8 年末一次性收回的投资回报为

$$3000000(1.1)^8=6430766.43$$

所以贷款人的净回报现金流为 $R_0$=-3000000，$R_3$=6430766.43。

于是，总的投资收益率为 $i=\left(\dfrac{6430766.43}{3000000}\right)^{\frac{1}{8}}-1=10\%$。

通过比较例 3-7 的各种方式下产生的最终收益率，可以发现其中的不同。注意到，还款速度的不同是导致收益率不同的重要原因。事实上，还款速度越快，贷款人的 300 万元中，享受 10%的利率的机会就会被大大地降低，而更多的是以 4%的利率积累。反之，还款速度越慢，则有越多的机会享受 10%带来的利息，因此，总的投资收益率自然将更高。

需要说明的是，本例中各种方式产生的收益率的不同对贷款方来说是有重要意义的，即在题设的条件下，第四种方式是最好的，而第一种方式是最不好的。但是这并不意味着对借款方来说第一种方式就是最好的。因为既然借款人

愿意以 10%的利率借款,则很可能其可以赚取更高的、超过 10%的利率(收益率),因此,借款人也许更愿意降低还款的速度,可能第四种还款方式也是借款人所钟爱的。也就是说,借贷双方并不总是对立的,双赢的机会可能存在!

## 3-5 基金收益率的近似计算

前面我们引入了收益率的概念,在实务中,收益率的计算是非常重要的。通常比计算整个投资期限上的收益率更为常见的问题是,在每个(会计的或日历的)年度结束时,总会出于不同的目的需要度量本年度投资或经营业务的收益率。当然,可以利用收益率的定义,在列出全年所有(净)现金流数据的情况下,由式(3-2)确定相应年度的收益率。但是,很明显的是,这将是一个非常复杂的计算过程。特别是涉及到有很多(不为 0 的)净现金流的情况,这在计算工具和手段不够先进的过去更是无法想象的。即使是在今天,人们也不愿意去作如此复杂的计算。事实上,实务中,在收益率定义的基础上,发展了一些更为简单的近似计算方法,同样可以帮助人们得到所需精度的收益率。

为了讨论方便,我们以投资基金作为讨论的投资工具。事实上,以下的讨论可以理解为针对任何形式投资工具的投资,也包括一般的商业交易。另外,本节所讨论的投资活动的期限为 1 期(年)。

假设:
- ◇ 投资者在期初投资 $A$ 元购买基金,或期初投资者基金账户的余额为 $A$;
- ◇ 在期末投资者基金账户的余额为 $B$,或投资者在期末可收回的投资回报为 $B$;
- ◇ 用 $I$ 表示这一期内总的投资(基金投资)自增利息量;
- ◇ 用 $C_t$ 表示 $t$ 时追加的净投资金额,$0<t<1$;$C_t$ 可以为负值,负的 $C_t$ 表示在 $t$ 时有净的资金撤出;
- ◇ 用 $C$ 表示在此期间追加的净投资资金的总和,即 $C=\Sigma C_t$;
- ◇ 用 $i$ 记年度收益率。

首先,容易看出,下列关系式成立

$$B=A+C+I \tag{3-7}$$

因为期末账户余额的来源无非是期初余额加新追加资金和自增利息。

另外,使用第一节有关净现金流的记号,知 $R_0=-A$,$R_t=-C_t$,$R_1=B$,且 $n=1$。

于是,由收益率的定义,有

$$0=\Sigma R_t v^t = -A-\Sigma C_t v^t + Bv \tag{3-8}$$

上式最左端和最右端同时乘以 $1+i$ 得

$$0=-A(1+i)-\Sigma C_t(1+i)^{1-t}+B$$

整理得

$$Ai+\Sigma C_t(1+i)^{1-t}=B-A \tag{3-9A}$$

显然,要想从上式中解出 $i$,不是一件很容易的事情。

注意到上式中所有的 $t$ 都是小于 1 的数。因此,考虑用单利作为复利的近似,这样的话,上式变成了

$$Ai+\Sigma C_t[1+(1-t)i]\approx B-A \text{ 或}$$

$$Ai+i\Sigma C_t(1-t)\approx B-A-\Sigma C_t=I \tag{3-10}$$

这样,就有

$$i\approx I/[A+\Sigma C_t(1-t)] \tag{3-11}$$

从而得到了一个只有加、减、乘、除运算的简单公式。

公式中使用"≈"号是因为在推导过程中利用了一次"单利近似复利"。这次近似大大地简化了计算的复杂性,但是实际经验表明,这次近似并不会对结果的精度产生太大的影响。事实上,式(3-11)在各种业务的年度收益率计算中具有非常广泛的应用价值。

我们是利用收益率的定义得到式(3-9A)的。事实上,也可以通过分析利息 $I$ 的构成来得到式(3-9A),从而可以得到计算收益率的近似公式(3-11)。

因为我们知道,利息由各项付款产生,并且各项付款产生的利息的大小由付款金额、利率和投资时期所决定。注意到收益率与实质利率的一致性,所以在 $t$ 时的付款 $C_t$ 将在到期末产生 $C_t[(1+i)^{1-t}-1]$ 的利息,而期初的投资 $A$ 在一期的时间内自然产生 $Ai$ 的利息。因此,有:

$$I=Ai+\Sigma C_t[(1+i)^{1-t}-1] \tag{3-9B}$$

或

$$B-A=Ai+\Sigma C_t(1+i)^{1-t} \tag{3-9C}$$

另外,注意到式(3-11)的分子为投资所得利息,而分母则由投资金额和投资时间值组合而成。我们将投资额与投资时间长度的乘积称为相对于投资利率的"暴露"。暴露是精算理论中的一个非常重要的概念,在以后的有关精算课程中还会有非常重要的应用。式(3-11)的分母则为投资期间所有的暴露,因此,式(3-11)实际上表明,利率在数值上(近似)等于单位暴露所贡献的利息。

这里相对于投资利率的"暴露"的概念其实是第一章一开始定义的本金概念的推广。在第一章中,我们定义在 0 时的投资叫做本金,当时的假设是其后没有资金的存取,也就是说,是在所谓的"一次借贷"模型中定义的本金。对

于后来讨论更一般的情况，我们没有再提及本金的概念。在这里，可以将所谓的"暴露"理解为"本金"。事实上，这种理解是建立在利息与暴露成正比的基础之上的。因为暴露为投资额与投资时间长度的乘积，所以 0 时的 1 单位投资到 1 时可以贡献 1 单位暴露，1/2 时的 2 单位投资到 1 时也可以贡献 1 单位暴露。0 时投资的 1 单位资金按照第一章的定义可以被称为本金，1/2 时投资的 2 单位资金从暴露的意义上看相当于在 0 时的 1 单位资金的投资，因此，也可以将其看成是 1 单位资金的本金(而不是 2 单位资金本金)，这样的话，贡献 $C_t(1-t)$ 单位暴露的在 $1-t$ 时投资的 $C_t$ 就相当于 0 时的 $C_t(1-t)$ 单位本金。因此式(3-11)实际上就变成了某种意义下"一次借贷"模型中的"利率=利息/本金"的形式。只是其中的本金是经过如上解释处理过的"本金"，是一种加权后的本金，其权重就是相应的投资时间的长度。鉴于此，有时也将式(3-11)称为收益率的本金加权公式，或投资额加权公式。

式(3-11)尽管已经很简单，但是，在涉及到年度内现金流动频繁的情况时，式(3-11)右边分母的计算还嫌麻烦。如果能够观察出现金流的流动特性，如对称性或均匀性，即如果（通过观察发现）可以假设相应项目所有现金流的情况关于年中时刻对称（如均匀流动的现金流就关于年中时刻对称），则可以用 1/2 来取代所有的 $t$，将这种假设应用到式(3-11)中，就有：

$$i \approx I/(A+C/2)$$
$$= 2I/[2A+(B-A-I)]$$
$$= 2I/(A+B-I) \qquad (3-12)$$

式(3-12)的结果则更加简单，其中甚至没有出现任何的 $C_t$。也就是说，使用这个公式计算收益率时，根本就不需要知道具体的各次付款的情况，只需要知道几个总体的指标($A$、$B$ 和 $I$)就可以了。

当然，这个公式的产生依赖于对现金流的对称性假设。式(3-12)在实际中也有非常广泛的应用。考虑到保险公司投资资产现金流近似的均匀性（从而关于年中时刻对称），一些保险监管机构就利用这个公式来计算保险公司投资资产的收益率。

使用公式(3-12)计算收益率所产生的精度与 $C_t$ 的对称分布假设的准确性有关，如果 $C_t$ 非常明显没有对称性，结果可能就会有较大的误差。

除了对现金流作对称性假设外，实务中也可以根据现金流的具体情况，作其他的更加贴切的分布假设。例如，对于并不以年中时刻对称而是以其他的时刻 $k$ 对称的现金流，则可以用 $k$ 取代式(3-12)中的 $t$，从而有

$$i \approx \frac{I}{A + \sum_t C_t(1-t)} \approx \frac{I}{A + (1-k)\sum_t C_t}$$

$$= \frac{I}{A + (1-k)C} = \frac{I}{A + (1-k)(B-A-I)}$$

$$= \frac{I}{kA + (1-k)B - (1-k)I} \tag{3-13}$$

显然，上式中取 $k=1/2$，就成了式(3-12)。因此，上式是式(3-12)的更一般的形式。如果我们可以观察到一个日历年度中的现金流比较集中在10月1日左右，或（加权）平均的支付日期[①]在10月1日附近。那么，取 $k=3/4$ 显然比取 $k=1/2$ 更合理。

另外需要特别声明的是，在推导式(3-9)时，我们说使用了一次"单利近似复利"，实际情况是以 $1+i(1-t)$ 来近似 $(1+i)^{1-t}$，而单利是由 $a(t)=1+it$ 来定义的。我们说，严格说来，$a(t)=1+it$ 并不能导致在 $t$ 时的1元钱到1时会积累到 $1+i(1-t)$。

因为，从利息强度的角度看，$a(t)=1+it$ 对应的利息强度为

$$\delta_t = i/(1+it) \tag{3-14}$$

而近似中所使用的"单利"实际上相当于：

$$\exp(\int_t^1 \delta_s \, \mathrm{d}s) = 1 + i(1-t)$$

即

$$\int_t^1 \delta_s \, \mathrm{d}s = \ln[1 + i(1-t)]$$

或

$$\delta_t = \frac{i}{1+i(1-t)} \quad i/[1+i(1-t)] \quad (0<t<1) \tag{3-15}$$

显然式(3-14)与式(3-15)是不同的。分别观察它们的单调性，发现它们甚至有相反的单调性。这一点似乎有点出乎意料，不过这种意外却能给我们带来一些启示：

⋄ 不应该像对待数学课程一样来学习本课程，本课程尽管有许多数学表达式，但是这些数学表达式的内容和方法都与数学课程教材中的有所不同，希望读者能够领会；

⋄ 单利的使用与复利是不同的，单利中可能隐含有更多的复杂性，甚至含有许多陷阱；

---

[①] 等时间法就是用来计算平均的支付日期的。

✧ 利息强度是利率最准确的度量。

我们也可以将上述讨论推广到更一般的情况。首先，考虑支付连续进行的情况。令 $B_t$ 为时刻 $t$ 时的基金账户余额，$0 \leq t \leq n$，$t$ 时的资金净追加率为 $C_t$，于是有：

$$B_n = B_0(1+i)^n + \int_0^n C_t(1+i)^{n-t} dt \tag{3-16}$$

对上式的描述性说明是，基金账户在期末的余额为基金账户期初余额的积累值加上本年度所有新追加的(正或负的)资金在期末的积累值。上式中取 $n=1$ 就是一年期的情况。

再考虑利息强度也随时间连续变化的情况，此时，有上式的更一般的形式：

$$B_n = B_0 \exp\left(\int_0^n \delta_s ds\right) + \int_0^n C_t \exp\left(\int_t^n \delta_s ds\right) dt \tag{3-17}$$

将上式的 $n$ 改记为 $s$，然后关于 $s$ 求导，可得：

$$\frac{dB_s}{ds} = \delta_s B_s + C_s \tag{3-18}$$

上式的左边为 $s$ 时基金余额的变化率，右边由两部分组成：第一部分是 $s$ 时由利息强度 $\delta_s$ 导致基金余额 $B_s$ 产生的变化率，第二部分则是 $s$ 时由于新追加的投入率 $C_t$ 而产生的变化率。根据上述解释，容易看出，两边是相等的。

**例 3-8** 某股票市场投资者，在年初时，该投资者的股票账户余额为 83700 元，2 个月后，该投资者追加投资 20000 元，在第 4 个月末再追加投资资金 8000 元，第 6 个月末撤回资金 7000 元，9 月末再撤回资金 23000 元。这样到年末，股票账户余额为 91680 元。计算该投资者这一年来股市投资的收益率。

**解：**

由题设，知：

$A=83700$，$B=91680$，$C_{2/12}=20000$，$C_{4/12}=8000$，$C_{6/12}=-7000$，$C_{9/12}=-23000$

$I = B - A - C = 91680 - 83700 - 20000 - 8000 + 7000 + 23000 = 9980$

于是，由式(3-11)，有

$$i \approx \frac{9980}{83700 + \frac{10}{12} \times 20000 + \frac{8}{12} \times 8000 - \frac{6}{12} \times 7000 - \frac{3}{12} \times 23000}$$

$= 9980/96450$

$= 10.3473\%$

如果利用式(3-12)，则有 $i \approx \dfrac{2 \times 9980}{83700 + 91680 - 9980} = 12.07\%$。

由收益率的定义，即由式(3-2)有

$$-83700-20000v^{2/12}-8000v^{4/12}+7000v^{6/12}+23000v^{9/12}+91680v=0$$

解此方程，可得 $i$=10.3397823%。

比较三种方法的结果，发现由式(3-11)产生的结果与精确的结果非常接近。

## 3-6 时间加权收益率

上一节讨论的投资额加权公式在计算收益率时，投资者不同的追加或撤回资金的操作将对结果产生很大的影响。例如，在基金走势表现向好之前，将大笔的资金撤回(即卖出基金)或在基金即将大幅下跌之际，大量购买(追加资金)基金，这些(不当的)操作将极大地降低投资者的收益率。反之，投资者的收益率可能会变得非常高。投资额加权公式能够很好地反映这些变化。

下面通过一个假设的比较极端的例子来进一步说明投资额加权方法的这一特点。

假设有某支基金，该基金在年初的时候，每股价格为1元。在上半年，该基金走势疲软，价格一直下跌，到年中时，价格跌至每股0.5元，下半年该基金开始复苏，价格持续上升，到年底价格又回至每股1元。

基金的价格走势如下图：

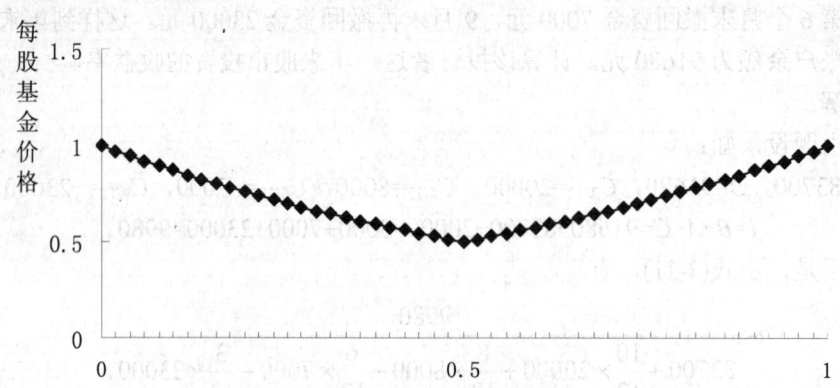

图 3-4 基金的价格走势图

假设有三个投资者参与了该基金的买卖。

投资人甲在年初时买入了1000股该基金，到年中时，甲判断基金走势已到底部，因此追加 500 元，再购进 1000 股，然后持有这 2000 股基金直到年末。显然，到年末其可收回的总的投资回报(或基金余额)为 2000 元。因此，按照投资额加权法，有：

$$i_甲=(2000-1000-500)/(1000+500×1/2)=40\%$$

当然，由于本问题的简单性，也可以算出甲的精确的收益率：

即，由 $1000(1+i)+500(1+i)^{1/2}=2000$

有：

$$i_甲=40.693\%$$

投资人乙同样在年初时买入了 1000 股该基金，但是乙到年中时担心基金价格进一步下跌，所以卖出了 500 股，然后持有剩余的 500 股基金直到年末。于是，到年末时，乙的基金余额为 500 元，加上在年中撤回的 250 元，显然乙的基金投资净亏损 250 元（即利息 I=500-1000+250=-250）。由投资额加权公式，有：

$$i_乙=(500-1000+250)/(1000-250×1/2)=-28.57\%$$

同样也可以由 $1000(1+i)-250(1+i)^{1/2}=500$，

算出乙的收益率的精确值为：

$$i_乙=-28.923\%$$

另外还有投资者丙，其在年初买入 1000 股该基金后，一直持有到年末，中间没有进行任何的操作。很显然，无论是精确公式，还是投资额加权公式，都可以算出丙的收益率为 0%。

由本例可以看出，对于同样的一支基金，不同的投资者或不同的投资操作所产生的收益率是不同的，甚至是有非常大差距的。

现在的问题是，如何利用个人投资者的投资记录来研判基金本身的走势。或者说，如何利用投资者有限的投资数据来估算基金经理人的业绩。上述举例显示，投资额加权的方法可能在一些极端的情况下，会得出非常不同的结果，也就是说，用投资额加权的方法来研判基金的走势可能会产生较大的误差。

为此，实务中经常使用另外一种被称为时间加权的方法。

时间加权方法计算收益率同样是基于投资者的投资记录，其做法可以被描述为：

首先，根据投资者的现金流动情况，将整个投资期划分为若干个小期，以每个有现金流动的时刻为划分点，然后根据投资记录，确定每个小期上的投资收益率，因为相对于每个小期来讲，期间没有任何的存取，所以适用一次借贷的模型，因此各小期上的小期积累因子即为相应期末的余额除以期初用于本小期积累的余额，所有这些小期的积累因子的乘积减掉 1 即为时间加权收益率。

具体地,假设在某个投资期间,根据某投资者的投资记录,有如下数据:

(1) 分别在 $t_1, t_2, t_3, \cdots, t_{m-1}$ 时的净投资额 $C'_1, C'_2, C'_3, \cdots, C'_{m-1}$,其中 $0<t_1<t_2<t_3<\cdots<t_{m-1}<1$;

(2) 分别在 $t_0=0, t_1, t_2, t_3, \cdots, t_{m-1}, t_m=1$ 时的基金余额 $B'_0=A, B'_1, B'_2, B'_3, \cdots, B'_{m-1}, B'_m=B$;

这里使用带上标的符号 $C'_k$ 或 $B'_k$ 是为了与前文中所使用的如 $C_t$ 或 $B_t$ 的符号相区别,$C'_k$ 或 $B'_k$ 表示的是第 $k+1(k=0, 1, 2, \cdots, m)$ 个时间点上的相应数值,而不是如 $C_t$ 或 $B_t$ 表示的 $t$ 时的相应数值,这种记法纯粹是出于简化符号的目的。另外,我们约定,各期的余额均不包含当次的新追加投资在内,即 $B'_k$ 不包含在 $t_k$ 时新追加的投资 $C'_k$ 内,$k=1, 2, \cdots, m-1$。

上述各项条件可以通过下图更好地表示出来:

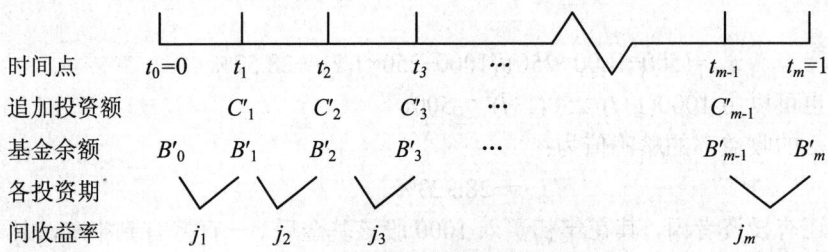

图 3-5 投资账户记录图

根据上述条件,首先将整个投资期间划分为 $m$ 个小期,以 $t_0=0, t_1, t_2, t_3, \cdots, t_{m-1}, t_m=1$ 为这些小期的端点。于是,对于第 $k$ 个小期$(t_{k-1}, t_k)$来说,由于期间没有资金的存取,所以有

$$1+j_k = \frac{B'_k}{B'_{k-1}+C'_{k-1}} \quad (k=1, 2, \cdots, m) \tag{3-19}$$

其中 $j_k$ 为$(t_{k-1}, t_k)$上的收益率,并令 $C'_0=0$。

最后,整个投资期的时间加权收益率 $i$ 满足 $1+i=(1+j_1)(1+j_2)\cdots(1+j_m)$,即:

$$i=(1+j_1)(1+j_2)\cdots(1+j_m)-1 \tag{3-20}$$

$$=\prod_{k=1}^{m}\left(\frac{B'_k}{B'_{k-1}+C'_{k-1}}\right)-1 \tag{3-21}$$

由时间加权方法,可以检验上述举例中由甲、乙、丙三个投资者的投资记录数据所确定的收益率。

对于甲来说,其记录为:$B'_0=A=1000, B'_2=B=2000, C'_1=C_{1/2}=500$,另外还有 $B'_1=B_{1/2}=500$。注意:需要在中间有操作的时间点上的账户余额值是时间加权方法额外的要求。事实上这种要求通常容易被满足,因为一般来说,在操作时都会有当时单位基金的价格以及实际账户的余额。

由上述数据,显然有,在 0 到 1/2 期间的收益率为 500/1000-1=-50%,在 1/2 到 1 期间的收益率为 2000/(500+500)-1=100%,于是,时间加权收益率为
$$[1+(-50\%)]\times(1+100\%)-1=0\%$$

同样,可以算出乙和丙的时间加权收益率均为 0%。这与我们描述的基金的走势是相符的。

**例 3-9A** 某投资者有如下的投资记录:1 月 1 日,投资账户余额 10 万元,5 月 1 日余额增加至 11.2 万元,此时投资者追加投入 3 万元,到 11 月 1 日,账户余额降到 12.5 万元。此时投资者从中撤回资金 4.2 万元。到年末账户余额又升至 10 万元。分别用投资额加权方法和时间加权方法,计算该年度投资收益率。

**解:**
(1) 投资额加权方法:

$A=100000$, $B=100000$, $C_{4/12}=30000$, $C_{10/12}=-42000$

$I=B-A-C=100000-100000-30000+42000=12000$

根据投资额加权公式(3-11),有:

$$i \approx \frac{12000}{100000+\frac{2}{3}\times 30000-\frac{1}{6}\times 42000}$$

$$=12000/113000$$

$$=10.620\%$$

(2) 时间加权方法:

由投资记录知:

$B'_0=A=100000$, $B'_1=B_{2/12}=112000$, $B'_2=B_{10/12}=125000$, $B'_3=B=100000$,

$C'_1=C_{4/12}=30000$, $C'_2=C_{10/12}=-42000$

因此,时间加权收益率为

$$i=(\frac{112000}{100000})(\frac{125000}{112000+30000})(\frac{100000}{125000-42000})-1$$

$$=1.12\times 0.880282\times 1.204819-1=18.785\%$$

注意:在时间加权方法中,其实不需要知道各次付款或余额结算的具体时刻,所以本例的解法中没有必要将 $B'_1$ 写成 $B_{2/12}$ 的形式。这里是为了方便初学者学习而多此一举的。

另外,也可以利用收益率的定义直接计算精确的收益率,解得投资者收益率的精确值为 10.624%。显然,与投资额加权方法非常接近。这一方面显示了

投资额加权方法的精确性，另一方面也显示了投资额加权方法和时间加权方法的各自针对性。投资额加权方法特别针对的是特定投资者的投资业绩，因此，与由具体现金流确定的由式(3-2)定义的收益率是一致的，而时间加权收益率则是针对投资工具的走势的，投资额加权收益率偏离时间加权收益率的原因是由于个人投资者不当的投资操作，就本例而言，投资者在不该追加投资的时候（4/12 时）追加投资，又在不该撤资的时候（10/12 时）撤资，属于明显的"倒霉蛋"，当然他就将"跑不赢大势"。

相反，如果该投资者在该追加投资时追加投资，在该撤资时撤资，那么，他就将从"倒霉蛋"变成"幸运儿"。他的个人收益率（投资额加权收益率）将"跑赢大势"，即他的投资额加权收益率将大大超过时间加权收益率。

**例 3-9B** 如同例 3-9A 中的投资环境，投资者的投资记录变为：1 月 1 日，投资账户余额 10 万元，5 月 1 日余额增加至 11.2 万元，此时投资者撤回资金 4.2 万元，到 11 月 1 日，账户余额降到 61619.72 元。此时投资者再追加投资 3 万元，到年末账户余额又升至 110385.20 元。分别用投资额加权方法和时间加权方法，计算该年度投资收益率。

**解：**

（1）投资额加权方法：

$$A=100000,\ B=11038.52,\ C_{4/12}=-42000,\ C_{10/12}=30000$$

$$I=B-A-C=110385.20-100000-30000+42000=22385.20$$

于是，投资额加权收益率为：

$$i=\frac{22385.20}{100000+\frac{2}{3}\times 42000-\frac{1}{6}\times 30000}=29.07\%$$

（2）时间加权方法：

由题设知：

$$B'_0=A=100000,\ B'_1=B_{2/12}=112000,\ B'_2=B_{10/12}=61619.72,\ B'_3=B=110385.20,$$

$$C'_1=C_{4/12}=-42000,\ C'_2=C_{10/12}=30000$$

因此，时间加权收益率为

$$i=(\frac{112000}{100000})(\frac{61619.72}{112000-42000})(\frac{110385.2}{61619.72+30000})-1$$

$$=1.12\times 0.880282\times 1.204819-1$$

$$=18.785\%$$

例 3-9A 和例 3-9B 讨论的是市场中少见的处于两个极端的投资记录，例 3-9A 中的投资者是市场中最倒霉的人，而例 3-9B 讨论的则是另一个极端，其中的投资者是最走运的。一般来说，对于最广大的投资者来说，他们的运气往往介于该两者之间。这样的话，他们的投资额加权收益率往往会与时间加权收益率相近，即他们会"紧跟大势"。

**例 3-9C** 还是如同例 3-9A 中的投资环境，投资者的投资记录变为：1月1日，投资账户余额 10 万元，5月1日余额增加至 11.2 万元，此时投资者撤回资金 1 万元，到 11 月 1 日，账户余额降到 89788.73 元。此时投资者再撤回 1 万元，到年末账户余额又升至 96131.00 元。分别用投资额加权方法和时间加权方法，计算该年度投资收益率。

**解：**
（1）投资额加权方法：

$$A=100000, \quad B=96131.00, \quad C_{4/12}=-10000, \quad C_{10/12}=-10000$$
$$I=B-A-C=96131.00-100000+10000+10000=16131$$

于是，投资额加权收益率为：

$$i=\frac{16131}{100000-\frac{2}{3}\times 10000-\frac{1}{6}\times 10000}=17.60\%$$

（2）时间加权方法：
由题设知：

$$B'_0=A=100000, \quad B'_1=B_{2/12}=112000, \quad B'_2=B_{10/12}=89788.73, \quad B'_3=B=96131.00,$$
$$C'_1=C_{4/12}=-10000, \quad C'_2=C_{10/12}=-10000$$

因此，时间加权收益率为

$$i=(\frac{112000}{100000})(\frac{89788.73}{112000-10000})(\frac{96131}{89788.73-10000})-1$$
$$=1.12\times 0.880282\times 1.204819-1=18.785\%$$

# 3-7　投资组合法与投资年度法

实务中经常会遇到这样的一种情况，由许多投资者——可以是个人投资者，也可以是团体投资者，如公司、企业等——管理着（或拥有着）一个投资基金，如养老金或退休基金。每一个单独的投资者拥有一个个人账户，但是，各个个人账户并没有他们各自的投资组合资产，而是只代表其在投资基金中占有的一定份额，即，全部基金是混合在一起进行投资的。

由此而产生的一个问题是，如何在各账户之间进行收益的分配呢？实务中有两种截然不同的方法：即所谓的投资组合法和投资年度方法。

投资组合法基于整个基金所得的平均收益率，然后根据每个账户所占比例与投资时间长度进行基金收益的分配。这是一种十分直截了当并且容易操作的方法，这种方法也是实务中最常用的方法。

但是，在利率波动时期，使用投资收益方法可能会遇到一些问题。例如，假设最近以来，利率一直在上升，而且上升幅度还比较明显，由投资组合方法产生的平均收益率为8%，但是新的存款可能在当前的利率环境下容易赚到10%的收益率。投资组合法产生较低利率的原因是因为基金包括了产生较低收益率的过去的投资。显然，这种情况不利于吸引新的资金的加入，也容易造成已有参与者的退出。

投资年度方法在分配利益的时候，通过同时考虑投资日期和当前日期来处理这个问题。投资年度方法是一种在20世纪60到70年代比较流行的方法，因为这一时期利率长期处于上升趋势中。在投资年度方法下新增资金的利率（如上例中的10%）经常被称为"新资金率"。

在实际应用中，投资年度方法明显比投资组合方法更复杂。然而，许多金融机构，如银行和保险公司，觉得在利率上升期间，为了吸引新的存款和抑制撤资，有必要使用投资年度方法。当然，当利率下降时，情况正好相反，投资组合方法将比投资年度方法更有吸引力。当利率忽上忽下地波动时，就很难说使用哪种方法更好了。

在运用投资年度方法时，首先会遇到的一个问题就是有关再投资利率问题。实务中为此发展了两种常用的方法：下降指数系统方法和固定指数系统方法。

在下降指数系统中，某个特定投资年度的基金随着再投资资金的出现而降低。因此，按照投资年度方法，使用反映投资率的利率的剩余资产总量是不断缩小的。

而固定指数系统中任一特定投资年度的基金总量总是保持固定不变的，在投资年度方法下，原始投资使用的利率不断被以后的再投资率所修正。

在应用投资年度方法时，需要考虑在一定时期后终止这种(投资年度)方法。也就是说，不同年份加入者之间的差别对待是有限的，不是永远都有差别的。随着时间的流逝，不同年份加入者应该逐渐按照相同的待遇对待。在使用投资年度方法时，通常可以选择一个有效时期，过了这个时期后，不同年份加入者之间的差别对待就要被取消，从而投资年度方法实际上就与投资组合方法统一了。例如，如果选择有效期为8年，那么，对于超过8年的任何存款，都用投资组合方法来计息。

实务中在使用投资年度方法时，通常借助一种二维的利率表，表中标有原始投资的日期和自加入起所经过的时间。为了简单起见，假设这些时期用日历年来度量，并且所有的存和取均发生在1月1日。

设 $y$ 为投资的日历年份，$m$ 是应用投资年方法的年数。第 $t$ 个投资年度使用的利率记为 $i_t^y$，$t=1,2,\cdots,m$，若 $t>m$，则利用投资组合方法，即利率只与日历年度有关，而与存款所在的年度无关。投资组合方法在日历年 $y$ 所使用的利率记为 $i^y$，图 3-6 给出了在 $y$ 年的存款在以后各个年度所使用的利率：

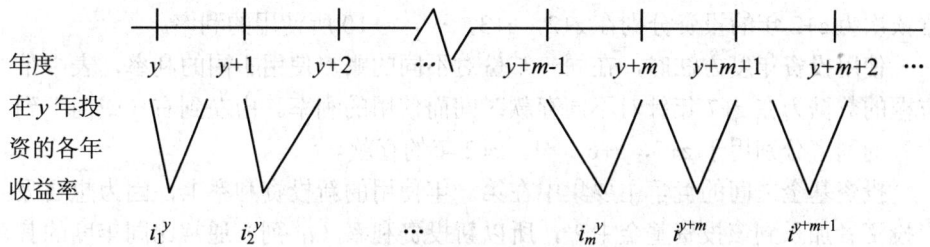

**图 3-6  $y$ 年的存款所使用的利率图**

若设 $C$ 是第 $y$ 年初的投资数额，则在第 $y+k$ 年初的积累值为：

$$\begin{cases} C(1+i_1^y)\cdots(1+i_k^y) & k \leqslant m \\ C(1+i_1^y)\cdots(1+i_m^y)(1+i^{y+m})\cdots(1+i^{y+k-1}) & k > m \end{cases}$$

表 3-3 给出 $m=5$ 时投资年度方法中使用的利率的情况表，表中涉及的最早的日历年份是 $z$，而离现在最近的日历年份是 $z+10$。

**表 3-3  投资年度方法使用的利率表**

| 原始投资的日历年 $y$ | 投资年度利率 | | | | | 投资组合利率 $i^{y+5}$ | 投资组合利率的日历年份 $y+5$ |
|---|---|---|---|---|---|---|---|
| | $i_1^y$ | $i_2^y$ | $i_3^y$ | $i_4^y$ | $i_5^y$ | | |
| $z$ | **8.00%** | 8.10% | 8.10% | 8.25% | 8.30% | 8.10% | $z+5$ |
| $z+1$ | **8.25%** | 8.25% | 8.40% | 8.50% | 8.50% | 8.35% | $z+6$ |
| $z+2$ | **8.50%** | 8.70% | 8.75% | 8.90% | 9.00% | **8.60%** | $z+7$ |
| $z+3$ | **9.00%** | 9.00% | 9.10% | 9.10% | **9.20%** | 8.85% | $z+8$ |
| $z+4$ | **9.00%** | 9.10% | 9.20% | **9.30%** | 9.40% | 9.10% | $z+9$ |
| $z+5$ | 9.25% | 9.35% | **9.50%** | 9.55% | 9.60% | 9.35% | $z+10$ |
| $z+6$ | 9.50% | **9.50%** | 9.60% | 9.70% | 9.70% | | |
| $z+7$ | **10.00%** | 10.00% | 9.90% | 9.80% | | | |
| $z+8$ | 10.00% | 9.80% | 9.70% | | | | |
| $z+9$ | **9.50%** | 9.50% | | | | | |
| $z+10$ | **9.00%** | | | | | | |

对某特定投资年度的投资所使用的利率的情况是，先从表中找到投资发生的年份，假设为 $z+2$，那么，投资第一年使用的利率为 8.5%（表中 $i_1^y$ 列与 $z+2$ 行的交叉处），然后接下来的 5 年所使用的利率为表中从刚才的位置依次由左到右水平变动。到 $z+7$ 年，投资年度方法结束，改为投资组合方法，使用利率 $i^{z+7}$（表中 $i^{y+5}$ 列与 $z+2$ 行其右边对应 $z+7$ 的交叉处）。因为投资已过 $m=5$ 年，所以以后使用的利率就不再与投资发生的年份有关，而使用投资组合收益率，因此利率按照从上到下的方式变化。如图中的带下划线部分从左到右然后向下的数据依次为 $z+2$ 年的投资分别在 $z+2$，$z+3$，…，$z+10$ 所使用的利率。

使用投资年度方法时，在同一年份对不同的账户使用不同的利率，表中带方框的数据为在 $z+7$ 年针对不同存款时间而使用的利率。由左到右（或由下到上）的利率分别用于 $z+7$，$z+6$，…，$z+2$ 年的存款。

投资基金之间的竞争主要集中在第一年使用的新投资利率上，因为想要吸引投资者加入到该投资基金中来，所以新投资利率（$i_1^y$ 列）通常比同年度的其他利率更高。如表中右斜上 45° 的数据比较，就具有这样的特征。

在实务中，投资年度方法的应用通常比如上所述的更为复杂。原因之一是投资基金的计息频率往往比一年一次更频繁，常见的有月度和季度计息；另一个复杂的原因是需要处理在任何时候的新增资金和撤资。常见的做法是，使用的利率由存款的日历时期决定，分配的利息则基于基金投资的时期。

值得注意的是，上表对投资年度方法的说明是基于固定指数系统的，如果使用的是下降指数系统，在使用投资年度利率的 $m$ 年内的利率水平（表中各水平行）之间的差距会比较小。

**例 3-10** 将 $z=2004$ 代入表 3-3 中。假设某人在 2006 年 1 月 1 日存入投资基金 3 万元，分别求 2008 年 12 月 31 日、2011 年 12 月 31 日和 2013 年 12 月 31 日的积累值。

**解：**
首先，注意到 $y=2006=2004+2=z+2$ 及上述三个日期分别对应投资 3 年末、6 年末和 8 年末的日期。

（1）因为 $3<5=m$，所以在 3 年内一直使用投资年度利率，于是，3 年后的积累值为：

$$SV(3)=3\times(1+i_1^{z+2})(1+i_2^{z+2})(1+i_3^{z+2})$$
$$=3\times1.085\times1.087\times1.0875=3.847776（万元）$$

（2）因为 $6>5=m$，所以在第 6 年应该使用投资组合利率 $i^{z+2+5}=i^{z+7}$，于是：

$$SV(6)=3\times(1+i_1^{z+2})(1+i_2^{z+2})(1+i_3^{z+2})(1+i^{z+7})$$
$$=3\times1.085\times1.087\times1.0875\times1.089\times1.090\times1.086=4.960141（万元）$$

(3) 因为 8 比 5 大 3,所以后 3 年分别用投资组合利率 $i^{z+7}$、$i^{z+8}$、$i^{z+9}$,于是:

$$SV(8)=3\times(1+i_1^{z+2})(1+i_2^{z+2})(1+i_3^{z+2})(1+i^{z+7})(1+i^{z+8})(1+i^{z+9})$$
$$=SV(6)\times1.0885\times1.091=5.890433（万元）$$

**例 3-11** 某人于 $z$ 年初投资 100000 元。根据表(3-3)中的收益率,计算第一年所分得的利息、第 5 年末的投资账户积累值,第 8 年末的投资账户积累值,以及第 9 年的所分得的利息。

**解:**
(1) 第一年所分得的利息
$$I_1=10000\times i_1^z=10000\times8.00\%=800（元）$$
(2) 因为前 5 年用投资年度利率,所以:
$$SV(5)=10000\times(1+i_1^z)(1+i_2^z)(1+i_3^z)(1+i_4^z)(1+i_5^z)$$
$$=10000\times108.00\%\times108.10\%\times108.10\%\times108.25\%\times108.30\%$$
$$=14795.56（元）$$
(3) 因为 8 比 5 大,所以前 5 年用投资年度利率,后 3 年使用投资组合利率,于是:
$$SV(8)=10000\times(1+i_1^z)(1+i_2^z)(1+i_3^z)(1+i_4^z)(1+i_5^z)(1+i^{z+5})(1+i^{z+6})(1+i^{z+7})$$
$$=SV(5)(1+i^{z+5})(1+i^{z+6})(1+i^{z+7})$$
$$=14795.56\times108.10\%\times108.35\%\times108.60\%$$
$$=18819.84（元）$$
(4) 第 9 年所分得的利息为第 8 年的账户余额与第 9 年所使用的利率的乘积,因为 9 比 5 大,所以第 9 年使用的利率为 $i^{z+8}=8.85\%$,于是,
$$I_9=18819.84\times8.85\%=1665.56（元）$$

## 3-8 资本预算

投资者经常面临的一个重要问题是,在不同的可供选择的投资项目之间进行筛选或进行资金的分配,这种作出决策的过程就叫做资本预算。

实际中,经常使用的两种主要的资本预算方法为收益率法和净现值法。

收益率法是指投资者首先利用收益率的定义,计算出各个备选项目的收益率,同时投资者准备一个基准的收益率,基准收益率是投资者能够接受的最低收益率。设定多高的基准收益率,与投资者的资金成本、投资进取心和其他的

一些商业、金融环境有关。对于那些有比基准收益率高的收益率的备选投资项目，投资者可以进一步考察这些投资项目的其他指标，而对于收益率不如基准收益率的投资项目，投资者将不再将其作为候选的投资项目而弃之于门外。对于那些有比基准收益率高的收益率的备选投资项目，如果其他指标没有差别的话，通常将它们的收益率进行排序，由高到低的顺序也是投资者愿意接受的顺序。投资者通常按照这个顺序来安排准备用于投资的资金，上一个项目安排好了后，将剩余资金用于下一个项目，直到将资金用完。

净现值方法则是首先计算各个备选方案的净（回报现金流的）现值 $P(i)$，其中所使用的利率为投资者的基准利率。

对于具有正的净现值的备选项目，继续下一步的考虑，而对于净现值为负的备选项目，则将它们摒弃。然后在净现值为正的项目中分配准备用于投资的资金。我们说，使得总的投资净回报现金流正现值最大的分配是最好的分配。

如果存在唯一的收益率，那么上述两种方法产生的结果是一致的。换句话说，有比基准收益率高的投资项目，其在基准收益率下的净现值 $P(i)$ 也将为正数；反之亦然。

遗憾的是，收益率并不一定总存在。另外，即使收益率存在，还有可能不唯一。这样的现实使很多人更愿意使用净现值方法。

净现值方法的另一个好处是，在使用净现值方法时，其结果是投资者可能得到最大的净现值，这个数字其实相当于投资者所做的投资将产生的比基准收益率所能产生的多出的利息（回报收入），因此更容易理解。因为该结果的单位就是货币单位"元"，所以出资的"老板"将对这种结果更有"感觉"。收益率方法的好处在于它度量的是相对的收益，所以更确切和便于在不同投资项目之间进行比较，但是为了要得到（老板关心的）最终的收益（钱）数，还必须进行另外的计算。

上述的资本预算是站在投资者（贷方）的角度，这也是资本预算所采用的典型的方式。然而，借方也可以使用类似的方式来进行资本预算，此时，借方的有关结论和原则应该与贷方的不同，或者说，应该是相反的。

这里关于资本预算的讨论没有考虑在不同的备选投资项目中有关的风险。事实上，这里假设各种被考虑的投资项目是不存在任何风险的。如果要考虑风险因素，那么决策过程可能就需要修正。例如，估计产生20%收益率的高风险投资项目不一定比只有12%收益率的低风险项目更有吸引力。有关对风险的考虑将在以后的章节中有所涉及。

本节给出的资本预算的描述十分简单。对此感兴趣的读者，可以参考其他相关的书籍。

**例 3-12A** 作为资本预算的练习，分析由例 3-2 给出的投资项目。

**解：**

由例 3-2 知，该项目的收益率约为 15.81%，下表给出了在不同的利率下，该项目的净现值：

表 3-4 投资项目的净现值表

| 收益率 $i$ | 净现值 $P(i)$ |
|---|---|
| 0.00% | 300.0000 |
| 2.50% | 221.4191 |
| 5.00% | 158.7474 |
| 7.50% | 108.4228 |
| 10.00% | 67.75245 |
| 12.50% | 34.68482 |
| 15.00% | 7.645095 |
| 17.50% | -14.5842 |
| 20.00% | -32.9507 |
| 22.50% | -48.1969 |
| 25.00% | -60.9083 |
| 27.50% | -71.5493 |

假设投资者的基准收益率为 10%。由收益率方法，因为 15.81%>10%，所以该项目值得考虑。利用净现值方法，发现 $P(10\%)=67.75245>0$，可以得到同样的结论。

如果投资者的基准收益率为 20%，那么，由收益率方法，因为 15.81%<20%，所以该项目应该被摒弃。利用净现值方法，发现 $P(20\%)=-32.9507<0$，依然得到同样的结论。

使用图示的方法往往对资本预算的分析有很好的帮助作用。利用上表的数据，可以画出如图 3-7 所示的图形。

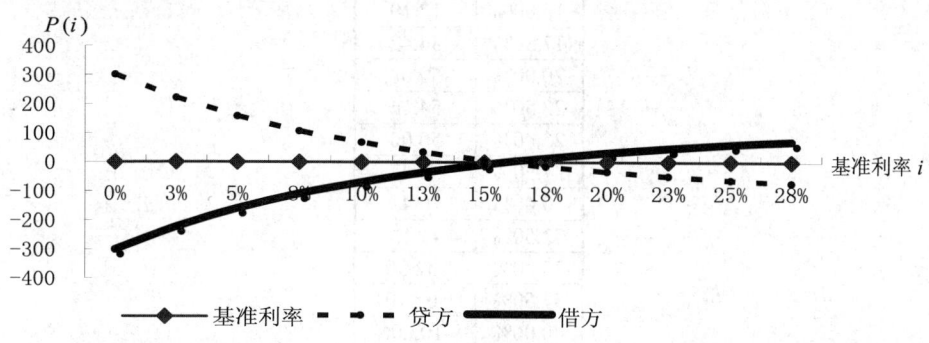

图 3-7 净现值图

从图中可以发现，$P(i)$关于$i$单调递减。此外，$P(i)$曲线(虚线)与横轴(利率轴)的交点为该项目的收益率，即$(i, P(i))$=(15.81%, 0)点。在该点的左方，对应的利率小于收益率15.81%，相应的净现值为正值。所以说，如果基准收益率落于项目收益率的左方，无论是使用收益率法还是净现值方法，均可以得出"该项目值得进一步考虑"的结论；反过来，如果基准收益率落于项目收益率（15.81%）的右方，净现值将为负，从而也可以得出"该项目应该被摒弃"的相同结论。

也可以从被投资方或借方的角度进行资本预算。注意到借方与贷方的相对性，我们知道借方的净现值与贷方的净现值互为相反数，因此，借方的净现值图与贷方的净现值图正好关于利率轴（横轴）对称，如图中实线部分所示。同样是由于借贷双方的对立性，所以借方的可接受区域恰好为贷方的不可接受区域，反之亦然。借方的对立立场不会影响净现值方法与收益率方法在资本预算时所产生结论的一致性。

**例 3-12B** 作为资本预算的练习，分析由例3-3给出的投资项目。

**解：**

由例3-3知，该项目有两个收益率32.17%或14.06%。另外，由题设数据，可以得到类似于表3-4的净现值表。

表3-5 投资项目的净现值表

| 收益率 $i$ | 净现值 $P(i)$ |
|---|---|
| 0.00% | -450.00 |
| 2.50% | -324.78 |
| 5.00% | -222.11 |
| 7.50% | -139.29 |
| 10.00% | -73.97 |
| 12.50% | -24.07 |
| 15.00% | 12.19 |
| 17.50% | 36.42 |
| 20.00% | 50.00 |
| 22.50% | 54.16 |
| 25.00% | 50.00 |
| 27.50% | 38.47 |
| 30.00% | 20.41 |
| 32.50% | -3.40 |
| 35.00% | -32.30 |
| 37.50% | -65.70 |
| 40.00% | -103.06 |
| 42.50% | -143.91 |
| 45.00% | -187.81 |

然后由表中数据可以得到类似于图 3-7 的投资方的净现值图。

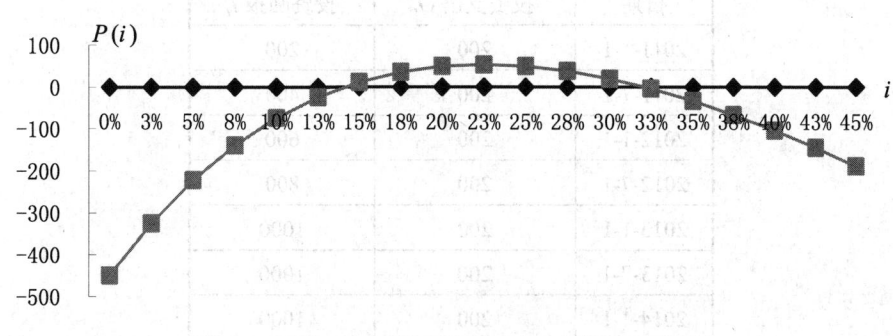

图 3-8　净现值图

从图中的观察（也可以证明），$P(i)$的最大值出现在 $i=23\%$ 附近。

净现值方法在实际中往往受到更多的偏爱。原因在于收益率法在涉及没有收益率或收益率不唯一的情况时，这种方法无能为力，而净现值方法似乎不可能遇到算不出净现值或（在给定的基准收益率下）算出多个净现值的时候。所以，看起来净现值方法的应用范围更为广泛。

但是，需要指出的是，在涉及多个收益率的时候，净现值方法同样会遇到麻烦。比如，就本例而言，如果这是一个保守的投资者，其基准利率为 10% 或更低，由表 3-5 能发现，$P(10\%)=-73.97<0$，所以该项目不能满足投资者的 10%（甚至 0%）的目标的要求；然而，如果这是一个比较有追求的投资者，其基准收益率为 30%，那么由于 $P(30\%)=20.41>0$，由净现值方法的原则判断，这却是一个值得考虑的投资项目。

## 习题三

1. 已知某项目的现金流情况如下：

**现金流情况表**（单位：万元）

| 日期 | 投资支出 $O_t$ | 投资回报 $I_t$ |
|---|---|---|
| 2008-7-1 | 3000 | 0 |
| 2009-1-1 | 1000 | 0 |
| 2009-7-1 | 200 | 0 |
| 2010-1-1 | 200 | 0 |
| 2010-7-1 | 200 | 0 |

| 日期 | 投资支出 $O_t$ | 投资回报 $I_t$ |
|---|---|---|
| 2011-1-1 | 200 | 200 |
| 2011-7-1 | 200 | 400 |
| 2012-1-1 | 200 | 600 |
| 2012-7-1 | 200 | 800 |
| 2013-1-1 | 200 | 1000 |
| 2013-7-1 | 200 | 1000 |
| 2014-1-1 | 200 | 1000 |
| 2014-7-1 | 200 | 1000 |
| 2015-1-1 | 0 | 3000 |

（1）求该项目的净回报现金流；

（2）写出在利率 $i$ 时该项目的净现值表达式；

（3）分别计算 $P(9\%)$，$P(9.5\%)$，$P(10\%)$；

（4）求该项目的半年度转换收益率 $i^{(2)}$。

2. 已知在 $n$ 年末支付 200 和在 $2n$ 年末支付 100 可以交换 0 时的 200，求该交易的收益率。

3. 某人花 975.61 元钱购买了一项永续年金。该年金在购买一年后开始第一次年度支付，且每次支付 100 元。该人在得到年金的第二次支付后立即将该年金以 1642.04 元卖出。假设该人买卖年金的收益率分别是半年度名义收益率 $i^{(2)}$ 和 $j^{(2)}$，求 $i^{(2)} - j^{(2)}$。

4. 某投资者购买的 5 年期的金融工具有如下特征：

（1）投资者将在 5 年内的每年末收到 1000 元的支付；

（2）这些支付每年能以实质利率 4% 赚取利息。并且在年末，利息能以 3% 的利率再投资。

求该投资者带来 4% 的收益率的购买价。

5. 已知甲花了 11196 元买得一项 20 年期的期末付标准年金，该年金在每年末支付给甲 1000 元；乙花了 95360 元买得一项 20 年期的期末付单增年金，该年金在每年末分别支付给乙 1000，2000，…，20000 元，已知甲乙两人的这两项交易的收益率相同，求该相同的收益率 $i$。

6. 已知：$a_{\overline{7}|} = K$，$a_{\overline{11}|} = L$，$a_{\overline{18}|} = M$。求 $i$。

7. 已知在 0 时的 5.89 的投资可以产生每两年末支付 1 的一系列永续支付，

求该项目的半年度转换收益率 $i$。

8. 某投资基金在年初和年末的价值均为 1000，在 4 月末进行过一次 200 的存款，在 7 月末进行过一次 300 的取款，假设在这一年使用单利，求该基金这一年的利率。

9. 某公司有一份租约将在 2014 年 12 月 31 日到期。该公司注意到从 2015 年 1 月 1 日开始，租金将翻倍，并且会在今后两年内维持这种高租金水平。该公司想要降低租金突然提高所造成的影响，于是与出租方商定，决定提前半年，即从 2014 年 7 月 1 日开始，将租金调高到一个合适的水平，这种租金在今后的 2 年半中保持不变。假设利率为月度转换名义利率 12%，求 2014 年 7 月 1 日的租金增加的百分比。

10. 甲投资 2000，为期 10 年，年度实质利率为 17%。利息按年度支付并以实质利率 $j$ 再投资。在 10 年末，甲的累积利息为 $k$；乙在每年末投资 150，为期 20 年，年度实质利率为 14%，利息按年度支付并以实质利率 $j$ 再投资。求 20 年后乙的累积利息。

11. 塑料盘子可用 8 年，成本为 20 元；金属盘子可用 24 年，成本为 $x$。需要使用盘子 48 年，盘子的价格每年将上涨 5%，在 10.25% 的利率下，求使购买金属盘子和塑料盘子无差别的 $x$。

12. 某公司需要某种设备，为此，该公司有两种选择：第一种选择是，先花 500 万元购买设备，然后在 3 年末折旧后卖掉。折旧值的计算基于 7 年期上的年数和方法，在 7 年末的残值为 0；第二种选择是以每月初支付 12 万元租金的代价租用 3 年。已知月度转换利率为 12%，分析两种选择的差别。

13. 某项投资基金以利息强度 $\delta_t = K/[1+(1-t)K]$（$0 \leq t \leq 1$）积累。在 0 时，基金中有 100000 元，在 1 时则有 110000 元，这一年中仅进行过两次交易，分别是在 0.25 时的 15000 元的存款和在 0.75 时的 20000 元的取款。求 $K$。

14. 某投资账户有如下信息：

| | 1/1/2004 | 5/1/2004 | 9/1/2004 | 1/1/2005 |
|---|---|---|---|---|
| 账户值（在存取之前） | 50000 | 75000 | 90000 | 67000 |
| 存款 | | 15000 | | |
| 取款 | | | 25000 | |

请分别用时间加权方法和投资额加权方法计算收益率。

15. 某人每年初投资 100 元，共 12 年，且年度实质利率为 $i$。每年投资所得的利息以 5% 的年度实质利率再投资。所有这些本息在 12 年末的积累值为 1748.40 元。求 $i$。

16. 每年末向银行账户存入 1 元钱,共 30 年,该银行在每年末支付利息,利率为 $j$。每一笔利息被用来再投资,再投资利率为年度实质利率 $j/2$。已知这些存款在 30 年末产生的总的累积值为 72.88 元,求 $j$。

17. 已知如下的利率表:

| 原始投资的日历年 | 投资年度利率 | | | | | 投资组合利率 |
|---|---|---|---|---|---|---|
| $y$ | $i_1^y$ | $i_2^y$ | $i_3^y$ | $i_4^y$ | $i_5^y$ | $i^{y+5}$ |
| 2006 | 8.25% | 8.25% | 8.40% | 8.50% | 8.50% | 8.35% |
| 2007 | 8.50% | 8.70% | 8.75% | 8.90% | 9.00% | 8.60% |
| 2008 | 9.00% | 9.00% | 9.10% | 9.10% | 9.20% | 8.85% |
| 2009 | 9.00% | 9.10% | 9.20% | 9.30% | 9.40% | 9.10% |
| 2010 | 9.25% | 9.35% | 9.50% | 9.55% | 9.60% | 9.35% |
| 2011 | 9.50% | 9.50% | 9.60% | 9.70% | 9.70% | |
| 2012 | 10.00% | 10.00% | 9.90% | 9.80% | | |
| 2013 | 10.00% | 9.80% | 9.70% | | | |
| 2014 | 9.50% | 9.50% | | | | |
| 2015 | 9.00% | | | | | |

某人在 2011 年 1 月 1 日存款 1000 元,分别用以下方法求该笔投资在 2014 年 1 月 1 日的积累值:

(1) 投资年度法;

(2) 投资组合法;

(3) 在每年末将余额取出,然后以新资金率再投资进来。

18. 已知对于 $t=1,2,3,4,5$,$y=0,1,\cdots,9,10$,有 $1+i_t^y=(1.08+0.005t)^{1+0.01y}$,如果在 $y=5$ 年初投资 1000 元,求:

(1) 该笔投资在投资 3 年后的积累值;

(2) 该项投资的平均年度收益率。

19. 在投资年度方法下,需要用二元函数来表示积累函数。令 $a(s,t)$ 为在 $s$ 时的单位本金投资在 $t$ 时的积累值,其中 $0 \leqslant s \leqslant t$:

(1) 用 $a(s,t)$ 表示 $\delta_{s,t}$;

(2) 用 $\delta_{s,t}$ 表示 $a(s,t)$;

(3) 用投资组合方法下的 $a(s)$ 和 $a(t)$ 表示 $a(s,t)$;

(4) 假设实质利率为常数 $i$,求 $a(0,t)$;

(5) 求 $a(t,t)$。

# 第四章 分期偿还与偿债基金

分期偿还和偿债基金是两种重要的偿还债务的方式。有关债务偿还的问题是利息问题中的一大类问题,这类问题在实务中随处可见。不仅在一些大型的商业业务中,如公司利用发行债券或其他的方式融资,在融资安排之前一般就应该有相应的还款计划,债务偿还也是个人或家庭经常需要面对的问题。

分期偿还是个人和家庭最常用的一种还款方式。顾名思义,这种方式下,借款者在贷款期内,通过多次的支付来偿还贷款的本金和利息。分期偿还通常要求借款方按照规定的时间周期性地还款。因此,分期偿还的还款支付通常形成一项年金。

偿债基金是另一种重要的还款方式。这种还款方式要求借款者定期向贷款者支付当期应付贷款利息,并在贷款到期时,一次性地偿还贷款本金。为了保证借款者能够在贷款到期时有足够的资金用于偿还(比较大额的)本金,借款者通常被(贷款方或第三方)要求在借款开始时就建立一项基金,该基金唯一目的是积累借款者到贷款期末还款所需资金。因此,在利用偿债基金还款时,借款者除了要定期向贷款方支付当期利息外,还必须定期向偿债基金存款,以保证偿债基金能够在贷款到期时积累到相应数量的资金,以用于还款。

## 4-1 未偿还贷款余额

在利用分期偿还的方式偿还债务时,往往会涉及许多计算。比如每次还款金额、每次还款中所含本金和利息的金额以及贷款在任意时刻未偿还余额的计算。

在计算未偿还贷款余额时,基本的原则是,所有的未来还款支付在贷款利率下的现值正好为未偿还贷款余额。

在进行更进一步的讨论之前,我们先给出一些假设:

假设贷款的本金为 $L$,期限为 $n$,贷款年利率为 $i$,首先考虑等额的分期偿还方式还款,每期末还款一次,每次还款金额为 $R$。$L$、$n$、$i$ 和 $R$ 也是利用分期偿还方式偿还贷款中涉及到的四个基本量。于是,这种借贷交易的现金流如下:

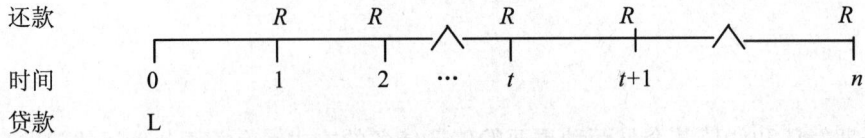

图 4-1  分期偿还计划的现金流图

根据还款的基本原则,我们有:

$$L = R\, a_{\overline{n}|i} \tag{4-1}$$

式(4-1) 给出了借贷交易中各个基本量之间的关系。由该式,就可以在已知贷款业务三个基本量的情况下,确定第四个基本量,从而完成有关的基本计算。

我们用 $B_t$ 表示在 $t$ 时的未偿还贷款余额,$t=1, 2, \cdots, n$。考虑到 $t$ 也是还款时刻,所以约定 $t$ 时的余额是指在当次还款后的余额。显然,$B_n=0$,另外,$B_0=L$。

首先,所谓未偿还贷款,顾名思义指的是还未还清的款项,因此余额 $B_t$ 等于所有仍需支付的还款在 $t$ 时的现值。注意到在 $t$ 时之前一共支付了 $t$ 次还款,还有接下来的 $n-t$ 次付款没有支付,如图 4-1 所示,因此

$$B_t = R\, a_{\overline{n-t}|i} \tag{4-2}$$

也可以从另一个角度来考察未偿还贷款余额:未偿还贷款余额等于贷款的积累值减掉所有已经支付的还款的积累值。因此,

$$B_t = L(1+i)^t - R\, s_{\overline{t}|i} \tag{4-3}$$

式(4-2) 和式(4-3)分别是在两种不同思路下得到的。式(4-2) 是出于对未来将要发生事情的考虑,而式(4-3) 则出于对过去所发生事情的考虑。之所以未来有些事情需要发生,是因为现在存在令它们发生的理由(未偿还贷款);现在之所以存在一些东西(未偿还贷款),是因为过去发生了某些事情。根据考虑问题的思路的不同,我们分别将这两种计算未偿还贷款余额的方法称为未来法和过去法。为了区别起见,通常用上标 $p$ 和 $r$ 来区分它们。

一般地,

对未来法,有:

$B_t^p =$未来仍需要发生的(借方净流出)支付在 $t$ 时的现值。

对过去法,有:

$B_t^r$ =过去所有（借方的净流入）支付的积累值。

容易验证，对于同一笔交易，过去法和未来法计算的未偿还贷款余额是相等的。

**例 4-1** 已知某贷款 10 万元，分 10 年还清，每季度还款一次，每年计息 4 次的年名义利率为 8%。分别利用过去法和未来法计算在第 10 次还款后的未偿还贷款余额。

**解：**

首先，由题设，以一季度为一期，有 $L=10$，$n=10\times4=40$，$j=8\%/4=2\%$，并且每次还款额 $R$ 为：

$$R=10\times \frac{1}{a_{\overline{40}|0.02}}=0.365557（万元）$$

（1）过去法：

$$B_{10}^r=L(1+2\%)^{10}-R\,s_{\overline{10}|0.02}$$
$$=10\times(1.02)^{10}-0.365557\times s_{\overline{10}|0.02}=8.187192（万元）$$

（2）未来法：

$$B_{10}^p=R\,a_{\overline{30}|0.02}=8.187192（万元）$$

果然不出意外，结果相同。

**例 4-2** 某项 30 年期的贷款，由等额的分期偿还方式来还款。每年末的还款额为 1000 元。在第 10 次还款时，借款人另外多支付 5000 元的还款，并通过调整以后的每次等额还款额，将未偿还贷款的还款期缩短为 10 年，若贷款利率为 9%，求调整后每年的还款额。

**解：**

首先，由未来法，可以算出在不考虑多支付的 5000 元还款的情况下，在 10 时的未偿还贷款余额：

$$B_{10}^p=1000\,a_{\overline{20}|0.09}=9128.55（元）$$

另外多偿还 5000 元后的贷款余额为：

$$L^*=9128.55-5000=4128.55（元）$$

设调整后每年还款额为 $R^*$，则：

$$R^*=L^*\times\frac{1}{a_{\overline{10}|0.09}}=643.31（元）$$

上述我们讨论在每次还款时刻的未偿还贷款余额，有时候可能还涉及在一般时刻的未偿还贷款余额的计算，如 $B_{t+k}$ 的形式，其中 $t=0, 1, 2, \cdots, n-1$ 为还款时刻，$0<k<1$。此时，我们有：$B_{t+k}=B_t\times(1+i)^k$，如果对计算的简单性要求超

过对精度的要求，也可以为：
$$B_{t+k} \approx B_t \times (1+ki)$$

**例 4-3** 条件如例 4-1，计算第 10 次还款 2 个月前的未偿还贷款余额。

**解：**

显然所求者为 $B_{9.33}$，

于是，由 $B_{t+k} = B_t \times (1+i)^k$ 知，先要算出 $B_9$，

因为 $B_9 = R \times a_{\overline{31}|0.02}$ = 8.385048（万元），

从而 $B_{9.33}$ = 8.385048×$(1+2\%)^{0.33}$ = 8.440023（万元）。

如果利用 $B_{t+k} \approx B_t \times (1+ki)$，则有 $B_{9.33} \approx$ 8.385048×(1+2%×0.33)= 8.44039（万元）。

其实我们也可以直接利用例 4-1 的结果，但是需要注意的是，$B_{t+k}$ 不可以由 $B_{t+1}$ 直接贴现而得到，因为在计算 $B_{t+1}$ 之前，还有一次支付发生，所以需要在贴现之前，加上该次支付。即有
$$B_{t+k} = (B_t + R) \times v^{1-k}$$
于是，由例 4-1 的结果，有
$$B_{9.33} = (B_{10}+R) \times v^{0.67} = (8.187192+0.365557)/(1+2\%)^{0.67}$$
$$= 8.440023（万元）$$

## 4-2　分期偿还表

任何的债务偿还，都包括本金和利息的偿还。

分期偿还贷款的每期还款中，同样应该既包括偿还的贷款本金，又包括偿还的自增利息，所以，我们需要将每次的还款，正确地划分出其中含有的本金还款量和利息支付量。对于借贷双方来说，将每次还款中的本金和利息划分清楚都是具有重要意义的。对于贷方来说，所得到的还款中本金和利息部分所需交纳的税率可能有很大的不同；而对于借方来说，分清每次还款中的本金和利息也更能清楚地知道为什么贷款余额在分期偿还的前期下降得比想象中的要慢很多。

分期偿还表就是能帮助实现将各期还款进行利息和本金划分的一个主要的工具，同时，分期偿还表还具有很多其他的功能。

我们以一个标准的分期偿还计划为例来说明分期偿还表。

假设一项金额为 $L=a_{\overline{n}|}$ 的 $n$ 期贷款，用一个基本年金的还款方式来分期偿还，贷款年利率为 $i$，显然每期还款额为1。下面来建立该项贷款的分期偿还表。

建立分期偿还表的原则是：每次的还款中，先支付当期自增利息，剩余的抵消贷款本金，由于部分本金被抵消，所以未偿还贷款余额随之减少。相应的分期偿还表如表 4-1 所示：

表 4-1 分期偿还表

| 时刻 $t$ | 每次还款额 $R_t$ | 每次还款中所包含的自增利息 $I_t$ | 每次还款中所包含的本金 $P_t$ | 未偿还贷款余额 $B_t$ |
|---|---|---|---|---|
| 0 | | | | $a_{\overline{n}|}$ |
| 1 | 1 | $i\,a_{\overline{n}|}=1-v^n$ | $1-i\,a_{\overline{n}|}=v^n$ | $a_{\overline{n}|}-v^n=a_{\overline{n-1}|}$ |
| 2 | 1 | $1-v^{n-1}$ | $v^{n-1}$ | $a_{\overline{n-2}|}$ |
| ⋮ | ⋮ | ⋮ | ⋮ | ⋮ |
| $t$ | 1 | $1-v^{n-t+1}$ | $v^{n-t+1}$ | $a_{\overline{n-t}|}$ |
| ⋮ | ⋮ | ⋮ | ⋮ | ⋮ |
| $n-1$ | 1 | $1-v^2$ | $v^2$ | $a_{\overline{1}|}$ |
| $n$ | 1 | $1-v$ | $v$ | 0 |
| 总计 | $n$ | $n-a_{\overline{n}|}$ | $a_{\overline{n}|}$ | |

上表的计算顺序是，由贷款额栏产生利息栏，$t$ 时应支付的利息=第 $t$ 期的自增利息=第 $t$ 期初未偿还贷款的余额乘以当期实质利率，即

$$I_t=i\times B_{t-1} \tag{4-4}$$

还款额栏与利息栏之差得到本金栏，即

$$P_t=R_t-I_t \tag{4-5}$$

然后将期初的余额减去当期偿还的本金，就得到当期期末的余额，即

$$B_t=B_{t-1}-P_t \tag{4-6}$$

另外，也可以直接利用上述讨论过的过去法或未来法算出未偿还贷款余额栏，用期初的余额减去当期偿还的本金得到期末的余额的方法。

观察上表，我们还可以发现一个重要的规律：本金列分别为 $v^n$，$v^{n-1}$，…，$v$，它们形成一个等比数列！这不是巧合，而是等额分期偿还所固有的一种重要的特征。根据这个特征，可以更有效地建立起分期偿还表中各个项目之间的联系。

表 4-1 是一张关于标准贷款的分期偿还表，如果需要讨论的贷款不是金额

为 $a_{\overline{n}|}$，而是一般的 $L$，则只需将表中各项同时乘以一个常数 $L \times \dfrac{1}{a_{\overline{n}|}}$ 即可。

例如贷款额为 10000 元，分 5 年还清，年利率为 8%的分期偿还表，如表 4-2：

表 4-2　分期偿还表

| 时刻 $t$ | $R_t$ | $I_t$ | $P_t$ | $B_t$ |
|---|---|---|---|---|
| 0 | | | | 10000.00 |
| 1 | 2504.56 | 800.00 | 1704.56 | 8295.44 |
| 2 | 2504.56 | 663.63 | 1840.93 | 6454.51 |
| 3 | 2504.56 | 516.36 | 1988.20 | 4466.30 |
| 4 | 2504.56 | 357.30 | 2147.26 | 2319.04 |
| 5 | 2504.56 | 185.52 | 2319.04 | 0.00 |

表(4-2)中，贷款第一年的自增利息 $I_1 = i \times L = i \times B_0 = 0.08 \times 10000 = 800$ 元，第一年偿还款项 $L \times \dfrac{1}{a_{\overline{n}|}} = 2504.56$ 中包含偿还的本金为：

$$P_1 = R_1 - I_1 = 2504.56 - 800 = 1704.56（元）$$

第一年末贷款（未偿还）余额为：

$$B_1 = B_0 - P_1 = 10000 - 1704.56 = 8295.44（元）$$

另外，表 4-2 中第 5 年末的贷款余额是 0，但实际如果每次计算都要保留一定的近似位数的话，如保留小数点后两位，那么，到贷款结束时，特别是对于长期的大额贷款，到最后的余额可能不为零，而为一个非常小的数。我们说，这种小的出入完全是由于前面出于实际需要所作的近似而产生的，它无伤大雅，出于分期偿还表的完整性的考虑，通常可以人为地在最后做些小的调整，将最后的余额改为 0，以使最终的表格没有明显的不合理的地方。

对于上述分期偿还表，我们还要做一些补充说明。

首先，可能会有人要考虑永续年金的分期偿还表。我们说，注意到永续年金的每次支付实际上恰好等于当期自增利息，这样才能使在支付后未偿还贷款本金不变，所以每期所还本金为 0，所以编制这种分期偿还表意义不大。

其次，在上述的分期偿还表中，我们作了一些假设：假设之一是利率保持为常数。也可以考虑变动利率下的分期偿还表。对于利率发生变化的情况，一般的做法是，在利率开始变动的时刻，计算出此时的未偿还贷款余额，然后在新的条件下，重新建立分期偿还表，具体的讨论留作练习。例 4-7 是这种情况的一个例子。假设之二是,年金支付期和利息转换期是相同的,支付期和利息转换期不同的情况将在后文中讨论。假设之三是,年金支付是等额的,变额支付的情况也将在后文中讨论。

**例 4-4** 某借款人每季度末偿还贷款一次,每次 1000 元,共 5 年,每年计息 4 次的年名义利率为 12%。计算第 6 次还款中的本金部分和利息部分。

**解:**

贷款的期限为 5×4 期,(季度)期实质利率为 12%÷4=3%,

由未来法,可以计算出第 6 次还款前一期时的余额 $B_5$,

$$B_5=1000\, a_{\overline{15}|0.03}=11937.94$$

于是 $I_6=3\%\times B_5=358.14$,

$$P_6=R_6-I_6=1000-358.14=641.86$$

注:如果注意到表 4-1 中本金栏的(等比)规律性,也可以直接得到相应的本金和利息。

$$P_6=1000\, v^{20-6+1}=1000\times 1.03^{-15}=641.86\,(元)$$
$$I_6=R_6-P_6=1000-641.86=358.14\,(元)$$

**例 4-5** 甲从乙处借款 1 万元,每季度末还款一次,共 6 年,每年计息 4 次的年名义利率为 8%。第 2 年末,乙将这一收回债务的权利转卖给丙,丙的收益率为每年计息 4 次的年名义利率 10%,计算丙、乙所得的利息收入。

**解:**

在贷款时刻为 0 时,以一个季度为一期。

首先,考虑在贷款给甲时,乙预期的现金流:

在 0 时支出 10000 元(给甲),然后分别在 1, 2, ⋯, 24 时得到甲的等额的分期偿还支付 $R$,且

$$R=10000\times \frac{1}{a_{\overline{24}|0.02}}=10000\times(0.032871+0.02)=528.71\,(元)$$

到第 2 年末,乙实际得到的全部现金流为在 0 时支出 10000 元(给甲),然后分别在 1, 2, ⋯, 8 时得到(来自甲的等额的分期偿还)支付 $R$,另外在 8 时得到(来自丙的价格)支付 $P$。

$P$ 为丙在 8 时为了得到分别在 9, 10, ⋯, 24 时得到(来自甲的等额的分期偿还)支付 $R$ 而给出的价格,因为丙的这项(与乙之间的)交易的期收益率为 10%/4=2.5%,所以有

$$P=R\, a_{\overline{16}|0.025}=528.71\times 13.055=6902.31\,(元)$$

因此,乙得到的总利息为:528.71×8+6902.31-10000=1131.99(元)。

丙得到的总利息为：528.71×16-6902.31=1557.05（元）。

注意到：甲的现金流为在 0 时得到的 10000，然后分别在 1，2，…，24 流出 $R$，所以甲在得到 10000 元的借款共支付的利息为

$$528.71 \times 24 - 10000 = 2689.04 \text{（元）}$$

$$2689.04 = 1131.99 + 1557.05$$

所以甲支出的总利息正好为乙、丙所获得的利息之和。

**例 4-6** 一项 1 万元的贷款用每年末支付 2000 元的还款来偿还，贷款利率为 10%，还款的次数足够多，并且最后的不规则还款由一次零头支付完成。计算第 5 次还款中利息和本金。

**解：**

这种分期偿还与表 4-1 中的不尽相同，因为其中包含有最后的零头支付，所以不能直接利用表中的本金栏的特殊性质。

为此，先用过去法计算有关的余额：

$$B_4 = 10000(1+10\%)^4 - 2000\, s_{\overline{4}|0.1} = 5359$$

于是，$I_5 = i \times B_4 = 535.9$（元），

$$P_5 = R_5 - I_5 = 2000 - 535.9 = 1464.1 \text{（元）}$$

**例 4-7** 有一笔 20 年期的贷款，贷款利率为月度转换 5.76%，每月需分期偿还 1000 元。贷款一年后，贷款利率增至利率月度转换 6.12%，求增加利率后，该贷款所需的月度付款额。

**解：**

因为付款期和利息转换期均为月，所以我们以月为期，于是，

贷款期限 $n=20\times12=240$，贷款原（期实质）利率 $i=5.76\%/12=0.48\%$，贷款新（期实质）利率 $j=6.12\%/12=0.51\%$。

由题设知在 12 时（即 1 年末，利率变动时）的余额为 $L^*=1000\, a_{\overline{228}|0.0048}$，其中 228 为所剩下的还款次数，于是在新的利率下，每次还款额为

$$R^* = L^* \frac{1}{a_{\overline{228}|0.0051}} = 1000 \frac{a_{\overline{228}|0.0048}}{a_{\overline{228}|0.0051}} = 1028.32$$

即月度实质利率增加 0.03% 后，每个月的还款需要增加大约 28.32 元。

在经过上述的讨论后，可以对分期偿还表有一定的认识。上文中我们说，之所以要使用分期偿还表来将每一次还款中的利息和本金区分开来，一个重要的原因是出于会计和税务方面的考虑，因为一般的税法对本金和利息收入的课税规定是有很大的不同的。

除此之外，区分利息和本金，在利息理论的发展中也曾经产生过重要的意义。

如下的案例可能具有一定的启发意义。

假设甲乙两人之间达成一项借贷交易。甲借1万元给乙，年利率为10%，用贸易商规则（相当于单利）计息（在早期的借贷业务中，贸易商规则是默认的计息方式或准则）。从借款的1年后开始，乙每年支付给甲1千元，一直持续20年。20年后，纠纷产生了。

甲一直认为，在每次得到乙的1千元支付后，乙欠自己的未偿还贷款余额还为1万元，所以甲每年从乙手中接过1千元是非常心安理得的。

而乙则不这么认为。乙认为，在第一次还款1千元后，所借的1万元本金就被还掉十分之一了，剩下的只有9千元了，当然同时乙也承认，他还欠甲的1千元利息；

然后，在第二次支付后，只欠本金8千元，利息1千9百元，因为利息是不产生利息的；

……

第十次支付后，乙就认为，本金已经还清，所欠的就是前10年的分别为1千、9百、…、1百元的利息，以后只要还这些利息就够了。

按照乙的逻辑，第十一次到第二十次的10个1千元的支付，不仅早已还清了所有的债务，而且实际上甲还反过来欠自己不少钱。

如果以复利的观点来评判的话，似乎甲更值得同情。但是，至少从单利的角度上讲，乙的逻辑也是有道理的。

类似的案例在现实中的确出现过。1795年在美国的弗吉尼亚州的法院就遇到了一个类似的案子。1795年的弗吉尼亚州发生的案例直到1839年才得到了最终的解决。法院最终的判决支持的是如甲的角色。

案例本身的具体情况并不重要，重要的是由此而得出的由法院规定的一种还款原则：还款的支付首先应该用于偿还贷款自增的利息，如果还款量超过还款时贷款所自增的利息，剩余部分用于偿还本金，否则，剩余的（即当次还款还未能还掉的）利息部分不能混入到未偿还本金中，即它们不能产生利息。

由上述原则，产生了一种划分分期偿还支付中所含本金和利息的方法，这种方法被称为"合众国规则（the United States Rules）"。

回顾历史，可以发现有三种重要的计息规则在历史上曾经扮演过重要的角色，它们分别为贸易商规则、合众国规则和精算方法。

在合众国规则出现之前，人们最多使用的是贸易商规则，这种规则相当于现在所谓的单利，这种规则下，只有本金产生利息，而利息不再产生利息。我们知道，单利的方法不是一种圆满的方法，特别是对长期的业务，单利是不可轻易使用的，否则如上的案例很可能就要重新出现。

合众国规则可以算得上是一种圆满的方法，因为它给出了划分各次付款的统一的方法。这种统一的方法成功地避免了纠纷的产生。

事实上，如果分期偿还的每次支付金额都超过当期自增利息的话，合众国规则就与复利方法没有区别。合众国规则与复利方法不同的地方就在于，当支付不足以偿还当期的自增利息时，合众国规则将没有被偿还的利息计入另外一个单独账户，这个账户不再产生利息。如果说，在每次分期偿还的支付不足以偿还当期的自增利息时，贷款方在借方支付还款时，再借给借方一笔钱，以使它正好能够偿还当期利息的话，那么新的、不产生利息的利息账户就没有必要建立了。这种想法导致了所谓精算方法的产生。

也就是说，精算方法其实与合众国规则的区别只在于对分期还款不足以支付当期自增利息的情况。精算方法的思想是再"借"给借款人还利息所需的款项。这种借只是一种概念上的"借"，并不要反映在实际的操作中。这种概念上的"借"有一个更常用的术语，即所谓的"利息本金化"。利息本金化也是精算方法与合众国规则相区别的本质特征。利息本金化是将没有被偿还的利息自动变成本金，从而就可以享受到本金可以享受的产生利息的待遇了，也就自然达到了"利滚利"的效果。因此，精算方法实际上就是我们所谓的"复利"方法。

从以上的讨论中也可以发现，不同的计息规则——贸易商规则、合众国规则和精算方法，其本质的不同之处在于它们对待利息的划分和处理之上。目前实务中所使用的分期偿还表，一般使用的都是精算方法，也就是所谓的复利方法。但是，对历史的回顾，可以经常给我们一些提醒和启发，告诉我们不同的计息规则可能导致结果的不同。

**例 4-8** 某人借款 1000 元，利率 10%，期限 12 个月。如果他在 3 个月末还 200 元，在 8 个月末还 300 元，分别按（1）精算方法、（2）贸易商规则、（3）合众国规则，计算该借款人在第 12 个月末应还的款额。

**解：**

首先假设在第 12 个月末应还的款额为 $X$。

（1）精算方法：

精算方法相当于复利方法，因此，可以根据第一章的利息问题的一般求解方法，建立如下的方程：

$$X=1000(1+10\%)-200(1+10\%)^{3/4}-300(1+10\%)^{1/3}=575.50$$

（2）贸易商规则：

贸易商规则相当于单利，因此各次支付以 $a(t)=1+it=1+0.1t$ 积累，所以

$$X=1000(1+10\%)-200(1+10\%\times 3/4)-300(1+10\%\times 1/3)=575.00$$

（3）合众国规则：

合众国规则需要对各次付款进行利息和本金的划分：

在3个月末1000元贷款的自增利息为 $1000\times 10\%\times 3/12=25.00$。

所以200元还款中，用于付息的为25元，剩下175元用于还本，贷款余额降为825元。则825元在第8个月末的自增利息为 $825\times 10\%\times 5/12=34.38$。

所以接下来的300元先付息34.38元，剩下的 $300-34.38=265.62$ 元用于还本，贷款余额降至 $825-265.62=559.38$ 元。在第12个月末，自增利息为贷款余额为

$$559.38\times 10\%\times 4/12=18.65$$

从而 $X=559.38+18.65=578.03$（元）。

注意：比较在精算方法和合众国规则下的结果，发现它们有所不同。这与我们上文中"如果分期偿还的每次支付金额都超过当期的自增利息的话，合众国规则就与复利方法没有区别"的说法似乎有所不符。请读者思考其中的原因。

另外，对于第二种方法下的解，如果按上文举例中"乙"的逻辑，先还的200元全部用于还本金，自增利息25元单独账户处理，然后还的300元又全部还本金，自增的 $800\times 10\%\times 5/12=400/12$ 元利息归入到利息账户，这样的话，到年末，有：

$$X=25+400/12+500\times (1+10\%\times 4/12)=575.00\text{（元）}$$

## 4-3 偿还频率与计息频率不同的分期偿还表

上节介绍的分期偿还表针对的是支付频率与计息频率一致的情况。我们也可以考虑支付频率与计息频率不同的分期偿还表。

基于第二章的讨论，首先考虑一项贷款 $a_{\overline{n}|}/s_{\overline{k}|}$，该项贷款由每 $k$ 个利息转换期末支付1的一共 $n/k$（$n/k$ 为整数）次还款来分期偿还。根据分期偿还表的编制方法，很容易得到相应的分期偿还表。如下：

**表 4-3 偿还频率与计息频率不同的分期偿还表**

| 时刻 $s$ | 还款额 $R_s$ | 还款额中的利息部分 $I_s$ | 还款额中的本金部分 $P_s$ | 贷款余额 $B_s$ |
|---|---|---|---|---|
| 0 | | | | $a_{\overline{n}\rceil}/s_{\overline{k}\rceil}$ |
| $k$ | 1 | $[(1+i)^k-1]\,a_{\overline{n}\rceil}/s_{\overline{k}\rceil}=1-v^n$ | $R_k-I_k=v^n$ | $B_0-P_k=a_{\overline{n-k}\rceil}/s_{\overline{k}\rceil}$ |
| $2k$ | 1 | $1-v^{n-k}$ | $v^{n-k}$ | $a_{\overline{n-2k}\rceil}/s_{\overline{k}\rceil}$ |
| ⋮ | ⋮ | ⋮ | ⋮ | ⋮ |
| $tk$ | 1 | $1-v^{n-(t-1)k}$ | $v^{n-(t-1)k}$ | $a_{\overline{n-tk}\rceil}/s_{\overline{k}\rceil}$ |
| ⋮ | ⋮ | ⋮ | ⋮ | ⋮ |
| $n-k$ | 1 | $1-v^{2k}$ | $v^{2k}$ | $a_{\overline{k}\rceil}/s_{\overline{k}\rceil}$ |
| $n$ | 1 | $1-v^k$ | $v^k$ | 0 |
| 总计 | $n/k$ | $n/k-a_{\overline{n}\rceil}/s_{\overline{k}\rceil}$ | $a_{\overline{n}\rceil}/s_{\overline{k}\rceil}$ | |

表中 $R_s$、$I_s$、$P_s$、$B_s$ 的下标 $s$ 均对应的是相应的利息转换期。对于表中各项的算法和它们之间的关系，留着练习。

**例 4-9** 一项 10000 元的贷款，贷款利率为月度转换年名义利率 9%，每年还款一次，还款期限为 5 年。计算第三次还款中的利息和本金部分。

**解**：显然，$L=1$，$n=5\times 12=60$，$k=12$，$j=9\%/12=0.75\%$。

首先，每次还款为 $R=10000\times s_{\overline{k}\rceil}/a_{\overline{n}\rceil}=10000\times s_{\overline{12}\rceil 0.0075}/a_{\overline{60}\rceil 0.0075}=2596.37$，

第二次还款后的余额为 $B_{2k}=B_{24}=10000\times(1+j)^{24}-R\times s_{\overline{2k}\rceil}/s_{\overline{k}\rceil}=6527.84$，

因此，第三次还款中的利息为：

$$I_{3k}=[(1+j)^k-1]\times B_{2k}=[(1+0.75\%)^{12}-1]\times 6527.84=612.36$$

从而，第三次还款中的本金为：

$$P_{3k}=R-I_{3k}=2596.37-612.36=1984.01$$

接下来考虑贷款 $a_{\overline{n}\rceil}^{(m)}$，还款支付在每 $1/m$ 个利息转换期的期末，每次支付 $1/m$，贷款期限为 $n$ 个计息期，总共有等额的还款 $m\times n$ 次。表 4-4 给出了这种情形下的分期偿还表。

表 4-4 $a_{\overline{n}|}^{(m)}$ 的分期偿还表

| 时刻 $s$ | 还款额 $R_s$ | 还款额中的利息部分 $I_s$ | 还款额中的本金部分 $P_s$ | 贷款余额 $B_s$ |
|---|---|---|---|---|
| 0 | | | | $a_{\overline{n}|}^{(m)}$ |
| $1/m$ | $1/m$ | $\frac{i^{(m)}}{m}B_0 = \frac{1}{m}(1-v^n)$ | $R_{1/m} - I_{1/m} = \frac{1}{m}v^n$ | $B_0 - P_{1/m} = a_{\overline{n-1/m}|}^{(m)}$ |
| $2/m$ | $1/m$ | $\frac{1}{m}(1-v^{n-\frac{1}{m}})$ | $\frac{1}{m}v^{n-\frac{1}{m}}$ | $a_{\overline{n-2/m}|}^{(m)}$ |
| ⋮ | ⋮ | ⋮ | ⋮ | ⋮ |
| $t/m$ | $1/m$ | $\frac{1}{m}(1-v^{n-\frac{t-1}{m}})$ | $\frac{1}{m}v^{n-\frac{t-1}{m}}$ | $a_{\overline{n-t/m}|}^{(m)}$ |
| ⋮ | ⋮ | ⋮ | ⋮ | ⋮ |
| $n-1/m$ | $1/m$ | $\frac{1}{m}(1-v^{\frac{2}{m}})$ | $\frac{1}{m}v^{\frac{2}{m}}$ | $a_{\overline{1/m}|}^{(m)}$ |
| $n$ | $1/m$ | $\frac{1}{m}(1-v^{\frac{1}{m}})$ | $\frac{1}{m}v^{\frac{1}{m}}$ | 0 |
| 总计 | $n$ | $n - a_{\overline{n}|}^{(m)}$ | $a_{\overline{n}|}^{(m)}$ | |

表中 $R_s$、$I_s$、$P_s$、$B_s$ 的下标 $s$ 均对应的是相应的利息转换期。对于表中各项的算法和它们之间的关系，留着练习。

**例 4-10** 一种贷款要在每月末偿还 1000 元，共 30 年，年利率为 10%，计算前 12 次还款中的所含的利息总量。

**解：**

首先，由题设知，贷款总量为 $L = 12000 a_{\overline{30}|}^{(12)}$，

根据表 4-4 知，前 12 次还款中所含的利息金额分别为：

$12000(1-v^{30})/12 = 1000(1-v^{30})$，$1000(1-v^{30-1/12})$，⋯，$1000(1-v^{30-11/12})$，

因此，前 12 次还款中的所含的利息总量为

$I = 1000(1-v^{30}) + 1000(1-v^{30-1/12}) + \cdots + 1000(1-v^{30-11/12}) = 12000 - 12000 v^{30} s_{\overline{1}|}^{(12)}$

$= 12000 - 12 v^{30} i / i^{(12)} = 12000 - 12 \times \dfrac{10\%}{(1+10\%)^{30}(1+10\%)^{1/12}}$

$= 11281.32$

也可以换一种思路。前 12 次还款中的所含的利息总量等于前 12 次还款总量减去前 12 次还款中的所含的本金总量；前 12 次还款中的所含的本金总量等于 0 时的余额减去 1 时（即 12 次还款后）余额，而余额可以由未来法计算。

具体如下：

$$B_0 = L = 12000\, a_{\overline{30}|}^{(12)}, \quad B_1 = 12000\, a_{\overline{29}|}^{(12)}$$

于是，

前 12 次还款中的所含的本金总量 $= 12000\, a_{\overline{30}|}^{(12)} - 12000\, a_{\overline{29}|}^{(12)} = 718.68$

从而，

前 12 次还款中的所含的利息总量 $= 12000 - 718.68 = 11281.32$。

# 4-4  变额偿还支付

前面讨论的分期偿还贷款都是等额偿还的情况，偿还支付也可以是变额的。本节考虑的就是这种变额支付的分期偿还情况。这里假设支付期与利息转换期是一致的。

假设贷款 $L$，期限为 $n$，贷款利率为 $i$，$R_k$（$k=1, 2, \cdots, n$）为第 $k$ 次的分期偿还支付，于是，有：

$$L = \sum_{k=1}^{n} v^k R_k \tag{4-7}$$

对于这种变额的分期偿还，也可以建立类似的分期偿还，其方法与建立上述等额分期偿还表的方法一致。例如，表中"未偿还贷款余额"栏可以由过去法或未来法得到；"利息"栏可以由"未偿还贷款余额"栏和贷款利率得到，然后再结合 $R_k$（$k=1, 2, \cdots, n$）列，可以得到"本金"栏。

在变额分期偿还的情况中，有可能会出现某次支付不足以还清当期自增利息的情况。此时，我们说，仍然可以按照基本原则来进行还款。所谓的基本原则是，先还清利息，即使是在支付不够还清当期利息的情况下，仍然要求其还清利息，不够部分通过负的本金支付来反映。有时把这种还款称为负的分期偿还。事实上，负的本金的出现是（因为支付不足而产生的没有被还清的）利息本金化的结果。

**例 4-11**  某人贷款 10 万元，利率为 10%，贷款期限为 10 年，每年末还款一次，第一次还款 7000 元，以后每次还款比上次多 3000 元，直到第九次还款

31000 元，剩下的欠款在第 10 年末一次性还清。建立该贷款的分期偿还表并求第 10 次还款额。

**解：**
类似于等额分期偿还的情况，根据已知数据，容易建立如下的分期偿还表：

表 4-5  变额分期偿还表

| 时刻 $t$ | 每次支付 $R_t$ | 利息部分 $I_t$ | 本金部分 $P_t$ | 余额 $B_t$ |
|---|---|---|---|---|
| 0 | | | | 100000.00 |
| 1 | 7000.00 | 10000.00 | -3000.00 | 103000.00 |
| 2 | 10000.00 | 10300.00 | -300.00 | 103300.00 |
| 3 | 13000.00 | 10330.00 | 2670.00 | 100630.00 |
| 4 | 16000.00 | 10063.00 | 5937.00 | 94693.00 |
| 5 | 19000.00 | 9469.30 | 9530.70 | 85162.30 |
| 6 | 22000.00 | 8516.23 | 13483.77 | 71678.53 |
| 7 | 25000.00 | 7167.85 | 17832.15 | 53846.38 |
| 8 | 28000.00 | 5384.64 | 22615.36 | 31231.02 |
| 9 | 31000.00 | 3123.10 | 27876.90 | 3354.12 |
| 10 | | | | |

其中"每次支付 $R_t$"列为已知数据，"利息部分 $I_t$"列由"余额 $B_t$"乘以利率得到，"本金部分 $P_t$"由"每次支付 $R_t$"列减去"利息部分 $I_t$"列得到，期末（下期初）的余额等于期初的余额减去本期支付的本金部分 $P_t$，最后

$$I_{10}=B_9 \times i=3354.12 \times 10\%=335.41，P_{10}=B_9=3354.12，$$
$$R_{10}=I_{10}+P_{10}=335.41+3354.12=3689.54，$$
$$B_{10}=0$$

将这些数据填入上表中，就可以得到完整的贷款分期偿还表。

注意到上表中本金列两次出现负数，结果导致相应的两个余额值增加。

**例 4-12**  某银行发放 10 年期贷款，利率为 9.9%。某借款人计划分期还款，首年末还款 4000 元，以后每年比上年减少 10%。计算贷款本金及第 8 次还款中的本金部分和利息部分。

**解：**
贷款本金为：
$$L=4000v+4000(1-0.1)v^2+\cdots+4000(1-0.1)^9v^{10}=17373.69（元）$$
$$R_8=4000(1-0.1)^7=1913.19（元）$$

$$B_7^p = 4000[(1-0.1)^7 v + (1-0.1)^8 v^3 + (1-0.1)^9 v^3] = 4333.95 \text{（元）}$$
$$I_8 = i B_7^p = 0.099 \times 4333.95 = 429.06 \text{（元）}$$
$$P_8 = R_8 - I_8 = 1913.19 - 429.06 = 1484.13 \text{（元）}$$

也可以直接建立如下的整个分期偿还表，然后由表中直接找出所需数据。

表 4-6  分期偿还表

| $t$ | $R_t$ | $I_t$ | $P_t$ | $B_t$ |
|---|---|---|---|---|
| 0 | | | | 17373.69 |
| 1 | 4000.00 | 1720.00 | 2280.00 | 15093.69 |
| 2 | 3600.00 | 1494.27 | 2105.73 | 12987.96 |
| 3 | 3240.00 | 1285.81 | 1954.19 | 11033.77 |
| 4 | 2916.00 | 1092.34 | 1823.66 | 9210.11 |
| 5 | 2624.40 | 911.80 | 1712.60 | 7497.51 |
| 6 | 2361.96 | 742.25 | 1619.71 | 5877.81 |
| 7 | 2125.76 | 581.90 | 1543.86 | 4333.95 |
| 8 | 1913.19 | 429.06 | 1484.13 | 2849.82 |
| 9 | 1721.87 | 282.13 | 1439.74 | 1410.08 |
| 10 | 1549.68 | 139.60 | 1410.08 | 0.00 |

实务中有一种常见的变额分期偿还的形式，即所谓的等额本金偿还方法。该种还款方式中，每次偿还的本金金额相同。因为本金金额相同，所以余额呈等差数列递减，而利息栏是余额栏的常数（$i$）倍数，所以，利息栏也呈等差数列变化。利息等差加上常数的本金偿还，所以，这种方式下，每次还款总量呈等差数列变化。

**例 4-13** 某人从银行贷款 20000 元。采取等额本金的偿还方式分期偿还，贷款期限 20 年，利率为 8%。建立该贷款的分期偿还表。

**解：**

等额本金方式下，分期偿还表中的本金列将表现为常数，就本例而言，每次还款中所含的本金为 20000/20=1000 元，借款者在支付每期的 1000 元本金的同时，还需要支付当期的自增利息。

由于本金列已经确定，所以可以在本金列的基础上，由 $B_{k+1} = B_k - P_k$ 得到余额列。由 $I_{k+1} = i \times B_k$ 得到利息列，最后由 $R_k = P_k + I_k$ 得到付款列。具体的数据表如下：

表 4-7　等额本金下的分期偿还表

| $t$ | $R_t$ | $P_t$ | $I_t$ | $B_t$ |
|---|---|---|---|---|
| 0 | | | | 20000 |
| 1 | 2600 | 1000 | 1600 | 19000 |
| 2 | 2520 | 1000 | 1520 | 18000 |
| 3 | 2440 | 1000 | 1440 | 17000 |
| 4 | 2360 | 1000 | 1360 | 16000 |
| 5 | 2280 | 1000 | 1280 | 15000 |
| 6 | 2200 | 1000 | 1200 | 14000 |
| 7 | 2120 | 1000 | 1120 | 13000 |
| 8 | 2040 | 1000 | 1040 | 12000 |
| 9 | 1960 | 1000 | 960 | 11000 |
| 10 | 1880 | 1000 | 880 | 10000 |
| 11 | 1800 | 1000 | 800 | 9000 |
| 12 | 1720 | 1000 | 720 | 8000 |
| 13 | 1640 | 1000 | 640 | 7000 |
| 14 | 1560 | 1000 | 560 | 6000 |
| 15 | 1480 | 1000 | 480 | 5000 |
| 16 | 1400 | 1000 | 400 | 4000 |
| 17 | 1320 | 1000 | 320 | 3000 |
| 18 | 1240 | 1000 | 240 | 2000 |
| 19 | 1160 | 1000 | 160 | 1000 |
| 20 | 1080 | 1000 | 80 | 0 |
| 总计 | 36800 | 20000 | 16800 | |

## 4-5　连续偿还的分期偿还表

在理论上，可以讨论连续支付的分期偿还方式。当然，这种讨论的理论价值大于实际价值，即其实际应用的范围不大。

考虑支付率为常数的情况。假设有一项大小为 $\bar{a}_{\overline{n}|}$ 的贷款,期限为 $n$,按每期支付 1 的速率连续分期偿还贷款。

首先,根据前面对未偿还贷款余额的讨论,对于 $0 \leqslant t \leqslant n$,我们有:

$$B_t^p = \bar{a}_{\overline{n-t}|} \tag{4-8}$$

$$B_t^r = \bar{a}_{\overline{n}|}(1+i)^t - \bar{s}_{\overline{t}|} \tag{4-9}$$

同样,也可以将每一次的支付划分为本金部分和利息部分。我们将 $t$ 时的利息及本金的偿还率分别记为 $\bar{I}_t$ 和 $\bar{P}_t$,显然,$\bar{P}_t$ 应该为 $B_t$ 的变化率,即有:

$$\frac{dB_t}{dt} = -\bar{P}_t \tag{4-10}$$

上式右边的负号是因为注意到本金的偿还是用来降低余额的,即 $B_t$ 是递减的,所以用负号来避免负数的出现。

又因为

$$\frac{dB_t}{dt} = \frac{d}{dt}\bar{a}_{\overline{n-t}|} = \frac{d}{dt}\left(\frac{1-v^{n-t}}{\delta}\right) = -v^{n-t} = \delta\bar{a}_{\overline{n-t}|} - 1 = \delta B_t - 1$$

所以有

$$\bar{P}_t = 1 - \delta B_t \tag{4-11}$$

从而有

$$\bar{I}_t = 1 - \bar{P}_t = \delta B_t \tag{4-12}$$

如果支付率不为常数,假设在 $t$ 时的还款支付率为 $R_t$,$0 \leqslant t \leqslant n$,那么,由这些付款可以决定原始贷款本金为:

$$L = B_0 = \int_0^n v^s R_s \, ds \tag{4-13}$$

$t$ 时的贷款余额为:

$$B_t^p = \int_t^n v^{s-t} R_s \, ds \tag{4-14}$$

或

$$B_t^r = B_0(1+i)^t - \int_0^t R_s(1+i)^{t-s} \, ds \tag{4-15}$$

注意到,$R_t$ 的符号与第三章中净回报的符号是一样的,其含义也一致。有趣的是,如果将 $R_s$ 改写为 $-C_s$,那么式(4-15)就变成了式(3-16)了,有点殊途同归的感觉。

上面的讨论是在常数的利息强度的情况下进行的,也可以在更一般化的情况下，作更进一步的讨论。假设 $t$ 时的利息强度为 $\delta_t$（$0\leq t\leq n$），并将该假设用于上述的讨论中，则有：

$$L=B_0=\int_0^n \exp(-\int_0^s \delta_r dr)R_s ds \qquad (4\text{-}16)$$

$t$ 时的贷款余额为：

$$B_t^p = \int_t^n \exp(-\int_t^s \delta_r dr)R_s ds \qquad (4\text{-}17)$$

或

$$B_t^r = B_0 \exp(\int_0^t \delta_r dr) - \int_0^t \exp(\int_s^t \delta_r dr)R_s ds \qquad (4\text{-}18)$$

对于将付款进行利息和本金部分的划分，可以由式(4-10)和 $\overline{I}_t = R_t - \overline{P}_t$ 来进行。具体划分留作练习。

**例 4-14** 某贷款年利率为 10%，期限为 10 年，采取连续支付的分期偿还方式偿还。前 5 年的常数还款率为每年 1000 元，后 5 年的常数还款率为每年 2000 元。计算第 5 年偿还的贷款的本金部分和利息部分。

**解：**
首先，计算第 4 年末的贷款余额：

$$B_{4+t}^p = 2000\,\overline{a}_{\overline{6-t|}} - 1000\,\overline{a}_{\overline{1-t|}} \qquad 0\leq t\leq n,$$

$$P_{4+t} = -\frac{d}{dt}B_{4+t} = 2000v^{6-t} - 1000v^{1-t}$$

$$I_{4+t} = R_{4+t} - P_{4+t} = 1000 - (2000\,v^{6-t} - 1000\,v^{1-t})$$

于是，总的本金支付为：

$$P = \int_0^1 P_{4+t}dt = (2000v^5 - 1000)\,\overline{a}_{\overline{1|}} = 230.68$$

总的利息支付为：

$$I = \int_0^1 I_{4+t}dt = R - P = \int_0^1 1000 dt - P$$

$$= 1000 - (2000v^5 - 1000)\,\overline{a}_{\overline{1|}} = 769.32$$

**例 4-15** 假设某贷款的期限为 4 年，由连续支付的分期偿还方式偿还，贷款的利息强度为 $\delta_t = 0.02t$，支付率为 $R_t = 20t^3$（$0\leq t\leq 4$），求该贷款的金额。

**解：**

$$L = \int_0^4 R_t v^t dt = \int_0^4 20t^3 e^{-\int_0^t 0.02r dr}dt = \int_0^4 20t^3 e^{-0.01t^2}dt$$

$$=100000\int_0^{0.16} se^{-s}\mathrm{d}s =100000\left.(-se^{-s}-e^{-s})\right|_0^{0.16}$$

$$=100000\,(1-1.16e^{-0.16})=1151.32$$

## 4-6　诚实信贷

　　分期偿还在消费信贷领域十分重要。实务中在分期偿还时，除了主要按照上述讨论过的分期偿还表和分期偿还计划按期还款外，通常可能还涉及贷方的一些其他要求，如在建立贷款时需要购买相应的保险或提供第三方的担保等，这些要求往往涉及一些额外的费用。有时消费者可能发现有些费用不尽合理，而现实中，在消费信贷业务中也经常会发生一些纠纷。为了使在消费信贷业务中处于被动地位的消费者权益不受侵害，美国国会于 1968 年通过了《消费者信贷保护法》(the Consumer Credit Protection Act)，其中的第一条就是著名的"诚实信贷法"(Truth in Lending Act)。"诚实信贷法"的制定涉及利息理论的一些应用，同时可能对我国的消费者增强自我保护意识和相关部门制定消费者维权规章也具有一定的启发作用。

　　"诚实信贷法"只适用于消费信贷。该法的基本目的是要求贷款人向借款方公正而准确地表述消费贷款的各项条款，该法并不限制贷款方的要价，"诚实信贷法"强调的是贷款方对贷款要价有正确的表述。

　　"诚实信贷法"特别要求贷款方对两个关键指标进行准确的表述，这两个指标分别是：融资费用和年利率（简记为 APR）。融资费用表示整个贷款期间贷款方所索要的利息金额，APR 则是利息的年率。

　　除了特别强调两个关键指标外，"诚实信贷法"还要求明确表述一些其他的贷款条件。如，在建立贷款时，借款方可能要承担某些与获得贷款相关的费用，如贷款手续费、资信报告费、相关工本费、相关保险费、贷款开创费等。诚实信贷法规定，融资费用包括所有的还款利息，同时还应该包括部分（不一定全部）上述的附加费用。详细条例是由负责实施诚实信贷法的美国联邦储备局制定的，其中规定了哪些项目应该包含在融资费用中，哪些则不必包含在融资费用中。

　　需要特别指出的是，该法规定 APR 的计算必须用精算方法。精算方法的理论基础与复利理论是一致的，使用精算方法表明需要按照上述有关分期偿还表的讨论,将每笔还款都划分为本金和利息。

注意,APR 既不是前面我们介绍过的实质利率,也不同于一般意义的名义利率。APR 是一种以付款频率为计息频率的名义利率。例如,两项贷款可能都开价"APR=6%",但是,如果一项按月度分期付款来偿还,而另一项每年偿还一次,那么,这两个"APR=6%"所代表的含义就不相同了,其中第一个表示"$i^{(12)}$=6%",第二个则表示"$i$=6%"。因此,不同贷款的 APR 不能直接进行比较,除非它们的付款频率相同。

另外,在"诚实信贷法"中,将相邻两次付款间的时期称为单位周期。

为了说明诚实信贷在贷款中的应用,我们定义:

$L$:原始贷款额

$K$:融资费用

$R$:分期偿还额

$m$:每年支付次数

$n$:贷款期限内支付的总次数

$i$:APR

$j$:每个付款期的利率

很显然,有下面的关系式,

$$R=(L+K)/n \tag{4-19}$$

分期还款的现值等于贷款额,即

$$R\, a_{\overline{n}|j}=L \tag{4-20}$$

解出 $j$,则 APR 为

$$i=mj \tag{4-21}$$

更复杂的贷款可能包括贷款人在不同时点向借款人的多次付款,或者借款人不是按等额的或不是按等时间间隔的付款来分期还款。此时,可以利用公式

$$P(j)=\sum_{t=0}^{n} v^{t} R_{t} =0$$

其中 $v=(1+j)^{-1}$。注意,此时所有贷方的付款有相同的符号,而借方所有的还款则与贷方付款的符号相反。

对于这些复杂的贷款,第三章的讨论表明,某些贷款的收益率可能不存在或不唯一。诚实信贷法注意到了这个问题,不过它也未能彻底解决该问题。不过好在潜在问题的危害并不大,因为对消费贷款来说,这种情况十分少见。

诚实信贷认为,不唯一收益率的存在是由于贷方的多次付款所引起的,因此,它用一次付款来取代贷方的多次支付的付款,这种取代可以用等时间法来

实现。然而，我们知道，等时间法是会产生一定误差的，另外，即使贷方只有一次付款，如果这次付款前就有借方的付款，那么，利率也可能不唯一，这是诚实信贷没有意识到的问题。

一般的消费贷款公布的 APR 都是在借款人按照开始时有分期偿还计划给出的时间表来偿还的假设下计算出来的。但实际情况是，很多借款人提前还清贷款，如一次性还清贷款余额或对贷款余额进行再贷款。再贷款实际等于借出一笔新贷款。

当一笔贷款被提早偿还时，原来的融资费用的一部分（常称为未获融资费用）就归借款人所有了。这里"未获"一词用来反映这样的事实：贷方并未"获得"从实际偿还日到原定贷款期限结束时贷款应该产生的利息。

有些贷款在提前偿还贷款时有各种类型的惩罚。诚实信贷法规定，这些条款必须公开表述清楚，但是，它们不会对 APR 产生影响。在提前偿还贷款的情况下，借方一般得不到全部的未获融资费用，在极端情况下，借款人可能得不到任何未获融资费用，即借方可能扣留全部融资费用。提早付清贷款并由此受到惩罚的借款人实际上承担了超过开价 APR 的利率。

**例 4-16** 3000 元的消费信贷，每月末还 300 元，一年还清，求 APR。

**解：**

$$R=(L+K)/n,\ n=12,\ L=3000,\ k=nR-L=12\times 300-3000=600$$

$$R\,a_{\overline{12}|j}=L$$

即 $300\,a_{\overline{12}|j}=3000$，

$$a_{\overline{12}|j}=10$$

通过迭代运算，得 $j=0.029$，

APR$=12j=0.3507$ 或 $35.07\%$

在诚实信贷法通过之前，这种类型的贷款安排通常叫做"附加 20%"，因为 1 年的融资费用是贷款余额的 20%。这种表述容易使人误解为 APR=20%，而实际的 APR 要比 20%高许多。正是由于这种误解的普遍存在，才促使了诚实信贷法的制定和出台。

**例 4-17** 某人为购车而需融资 10000 元，销售商提供两种方式：A 方式的 APR 为 9%；B 方式的 APR 为 12%，但销售商给购车人以 600 元的折扣。这两种方式下购车人都是每月还债，4 年还清。哪种方式对购车人更有利？

**解：**

A 方式下每月还债额：

$$R^A = \frac{10000}{a_{\overline{48}|0.0075}} = 10000/40.1848 = 248.85 \text{（元）}$$

B 方式下每月还债额：

$$R^B = \frac{10000-600}{a_{\overline{48}|0.01}} = 9400/37.9740 = 247.54 \text{（元）}$$

可见，B 方式对购车人更有利。

注意，由于本例中"折扣"600 元是用来抵消欠款的，所以我们的答案很明确，因为 B 方式的还款比 A 方式的要小。如果 B 方式的优惠条件不是"折扣"600 元，而是奖励 600 元（如以发放现金的形式），则答案可能就没有那么显然了。因为答案可能跟购车人的金钱的时间价值有关。如果购车人利用这 600 元进行别的投资赚不到 12% 的名义利率，则有可能 A 方式更有利。

## 4-7 不动产抵押贷款

不动产抵押贷款是一种以土地等不动产为抵押的贷款方式。不动产抵押贷款是一种典型的长期贷款，期限可长达 10 到 30 年，并且其所涉及的数额也非常巨大。对于大多数家庭来说，不动产抵押通常都是最大的单笔债务，并且不动产抵押贷款通常都是利用分期偿还方式来偿还。

在美国，诚实信贷法也适用于非商用的不动产抵押贷款。考虑到在美国的不动产抵押还有一些其他的特点值得讨论，所以本节专门论述这种贷款。

不动产抵押贷款的偿还一般都是每月一次，一般每月的还款都要求在日历月份的某一固定日期。如果抵押贷款起始日不在日历月份的第一天，从起始日到当月末按单利计息，日期根据"实际/实际"计算。这期间不偿还贷款本金，而是从下个月的第一天起开始一项正规的分期偿还全部贷款的业务。

不动产合法地由销售者转移到购买者的那一天称为交割日。交割日一般也是贷款起始日。这一天为取得抵押贷款要支付很多外加的费用。最大的费用就是贷款初始费用，它以百分点表示。其他的主要还有资信调查、评估、报告费，证件制作费、所有权考证费、簿记费、印花税等等。

按诚实信贷要求，有些费用需要反映在 APR 中。因而诚实信贷下的 APR 高于贷款所报称的利率。后者是用于计算每月偿还额和建立分期偿债表的利率。下面对不动产抵押贷款按诚实信贷要求计算其财务费用和 APR。沿用上节中定义的符号，其中 $m=12$，再定义几个新的符号：

$Q$：在 APR 中反映的交割时的费用

$L^*$：能反映出 $Q$ 的诚实信贷贷款额

$j'$：贷款报称的月利率

$i'$：贷款所规定的年利率

首先，显然有：

$$i'=12j' \tag{4-22}$$

$$R a_{\overline{n}|j'} = L \tag{4-23}$$

诚实信贷额等于抵押贷款额减去交割时的费用支出，即

$$L^* = L - Q \tag{4-24}$$

财务费用等于还款总额减去诚实信贷额，即

$$K = nR - L^* \tag{4-25}$$

于是，诚实信贷的月利率可由公式

$$R a_{\overline{n}|j} = L^* \tag{4-26}$$

求出。从而由

$$i = 12j \tag{4-27}$$

可以算出诚实信贷的 APR。

传统的抵押贷款一般都是固定利率抵押贷款。固定利率抵押贷款有一些不利的特点：从贷款人角度看，在固定利率抵押贷款条件下，从 15 年至 30 年，在市场现行利率提高时，贷款人只能赚取原固定利率下的利息。在市场利率降低时，借款人却能以低于固定利率的新利率进行再贷款，从而利用新的贷款提前偿还旧的贷款，从而贷款人必须承担市场利率波动的风险；从借款人角度看，固定利率抵押贷款的利率和初期月还款额都较高，如果市场利率下降，则这种高度更明显。

固定利率抵押贷款的这些不利特点促使了可调利率抵押贷款的产生。在可调利率抵押贷款条件下，贷款人可以在一定限制条件下将利率调高或调低。可调利率抵押贷款下的初期利率和初期月还款额低于固定利率抵押贷款下的值，若市场利率下降，则月还款额将更低。但是可调利率抵押贷款也存在利率和月还款额超过固定利率抵押贷款的巨大风险，此时，这种市场利率波动的风险由借款人承担。

贷款人可调整利率的时期称为调整期，通常为 1 年、3 年或 5 年。可调利率抵押贷款的利率一般按公式规定的指数率调整，以避免利率调整的任意性。

调整后的利率是按照指数率和固定幅度计算出来的,固定幅度早在签订抵押贷款协议时就定好了。大多数可调利率抵押贷款都有利率和月还款增长额的限制,这种限制被称为上限。上限有两种:一种是利率上限,它限制各周期利率的增加额,或者限制整个贷款期利率的增加额,或者两者都限制。另一种是还款上限,限制在任何调整日每月还款可能增加的百分比。这两种上限可能导致调整后的月还款不足以支付月利息。出现这种情况就将大大降低可调利率抵押贷款对借款人的吸引力。诚实信贷对可调利率抵押贷款有特别的规定,但确定可调利率抵押贷款 APR 的基础还是原来的贷款利率,因而可调利率抵押贷款的 APR 不能在数字上反映未来偿还期利率的变化。

**例 4-18** 某家庭购买价值 15 万元的住房,现付房价的 20%,其余部分以固定利率 9.9%的为期 30 年的抵押贷款支付。为得到这笔贷款须在交割时付 2%的初始费,另付其他费用 800 元,其中 1.5%的初始费和其他费用的一半必须反映在 APR 中,而另外的 0.5%的初始费不反映在 APR 中。住房是在 7 月 12 日购买的,求在交割时还需计算的参数。

**解:**
现付 20%×150000=30000,
原贷款额 $L$=150000-30000=120000,
从 7 月 12 日到 7 月 31 日含首尾两天共有 20 天,其间利息为
$$9.9\% \times 120000 \times 20/365 = 650.96$$
虽然从理论上讲,利息在 7 月底支付更合理,但实务中要求在 7 月 12 日交割时支付该利息。

由 $i'$=0.099 得 $j'=i'/12$=0.00825,故月还款额
$$R = \frac{120000}{a_{\overline{360}|0.00825}} = 1044.23$$

$R$ 的第一次支付是 9 月 1 日,而不是 8 月 1 日。因为是从 8 月 1 日起开始了一项标准的期末付分期偿还业务。

必须反映在 APR 中的交割时的费用:
$$Q = 1.5\% \times 120000 + 50\% \times 800 = 2200$$
诚实信贷额:
$$L^* = L - Q = 120000 - 2200 = 117800$$
财务费用:
$$K = nR - L^* = 360 \times 1044.23 - 117800 = 258122.80$$
由 $R a_{\overline{n}|j} = L^*$

即 $1044.23\, a_{\overline{360}|j} = 117800$，

可得

$$j = 0.008433$$
$$\text{APR} = i = 12j = 12 \times 0.008433 = 0.1012 \text{ 或 } 10.12\%$$

可见，诚实信贷的 APR 高于贷款所规定的年利率 9.9%。

**例 4-19** 某人借入 30 年可调利率抵押贷款 65000 元，第一年的利率为 8%，如果第二年利率增至 10%，求月还款的增加额。

**解：**

第一年每月还款为：

$$\frac{65000}{a_{\overline{360}|8\%/12}} = 65000/136.2835 = 476.95 \text{（元）}$$

一年后的贷款余额为：

$$476.95\, a_{\overline{348}|8\%/12} = 476.95 \times 135.1450 = 64457.42 \text{（元）}$$

第二年的每月还款额为：

$$\frac{64457.42}{a_{\overline{348}|10\%/12}} = 64457.42/113.3174 = 568.82 \text{（元）}$$

所以，月还款增加额为 568.82−476.95=91.87（元）。

**例 4-20** 甲购买住房，贷款 200 万元，分三次领取。办理贷款后，领取 100 万元，半年后又领取 50 万元，1 年末又领取 50 万元。贷款按每年计息 2 次的年名义利率 15%，积累到第 2 年末，然后甲按每月计息 1 次的年名义利率 12% 进行分期按月偿还，为期 30 年。前 5 年每月偿还额是其后各年每月偿还额的一半。首期偿还款发生在第 3 年初，计算第 12 次偿还款的数量。

**解：**

两年末，贷款积累值为：

$1000000(1.075)^4 + 500000(1.075)^3 + 500000(1.075)^2 = 2354430.10$（元）

这个积累值是分期还款额在贷款第 3 年初的现值，设前 5 年每次偿还额为 $P$，则有：

$$2354430.10 = P\ddot{a}_{\overline{60}|0.01} + 2P\ddot{a}_{\overline{300}|0.01} v^{60}$$

$$P = \frac{2354430.10}{\ddot{a}_{\overline{60}|0.01} + 2v^{60} \cdot \ddot{a}_{\overline{300}|0.01}}$$

$$= \frac{2354430.10}{1.01 \cdot a_{\overline{60}|0.01} + 2 \cdot (1.01)v^{60} \cdot a_{\overline{300}|0.01}}$$

$$= \frac{2354430.10}{(1.01)(44.95514) + 2(1.01)(0.55044)(94.94656)}$$

=16787.12（元）

第 12 次付款发生在第 1 年末，应该为 $P$ 的值，即 16787.12 元。

## 4-8 偿债基金

偿债基金是另一种重要的债务偿还方式。正如前面说过的：偿债基金要求借款者定期向贷款者支付当期应付的贷款利息，在贷款到期时，一次性地偿还贷款本金。并要求借方在借款开始后建立一项基金，以积累到贷款期末还款所需的资金。因此，利用偿债基金还款时，借款者除了要定期向贷款方支付当期利息外，还必须定期向偿债基金存款，以保证偿债基金能够在贷款到期时，积累到相应数量的资金，以用于还款。

在实务中，偿债基金的存款往往根据借款人的财务状况，可以有很大的变化。我们首先讨论等额向偿债基金存款的情况。

考虑一项金额为 $L$ 的贷款，期限为 $n$，贷款利率为 $i$，用偿债基金的方式偿还。

于是，借款方每期末支付给贷方当期的自增利息，因为每期向贷款方的支付总恰好等于当期的自增利息，所以在支付完当期自增利息后，未偿还的贷款余额总为 $L$。因此，每期末支付的当期自增利息总为 $Li$。

现在假设借款方在每期末除了支付当期利息外，还向一个用于偿债的基金存款 $D$，假设该基金的积累利率为 $j$，因为存款的目的是为了到 $n$ 时有 $L$ 用于还债，所以有，

$$D = L \times \frac{1}{s_{\overline{n}|j}} \tag{4-28}$$

于是，在这种偿债基金的方式下，借款人在每期末用于还款所需的总支出为

$$L \times (i + \frac{1}{s_{\overline{n}|j}}) = L \times \frac{1}{a_{\overline{n}|i\&j}} \tag{4-29}$$

其中定义

$$\frac{1}{a_{\overline{n}|i\&j}} = i + \frac{1}{s_{\overline{n}|j}} \tag{4-30}$$

考察 $\frac{1}{a_{\overline{n}|i\&j}}$ 的定义，可以发现，$\frac{1}{a_{\overline{n}|i\&j}}$ 为在偿债基金方式下，已知贷款利率和偿债基金利率分别为 $i$ 和 $j$ 的条件下，一项金额为 1，期限为 $n$ 的贷款，借款方每期末用于还款所需的总支出。类似于第二章的叫法，我们称之为偿债基金还款因子。

反过来，如果在上述的条件下，借款方每期末总支出为 1 时，所能够还清的债务就应该是 $a_{\overline{n}|i\&j}$。

**例 4-21** 计算 $a_{\overline{20}|0.12\&0.09}$。

**解**：由定义，我们有：

$$a_{\overline{n}|i\&j} = 1/\frac{1}{a_{\overline{n}|i\&j}} = \frac{1}{i+\frac{1}{s_{\overline{n}|j}}} = \frac{s_{\overline{n}|j}}{is_{\overline{n}|j}+1} = \frac{(1+j)^n - 1}{i[(1+j)^n - 1] + j}$$

所以

$$a_{\overline{20}|0.12\&0.09} = \frac{(1+0.09)^{20}-1}{0.12\times[(1+0.09)^n - 1] + 0.09} = 7.166071$$

注意到：

$$\frac{1}{a_{\overline{n}|i}} = i + \frac{1}{s_{\overline{n}|i}} = \frac{1}{a_{\overline{n}|i\&i}} \tag{4-31}$$

所以，从某种意义上，$a_{\overline{n}|i}$ 可以看成是 $a_{\overline{n}|i\&j}$ 的一种特殊形式，或者说，$a_{\overline{n}|i\&j}$ 是 $a_{\overline{n}|i}$ 的更一般的形式。

从偿债方式的比较来看，如果偿债基金的利率与贷款利率同为 $i$，那么，将其与利率为 $i$ 的分期偿还方式比较，由于对借款人来说，在两种还款方式下，单位贷款所需的每次还款支付分别为 $\frac{1}{a_{\overline{n}|i}}$ 和 $\frac{1}{a_{\overline{n}|i\&i}}$，由式 (4-31) 知，这两种方式是无差别的。

上述的无差别性是从借款方还款所需支付金额的角度上看的。然而，需要注意的是，这种无差别性从贷款方的角度可能并不成立。

另外，与分期偿还方式比较，偿债基金来还有一些表现是不同的：

首先，从贷款余额来看，分期偿还的贷款余额随着还款的不断进行而持续下降；而偿债基金则似乎维持为常数，直到到期时一次性地从 $L$ 降为 0；

其次，从每期所还的利息来看，分期偿还的每次还款中所还的利息是在不断递减的，而偿债基金方式下每次所还的利息似乎总是 $Li$，为常数；

最后，从每期所还的本金来看，分期偿还的每次还款中所还的本金是以等比级数在不断增加的，而偿债基金方式下，似乎每次向偿债基金中的存款都是用于抵消本金的，因此似乎也保持为常数。

注意到，上面的文字中，我们一直在使用"似乎"一词。这意味着，上述三种有关偿债基金的表现都是表面的，不是实质的。

首先，就贷款余额而言，因为偿债基金是为了偿还本金而建立的，所以它可以随时用来抵消本金，因此，在考虑各个时刻的未偿还贷款余额时，应该将其考虑在内。将已有的偿债基金的余额考虑在内的贷款余额才是真正的余额，我们称之为净余额。显然，

$$\text{净余额}=\text{贷款金额}-\text{偿债基金余额} \tag{4-32}$$

其次，从每期所还利息的角度看，表面上偿债基金方式下，借款人每次所支付的利息确为 $Li$，但是，必须注意，借款人在给贷款人支付利息 $Li$ 的同时，偿债基金也在为借款人积累利息，因此，

$$\text{每期净利息}= Li-\text{偿债基金当期的自增利息} \tag{4-33}$$

最后，从每期所还本金的角度看，偿债基金方式下，借款人每次的存款 $D$ 确实是被用来抵消本金的，但是每次的 $D$ 并不是每次还款所抵消掉本金的全部，因为偿债基金的自增利息也是可以抵消本金的，所以，偿债基金方式下，

$$\text{每期抵消掉的净本金}=D+\text{偿债基金当期的利息收入} \tag{4-34}$$

用符号 $NB_t$ 表示净余额，$NP_t$ 表示净本金，$NI_t$ 表示净利息，$SFB_t$ 表示偿债基金余额，$SFI_t$ 表示偿债基金利息收入，则根据上述的讨论可以得到如下的关系式：

$$NB_t=L-SFB_t \tag{4-35}$$

$$NI_t=Li-SFI_t \tag{4-36}$$

$$NP_t=D+ SFI_t \tag{4-37}$$

另外，还有

$$SFB_t=D\times s_{\overline{t}|j} \tag{4-38}$$

$$SFI_{t+1}=j\times SFB_t \tag{4-39}$$

其中 $0\leq t\leq n$，$t$ 为整数。

根据上述关系式，类似于表 4-1 的分期偿还表，可以考虑期限为 $n$，贷款利率为 $i$，偿债基金利率为 $j$，贷款 $L$ 的偿债基金表，如下：

表 4-8 偿债基金表

| 时刻 | 每次总支出额 $Li+D$ | 利息支付 $Li$ | 基金存款 $D$ | 基金利息收入 $SFI_t$ | 偿债基金余额 $SFB_t$ | 净贷款余额 $NB_t$ |
|---|---|---|---|---|---|---|
| 0 | | | | | | $L=D s_{\overline{n}|j}$ |
| 1 | $Li+D$ | $Li$ | $D$ | 0 | $D s_{\overline{1}|j}$ | $L-D s_{\overline{1}|j}$ |
| 2 | $Li+D$ | $Li$ | $D$ | $jDs_{\overline{1}|j}=D[(1+j)-1]$ | $Ds_{\overline{2}|j}$ | $L-Ds_{\overline{2}|j}$ |
| 3 | $Li+D$ | $Li$ | $D$ | $D[(1+j)^2-1]$ | $Ds_{\overline{3}|j}$ | $L-Ds_{\overline{3}|j}$ |
| ⋮ | ⋮ | ⋮ | ⋮ | ⋮ | ⋮ | ⋮ |
| $t$ | $Li+D$ | $Li$ | $D$ | $D[(1+j)^{t-1}-1]$ | $Ds_{\overline{t}|j}$ | $L-Ds_{\overline{t}|j}$ |
| ⋮ | ⋮ | ⋮ | ⋮ | ⋮ | ⋮ | ⋮ |
| $n$ | $Li+D$ | $Li$ | $D$ | $D[(1+j)^{n-1}-1]$ | $Ds_{\overline{n}|j}=L$ | $L-Ds_{\overline{n}|j}=0$ |
| 总计 | $n(Li+D)$ | $nLi$ | $nD$ | $D(s_{\overline{n}|j}-n)=L-nD$ | | |

上表中，

$$D=\frac{L}{s_{\overline{n}|j}} \quad (4\text{-}40)$$

由 $NI_t=Li-SFI_t$ 可得

$$NI_t= Li- D[(1+j)^{t-1}-1] \quad (4\text{-}41)$$

$$\begin{aligned}NP_t &=D+SFI_t \\ &= D+ D[(1+j)^{t-1}-1] \\ &= D(1+j)^{t-1}\end{aligned} \quad (4\text{-}42)$$

注意到，净的利息是递减的，而净的本金项则同样是等比增加的。并且，在 $i=j$ 的情况下，所有分期偿还表中项目与偿债基金方式下的对应项目都是相等的。

例如，10000 元贷款，为期 5 年，贷款和偿债基金利率均为 8%的偿债基金表如下：

表 4-9 偿债基金表

| 时刻 | 每次支出额 | 利息支出 | 偿债基金存款 | 偿债基金利息收入 | 偿债基金余额 | 净贷款余额 |
|---|---|---|---|---|---|---|
| 0 | | | | | | 10000 |
| 1 | 2504.56 | 800 | 1704.56 | 0 | 1704.57 | 8295.44 |
| 2 | 2504.56 | 800 | 1704.56 | 136.37 | 3545.50 | 6454.51 |
| 3 | 2504.56 | 800 | 1704.56 | 283.64 | 5533.70 | 4466.30 |
| 4 | 2504.56 | 800 | 1704.56 | 442.70 | 7680.96 | 2319.04 |
| 5 | 2504.56 | 800 | 1704.56 | 614.48 | 10000 | 0 |

比较表 4-2 和表 4-9，可以发现：

（1）两种方法下，各次的总还款支出相同，从而还款支出总量也相同；
（2）偿债基金方式下各期的净利息支出等于分期偿还表中的各期利息支出；
（3）偿债基金方式下各期的净本金偿还等于分期偿还表中的各期本金偿还；
（4）偿债基金方式下各期的净的贷款余额等于分期偿还表中的各期余额。

在实务中，常见的偿债基金经常是 $i \neq j$，并且往往是 $i > j$，此时，注意到

$$\frac{1}{a_{\overline{n}|i\&j}} = \frac{1}{s_{\overline{n}|j}} + i = \frac{1}{a_{\overline{n}|j}} + i - j \tag{4-43}$$

因此，贷款和偿债基金利率分别为 $i$ 和 $j$ 的偿债基金，与贷款利率为 $j$ 的分期偿还比较，相当于每期要多还 $i-j$ 倍的贷款量。

另外，由于 $i > j$ 时有

$$\frac{1}{s_{\overline{n}|j}} > \frac{1}{s_{\overline{n}|i}}$$

从而，

$$\frac{1}{a_{\overline{n}|i\&j}} > \frac{1}{a_{\overline{n}|i}}$$

所以，对借款人来说，利率条件为 $i$ 和 $j$ 的偿债基金方式比利率为 $i$ 的分期偿还方式的借款代价更大。

**例 4-22** 甲需要 10000 元贷款，为期 20 年。乙、丙都可提供这笔贷款，乙要求甲每年末支付利息并建立偿债基金，偿债基金存款利率为 9%，贷款利率为 12%。丙要求甲按分期偿还法偿还贷款。求使这两种贷款在甲看来等价的

丙的贷款利率。

**解：**

对于乙的贷款，甲偿还贷款每年所需的支付为 $10000\times\dfrac{1}{a_{\overline{20}|0.12\&0.09}}$，

假设丙的贷款利率为 $k$，对于丙的贷款，甲偿还贷款每年所需的支付为 $10000\times\dfrac{1}{a_{\overline{20}|k}}$，

在甲看来，两项贷款等价意味着 $\dfrac{1}{a_{\overline{20}|k}}=\dfrac{1}{a_{\overline{20}|0.12\&0.09}}$，

或 $a_{\overline{20}|k}=a_{\overline{20}|0.12\&0.09}=7.166071$，

可以解出 $k=12.67\%$。

**例 4-23**　某投资者购买了一项 $n$ 期延付年金，该年金的支付在利率 $k$ 下的现值为 $L$，其价格为 $P$。投资者可以将年金每期支付的一部分存入一个利率为 $j$ 的偿债基金以积累购买年金所支付的价格，这样的结果将产生 $i$ 的收益率。求 $P$。

**解：**

年金的每期支付为 $R=L\times\dfrac{1}{a_{\overline{n}|k}}$，

偿债基金的每期存款为 $D=R-Pi$，

因为偿债基金的积累值为 $P$，所以 $P=Ds_{\overline{n}|j}=(R-Pi)s_{\overline{n}|j}$，

从而

$$P=Rs_{\overline{n}|j}/(1+is_{\overline{n}|j})=L\dfrac{1}{a_{\overline{n}|k}}s_{\overline{n}|j}/(1+is_{\overline{n}|j})$$

## 4-9　支付频率与计息频率不同的偿债基金法

与在分期偿还表中的讨论类似，也可以建立支付频率与计息频率不同的偿债基金表。不过需要注意的是，此时的情况可能比在分期偿还表中的情况稍微更复杂一点，因为偿债基金涉及三种频率：(1) 贷款计息频率；(2) 偿债基金存款频率；(3) 偿债基金计息频率。三种频率不同的组合当然比分期偿还表中两种不同频率的组合要复杂。

对于有不同频率的偿债基金，只要坚持建立偿债基金表的基本原理，就可以容易地建立起相应的偿债基金表来。

我们通过下例来说明这一点。

**例 4-24** 甲借款 1000 元，为期 1 年，贷款利率为月度转换名义利率 8%，借款人建立偿债基金并每季度末在偿债基金中等额存款一次，偿债基金利率为每年计息 2 次的年名义利率 6%，建立这一贷款的偿债基金表。

**解：**

借款人每月末向贷款人支付利息 1000×8%/12=66.67，

另外每季度末向偿债基金存款 $D=1000\times\dfrac{1}{s_{\overline{4}|j}}$，

其中 $j$ 为季度实质利率，因为半年度实质利率为 6%/2=3%，所以

$$j=(1+3\%)^{1/2}-1=1.49\%$$

从而

$$D=1000\times\dfrac{1}{s_{\overline{4}|j}}=2444.85$$

另外，由半年度实质利率为 3% 知，月度实质利率为 $(1+3\%)^{1/6}-1=0.494\%$，由该利率与相应的偿债基金余额可以计算相应的偿债基金利息。于是，可得如下的偿债基金表。

表 4-10 支付频率与计息频率不同的偿债基金表

| 时刻 | 利息支付 | 偿债基金存款 | 偿债基金利息 | 偿债基金余额 | 净贷款余额 |
|---|---|---|---|---|---|
| 0 | | | | | 10000 |
| 1/12 | 66.67 | 0.00 | 0.00 | 0.00 | 10000.00 |
| 2/12 | 66.67 | 0.00 | 0.00 | 0.00 | 10000.00 |
| 3/12 | 66.67 | 2444.85 | 0.00 | 2444.85 | 7555.15 |
| 4/12 | 66.67 | 0.00 | 12.07 | 2456.93 | 7543.07 |
| 5/12 | 66.67 | 0.00 | 12.13 | 2469.06 | 7530.94 |
| 6/12 | 66.67 | 2444.85 | 12.19 | 4926.11 | 5073.89 |
| 7/12 | 66.67 | 0.00 | 24.33 | 4950.44 | 5049.56 |
| 8/12 | 66.67 | 0.00 | 24.45 | 4974.88 | 5025.12 |
| 9/12 | 66.67 | 2444.85 | 24.57 | 7444.31 | 2555.69 |
| 10/12 | 66.67 | 0.00 | 36.76 | 7481.07 | 2518.93 |
| 11/12 | 66.67 | 0.00 | 36.95 | 7518.02 | 2481.98 |
| 12/12=1 | 66.67 | 2444.85 | 37.13 | 10000.00 | 0.00 |

## 4–10  变额偿还的偿债基金

偿债基金存款有时可以根据借款人的实际情况做出调整，不一定总是等额的基金存款。

考虑一般的情况。假设贷款额为 $L$，借款人各次还款总支出分别为 $R_1$, $R_2$, $\cdots$, $R_n$，贷款和偿债基金利率分别为 $i$ 和 $j$。于是每次还款支出中，作为当期利息支付给贷款人 $Li$，因此存入偿债基金 $D_t = R_t - Li$，$t=1,2,\cdots,n$，由于偿债基金到 $n$ 时的积累值正好是 $L$，所以有：

$$L = (R_1-Li)(1+j)^{n-1} + (R_2-Li)(1+j)^{n-2} + \cdots + (R_n-Li)$$

$$= \sum_{t=1}^{n} R_t(1+j)^{n-t} - Li\, s_{\overline{n}|j} \tag{4-44}$$

于是

$$L = \frac{\sum_{t=1}^{n} R_t(1+j)^{n-t}}{1+is_{\overline{n}|j}} = \frac{\sum_{t=1}^{n} v_j^t R_t}{1+(i-j)a_{\overline{n}|j}} \tag{4-45}$$

若所有的 $R_t$ 均为 1，则上式变为：

$$L = \frac{a_{\overline{n}|j}}{1+(i-j)a_{\overline{n}|j}} = a_{\overline{n}|i\&j} \tag{4-46}$$

若 $i=j$，则有

$$L = \frac{\sum_{t=1}^{n} v_j^t R_t}{1+(i-j)a_{\overline{n}|j}} = \sum_{t=1}^{n} v^t R_t \tag{4-47}$$

从中也可以看出分期偿还和偿债基金方式在 $i=j$ 下的一致性。

**例 4-25** 某人借款 30 万元，期限为 20 年，利用偿债基金方式偿还，且贷款利率和偿债基金存款利率分别为 8% 和 4%。已知第一次还款总支出为 3.8 万元，以后每次还款比上一年少支出 500 元，直至第 19 年末，然后在 20 年末一次性将还款还清。求 20 年末还款总支出。

**解：**
假设 20 年末还款总支出为 $R_{20}$，则由式(4-44)有

$$300000 = \sum_{t=1}^{n} R_t(1+j)^{n-t} - Li\, s_{\overline{n}|j}$$

$$= \sum_{t=1}^{19}(38500-500t)(1+4\%)^{20-t} + R_{20} - 24000 s_{\overline{20}|0.04}$$

因此，

$$R_{20} = 300000 + 24000\, s_{\overline{20}|0.04} - 38500\, \ddot{s}_{\overline{19}|0.04} + 500\, (Is)_{\overline{19}|0.04}\,(1+4\%)$$

$$= 33832.88\ (元)$$

我们也可以建立如下的偿债基金表。由已知支付，可以得到下表的前 19 期的情况，最后一期（第 20 期）的计算如下，由

本期偿债基金利息=上期偿债基金余额×偿债基金利率

本期偿债基金余额=300000

本期偿债基金存款=300000-上期偿债基金余额

本期总的还款支付=本期偿债基金存款+本期支付利息（24000）

表 4-11 变额偿还的偿债基金表

| 时刻 | 总的还款支付 | 利息支付 | 偿债基金存款 | 偿债基金利息 | 偿债基金余额 | 净贷款余额 |
|---|---|---|---|---|---|---|
| 0 |  |  |  |  |  | 300000 |
| 1 | 38000 | 24000 | 14000 | 0 | 14000 | 286000 |
| 2 | 37500 | 24000 | 13500 | 560 | 28060 | 271940 |
| 3 | 37000 | 24000 | 13000 | 1122.40 | 42182.40 | 257817.60 |
| 4 | 36500 | 24000 | 12500 | 1687.30 | 56369.70 | 243630.30 |
| 5 | 36000 | 24000 | 12000 | 2254.79 | 70624.48 | 229375.52 |
| 6 | 35500 | 24000 | 11500 | 2824.98 | 84949.46 | 215050.54 |
| 7 | 35000 | 24000 | 11000 | 3397.98 | 99347.44 | 200652.56 |
| 8 | 34500 | 24000 | 10500 | 3973.90 | 113821.34 | 186178.66 |
| 9 | 34000 | 24000 | 10000 | 4552.85 | 128374.19 | 171625.81 |
| 10 | 33500 | 24000 | 9500 | 5134.97 | 143009.16 | 156990.84 |
| 11 | 33000 | 24000 | 9000 | 5720.37 | 157729.53 | 142270.47 |
| 12 | 32500 | 24000 | 8500 | 6309.18 | 172538.71 | 127461.29 |
| 13 | 32000 | 24000 | 8000 | 6901.55 | 187440.26 | 112559.74 |
| 14 | 31500 | 24000 | 7500 | 7497.61 | 202437.87 | 97562.13 |
| 15 | 31000 | 24000 | 7000 | 8097.51 | 217535.38 | 82464.62 |
| 16 | 30500 | 24000 | 6500 | 8701.42 | 232736.80 | 67263.20 |
| 17 | 30000 | 24000 | 6000 | 9309.47 | 248046.27 | 51953.73 |
| 18 | 29500 | 24000 | 5500 | 9921.85 | 263468.12 | 36531.88 |
| 19 | 29000 | 24000 | 5000 | 10538.72 | 279006.84 | 20993.16 |
| 20 | 33832.88 | 24000 | 9832.88 | 11160.27 | 300000 | 0 |

需要特别注意的是，式(4-44)中有一个隐含的假设，那就是所有的 $R_t-Li \geq 0$，即向偿债基金的存款不为负数；$R_t-Li<0$ 意味着向偿债基金的负存款，负存款相当于以偿债基金利率借款。由于偿债基金的利率与贷款利率不同，所以对这种借款的可行性需要特别注意。

**例 4-26** 甲需要借款，贷款人的贷款条件是：期限为 6 年，年利率为 10%，采用偿债基金还款法，偿债基金存款利率为 6%。甲承诺的每年末还款总支出额为：第一年末总支出 1 万元，以后每年比上年多支出 1 万元，直到第 6 年末支付 6 万元。计算这种还款条件下甲可以借到的金额。

**解：**
设可以借到 $L$ 万元，则每年需偿还的利息为 $0.1L$，于是每年向偿债基金存款为：$1-0.1L, 2-0.1L, 3-0.1L, 4-0.1L, 5-0.1L, 6-0.1L$，这些存款到第 6 年末的积累额为：

$$L=(Is)_{\overline{6}|0.06}-0.1Ls_{\overline{6}|0.06}$$

从而

$$L=(Is)_{\overline{6}|0.06}/(1+0.1s_{\overline{6}|0.06})=13.684943（万元）$$

注意到，如果贷款金额确为 13.684943 万的话，那么，每年所需支付的利息将为 $0.1L=13684.94$，大于第一次的支付 1 万元。

如果无视这一事实，继续按照上述做法，其结果是出现向偿债基金的负存款。这意味着借款人可以以偿债基金利率（即 6%）借到钱。这是不正确的。因为借款利率为 10%，高于偿债基金利率。

所以，对于这种问题，我们不能够直接利用上述的讨论，而是需要作进一步的讨论。

首先，由上述讨论的结果，可以知道，贷款金额将大于 10 万，但不超过 13.684943 万。所以我们知道第一年的支付 1 万元将不足以偿还当期利息，但是因为第二年支付 2 万，所以第二年（及以后各年）的支付都将超过当期的应付利息。于是，偿债基金从第二年末开始有正的存款。

假设可以借到的金额为 $G$ 万元，首先计算第一年还款后的余额，

$$B_1=G\times(1+10\%)-1$$

直观的估计是，这是一个不超过 20 的数，因此，从第二次付款开始，可以建立偿债基金，从而可以使用式(4-34)，

即

$$B_1=\sum_{t=1}^{5}(1+t)(1+j)^{5-t}-B_1is_{\overline{5}|j}$$

从而
$$B_1=[s_{\overline{5}|j}+(Is)_{\overline{5}|j}]/(1+is_{\overline{5}|j})=14.000302<20$$
与我们的猜测相符，所以上述结果是可靠的。
于是
$$G=(B_1+1)/1.1=13.636638（万）$$
即最终能借到的金额为136366.38，略小于开始算出的136849.43。
本例的偿债表如下：

表 4-12 变额偿还的偿债基金表

| 时刻 | 总的还款支付 | 利息支付 | 偿债基金存款 | 偿债基金利息 | 偿债基金余额 | 净贷款余额 |
|---|---|---|---|---|---|---|
| 0 | | | | | | 136366.38 |
| 1 | 10000 | 13636.64 | 0.00 | 0.00 | 0.00 | 140003.02 |
| 2 | 20000 | 14000.30 | 5999.70 | 0.00 | 5999.70 | 134003.32 |
| 3 | 30000 | 14000.30 | 15999.70 | 359.98 | 22359.38 | 117643.64 |
| 4 | 40000 | 14000.30 | 25999.70 | 1341.56 | 49700.64 | 90302.38 |
| 5 | 50000 | 14000.30 | 35999.70 | 2982.04 | 88682.38 | 51320.64 |
| 6 | 60000 | 14000.30 | 45999.70 | 5320.94 | 140003.02 | 0.00 |

**习题四**

1．某人建立了一项1000元的贷款，其年度实质利率为 $i$，并且已知：

（1）第一次还款发生在第6年末；

（2）一共用了10次等额的年度还款才还清贷款，最后一次还款发生在第15年末；

（3）在第10年末的还款支付后的未偿还本金余额为908.91元。

求在第5年末的未偿还本金余额。

2．一笔贷款用15次的年度分期支付来偿还，每次支付1000元，利率为年度实质利率5%。在第5次分期支付后，贷款的分期偿还计划被调整。调整后的分期偿还计划要求第6次还款800，第7次还款 (800+K) 元，以后每次支付都比上一次支付多 $K$ 元，贷款的时期没有改变，求修改后的还款中，最后一次还款的金额。

3．一项10年期可调利率的23115元的贷款用按季度的分期支付来偿还，在初始利率为季度转换名义利率12%下，每季度支付1000元。在第12次支付后，利率增加到季度转换名义利率14%，季度分期支付仍然保持为1000元，求第24次支付后，贷款的余额。

4．一项 100000 元的贷款通过 30 次的每年末等额支付来偿还，未偿还余额按照 4%的利率进行积累。除了年度支付外，借款人还必须在得到贷款时支付一笔初始费用，这笔费用是贷款金额的 2%，但是这笔费用不能用来抵消贷款余额，然后再在一年后开始等额的年度还款。现在已知借款人按约定支付了初始费用和第一次还款，并且在第二次还款时，一次性将全部余额还清。如果考虑这笔初始费用，求借款人实际的收益率。

5．一项 35 年的贷款用年度分期支付来偿还。第 8 次分期支付中的利息金额为 135 元，第 22 次分期支付中的利息金额为 108 元，求第 29 次分期支付中的利息金额。

6．某汽车经销商以 10000 元的价格销售某种汽车。市场当前的贷款利率为月度转换名义利率 12%。作为一种促销手段，经销商提供年度实质利率为 5%的 100%的融资，贷款返还的方式为在四年内，每月末等额分期偿还。求经销商这种促销的成本。

7．两项相同金额的 30 年期贷款，贷款利率为 4%，都以 30 次的年度支付的方式分期偿还。第一项贷款用等额的年度支付来偿还；第二项贷款则以等本金的年度支付来偿还。在第 $n$ 年末，第一项贷款的还款支付首次超过第二项贷款的还款支付，求 $n$。

8．某甲贷款 $L$ 给某乙，乙以 30 次的等额年度支付的分期偿还方式进行偿还，利率为 $j$。甲将每次收到的还款支付存入一个基金以赚取 6%的利息，在最后一次存款进入后，该基金的积累值为 $k$。假设 $s_{\overline{30}|j}=m$，求 $L$ 的表达式。

9．一笔 10000 元的贷款，利率为 12%，由以下四次支付偿还：
（1）在 3 个月末还 1000 元；
（2）在 6 个月末还 2000 元；
（3）在 9 个月末还 3000 元；
（4）在 12 个月末还 $X$ 元。
利用合众国规则，求 $X$。

10．一项 10000 元的贷款用 30 年上的等额年度支付的分期偿还来还款，并且贷款利率为年度实质利率 5%。求利息部分最接近于当次支付总量三分之一的年份。

11．某公司借款 10000 元，为期 25 年，年度实质利率为 5%。为了还款，公司每年按期支付利息，同时每年向一项偿债基金等额存款以积累本金，偿债基金年度实质利率为 4%。求第 13 次还款中的净利息与第 9 年中偿债基金余额的增加额之和。

12．一项贷款，贷款期限共有 5 个利息转换期。在每半个利息转换期的期末支付还款 1。求第 8 次支付中所含的本金金额。

13. 某人取得一项 200 万元的建设贷款，全款分三次支付。第一次支付 100 万元，后两次每次支付 50 万元，每隔 6 个月支付一次。贷款的利息以半年度转换 15% 的利率计算，并积累到第二年末。在此时，这项贷款连本带利将用一项 30 年的抵押贷款来偿还，抵押贷款的利率为月度转换利率 12%，并且还款按月支付。前 5 年抵押贷款的月度还款额为第 6 年和以后各年月度还款额的一半，第一次月度还款支付发生在原始贷款第一笔支付时的两年后，求抵押贷款第 12 次支付的还款额。

14. 某人以年度利率 12% 借款 10 万元，并以以下付款方式还清该贷款：
（1）在第 4 个月末还 5 万；
（2）在第 14 个月末还 2 万；
（3）剩下的在第 18 个月末还清。
利用合众国规则，计算最后一次的还款金额。

15. 某人有一项贷款，利率为年度实质利率 5%。其用 10 年中的每年末的支付来偿还，第一次支付为 200，以后每次支付比上次支付增加 10，求第 5 次支付中的利息部分。

16. 某人有一项 15 年期的抵押贷款需要偿还，按计划其月度还款为 1000 元，并且利息为月度复利。实际上该人在每次还款时，不仅在每月末支付按原计划需要支付的规则还款 1000 元，而且还支付另外一笔按计划在下月还款中所包含的本金量。这样的话，该借款人实际上只进行了 90 次支付就还清了贷款。求改变计划后，整个贷款所节省的利息。

17. 一笔 1000000 元的贷款在 1999 年 1 月 1 日建立，其偿还通过 360 次的等额月度还款来进行，第一次还款在 2002 年 12 月 31 日，并且贷款利率为月度转换利率 $X$%，已知在 2004 年 9 月 30 日的还款中的利息部分占这次还款总量的 94.473%，2004 年 10 月 31 日的还款中的利息部分占这次还款总量的 94.418%，求 $X$。

18. 在 1 月 1 日保险公司需要支付 10 万元给某受益人作为某保险的死亡受益。该受益人选择在一个 15 年的期限上按年度领取受益金，第一次领取在即刻进行，并且保险公司为该项受益提供 4% 的年度实质利率，保险公司实际赚取的利率为年度实质利率 5%。每年的 7 月 1 日，保险公司还要为这一保单支付 100 元的税费。在第 9 年末，保险公司还剩余 $X$，求 $X$。

19. 张三在 1993 年 1 月 1 日借入了 100 万元，计划在接下来的 30 年内按月分期偿还，贷款利率是每月转换一次的名义利率 9%。计划第一次还款支付发生在 1993 年 2 月 1 日。由于某特殊原因，张三错过了第一次还款，不过他从

1993年3月1日起开始按原计划还款，共偿还了359次。求张三在他359次还款后的未偿还贷款余额。

20．一项1000元的为期10年的贷款的年度实质利率为5%。10年内，每年支付当年的利息，本金在第10年末支付。在每年末，借款人向一偿债基金进行等额的存款，偿债基金利率为4%。在第10年末，偿债基金积累到贷款本金。求第5年的借款人支出的贷款利息与偿债基金赚取的利息之差。

21．一笔贷款用$n$次等额年度支付来分期偿还，每次偿还支付$X$元，其中$n>5$。并且已知：

（1）第一次支付中所含利息为604.00元；

（2）第三次支付中所含利息为593.75元；

（3）第五次支付中所含利息为582.45元。

求$X$。

22．某人以年度实质利率4%借款100万元，并承诺用30次的年度分期付款来偿还。计划中后20次还款的每一次支付金额为前10次中每次支付金额的2倍。在第10年末，该借款人可以选择用一次性支付$X$元来代替后20次的规则支付。如果借款人做这种选择的话，贷款人在这10年期上的收益率将为4.5%。求$X$。

23．某人购买了一套住房，价格为10万元。该购房人首期支付房款的20%，并用一项15年期的固定利率抵押贷款来偿还余额，贷款利率为月度转换7.5%。为了担保该项贷款，他必须在结算日支付1点，另外，在结算日，他还必须支付其他费用1000元。所有在结算日支付的费用中，1点和其他费用的一半必须反映在APR中，求APR。

24．已知有两项贷款，这两项贷款的本金和利息都是用一次性支付的方式来偿还。

第一项贷款的一次性偿还支付发生在第4年末，金额为3000元。其中的利率为半年度转换名义利率10%；

第二项贷款的一次性偿还支付发生在第5年末，金额为4000元。其中的利率为半年度转换名义利率8%。

将这两项贷款合并。合并后的贷款用两次等额的分期偿还方式来偿还，其中利率为半年度转换名义利率12%。第一次还款支付发生在0时，第二次还款支付发生在一年后。问每次还款支付金额为多少？

25．一项10000元的贷款用偿债基金来偿还，贷款利率为5%，利息和偿债基金的支付都在每年的年末。偿债基金的实质利率为3%。在第5次支付即将进行的时刻，贷方要求未偿还的贷款立即一次性偿还。问借款人为了立即还清贷款所需的金额。

26．一项 1000 元的贷款用为期 10 年等额本金的分期偿还方式来偿还。贷款利率为半年度转换名义利率 4%。贷款人将每次收到的还款立即再投资，再投资产生半年度转换 5%的名义收益率。计算贷款的实质收益率。

27．某公司承诺在 5 年内偿还一项贷款。贷款利息按年度支付，同时建立一项偿债基金，偿债基金通过 5 次在年末的等额存款来建立，偿债基金以年度复利来积累。已知：

（1）在第一次支付后即刻，偿债基金的余额为 $X$；

（2）在第二次支付后即刻，偿债基金的余额为 $Y$；

（3）$Y/X=2.09$；

（4）在第四次支付后即刻，净的未偿还贷款余额为 3007.87 元。

求每次向偿债基金的存款金额。

28．7 年前某 10000 元的保险福利留存在保险公司，保险公司在这一期间的利率为 5%。现在要将这些福利的积累值通过 120 次等额的月度支付支付给保险受益人，第一次支付立即进行。在支付期间，使用的利率为 3%。求每月的支付额。

29．某人借款 10000 元，为期 10 年。该人用一项偿债基金来偿还本金。偿债基金存款赚取 5%的年度实质利率。该人在每年末所需的利息和偿债基金存款所需的总的支付为 1445.04 元，求贷款收取的年度实质利率。

30．某人贷款 55 万元，期限为 $n$ 年，每月末还款。在月度转换名义利率 $i$（$i>0$）下算得月度还款为 5003.8 元。该人除了没有支付第一次还款外，其他还款均按时支付了。由于没有支付第一次还款，所以到 $n$ 年末时，他还欠款 30779.4 元。求 $i$。

31．一项 10 万元的贷款，利率为月度转换名义利率 12%，还款为 6 次月度付款，第 1 次还款支付在一个月后。前 3 次还款量相同，后 3 次还款量分别为前 3 次还款量的 3 倍。求在第 3 次还款中的本金金额和第 5 次还款中的利息金额之和。

32．一项 40 万元的贷款用一项 30 年期的单增延付年金来偿还。第一次还款金额为 $X$，第二次还款金额为 $2X$，余类推，已知年度实质利率为 4%，求第 9 次还款后的未偿还本金余额。

33．一项贷款用接下来的 6 年的等额年度付款来分期偿还。在第 5 次分期付款中，偿还的本金的量等于利息量的 9 倍。求年度实质利率。

34．一项 10 年期的贷款，贷款利率为年度实质利率 5%，其还款方式如下：

（1）第 2 年末还 100 元；

(2) 第 4 年末还 200 元；
(3) 第 6 年末还 300 元；
(4) 第 8 年末还 400 元；
(5) 第 10 年末还 500 元。
求第二次还款中所还利息的量。

35. 某贷款通过 10 年内的每年末还款 $R$ 来偿还。已知：
(1) 在最初 3 年总共偿还的本金为 290.35 元；
(2) 在最后 3 年总共偿还的本金为 408.55 元。
求该项贷款产生的总的利息。

# 第五章　债券与其他证券

计算债券和其他证券的价格和价值是利息理论的一个重要的应用，特别是针对债券的计算。本章主要讨论如何利用利息理论来确定债券在任何时刻的价值(价格)以及在一定价格下购买债券将产生的收益率。

## 5-1　债券的定价

债券的价格也称为债券的内在价值，等于债券未来现金流的现值之和。因此，债券的价格依赖于两个因素：一个是未来的现金流，即由债券产生的系列支付；另一个是投资者所要求的(或所获得的)收益率。

在进一步讨论之前，先作如下的假设：

（1）发行者在规定日期肯定偿还债务，本章不考虑债券发行者违约的可能。

（2）首先讨论有固定的到期日的债券。无固定到期日的永久债券(相当于优先股)和可以选择偿还日期的通知偿还债券将在本章的后面部分讨论。

（3）首先讨论在息付日息票刚刚支付后的债券的价格，介于相邻两个息付日之间某个时刻债券的价格将在本章后面部分讨论。

本章将使用的有关债券的符号如下：

$P$：债券的价格；

$F$：债券的面值；

$C$：债券的偿还值。

由附录中的有关知识可知，$C$ 经常等于 $F$。所以如果没有特别说明债券的偿还值，均假设债券以面值赎回。

$r$：债券的息率；

$Fr$：息票额；

$g$：债券的修正息率，是单位偿还值中的息票额，即 $Fr=Cg$ 或 $g=Fr/C$；$g$ 与 $r$ 的计息频率总是相同的。由于实务中债券经常以面值赎回，所以经常有 $g=r$。

$i$：债券的收益率，常被称为到期收益率，即投资者持有债券直至赎回或到期后实际获得的利率。习惯上，收益率总与息率按相同的频率转换，所以除非特别声明，总假设 $i$ 与 $r$ 的计息频率相同。另外，一般情况下，总假设 $i$ 是常数。本章后面部分还将讨论收益率转换频率与息票支付频率不同的情况。$i$ 不为常数的讨论也将在后面进行。

$n$：从计算日至债券到期日或赎回日之间息票支付期数；

$K$：在到期日或赎回日的偿还值按收益率计算的现值，即 $K=Cv^n$；

$G$：债券的基价，由 $Gi=Fr$ 或 $G=Fr/i$ 定义。由定义可以看出，$G$ 为每期支付 $Fr$ 的永续年金在收益率 $i$ 下的现值，或者说，每期能产生 $Fr$ 利息所需的投资本金金额为 $G$。

一般说来，对于一项债券，债券的条款中会给出 $F$、$C$、$r$、$G$ 和 $n$，而且这些参数在整个债券的生命期间保持不变。这些参数精确地规定了债券将产生的现金流。而 $P$ 和 $i$ 则可能随时间而不断变化。一般来说，债券的价格和收益率呈反向变化，即：当价格升高时，收益率降低；反之亦然。

在给定的收益率下，由于债券的现金流由 $F$、$C$、$r$、$G$ 和 $n$ 确定，所以，债券具有如下图所示的现金流：

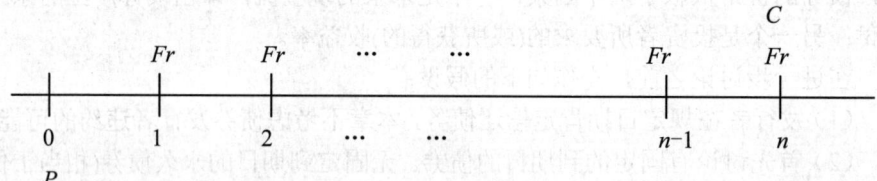

图 5-1 债券现金流

由上图，注意到息票形成一项基本年金，由于

价格=未来现金流的现值

=未来息票的现值+偿还值的现值 (5-1)

所以

$$P=Fr\cdot a_{\overline{n}|}+Cv^n=Fr\cdot a_{\overline{n}|}+K \tag{5-2}$$

式(5-2)通常被称为债券定价的基本公式。

将基本公式进行变形，有

$$P=Fr\cdot a_{\overline{n}|}+Cv^n=Fr\cdot a_{\overline{n}|}+C(1-i a_{\overline{n}|})$$
$$=C+(Fr-Ci)a_{\overline{n}|} \tag{5-3}$$

式(5-3)为债券定价的溢价/折扣公式。

同样由基本定价公式

$$P = Fr \cdot a_{\overline{n}|} + Cv^n = Gi \cdot a_{\overline{n}|} + Cv^n$$
$$= G(1-v^n) + Cv^n$$
$$= G + (C-G)v^n \tag{5-4}$$

式(5-4)为基价公式。

最后，由基本公式，

$$P = Cv^n + Fr \cdot a_{\overline{n}|} = Cv^n + Cg\frac{1-v^n}{i}$$
$$= Cv^n + \frac{g}{i}(C - Cv^n)$$
$$= K + \frac{g}{i}(C-K) \tag{5-5}$$

式(5-5)被称为 Makeham 公式（Makeham 是 19 世纪英国著名的精算师）。

以上我们给出了四个债券的定价公式。后三个都基于第一个公式，经过一些简单的数学变形而得到。我们说，对每个公式，都可以经过一些直观的描述而得到。基本公式是很直观的，因为由图 5-1 直接就可以得到定价的基本公式(5-2)。

溢价/折扣公式将在下一节进行更深入的讨论。

对于基价公式，可以这样来理解。如果未来有无穷次 $Fr$ 的周期支付，那么，在收益率 $i$ 下，这项永续年金的现值为 $G$。但是债券并没有无穷次 $Fr$ 的周期支付，而只有 $n$ 次，因此，所缺少的那些支付在 $n$ 时的现值为 $G$，但在比永续年金少一些支付的同时，债券还多了一项在 $n$ 时的金额为 $C$ 的支付，因此债券的价格就应该在永续年金的价格的基础上，多出 $n$ 时的 $C-G$，即有式(5-4)。

对于 Makeham 公式。注意到当 $i=g$ 时，因为周期息票支付为 $Cg=Ci$，而最后的偿还支付为 $C$，所以债券的价格必然为 $C$，由此也可以得到 $n$ 次 $Ci$ 的现值为 $(C-K)$，而 $Cg$ 总等于 $\frac{g}{i}Ci$，所以 $n$ 次 $Cg$ 的现值为 $\frac{g}{i}(C-K)$，于是可得式(5-5)。

**例 5-1** 面值 1000 元的 20 年期债券，附有年度息票，息率为 9%，偿还值为 1120 元。某人以价格 $P$ 在发行日购买此债券，已知该人购买债券的收益率为 8%，分别用上述四个公式，求 $P$。

**解：**

$$F=1000，C=1120，r=9\%，i=8\%，n=20$$
$$g=Fr/C=1000\times0.09/1120=8.04\%$$
$$K=Cv^n=1120(1+0.08)^{-20}=240.29$$
$$G=Fr/i=1000\times0.009/0.08=1125$$

(1) 基本公式
$$P = Fr\, a_{\overline{n}|} + K$$
$$= 90\, a_{\overline{20}|0.08} + 240.29 = 1123.93$$

(2) 溢价/折扣公式
$$P = C + (Fr - Ci)\, a_{\overline{n}|}$$
$$= 1120 + (90 - 1120 \times 0.08) \times 9.8181474 = 1123.93$$

(3) 基价公式
$$P = G + (C - G)\, v^n$$
$$= 1125 + (1120 - 1125)(1 + 0.08)^{-20} = 1123.93$$

(4) Makeham 公式
$$P = K + \frac{g}{i}(C - K) = 1123.93$$

## 5-2 溢价与折扣

债券的价格高于偿还值即 $P > C$ 时，称该债券为溢价发行，$P$ 与 $C$ 的差额即为溢价。若债券的价格低于偿还值即 $P < C$ 时，称该债券为折扣发行，$C$ 与 $P$ 的差额即为折扣。由溢价/折扣公式(5-5)，有：

$$溢价 = P - C = (Fr - Ci)\, a_{\overline{n}|i} = C(g - i)\, a_{\overline{n}|i} \tag{5-6}$$

$$折扣 = C - P = (Ci - Fr)\, a_{\overline{n}|i} = C(i - g)\, a_{\overline{n}|i} \tag{5-7}$$

显然，折扣为负的溢价。并且可以发现，当 $i < g$ 时债券将以溢价发行，当 $i > g$ 时债券将以折扣发行。当然，债券的价格也可能等于偿还值，此时称为平价发行。因为平价发行时债券的价格 $P = C$，所以，由式(5-6)或式(5-7)知，这种债券的收益率就等于 $g$。

因为债券以价格 $P$ 购买，所以在收益率为 $i$ 的情况下，$P$ 的投资能够产生利息 $Pi$，$Pi$ 通常并不等于 $Fr$。因此，不能将债券每期收到的息票全部当成当期利息看待，它可能比当期应付的利息多，也可能不足以支付当期的利息。正是因为息票与各期利息之间的差异，才导致债券的最后偿还值不等于债券的价格，表现为溢价/折扣的存在。

我们将债券的偿还值作为债券的资产价值。因此，如果债券以溢价发行，那么，在购买这项（债券）资产时将出现"损失"（价格大于价值），损失的大小等于溢价；类似地，如果债券以折扣发行，那么，在购买这项（债券）资产时将出现"利润"（价格小于价值），利润的大小等于折扣。

利润或损失是债券收益率的反映。

以溢价发行的债券，其将产生的收益率 $i$ 低于修正息率 $g$，因此，按照资产的价值 $C$ 和修正息率 $g$ 而产生的周期息票 $Cg$ 并不是在收益率 $i$ 下价值为 $C$ 的资产能够产生的当期利息，$C$ 每期能产生的利息为 $Ci$。因此，当期的息票支付 $Cg$ 超过了当期应付的利息 $Ci$，超过部分正好用来抵消购买债券时的损失。

类似地，以折扣发行的债券，其将产生的收益率 $i$ 高于修正息率 $g$，因此，以资产的价值 $C$ 和修正息率 $g$ 而产生的周期性的息票 $Cg$ 将不足以支付在收益率 $i$ 下价值为 $C$ 的资产每期产生的利息 $Ci$，不足部分 $Ci-Cg$ 正好由在购买债券时的利润抵消。

这种用部分息票来抵消购买债券时的损失/利润(即折扣或溢价)的过程通常被称为债券账面值的调整过程。

将债券的账面值进行调整的目的是为了使购买债券的投资者的相关资产(即债券)的价值连续、光滑地变动，这种光滑的变动有利于投资者财务的稳定和资产的管理。

调整的结果是，投资者的债券资产账户的账面值连续、光滑地变动，从购买时的价格变到赎回日的偿还值。

需要指出的是，经过调整出现在投资者账面上的账面值只是投资者出于光滑性考虑而从理论上算出的价值，这个价值通常不能反映债券的市场价格。即，投资者买卖债券不能以账面价值为价格，而是需要根据市场的行情，随行就市。

我们可以应用第四章中讨论过的分期偿还方法和偿债基金方法到账面值的调整工作中。

首先，基于第四章中的分期偿还方法，可以将一项债券交易看成是两项借贷交易的组合。

如，对于参数为 $F, r, n, C, P, i, g$ 的债券，可以将其看成是投资者(即债券的购买者)贷给债券发行人的两项贷款之和：贷款 $C$ 和贷款 $P-C$($P<C$ 时，负的贷款相当于借款)。两项贷款的利率都是 $i$，期限都是 $n$，第一项贷款的还款方式是，债券发行人每期末向投资者支付当期应付利息 $Ci$，到 $n$ 时再归还本金 $C$；第二项贷款则采用等额分期偿还的方式偿还，由第四章的讨论可以知道，每次的分期偿还支付为 $R=(P-C)\dfrac{1}{a_{\overline{n}|i}}$，所以债券发行人为了同时偿还这两项借款，需要进行的支付为：每期末（即分别在 1，2，$\cdots$，$n$ 时）支付 $Ci+R$，到 $n$ 时再归还本金 $C$。这些支付可以由以下时间图来表示：

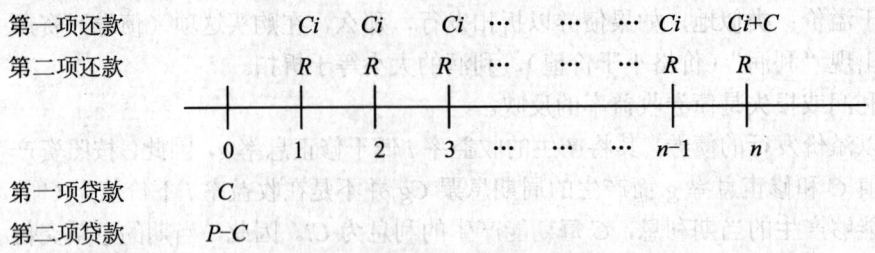

图 5-2 债券的分解图

注意到，$P-C=C(g-i)a_{\overline{n}|i}$，所以 $R=C(g-i)$，$Ci+R=Cg=Fr$。

由第四章的讨论，我们可以分别为这两项贷款建立分期偿还表，如表 5-1 和表 5-2 所示：

表 5-1 第一项贷款的分期偿还表

| 时刻 | 支付 | 所含利息支付 | 所含本金支付 | 账面值 |
|---|---|---|---|---|
| 0 | | | | $C$ |
| 1 | $Ci$ | $Ci$ | 0 | $C$ |
| 2 | $Ci$ | $Ci$ | 0 | $C$ |
| ⋮ | ⋮ | ⋮ | ⋮ | ⋮ |
| $n-1$ | $Ci$ | $Ci$ | 0 | $C$ |
| $n$ | $Ci$ | $Ci$ | 0 | $C$ |
| 总计 | $nCi$ | $nCi$ | 0 | |

注：这里没有包括最后在 $n$ 时的偿还本金的支付 $C$。

表 5-2 第二项贷款的分期偿还表

| 时刻 | 支付 | 所含利息支付 | 所含本金支付 | 账面值 |
|---|---|---|---|---|
| 0 | | | | $P-C=C(g-i)a_{\overline{n}|i}$ |
| 1 | $C(g-i)$ | $C(g-i)(1-v^n)$ | $C(g-i)v^n$ | $C(g-i)a_{\overline{n-1}|i}$ |
| 2 | $C(g-i)$ | $C(g-i)(1-v^{n-1})$ | $C(g-i)v^{n-1}$ | $C(g-i)a_{\overline{n-2}|i}$ |
| ⋮ | ⋮ | ⋮ | ⋮ | ⋮ |
| $n-1$ | $C(g-i)$ | $C(g-i)(1-v^2)$ | $C(g-i)v^2$ | $C(g-i)a_{\overline{1}|i}$ |
| $n$ | $C(g-i)$ | $C(g-i)(1-v)$ | $C(g-i)v$ | 0 |
| 总计 | $nC(g-i)$ | $C(g-i)(n-a_{\overline{n}|i})$ | $C(g-i)a_{\overline{n}|i}$ | |

将上面两张分期偿还表合并，就可以得到债券的分期偿还表。如表 5-3

所示。

表 5-3 债券的分期偿还表

| 时刻 | 支付 | 所含利息 | 本金调整 | 账面值 |
|---|---|---|---|---|
| 0 | — | — | — | $P-C+C=P$ |
| 1 | $Ci+C(g-i)=Cg$ | $Ci+C(g-i)(1-v^n)=$ $C[i+(g-i)(1-v^n)]$ | $C(g-i)v^n$ | $C[1+(g-i)a_{\overline{n-1}|}]$ |
| 2 | $Cg$ | $C[i+(g-i)(1-v^{n-1})]$ | $C(g-i)v^{n-1}$ | $C[1+(g-i)a_{\overline{n-2}|}]$ |
| ⋮ | ⋮ | ⋮ | ⋮ | ⋮ |
| $n-1$ | $Cg$ | $C[i+(g-i)(1-v^2)]$ | $C(g-i)v^2$ | $C[1+(g-i)a_{\overline{1}|}]$ |
| $n$ | $Cg$ | $C[i+(g-i)(1-v)]$ | $C(g-i)v$ | $C$ |
| 总计 | $nCg$ | $nCg-C(g-i)a_{\overline{n}|}$ | $C(g-i)a_{\overline{n}|}=P-C$ | |

注：这里没有包括在赎回日的偿还值 $C$，只考虑了各次息票支付，因为我们的主要目的是为了划分息票，进行账面值调整。

债券的分期偿还表可以显示每次息票中所含的利息和本金的划分，这里的本金部分经常被称为"本金调整"，在本金调整的基础上，可以得到调整后的账面值。

如果仍然使用第四章的记号，用 $B_t$ 表示从购买日起 $t$ 期后债券的账面值，第 $t$ 期票息中所含的利息部分为 $I_t$，本金调整部分为 $P_t$。买价 $P$ 等于 $B_0$，偿还值 $C$ 等于 $B_n$。

类似于第四章中的讨论，可以得到分期偿还表中各项目之间的关系：

$$I_1=iP=Ci+iC(g-i)a_{\overline{n}|}=C[i+(g-i)(1-v^n)] \tag{5-8}$$

票息减去利息收入即等于本金调整值，

$$P_1=Cg-C[i+(g-i)(1-v^n)]=C(g-i)v^n \tag{5-9}$$

期末账面值等于期初账面值减本期的本金调整，

$$B_1=P-C(g-i)v^n=C[1+(g-i)a_{\overline{n-1}|}] \tag{5-10}$$

依此类推，可以得到如表 5-3 所示的全部各项。

注意，表 5-3 中，$P-C$ 可以为正数，也可以为负数。如果 $P-C$ 为正数，则意味着债券以溢价发行，此时账面值将从购买时的 $P$ 逐期调低，一直调到 $n$ 时的 $C$。该过程叫溢价摊销，这时的本金调整额称为溢价摊销额。如果 $P-C$ 为负数，即债券以折扣发行，那么债券的账面值将从购买时的 $P$ 逐期调高到 $n$ 时的 $C$。该过程叫折扣积累，这时的本金调整额称为折扣积累额。

从表 5-3 中可以发现,"本金调整"栏(即各期溢价摊销额或折扣积累额)形成一项等比(几何)数列,并且公比为 $1+i$。这也是利用分期偿还方法的一个重要特征。

**例 5-2A** 考虑一项以溢价购买的债券,面值 1000 元,期限 3 年,息率为每年计息两次的年名义利率 12%,收益率为每年计息两次的年名义利率 8%。建立该债券的分期偿还表。

**解:**

债券的各项参数为:$F=1000=C$,$r=6\%=g$,$i=4\%$,$n=6$。

债券的价格为

$$P = C + C(g-i)a_{\overline{n}|i} = 1000[1+(6\%-4\%)a_{\overline{6}|0.04}] = 1104.84 \text{(元)}$$

于是,有以下分期偿还表:

表 5-4 以溢价发行债券的分期偿还表

| 时刻(半年为 1 期) | 息票 | 所含利息 | 溢价摊销额 | 账面值 |
|---|---|---|---|---|
| 0 | | | | 1104.84 |
| 1 | 60.00 | 44.19 | 15.81 | 1089.04 |
| 2 | 60.00 | 43.56 | 16.44 | 1072.60 |
| 3 | 60.00 | 42.90 | 17.10 | 1055.50 |
| 4 | 60.00 | 42.22 | 17.78 | 1037.72 |
| 5 | 60.00 | 41.51 | 18.49 | 1019.23 |
| 6 | 60.00 | 40.77 | 19.23 | 1000.00 |

**例 5-2B** 考虑以折扣购买的面值 1000 元的 3 年期债券,票息率为每年计息两次的年名义利率 8%,收益率为每年计息两次的年名义利率 12%。建立该债券的分期偿还表。

**解:**

债券的各项参数为:$F=1000=C$,$r=4\%=g$,$i=6\%$,$n=6$。

债券的价格为

$$P = C[1+(g-i)a_{\overline{n}|i}] = 1000[1+(4\%-6\%)a_{\overline{6}|0.06}] = 901.65 \text{(元)}$$

于是,有以下分期偿还表:

表 5-5  以折扣发行债券的分期偿还表

| 时刻(半年为1期) | 息票 | 所含利息 | 折扣累积额 | 账面值 |
|---|---|---|---|---|
| 0 | | | | 901.65 |
| 1 | 40.00 | 54.10 | 14.10 | 915.75 |
| 2 | 40.00 | 54.95 | 14.95 | 930.70 |
| 3 | 40.00 | 55.84 | 15.84 | 946.54 |
| 4 | 40.00 | 56.79 | 16.79 | 963.33 |
| 5 | 40.00 | 57.80 | 17.80 | 981.13 |
| 6 | 40.00 | 58.87 | 18.87 | 1000.00 |

注意到上表中的本金调整值本应该为负数，习惯上，为了尽量避免使用负数，我们将栏头改为"折扣累积额"，表示该项为所含利息项减去息票项，而不是如上表中的"息票项减利息项"。另外，账面值的计算也是基于加法，而不是减法。

前面对债券息票的划分，是基于分期偿还的方法。也可以利用偿债基金的方法来帮助我们对债券息票的划分。事实上，如表 5-4 所示举例中，我们可以这样来理解：某贷款者贷出 1104.84 元，按照贷款利率 4%，贷款者应该在每期末收到 44.19 元利息。但是借款人在支付 44.19 元利息给贷款人的同时，还另外支付 15.81 元作为偿债基金的存款，该偿债基金可以被用于偿还溢价，即 $15.81 s_{\overline{6}|0.04}$ =104.84。这里考虑的偿债基金利率与贷款利率或债券收益率相同，也可以考虑更一般的利率不同的情况。

**例 5-2C**  面值 1000 元的 3 年期债券票息率为每年计息两次的年名义利率 12%，收益率为每年计息两次的年名义利率 8%，若投资者可通过利率为每年计息两次的年名义利率 6% 的偿债基金来偿还溢价，求债券的价格。

**解：**

债券的各项参数为：$F=1000=C$，$r=6\%=g$，$i=4\%$，$n=6$，$j=3\%$ 为偿债基金利率。

并且知该债券以溢价发行，即 $P>C=1000$。

因为半年度票息为 60，其中所含利息为 $iP=4\%P$，所以半年存入偿债基金的金额为 $60-4\%P$，而偿债基金的目的是为了在债券到期时，积累到等于溢价的金额，因此，有

$$(60-4\%P) s_{\overline{6}|0.03}=P-C=P-1000$$

于是，

$$P=(1000+60\,s_{\overline{6}|0.03})/(1+4\%\,s_{\overline{6}|0.03})= 1102.78\;（元）$$

略微比例 5-2A 中价格少一点，请读者分析其中的原因。

## 5-3 息付日之间债券的价值

前面有关债券的价格或账面值针对的是各个息付日的，即在息票支付后即刻债券的价值。

本节讨论在息付日之间债券的价格和账面值。

令 $B_t$ 和 $B_{t+1}$ 分别表示相邻两个息付日上债券的价格或账面值，$Fr$ 为一期的息票金额，显然，在收益率 $i$ 不变的假设下，有：

$$B_{t+1}=B_t\times(1+i)-Fr \tag{5-11}$$

接下来考虑 $B_{t+k}$，$(0<k<1)$，由上一节的讨论可以知道，息票是当期债券余额自增利息的反映。但是，由于息票在期末支付，所以，在息付日之间 $t+k$ 时出卖债券的投资者将不能得到在期末 $t+1$ 时才支付的息票，$t+1$ 时支付的息票全部支付给债券的新主人了。债券的原主人在这期$(t,\ t+1)$间拥有债券的时间为 $k$ 期，债券的新主人只拥有了这期$(t,\ t+1)$中的另外 $1-k$ 期，因此，该期的息票不应该全部属于新的投资者，而应该有一部分属于出卖债券的原投资者。

我们将一期息票 $Fr$ 中属于出卖债券的原投资者的那部分称为自增息票，记做 $Fr_k$，显然 $Fr_0=0$，$Fr_1=Fr$。

我们将债券在市场交易的交易价格(不考虑手续费等)定义为债券的平价，并记为 $B^f_{t+k}$。将不含自增息票的价格称为债券的市价，并记为 $B^m_{t+k}$。显然有

$$B^f_{t+k}=B^m_{t+k}+Fr_k\quad(0<k<1) \tag{5-12}$$

在实际操作中，债券是用市价加上自增息票来报价的。由于市价不包含自增息票，所以在常数的收益率假设下，不同时刻的市价将形成一个光滑的系列，如图 5-3 所示。图 5-3 也揭示了平价与市价的关系。该图所用账面值来自表 5-5，自增息票等于实线表示的平价与虚线表示的市价之垂直差。

债券的账面值是在购买债券后赋予该债券的资产值。因为在各个息付日债券的各项价值都已经知道，所以只需讨论在息付日之间的有关价值。

有三种方法用来计算式(5-12)中的各项：

第一种叫理论法。这是一种基于复利的精确方法，在这种方法下，

平价=期初账面值在收益率下的积累值，即

$$B^f_{t+k} = B_t(1+i)^k \tag{5-13}$$

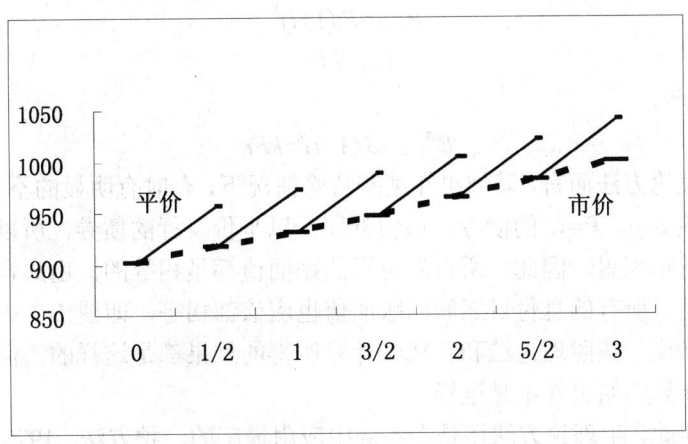

图 5-3 平价与市价的比较图

对于自增息票，这里将息票看成是一种由连续不断产生的支付所形成的积累值，并且这种自动产生的支付是等支付率的，假设支付率为 $M$，由于一期息票为 $Fr$，所以有

$$Fr = \int_0^1 M e^{(1-t)\delta} dt = M\bar{s}_{\overline{1}|} = Mi/\delta \tag{5-14}$$

于是

$$M = \delta Fr/i \tag{5-15}$$

从而

$$Fr_k = \int_0^k M e^{(k-t)\delta} dt = \delta Fr/i \cdot \frac{e^{k\delta}-1}{\delta}$$

$$= Fr \times \frac{(1+i)^k - 1}{i} \tag{5-16}$$

从而市价或账面值为

$$B^m_{t+k} = B^f_{t+k} - Fr_k = B_t(1+i)^k - Fr \times \frac{(1+i)^k-1}{i} \tag{5-17}$$

第二种叫实践法。这是基于对非整数时期使用单利的方法。其中

$$B^f_{t+k} = B_t(1+ki) \tag{5-18}$$

$$Fr_k = kFr \tag{5-19}$$

故

$$B^m_{t+k} = B_t(1+ki) - kFr = (1-k)B_t + kB_{t+1} \tag{5-20}$$

第三种方法是前两种方法的混合，经常被称为半理论方法，有时也称之为

混合法。这种方法用理论法计算平价，用实践法计算自增息票：
$$B^f_{t+k}=B_t(1+i)^k$$
$$Fr_k=kFr$$
从而
$$B^m_{t+k}=B_t(1+i)^k-kFr \tag{5-21}$$

就半理论方法而言，其结果在某些特殊情况下，有时有明显的不合理之处。如考虑一项 $i=g$，$P=C$ 的债券，该债券属于以平价发行的债券，所以不存在溢价摊销或折扣积累。因此，所有息付日的账面值都是相等的，由此自然可以得出的结论是，所有的息付日之间的账面值也应该都相等，即图 5-3 中的虚线应该变为水平线。按照理论法和实践法计算所得的结果都是这样的，但是按照半理论方法计算的结果却不是这样。

尽管如此，半理论方法还是在实务中应用最广的一种方法。1973 年为了将计算证券价格和收益率的方法标准化，美国证券业协会出版了一本名为《标准证券计算方法》(Sta*nd*ard Securities *C*alculatio*n* Methods)的手册，该手册对离赎回日超过 6 个月的债券，鼓励使用半理论方法。

在债券市场上计算债券的价格时，$k$ 的值通常由第一章中讨论过的期限的计算方法来计算，一般比较常见的方法为"实际/实际"和"30/360"。

另外，图 5-3 中，平价和市价的图形都表现为直线，这是因为我们利用实践方法来作图的，如果利用其他两种方法来作图，则相应的图形会稍有不同。

最后，考虑息付日之间债券的溢价和折扣。应该注意的是，溢价和折扣应该基于市价或账面值，而不是平价。例如，一项面值为 1000 元的债券，其市价是 980 元，同时自增息票为 30 元，显然这项债券的平价(即出售价)为 1010 元。但是，我们说这项债券是以折扣（20 元）发行的债券。

也就是说，
$$溢价=市价-偿还值= B^m_{t+k}-C（如果 g>i） \tag{5-22}$$
$$折扣=偿还值-市价= C-B^m_{t+k}（如果 g<i） \tag{5-23}$$

**例 5-3** 分别利用上述三种方法,计算例 5-2A 中债券购买 4 个月后的平价、自增息票和市价。

**解：**
原债券的价格为 $P=B_0=$ 1104.84，$i=4\%$，另外 $k=4/6$。

（1）理论法：
$$B^f_k= B_0(1+i)^k=1104.84(1.04)^{4/6}=1134.11$$
$$Fr_k=Fr\frac{(1+i)^k-1}{i}=39.74$$

$$B^m{}_k = B^f{}_k - Fr_k = 1094.37$$

（2）实践法：
$$B^f{}_k = B_0(1+ik) = 1104.84(1+4\%\times 4/6) = 1134.31$$
$$Fr_k = Fr \times k = 40$$
$$B^m{}_k = B^f{}_k - Fr_k = 1094.31$$

（3）半理论法：
$$B^f{}_k = B_0(1+i)^k = 1104.84(1.04)^{4/6} = 1134.11$$
$$Fr_k = Fr \times k = 40$$
$$B^m{}_k = B^f{}_k - Fr_k = 1094.11$$

实际上，因为买卖债券都是按照一定的日历日期进行的，所以往往需要由实际的天数来确定 $k$ 值。如假设上述债券在 1 月 1 日发行，其偿还日期为 3 年后的 1 月 1 日，息付日分别为每年的 1 月 1 日和 7 月 1 日。在发行后的 5 月 1 日被购买，则由于这 4 个月(1 月 1 日到 5 月 1 日)的天数为 120 天，而前 6 个月 (1 月 1 日到 7 月 1 日)的总天数为 181 天，所以，由实际/实际方法，可以算得 $k$ =120/181。所以，实际计算通常使用的 $k$ 值为 120/181 而不是 4/6。

## 5-4  收益率的确定

在债券价格给定的情况下，确定债券的收益率是实务中经常遇到的一个重要的问题，也是本节要讨论的问题。

事实上，注意到债券的息票通常表现为一种标准年金的形式，所以有关债券收益率的问题可以类似于对年金的未知利率问题来讨论。

首先，考虑在息付日购买的债券的收益率。

经常涉及债券收益率计算的部门可以设计出大量的，有不同期限、息率和收益率的债券表，然后在这些表中进行插值。这种方法比较原始，在计算技术不够发达的年代里，这种插值的方法得到过广泛的应用，但是，在计算技术相当发达的今天，这种方法已经不是一种很重要的方法了。

另一种计算债券收益率的方法是代数的方法，由 $P = C + C(g-i)a_{\overline{n}|}$，有

$$(g-i)a_{\overline{n}|} = \frac{P-C}{C}$$

令 $k = \dfrac{P-C}{C}$，则有

$$i = g - \frac{k}{a_{\overline{n}|}} \tag{5-24}$$

将 $\frac{1}{a_{\overline{n}|}}$ 关于 $i$ 作泰勒展开，$\frac{1}{a_{\overline{n}|}} = \frac{1}{n}\left[1 + \frac{n+1}{2}i + \frac{n^2-1}{12}i^2 + \cdots\right]$，取该展开式的前两项作为近似，有

$$i \approx g - k\frac{1}{n}\left[1 + \frac{n+1}{2}i\right] \tag{5-25}$$

整理得

$$i \approx \frac{g - \frac{k}{n}}{1 + \frac{n+1}{2n}k} \tag{5-26}$$

事实上，可以这样来理解上式：因为 $k$ 其实是单位偿还值对应的溢价额，而债券的期限为 $n$ 期，即债券一共附有 $n$ 次息票，因此，单位偿还值对应的每次息票($g$)中所含的本金调整值(平均)为 $k/n$，从而每期(息票中所含)利息(平均)为 $g-k/n$。考察单位偿还值对应的每期期初债券的账面值，分别为 $1+k$，$1+\frac{n-1}{n}k$，…，$1+\frac{1}{n}k$，因此，平均的期初账面值为

$$\left[\left(1+\frac{n}{n}k\right) + \left(1+\frac{n-1}{n}k\right) + \cdots + \left(1+\frac{2}{n}k\right) + \left(1+\frac{1}{n}k\right)\right]/n = 1 + \frac{n+1}{2n}k \tag{5-27}$$

这个平均值被看成是平均每期的投资本金，由利率=利息/本金，所以有式(5-26)。

注意到当 $n$ 比较大时，$\frac{n+1}{2n} \approx 1/2$，所以可以进一步得到更为简单的一个公式

$$i \approx \frac{g - \frac{k}{n}}{1 + \frac{1}{2}k} \tag{5-28}$$

这个公式经常被称为债券推销员公式。顾名思义，这个公式能够给债券推销员在推销债券时提供方便。

确定债券收益率的最重要的方法当数迭代法了。

事实上，式(5-24) 本身就是一个有效的、形如 $i=f(i)$ 的迭代公式。

根据这个迭代公式，首先选一个 $i_0$，然后由 $i_{s+1}=f(i_s)$，可以得到系列 $i_0, i_1, \cdots$，

$i_s$，$i_{s+1}$，…，在经过足够多的次数的计算后，可以得到具有任意精度的收益率。

这种迭代法，在计算机应用普及的今天，已经变得非常具有实用价值。

正如前面提到过的，在计算技术不够发达的过去，人们曾经出于减少计算次数的目的，而去寻找收敛速度更快的迭代公式，并同时为了得到更好的初值而发展一些近似公式。如式(5-26)和式(5-28)都曾经被用来为迭代提供初值。而以下复杂的迭代关系式

$$i_{s+1}=i_s\left[1+\frac{ga_{\overline{n}|i_s}+v_{i_s}^n-\dfrac{P}{C}}{ga_{\overline{n}|i_s}+(i_s-g)nv_{i_s}^{n+1}}\right] \tag{5-29}$$

则因为其快速的收敛速度而一度被广泛使用。我们说，在当今计算技术高度发达的年代，如果只是出于对个别计算的需要，"收敛速度"已经不再是一个重要的考虑因素了。

对于息付日之间购入债券收益率的计算，由于在下一次息付日之前有一个分数时期，所以要求有更复杂的迭代。

在实务中，通常先利用半理论方法将在中间的购买价格换算成在上一个息付日上的相应的价格，然后再用迭代的方法计算收益率。具体的迭代比较复杂，对于具体的问题，通常利用试错的方法往往更容易很快得到所需精度的收益率。

前面讨论的收益率均没有考虑再投资的问题。然而事实上，债券的投资者通常都有将债券的息票进行再投资的考虑，如果息票的再投资利率比 $i$ 低，则实际的收益率也将比 $i$ 低，反之亦然。

考虑价格为 $P$ 的债券，假设其有 $n$ 期息票，每期末得到 $Fr$ 的息票，债券在 $n$ 期末到期并以 $C$ 赎回，息票以利率 $j$ 再投资。用 $i'$ 表示考虑了再投资的债券收益率，那么 $i'$ 将满足：

$$P(1+i')^n=Frs_{\overline{n}|j}+C \tag{5-30}$$

或

$$i'=\left(\frac{Frs_{\overline{n}|j}+C}{P}\right)^{\frac{1}{n}}-1 \tag{5-31}$$

**例 5-4** 面值 1000 元的 20 年期债券，附有 8% 的年度息票，到期以 1050 元赎回。该债券的卖价为 950 元，求购买该债券的收益率。

**解：**
由 $F=1000$，$r=8\%$，$n=20$，$C=1050$，$P=950$，有

$$g=Fr/C=80/1050, \quad k=\frac{P-C}{C}=\frac{950-1050}{1050}=-10/105$$

若用债券推销商法，则收益率约为：

$$i=\frac{g-\dfrac{k}{n}}{1+\dfrac{1}{2}k}=\frac{\dfrac{8}{105}+\dfrac{10}{105\times 20}}{1-\dfrac{10}{105\times 2}}=0.085$$

若用更精确一点的公式(5-26)，则

$$i=\frac{g-\dfrac{k}{n}}{1+\dfrac{n+1}{2n}k}=\frac{\dfrac{8}{105}+\dfrac{10}{105\times 20}}{1-\dfrac{10\times 21}{105\times 2\times 20}}=0.085213$$

若用公式(5-24)进行迭代运算，任意选取初值为 $i_0=10\%$，则有如下结果：

$i_0=10.00000000\%$，$i_1=8.73771071\%$，$i_2=8.64291923\%$，$i_3=8.63593370\%$，$i_4=8.63541967\%$，$i_5=8.63538185\%$，$i_6=8.63537907\%$，$i_7=8.63537887\%$，$i_8=8.63537885\%$，$i_9=8.63537885\%$

精度已经非常高了。我们一般只需要有 $i=8.64\%$ 或 $i=8.635\%$ 的结果就足够了。

**例 5-5** 假设例 5-4 中的债券是 2003 年 1 月 1 日发行的，在 2005 的 5 月 15 日其市场成交价为 1000 元，计算此时购买该债券的收益率。

**解：**

因为从 1 月 1 日到 5 月 15 日的天数为 120 天，一年的天数为 365 天，所以由"实际/实际"，知 $k=120/365$。

由 $(1+i)^{\frac{120}{365}}\left[80a_{\overline{18|}}+1050v^{18}\right]=1000$，通过计算机试错法，有 $i=8.4160615\%$。

下面来检验该答案：

因为在 $i=8.4160615\%$ 情况下，该债券在 2005 的 1 月 1 日的价格为

$$B_2=80\,a_{\overline{18|}}+1050v^{18}=973.783331497251$$

于是，在 2005 的 5 月 1 日的平价为

$$B_{2+k}=B_2(1+i)^k=999.999923826068$$

**例 5-6** 假设例 5-4 中的债券的息票只能以 3% 的年度实质利率再投资，求考虑了再投资的收益率。

**解：**

由 $P(1+i')^n = Fr s_{\overline{n}|j} + C$，有

$$(1+i')^{20} = \frac{Fr s_{\overline{n}|j} + C}{P} = \frac{80 s_{\overline{20}|3\%} + 1050}{950}$$

$$i' = 6.26\%$$

## 5-5 通知偿还债券

通知偿还债券，又称可提前赎回债券，是在一定时期内可以被发行人提前赎回的债券。当市场利率下降时，债券的发行人可以以更低的成本筹到资金，因此他希望原来的债券能够尽早到期，于是在可以赎回的条件下，行使赎回权，将债券从投资者手中赎回。

赎回权的存在对投资者是不利的。因为通常情况下，发行人都是在市场利率下降时，即债券的价格上升时行使赎回权；而且，预先设定的赎回价格的存在使债券的市场价格上升空间有限，投资者能从中获得的收益亦有限；况且，债券被赎回将打乱投资者的投资计划，增加其交易成本。因此，为了保护投资者的利益，债券条款中往往会规定一个"赎回保护期"，即在这段时间内，发行人不得从投资者的手中赎回债券。常见的赎回保护期是债券发行之后的 5~10 年。通常，发行人决定行使赎回权后，应当提前向投资者公告。

在计算可提前赎回债券的价格和收益率时，由于赎回权的存在，使债券的期限变得不确定，因此给价格和收益率的计算带来了困难。由于发行人有权决定赎回日，因此，投资者一般应假设发行人会在对自己最不利的时机行使赎回权，并按这一原则计算价格或收益率。

如果在所有赎回日的赎回值（包括到期日）都相等的话，利用溢价/折扣表达式

$$P(m) = C[1 + (g-i) a_{\overline{m}|}]$$

其中 $P(m)$ 表示发行人在 $m$ 时赎回债券时，在给定的收益率下债券的价值。由于上式中，只有期限 $m$ 是不确定的，其他量都是常数，所以，容易发现：

（1）当收益率小于修正息率（即 $i < g$，债券以溢价发行）时，$P(m)$ 关于 $m$ 单增，所以最小可能的 $m$ 是对投资者最不利的，也就是说，此时假设赎回日是最早可能的日期。

（2）反过来，如果收益率大于修正息率（即 $i>g$，债券以折扣发行）时，那么 $P(m)$ 关于 $m$ 单减，所以最大可能的 $m$ 是对投资者最不利的，也就是说，此时假设赎回日是最后的日期。

上述规律显然是合理的。因为就第一种情况而言，债券以溢价发行，由前面有关的讨论可以知道，对溢价发行的债券，投资者在购买时是有"损失"的，这些损失需要从各期息票中得到补偿。因此，如果提前赎回的话，开始的"损失"没有得到充分的补偿，因此是不利的；而对于以折扣发行的债券，投资者在购买时是有"利润"的，这些利润由以后各期的未被息票偿还的利息来抵消（因为息票不足以支付当期的利息），因此，如果提前赎回的话，当然对投资者来说是有利的，所以最后的日期赎回才是最不利的。

一般的可提前赎回债券在各个可赎回日期上的偿还值往往不是完全相等的。比如，常见的情况是，偿还值往往高于面值，偿还值超出面值的部分有时被称为"提前赎回溢价"，并且提前赎回溢价往往随着赎回日的靠后而降低，此时，上述规则就不能直接应用。对于这种情况，通常可以对不同的赎回日期作一些试探性的计算，从中发现对投资者最不利的日期，这个日期不一定是最早的或最晚的日期。对投资者最不利的日期是在投资者收益率下产生最小购买价的日期。

注意，上述的计算原则是基于保证投资者的目标收益率的情况下得出的，是一种保守的原则。事实上，发行人选择赎回日时，并不追求使投资者最不利，而是以他们自己最有利为原则，在不考虑其他因素的单纯的环境中，认为发行人最有利的日期就是投资者最不利的日期是合理的，但是在现实中，可能存在双赢的情况，即对发行人最有利的日期并不是对投资者最不利的日期，因为正如前面提到的，发行人选择赎回日期时主要考虑的并不是针对债券本身的那些参数，而是针对市场环境的变化的，因此，一般来说，发行人所选择的赎回日期往往不会是投资者在不考虑市场行情情况下按照如上原则所选出的最不利日期。如果真是这样的话，那么，很显然，投资者最终的收益率将高于最初设定的收益率。最终收益率的计算可以由价格和已经发生的赎回日期重新计算。

另外，上述讨论没有考虑再投资的影响。再投资也是一个重要的问题，在实务中，在对可提前赎回债券的计算时，应当尽量考虑再投资的影响。

**例 5-7** 某投资者购买了一项 15 年期的债券，面值为 10 万元，并附有 8% 的息率，息票半年度支付一次。从第 24 个息付日开始，该债券可以在以后（包括第 24 个息付日）任何一个息付日以面值通知偿还。为了保证半年度转换收益率不低于 10%，求投资者可以接受的最高价格。

**解：**

首先，$F=10$，$r=8\%/2=4\%$，$n=15\times 2=30$，$i=10\%/2=5\%$，$C=F=10$。

这里，以半年为一期，货币单位为万元。假设赎回日在 $m$ 时，$24\leqslant m\leqslant 30$，并且相应的价格为 $P(m)$，于是

$$P(m)= C[1+(r-i) a_{\overline{m}|}]=10(1-1\% a_{\overline{m}|0.05})$$

可以看出，最不利的时刻为最后的时刻，即 $m=30$，而

$$P(30)=10(1-1\% a_{\overline{30}|0.05})= 8.462755(万元)$$

即，为了保证一定能够产生不低于半年度转换 10% 的收益率，投资者可以接受的最高价格为 84627.55 元。

**例 5-8** 某 20 年期债券面值 1000 元，并附有 8% 的年度息票。从第 10 年开始，该债券可以在各个息付日通知偿还，各个息付日的提前赎回值分别为：在第 10 到第 14 个息付日为 1100 元；在第 15 个至 19 个息付日为 1150 元；到期时为 1200 元。

（1）若投资者想要保证 6% 的收益率，求投资者愿付的最高价格。

（2）若投资者想要保证 10% 的收益率，求投资者愿付的最高价格。

**解：**

首先，$F=1000$，$r=8\%$，$n=20$，$C_{10}=\cdots = C_{14}=1100$，$C_{15}=\cdots = C_{19}=1150$，$C=C_{20}=1200$，

（1）$i_1=6\%$

假设赎回日在 $m$ 时，$10\leqslant m\leqslant 20$，相应的价格为 $P(m, i_1)$，于是

$$P(m, i_1)= C_m+(Fr-C_m i_1) a_{\overline{m}|0.06}$$

$$=1100+(80-66) a_{\overline{m}|0.06} =1100+14 a_{\overline{m}|0.06} \quad (m=10,11,12,13,14)$$

$$=1150+(80-69) a_{\overline{m}|0.06} =1150+11 a_{\overline{m}|0.06} \quad (m=15,16,17,18,19)$$

$$=1200+(80-72) a_{\overline{20}|0.06} =1200+8 a_{\overline{20}|0.06} \quad (m=20)$$

由以上的三个等式，可以发现，对投资者最不利的赎回日一定是 $m=10, 15$ 或 20 之中的一个。

因为

$$P(10)= 1100+14 a_{\overline{10}|0.06} =1203.04$$

$$P(15)=1150+11 a_{\overline{15}|0.06} =1256.83$$

$$P(20)= 1200+8 a_{\overline{20}|0.06} = 1291.76$$

所以，最不利的赎回日为 $m=10$，因此，投资者愿付的最高价格为 $P(10)=1203.04$。

（2）$i_2$=10%

同样假设赎回日在 $m$ 时，$10 \leq m \leq 20$，相应的价格为 $P(m, i_2)$，于是
$P(m, i_2) = C_m + (Fr - C_m i_2) a_{\overline{m}|0.06}$

$\quad\quad =1100+(80-110) a_{\overline{m}|0.1} = 1100 - 30 a_{\overline{m}|0.1} \quad\quad (m=10,11,12,13,14)$

$\quad\quad =1150+(80-115) a_{\overline{m}|0.1} = 1150 - 35 a_{\overline{m}|0.1} \quad\quad (m=15,16,17,18,19)$

$\quad\quad =1200+(80-120) a_{\overline{20}|0.1} = 1200 - 40 a_{\overline{20}|0.1} \quad\quad (m=20)$

于是，对投资者最不利的赎回日一定是 $m=14, 19$ 或 20 之中的一个。因为

$$P(14) = 1100 - 30 a_{\overline{14}|0.1} = 870.00$$
$$P(19) = 1150 - 35 a_{\overline{19}|0.1} = 857.23$$
$$P(20) = 1200 - 40 a_{\overline{20}|0.1} = 859.46$$

所以，最不利的赎回日为 $m=19$，因此，投资者愿付的最高价格为 $P(19)=857.23$。

## 5-6  系列债券

系列债券，又称分期偿还债券，是指发行人发行的具有一系列不同赎回日的债券。

对于系列债券价格的计算，通常可以将具有不同偿还日的债券看成是不同的债券，分别计算这些不同债券的价格，然后将这些价格加起来就是系列债券的价格。

Makeham 公式，即

$$P = K + \frac{g}{i}(C-K)$$

是实务中计算系列债券价格最常用的公式。

考虑某系列债券，该债券有 $m$ 个不同的赎回日，第一个赎回日对应债券的买价、偿还值和偿还值的现值为 $P_1$、$C_1$ 和 $K_1$，第二个赎回日对应债券的买价、偿还值和偿还值的现值为 $P_2$、$C_2$ 和 $K_2$，依此类推，第 $m$ 个赎回日的为 $P_m$、$C_m$ 和 $K_m$，由 Makeham 公式，有

$$P_1 = K_1 + \frac{g}{i}(C_1 - K_1)$$

$$P_2 = K_2 + \frac{g}{i}(C_2 - K_2)$$

......

$$P_m = K_m + \frac{g}{i}(C_m - K_m)$$

求和得

$$P' = K' + \frac{g}{i}(C' - K') \tag{5-32}$$

其中

$P' = \sum_{t=1}^{m} P_t$ 是整个系列债券的价格，$C' = \sum_{t=1}^{m} C_t$，$K' = \sum_{t=1}^{m} K_t$。

由于 $C'$ 和 $K'$ 通常比较容易得到，所以式(5-32)往往比将各个价格直接相加的算法更实用。

**例 5-9** 有一项总面值为 10000 的系列债券，附有 8% 的年度息票，自发行后从第 11 年末开始，一直到第 20 年末分 10 次赎回，每年末的赎回值为 1100，债券购买时的收益率为 10%，求该系列债券的价格。

**解：**

$F = 1000$，$C_t = 1050$ $(t = 11, 12, \cdots, 20)$，$r = 8\%$，$g = 1000 \times 8\%/105 = 7.62\%$，$i = 10\%$

$$C' = \sum_{t=1}^{10} C_t = 10 \times 1050 = 10500$$

$$K' = \sum_{t=1}^{10} C_t v^{t+10}$$

$$= 1050(v^{11} + v^{12} + \ldots + v^{20}) = 1050(a_{\overline{20}|0.1} - a_{\overline{10}|0.1})$$

$$= 1050(8.5136 - 6.1446) = 2487.45$$

$$P' = K' + \frac{g}{i}(C' - K') = 2487.45 + 0.762 \times (10500 - 2487.45) = 8593.01$$

## 5-7 某些一般情况

上述对于债券的讨论，都是假设债券的息票支付形成基本年金，在实务中常见的债券通常满足这些假设，这些假设也是出于方便讨论的目的而作出的。

我们也可以将讨论的范围扩大，考虑一些更一般的情况。

本节我们简单讨论如下三种更一般的形式：

（1）收益率的计息频率与息票的支付频率不同的情况；

（2）息率不为常数的情况；

（3）收益率不为常数的情况。

**1．收益率的计息频率与息票的支付频率不同的情况**

首先，考虑每个息票期内有 $k$ 个收益率转换期的情况。假设债券有 $n$ 个收益率转换期，其中每 $k$ 个收益率转换期的期末支付一次息票 $Fr$，因此，总共有 $n/k$ 次息票支付，该债券定价的基本公式为

$$P=Fr\frac{a_{\overline{n}|}}{s_{\overline{k}|}}+Cv^n \tag{5-33}$$

可以得到与式(5-3)、式(5-4)、式(5-5)类似的其他三个债券的定价公式，具体的讨论留作练习。

接下来，考虑每个收益率转换期含有 $m$ 个息票支付期的情况。假设债券有 $n$ 个收益率转换期，其中每 $1/m$ 个收益率转换期的期末支付一次息票 $Fr/m$，因此，总共有 $nm$ 次息票支付，从而该债券定价的基本公式为

$$P=Fr\,a_{\overline{n}|}^{(m)}+Cv^n \tag{5-34}$$

同样，也可以得到与式(5-3)、式(5-4)、式(5-5)类似的其他三个债券的定价公式，具体的讨论留作练习。

**2．息率不为常数的情况**

如果息率不为常数，那么息票将构成一项变额年金。变额年金的计算可以利用 2-8 和 2-9 节所讨论的方法。债券的价格为息票的现值和偿还值的现值之和。我们利用以下例题对此进行说明。

**例 5-10** 某公司决定发行一项 20 年期债券，该债券的面值为 100 并附有每年末支付的年度息票，第一年的息率为 10%，以后每年的息率比上一年的增加 1%，债券的偿还值为 110。为使收益率为 8%，求债券的价格。

**解：**

首先，由题设知，债券在各时的息票分别为：10，11，…，29，因此，债券的价格为，

$$P=9\,a_{\overline{20}|0.08}+(Ia)_{\overline{20}|0.08}+110v^{20}=190.87$$

**3．收益率不为常数的情况**

因为收益率的改变将影响未来息票和偿还值的现值的计算，所以如果收益率不为常数，则需要利用 2-6 节讨论的方法来计算息票的现值，而偿还值的现

值的计算则可以利用 1-5 节中讨论过的方法。同样地，我们通过下例来对此进行说明。

**例 5-11** 对例 5-1 中的债券，如果前 10 年的收益率为 7%，后 10 年的收益率为 9%，求此时债券的价格。

**解：**
首先，未来息票的现值为 $90[a_{\overline{10}|0.07}+(1.07)^{-10}a_{\overline{10}|0.09}]=925.74$，

其次，偿还值的现值为 $1120(1.07)^{-10}(1.09)^{-10}=240.50$，

因此，债券的价格为 $P=925.74+240.50=1166.24$。

## 5-8 其他证券

**1. 优先股和永久债券**

优先股和永久债券都是有固定收益却无偿还日的证券。其价格等于永久的股息或息票的现值，也就是说，股息或息票都构成永久年金。因此，其价格为

$$P=Fr/i \tag{5-35}$$

也有少数优先股发行时就预定了偿还日，这时，可以利用前面所讨论的方法进行计算。

**2. 普通股**

普通股是没有固定收益的证券，其红利不是预先定好的，也不是等额的，因此，这种证券与前面讨论的证券都有很大的不同。在实务中，股票市场上普通股的价格经常由于一些很小的原因引起很大的波动。

由

流出现金流的现值=流入现金流的现值

知，

股票的理论价格=未来红利的现值

假设普通股股票当前每股红利为 $D$，并且预期红利水平将一直保持稳定，那么，这种情况下，普通股的理论价格为

$$P=Dv+Dv^2+Dv^3+\cdots=D/i \tag{5-36}$$

其中 $i$ 为投资者投资股票的目标收益率。

**例 5-12A** 假设某普通股每年末将付 0.8 元红利。分别在收益率（1）15%，（2）8%，（3）4%下，求投资者购买股票的理论价格。

**解：**

由式(5-36)，有

（1）$P=D/i=0.8/15\%=5.33$（元）

（2）$P=D/i=0.8/8\%=10$（元）

（3）$P=D/i=0.8/4\%=20$（元）

式(5-36)给出的是红利保持稳定的情况下股票的理论价格。实际情况中，有时人们更愿意假设目标股票的红利有增长趋势。

考虑如下情况，某公司计划在当期末支付红利 $D$，并且以后每期末支付的红利总比上期增加 $k$ 倍，假设收益率为 $i$，其中 $-1<k<i$，那么由

股票的理论价格=未来红利的现值，有

$$P=Dv+D(1+k)v^2+D(1+k)^2v^3+\cdots=\lim_{n\to\infty}D\frac{1-\left(\frac{1+k}{1+i}\right)^n}{i-k}=D\frac{1}{i-k} \quad (5-37)$$

显然，当取 $k=0$ 时，式(5-37)就变成了式(5-36)，即式(5-36)其实为式(5-37)的一种特殊情况。

**例 5-12B** 假设例 5-12A 中，投资者预期股票的红利每年都将增加 5%，其他条件不变，重做例 5-12A。

**解：**

此时，$D=0.8$，$k=5\%$

（1）由式(5-37)，有

$$P=D\frac{1}{i-k}=0.8/(15\%-5\%)=80/10=8（元）$$

（2）由式(5-37)，有

$$P=D\frac{1}{i-k}=0.8/(8\%-5\%)=80/3=26.67（元）$$

（3）注意到 $k=5\%>i=4\%$，所以

$$P=Dv+D(1+k)v^2+D(1+k)^2v^3+\cdots=\infty$$

这表明，在这种预期下，投资者愿意为购买股票而不惜代价！

一般说来，红利按固定的百分比无限期地增长是不现实的，更合理的预期是，随着公司的规模达到一定的水平，公司的业绩将趋于平稳，这意味着公司的增长率逐渐降低。

**例 5-12C** 假设某公司股票当前的分红为每股 0.8 元，在当期分红后，投资者甲、乙、丙均相信该公司将在未来的 10 年里以 10%的增长率增长，并在接下来的 10 年内再以 5%的增长率增长，此后公司将平稳发展。甲、乙、丙购买

股票的收益率要求分别为 15%、8%和 4%,分别求甲、乙、丙愿意接受的该股票的最低价格。

**解:**

根据甲、乙、丙的预测,股票未来的红利支付情况如下图:

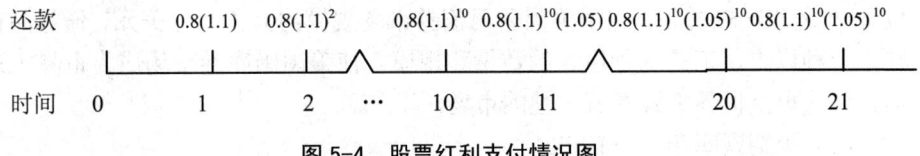

图 5-4　股票红利支付情况图

于是,所有红利的现值为

$0.8(1.1)v + 0.8(1.1)^2 v^2 + \cdots + 0.8(1.1)^{10} v^{10} + 0.8(1.1)^{10}(1.05)v^{11} + \cdots +$
$0.8(1.1)^{10}(1.05)^{10} v^{20} + 0.8(1.1)^{10}(1.05)^{10} v^{21} + \cdots$

$= 0.8(1.1)v \dfrac{1-(1.1v)^{10}}{1-1.1v} + 0.8(1.1)^{10}(1.05)v^{11} \dfrac{1-(1.05v)^{10}}{1-1.05v}$

$\quad + 0.8(1.1)^{10}(1.05)^{10} v^{21} \dfrac{1}{1-v}$

(1) $i=15\%$

$P = 6.316 + 3.217 + 1.377 = 10.91$

(2) $i=8\%$

$P = 8.862 + 8.259 + 9.065 = 26.18$

(3) $i=4\%$

$P = 11.033 + 14.781 + 38.564 = 64.38$

另外,实务中,人们在买卖股票时,有一个比理论价格更常用的指标,这就是所谓的"市盈率"。"市盈率"是股票(当前市场)价格除以每股收益(我们不妨把每股收益就理解为每股红利 $D$)所产生的数值。一般认为,市盈率在 100 以上的股票,其当前股价过高,有较大的下跌空间。而市盈率在 20 以下的股票,其当前股价较低。如果公司没有什么重大的"利空"消息,则可以关注(以便适时介入)。与理论价格公式相比较,我们发现,市盈率实际上对应式(5-37)中的 $1/(i-k)$,因此,100 以上的市盈率意味着 $i-k$ 低于 1%,而市盈率在 20 以下,则表示,只要公司保持现状,投资该股票的 $i-k$ 将不低于 5%。

3. 美国国库券

美国国库券是以美国政府的全部信义与信用作后盾的。因此,通常被认为是没有信用风险的证券。美国国库券利率既是整个美国经济的基准利率,也是国际资本市场的基准利率。投资者通常把在某种具体的国库券收益水平之上(或在其以下）作为交易标准来谈论各种其他证券的收益。

使美国国库券成为一种重要证券的原因包括两个方面：数量（从美元未偿还余额来看）和流动性。美国财政部是全世界最大的单一债券发行者，它发行价值数万亿美元的国库券（由 180 多种中、长期国库券和 30 多种短期国库券构成）。与之相比较的是，整个美国公司债券市场规模约为 1 万亿美元，债券品种在 1 万种以上。正是这种巨大的数量和规模，使美国国库券市场成为世界上最活跃的、也是世界上最富流动性的市场。

（1）短期国库券——T-bills

T-bills 是由美国财政部发行的一种短期国库券，它也是所有的货币市场工具中最流行的工具。T-bills 代表着最简单的借款方式：政府通过向公众发行 T-bills 来进行融资，投资者按到期面值以贴现的方式购买 T-bills，在到期日，T-bills 的持有者从政府处得到等于面值的付款。购买价与到期值之差便是投资者的收益。

T-bills 的收益率不用实质利率来表示，而是用贴现率表示。为说明这一点，考虑一面值为 1 万美元的 T-bills，以 9600 美元卖出，期限为半年或 182 天，该 T-bills 的贴现金额为 400 美元。一年以 360 天计，则 400 美元的贴现相当于一年的 $400\times(360/182)=791.21$ 美元。将其除以面值 1 万美元，便得到了年度贴现率为 7.912%。需要说明的是，在 T-bills 的买卖中，通常不报 T-bills 的卖价，而是报贴现率。

对于上述 T-bill，我们也可以计算其年度实质利率。因为实际投资 9600 美元、半年收入 400 美元，所以半年的实质收益率为 $400/9600=0.0417=4.17\%$，从而年实质收益率为 $(1.0417)^2-1=0.0851=8.51\%$。

可以总结出计算短期国库券贴现率的公式如下：

$$d =[(M-P)/M]\times(360/n) \qquad (5\text{-}38)$$

其中 $d$ 为年度贴现率，$P$ 为债券价格，$M$ 为国库券的到期值，$n$ 为期限的天数，一般地，

$$\text{天数}=\begin{cases} 91 & (13\text{周}) \\ 182 & (26\text{周}) \\ 364 & (52\text{周}) \end{cases}$$

注意，在计算 $n$ 时习惯上要除去两个工作日。如表 5-6 中第一个，本来从 10 月 31 日到 11 月 3 日，相隔 3 天，但 $n=1$。

式(5-38)为以国库券期限为 1 期的期实质贴现率，$d$ 相当于在单贴现方式下的年度贴现率。

第五章 债券与其他证券 221

由式(5-38),我们有 T-bills 价格计算公式的一般形式:

$$P=M\times(1-nd/360) \qquad (5-39)$$

表 5-6 给出了列在《华尔街日报》上的 T-bills 在 1994 年 10 月 31 日的价格。

表 5-6 T-bills 的报价表

| TREASURY BILLS | | | | | | TREASURY BILLS | | | | | |
|---|---|---|---|---|---|---|---|---|---|---|---|
| Maturity | Days to Mat. | Bid | Asked | Chg. | Ask Yid. | Maturity | Days to Mat. | Bid | Asked | Chg. | Ask Yid. |
| 11-03-94 | 1 | 4.25 | 4.15 | -0.03 | 4.21 | 02-23-95 | 113 | 5.11 | 5.09 | -0.01 | 5.24 |
| 11-10-94 | 8 | 4.40 | 4.30 | -0.02 | 4.36 | 03-02-95 | 120 | 5.18 | 5.16 | … | 5.32 |
| 11-17-94 | 15 | 4.40 | 4.30 | … | 4.37 | 03-09-95 | 127 | 5.20 | 5.18 | … | 5.35 |
| 11-24-94 | 22 | 4.27 | 4.17 | 0.02 | 4.24 | 03-16-95 | 134 | 5.25 | 5.23 | 0.01 | 5.41 |
| 12-01-94 | 29 | 4.29 | 4.25 | … | 4.32 | 03-23-95 | 141 | 5.27 | 5.25 | … | 5.43 |
| 12-08-94 | 36 | 4.49 | 4.47 | 0.02 | 4.55 | 03-30-95 | 148 | 5.29 | 5.27 | … | 5.46 |
| 12-15-94 | 43 | 4.60 | 4.58 | 0.02 | 4.67 | 04-06-95 | 155 | 5.38 | 5.36 | 0.01 | 5.56 |
| 12-22-94 | 50 | 4.74 | 4.70 | 0.02 | 4.80 | 04-13-95 | 162 | 5.40 | 5.38 | … | 5.59 |
| 12-29-94 | 57 | 4.57 | 4.53 | 0.01 | 4.63 | 04-20-95 | 169 | 5.44 | 5.42 | 0.01 | 5.64 |
| 01-05-95 | 64 | 4.81 | 4.79 | -0.01 | 4.90 | 04-27-95 | 176 | 5.45 | 5.43 | … | 5.66 |
| 01-12-95 | 71 | 4.89 | 4.87 | 0.01 | 4.99 | 05-04-95 | 183 | 5.49 | 5.47 | … | 5.70 |
| 01-19-95 | 78 | 4.98 | 4.96 | 0.02 | 5.08 | 06-01-95 | 211 | 5.54 | 5.52 | … | 5.76 |
| →01-26-95 | 85 | 5.03 | 5.01 | 0.02 | 5.14 | 06-29-95 | 239 | 5.57 | 5.55 | 0.01 | 5.80 |
| 02-02-95 | 92 | 5.05 | 5.03 | 0.02 | 5.17 | 07-27-95 | 267 | 5.66 | 5.64 | … | 5.91 |
| 02-09-95 | 99 | 5.09 | 5.07 | 0.01 | 5.21 | 08-24-95 | 295 | 5.71 | 5.69 | 0.01 | 5.98 |
| 02-16-95 | 106 | 5.11 | 5.09 | … | 5.24 | 09-21-95 | 323 | 5.73 | 5.71 | 0.01 | 6.02 |
| | | | | | | 10-19-95 | 351 | 5.81 | 5.79 | … | 6.13 |

箭头所指的 T-bill 在 1995 年 1 月 26 日到期的贴现率按递价计算为 5.03%,而按要价计算则为 5.01%。(递价是消费者可以卖给证券商的价格,而要价是消费者可以从证券商处买到的价格,差价即为证券商的利润。)

可以确定 T-bill 的价格,由式(5-39),有

$$P=10000\times(1-nd/360)$$

对箭头所指的 T-bill,$n=85$,

因此，要价为

$$10000\times[1-0.0501\times(85/360)]=9881.708（美元）$$

递价为

$$10000\times[1-0.0503\times(85/360)]=9881.236（美元）$$

表 5-6 中的"收益"列是 T-bill 的债券等价收益率，这是债券在整个期限的收益率。假设以要价购买并用单利，债券等价收益率 $r$ 为

$$r=[(M-P)/P]\times(365/n) \tag{5-40}$$

在上式中，右边的第一项为 T-bill 在其期限内的实质利率/收益率，第二项则是以单利的方式将其换算成年度实质收益率。

注意到债券等价收益率的计算中，以 365 天为一年的天数(在闰年为 366 天)，而在贴现率的计算中，则以 360 天为一年的天数。另外，在将期实质贴现率和期实质利率转换成年率时，使用的是单贴现和单利的方法。事实上，大多数期限少于一年的证券的收益率转换成年收益率时通常都用单利。

对箭头所指的 T-bill，$r=[(10000-9881.708)/9881.708]\times(365/85)=0.0514$ 或 5.14%，正如《华尔街日报》所登。

最后，根据要价 9881.708 的 bill 的年实质收益率可以如下计算：债券 85 天的收益率为(10000-9881.708)/9881.708=1.197%，等价的年度收益率为$(1.01197)^{365/85}-1=0.0524$，即年实质利率为 5.24%。

这个例子同时表明，贴现率小于债券等价收益率，它们均小于实质年收益率。

（2）中长期国库券——T-note 和 T-bond

美国政府的大部分借款来自于 T-note 和 T-bond，T-note 的期限长达 10 年，而 T-bond 的到期日在 10 到 30 年后。债券面值为$1000 或更多，它们都支付半年度息票，由于有息票，所以政府通常可以以面值或接近面值的价格出售这些国库券。除了期限不同外，T-note 和 T-bond 的主要区别是：T-bond 可以在一个给定的时期（通常是期限的后 5 年）通知偿还，通知条款赋予美国财政部以面值买回债券的权利。尽管自 1984 年以来，美国财政部便没有发行此类债券，但是还有一些以前发行的通知偿还债券仍未偿还。

表 5-7 同样来自《华尔街日报》。注意箭头所指的债券在 2000 年 8 月到期，债券的息票收入(或利息)为面值的 $8^{3}/_{4}$%，即面值为 1000 美元的债券一年共(分两次)支付$87，也就是说，每半年支付$43.75。在递价和要价列下冒号右边的数字的单位是一点的 1/32(或 1/32 点)。

2000 年 8 月债券的递价为 $105^{16}/_{32}$ 或 105.50，要价为 $105^{18}/_{32}$ 或 105.5625。上述数字（价格）与面值无关，是一个相对的数字，它是面值的百分比，即，

递价为面值的 105.50%，如果面值为 1000 美元，那么递价为 1055 美元。类似地，债券可以从证券商处以 1055.625 美元买到。+8 表示这一天的递价的收盘价比前一天的收盘价增加了 8/32 点。最后，建立在要价上的到期收益率为 7.55%，这里的到期收益率是由半年收益率乘以 2 得到的，而不是由复利计算。这里使用单利意味着收益率引用 APR，而不是实质利率，APR 的方法也叫债券等价收益。

表 5-7　美国国库券报价表

| GOVT.BOND&NOTES | | | | | | | | | | |
|---|---|---|---|---|---|---|---|---|---|---|
| | Maturity | | | | Ask | | Maturity | | | Ask |
| Rate | Mo/Yr | Bid | Asked | Chg. | Yid. | Rate | Mo/Yr | Bid | Asked Chg. | Yid. |
| 6.000 | Nov-94 | 100:01 | 100:03 | -1 | 3.44 | 5.500 | Apr-00 | 91:06 | 91:08 +10 | 7.48 |
| 8.250 | Nov-94 | 100:04 | 100:06 | -1 | 3.19 | 8.875 | May-00 | 106:04 | 106:06 +10 | 7.49 |
| 10.125 | Nov-94 | 100:07 | 100:09 | …. | 2.60 | 8.375 | Aug 95-00 | 101:15 | 101:19 +1 | 6.28 |
| 11.625 | Nov-94 | 100:09 | 100:11 | -1 | 2.45 | 8.75 | Aug-00 | 105:16 | 105:18 +8 | 7.55 ← |
| 4.625 | Nov-94 | 99:31 | 100:01 | …. | 4.15 | 8.5 | Nov-00 | 104:15 | 104:17 +10 | 7.55 |
| 4.625 | Dec-94 | 99:28 | 99:30 | +1 | 4.93 | 7.75 | Feb 01 | 100:25 | 100:27 +12 | 7.58 |
| 7.625 | Dec-94 | 100:12 | 100:14 | …. | 4.80 | 11.75 | Feb 01 | 120:28 | 121:00 +14 | 7.50 |
| 8.625 | Jan-95 | 100:22 | 100:24 | …. | 4.79 | 8 | May 01 | 102:02 | 102:04 +12 | 7.58 |
| 4.250 | Jan-95 | 99:24 | 99:26 | +1 | 4.96 | 13.125 | May 01 | 128:13 | 128:17 +14 | 7.52 |
| 3.000 | Feb-95 | 98:26 | 99:26 | …. | 3.63 | 7.875 | Aug 01 | 101:09 | 101:11 +12 | 7.62 |
| 5.500 | Feb-95 | 100:00 | 100:02 | …. | 5.22 | 8.000 | Aug 96-01 | 101:13 | 101:17 +3 | 7.07 |
| 7.750 | Feb-95 | 100:21 | 100:23 | …. | 5.13 | 13.375 | Aug 01 | 130:11 | 130:15 +12 | 7.56 |
| 10.500 | Feb-95 | 101:15 | 101:17 | …. | 5.00 | 7.500 | Nov 01 | 99:06 | 99:08 +12 | 7.64 |
| 11.250 | Feb-95 | 101:22 | 101:24 | +1 | 4.97 | 15.750 | Nov 01 | 143:29 | 144:01 +14 | 7.57 |

## 4. 证券的估价

一般来说，个人或机构作为投资者在购买证券后，都需要经常对这些证券的价值进行评估。特别是对于机构投资者，更需要定期对这些其所拥有的证券进行估价，并反映在财务报表中。目前主要有三种估价方法，分别适用于不同的情况，都有待进一步充实和完善。

第一种方法称为市价法，是用市场价值来计量资产价值。这种方法最大的弱点是债券的市场价值具有很大的波动性，导致债券价值不稳定。因而出现了一些修正的市价法。修正的市价法是在纯市价法的基础上，根据估价人员的经验和理性分析，人为地将纯市价法下出现的峰值作一些适当的修正，使债券价值变得平滑些。由于这些修正市价法带入了一些人为的主观臆断因素，并且计算方法也较复杂，所以修正的出现并不能很好地改善市价法的弱点。市价法的另一个弱点是某些证券市场上根本就不存在，如私募债券或抵押契据，这些证券从来都不在市场上公开交易，所以就没有办法发现它们的市场价值。

第二种方法为原始成本法。这种方法用资产的原始成本估价入账。对可赎回债券常用调整成本法估价，调整成本法相当于溢价摊销或折扣累积。由于实际成本或调整成本是记入投资者账簿的资产价值，因而被称为资产账面值。市价超过账面值的部分为未实现的资本增益，账面值超过市价的部分则被称为未实现的资本亏损。资产以超过账面值的价格卖出所得的利润为资本实增益，以低于账面值的价格出售产生的损失称为资本实亏损。

理论上债券一般都被持有直到到期日，因而投资者往往在账上不反映分期偿还的债券的未实现的资本增益和亏损。区分资本实增益与未实现的增益、资本实亏损与未实现的亏损，是因为针对不同的增益与亏损，计算应纳税的值是不同的。

第三种方法称为现值法。是用所持债券未来所得的现值估价入账。本章已讨论的债券、优先股和普通股都是这类例子。这种方法的优点是全部资产组合可按相同的利率计算价值。在计算能抵消资产的负债的价值时，这一优点尤其明显。现值法对计算现值时利率的选择很敏感，这既是这种方法的优点，也是其缺点。因为利率的选择具有任意性，算出的资产值可能与市场价值或账面值大不相同，而且这种方法也比其他两种方法更难理解。

## 习题五

1. 一项面值 1000 的 20 年期债券附有 8% 的息票，息票每半年支付一次，债券的价格为 1014，偿还值为 1000。息票以半年度转换名义利率 6% 再投资。求在 20 年期上债券购买者的年度实质利率。

2. 一项 9% 的债券面值 1000，息票每半年支付一次，并且到期的偿还值为 1100。在购买价格 $P$ 下，该债券将产生半年度转换 8% 的名义收益率，并且偿还值的现值为 190。求 $P$。

3. 对某债券，有如下信息：
（1）面值为 1000；
（2）偿还值为 1000；
（3）息率为 12%，半年度转换；
（4）以产生半年度转换 10% 的收益率定价。

该债券的期限为 $n$ 年。如果期限加倍，则价格将上升 50 元。求该 $n$ 年期债券的价格。

4. 在 2005 年 1 月 1 日，三项面值 100 并附有 6% 年度息票的债券将分别在 1、2、3 年末到期，各项债券的偿还值均为 100，已知这三项债券在 2005 年 1 月 1 日的价格如下：

| 到期日 | 价格（元） |
|---|---|
| 2005 年 12 月 31 日 | 101.92 |
| 2006 年 12 月 31 日 | 102.84 |
| 2007 年 12 月 31 日 | 105.51 |

这些价格是基于 2005 年的利率为 $i$、2006 年的利率为 $j$、2007 年的利率为 $k$ 的情况下得到的，分别求 $i$, $j$, $k$。

5. 一项面值 100 的债券期限为 100 年，并且以面值到期。该债券附有年度息票，并且前 10 年的息率为 10%，第二个 10 年的息率为 9%，第三个 10 年的息率为 8%，余类推，最后一个 10 年的息率为 1%。在收益率 8% 下，求该债券的价格。

6. 一项 10 年期的债券，其面值为 1000，年度息率为 $r$，偿还值为 1100。已知：
（1）产生年度实质收益率 4% 的价格为 $P$；
（2）产生年度实质收益率 5% 的价格为 $P-81.49$。
求产生年度实质收益率 $r$ 的价格。

7. 现有三项债券：债券 I 每期的息票为 40，价格为 $P$；债券 II 每期的息票为 30，价格为 $Q$；债券 III 每期的息票为 80。三项债券有相同的期限和偿还值，所有的价格均基于相同的收益率，并且所有的息票以相同的频率支付，求债券 III 的价格。

8. 一项面值 1000，附有 8% 息票的债券可以在发行 5 年后通知偿还，并且其息票按季度支付。该债券在 10 年末按面值偿还，如果假设债券不会被提前偿还，那么该债券的价格将产生季度转换名义利率 6% 的收益率。求该债券在 5 年末的偿还值，使在 5 年末通知偿还时，投资者仍然能产生季度转换名义利率 6% 的收益率。

9. 某保险公司拥有一项面值 1000 并附有半年度息票的债券，息率为 10%。该债券将在 10 年末以面值到期。该公司认为，8 年期的债券对公司更合适，当前的收益率为半年度转换利率 7%，公司利用卖出其拥有的这份 10 年期债券的收益来购买一项 8 年期的债券，新债券的息率为 6%，同样是半年度息票。求该 8 年期债券的面值。

10．五项面值 1000 的债券以产生半年度转换收益率 8%的价格被购买。每项债券的偿还值均为 1020，每项债券的年度息票均为 5%。各项债券分别在 6、7、8、9、10 年末到期，求这五项债券总的价格。

11．一项 30 年期的 10000 元债券支付 3%的年度息票，并以面值到期。该债券的购买价产生前 15 年的 5%、后 15 年 4%的收益率。求第 8 年的折扣积累额。

12．现有一项 10 年期附有半年度息票的债券，并且已知：
（1）购买价格为 650；
（2）面值为 1000；
（3）偿还值为 1050；
（4）息率为 12%。
利用债券推销员方法，求半年度转换名义利率。

13．一项面值 700、5 年期、息率为 10%的债券被购买，其中息票每半年支付一次，购买价格为 670.60。并且已知偿还值的现值为 372.05，求偿还值。

14．一项 1000 元的债券附有半年度支付的息票，息率为 $C$，该债券在 $n$ 年末以面值偿还。使该债券产生半年度转换 5%的收益率的价格为 $P$。如果息率为 $C-0.02$，则这种价格为 $P-300$。另一项在 $2n$ 年末以面值到期的 1000 元债券附有 7%的半年度支付的息票，并且收益率为半年度转换 5%，求第二支债券的价格。

15．某面值 1000、10 年期的债券附有 5%的息票，息票每半年支付一次。该债券以 1081.78 的价格销售。利用债券的推销员方法来近似债券的半年度转换收益率，求该近似值与确切值之差。

16．一项面值 10000 的债券附有 8%的息票，息票半年度支付一次，并且在到期前 4 个月被卖出。购买价将给买主产生半年度转换 6%的收益率。分别利用理论方法和半理论方法确定市场价，并求两种方法下产生的市场价之差。

17．有两项面值 1000 的 $n$ 年期债券。债券Ⅰ附有 14%的息票，息票每半年支付一次，价格为 1407.70，半年度转换收益率为 $i$；债券Ⅱ附有 12%的息票，息票每半年支付一次，价格为 1271.80，半年度转换收益率同样为 $i$。求债券Ⅰ产生 $i-1$%的半年度转换收益率的价格。

18．某甲有一项 5 年期的 100 万元的债券，该债券附有 6%的息票，息票半年度支付；某乙购买了一项 10 年期的债券，其面值为 $X$，并附有 6%的息票，息票半年度支付。两项债券均以面值偿还。甲乙两人均以半年度转换 4%的收益率购买他们的债券并立即将他们刚买到的债券卖给一个投资者，卖价给他们产生的收益率为半年度转换 2%。已知甲乙两人的买卖债券所赚取到的收益相同。求 X。

19．在 2000 年 7 月 1 日，某投资者购买了两项 14 年期的债券，这些债券的面值均为 10 万元，并均产生实质年度利率 $i$ 的收益率。这些债券均以面值偿还。已知：

（1）第一项债券是零息票债券，价格为 19563 元；

（2）第二项债券有 10%的年度息票。

求第二项债券的价格。

20．一项 $n$ 年期面值 1000 的债券附有 8%的年度息票，购买价产生的年度收益率为 $i$，$i>0$。在第 3 年末债券的账面值为 1099.84，在第 5 年末债券的账面值为 1082.27。求债券的购买价。

21．一项 3 年期面值 1000 的债券附有年度息票。第 1 年的息票为 50，第 2 年的息票为 70，第 3 年的息票为 90。债券的价格为 $P$，该价格产生的收益率强度 $\delta_t = \dfrac{2t-1}{2(t^2-t+1)}$ （$t>0$）。求 $P$。

22．某 10 年期面值为 10000 的债券附有 8%的息票，息票半年度支付。在 10 年末债券的偿还值为 10500。求产生季度转换 6%的收益率的价格。

23．某面值 1000 的债券附有 6%的息票，息票半年度支付，偿还值为 1100。该债券在价格 $P$ 下的收益率为半年度转换 8%，并且第 16 个半年期上的本金调整值为 5。求 $P$。

24．某人买了一份 28 年期的附有年度息票的面值为 1200 的债券，债券以面值偿还。该人在实质收益率 $i$ 下，为购买债券而支付了 1968 元。已知债券的息率是收益率的 2 倍，在第 7 年末，该人以价格 $P$ 将债券卖出。对新的买主来说，该价格产生同样的收益率 $i$，求 $P$。

25．一项 10 年期债券附有 8%的息票，息票每年支付 4 次，并且已知其偿还值为 1600。债券购买价产生的收益率为季度转换 12%，购买价为 860.40。求面值。

26．一项面值为 1 万元的系列债券，年度息率为 12%，息票每半年支付一次。其偿还情况如下：

（1）在第 10 到第 14 年末，每年末偿还 1000 元；

（2）在第 15 年末，偿还 5000 元。

求在发行日产生 10%的半年度转换收益率的价格。

27．某人购买了一项在一年后以面值偿还的债券。面值为 1000 元，并附有 4%的息票，息票每半年支付一次。债券的购买价格为 985.1 元。求购买该债的半年度转换收益率。

28．某投资者购买了一项 15 年期的债券，面值为 10 万元，并附有 8%的息率，息票每半年度支付一次。从第 24 个付息日开始，该债券可以在任何一个付息日以面值通知偿还。为了产生不低于半年度转换 10%的收益率，求投资者可以接受的最高价格。

29．在 1995 年 5 月 1 日，某公司购买了一项面值为 100 万的债券，其年度息票为 5.375%，并且购买的收益率为年度实质利率 5%。该债券在 2010 年 5 月 1 日到期，到期的偿还值为 110 万。为了使账面值逐渐调整到 2010 年的 110 万，要求每年调整债券的账面值。计算在 2001 年 5 月 1 日账面值调整的金额。

# 第六章　其他的应用和分析

本章我们再介绍利息理论在实际生活中一些其他的应用，这些内容也经常被其他一些课程讨论。我们之所以讨论它们，是因为其中的基本原理和做法可以追溯到基本的利息理论。

本章将要讨论的其他的应用主要包括 APR 的近似计算、折旧方法、资本成本和卖空等内容。

另外，本章还将在前面各章的基础上，对利率的一些其他方面做一些更进一步的分析。

## 6-1　APR 的近似方法

计算 APR 的问题其实也就是未知利率问题。我们知道，精确计算出未知利率是一件很复杂的事情，因为往往要涉及到迭代、插值或试错的方法。对于分期偿还贷款未知利率的计算，目前有几种近似计算方法，这些方法不需要使用任何的利息函数，可以直接进行计算。

当然，随着高性能计算机应用的普及，未知利率的精确计算问题已经不再是一件很困难的事情，因此，相应的近似方法已经不像以前那么重要。但是，对近似方法的讨论依然具有重要的理论价值。此外，它们也可以为我们在新的条件下发展更进一步的计算方法提供启示。最后，这些方法本身具有比较高的精度，所以它们在目前也还是有很重要应用价值的。

本节我们考虑四种近似方法，这些方法的原理是一样的：考虑分期付款中本金和利息的划分，所有这四种近似方法都是通过利用某一种简单的、理想的划分来代替真实的划分，从而得到计算 APR 的简单、容易理解和操作的不同的近似方法。它们之间的不同点只在于用来代替真实划分的划分不同而已。

在具体讨论各种不同方法之前，我们先考虑其共同之处：假设每年等额偿还 $m$ 次，于是 $1/m$ 年的实质利率为 $i/m$，其中 $i$ 为 APR。从而每 $1/m$ 年末将产

生 $i/m$ 倍该 $1/m$ 年初未偿还本金的利息，因此，若以 $B_{t/m}$ 表示 $t/m$ 时的贷款余额，则有

$$K=\frac{i}{m}B_0+\frac{i}{m}B_{1/m}+\frac{i}{m}B_{2/m}+\cdots+\frac{i}{m}B_{(n-1)/m}=\frac{i}{m}\sum_{t=0}^{n-1}B_{t/m}$$

或

$$i=\frac{mK}{\sum_{t=0}^{n-1}B_{t/m}} \tag{6-1}$$

上式表明：融资费用 $K$ 等于每 $1/m$ 年中未偿还贷款余额的利息量之和。几种不同方法的不同之处仅仅表现在对分期支付款项划分方式的不同，也即得到上式的分母不同。

第一种方法是最大收益法，这是因为这种方法下，算出 APR 的值比其他方法算出的都大。由这种方法得到的 APR 值以 $i^{max}$ 表示。

最大收益法假设所有的分期付款全部都用于还本，直到本金还清后，再将剩余的分期付款额用于付息。我们假设融资费用小于一次分期付款额，即 $K<(L+K)/n$，这种假设的目的是保证除最后一次外的所有的分期付款都用于偿还本金。

在这些假设下，表 6-1 给出了该方法下的分期偿还表。

表 6-1 最大收益法的分期偿还表

| 时期 | 分期付款额 | 支付利息 | 偿还本金 | 未偿还贷款余额 |
|---|---|---|---|---|
| 0 | | | | $L$ |
| $1/m$ | $(L+K)/n$ | 0 | $(L+K)/n$ | $L-(L+K)/n$ |
| $2/m$ | $(L+K)/n$ | 0 | $(L+K)/n$ | $L-2(L+K)/n$ |
| $\vdots$ | $\vdots$ | $\vdots$ | $\vdots$ | $\vdots$ |
| $(n-1)/m$ | $(L+K)/n$ | 0 | $(L+K)/n$ | $L-(n-1)(L+K)/n$ |
| $n/m$ | $(L+K)/n$ | $K$ | $(L+K)/n-K$ | 0 |
| 总计 | $L+K$ | $K$ | $L$ | |

将未偿还贷款余额栏求和，有：

$$\sum_{t=0}^{n-1}B_{t/m}=Ln-[1+2+\cdots+(n-1)](L+K)/n=Ln-(L+K)(n-1)/2$$

从而，有：

$$i^{max}=\frac{mK}{Ln-(L+K)\frac{n-1}{2}}=\frac{2mK}{L(n+1)-K(n-1)} \tag{6-2}$$

事实上，如果假设在整个贷款期间使用单利，也可以得出上式，这一推导留作练习。对于融资费用大于一次付款的情形，相应的近似公式的推导也留作练习。

第二种方法叫最小收益法，这是因为这种方法下，算出 APR 的值比其他方法算出的都小。这种方法算出的 APR 值以 $i^{min}$ 表示。

最小收益法假设每次分期付款首先全部都用于偿还利息，然后再用于偿还本金。同时也假设融资费用小于一次付款金额，以保证第一次付款就足以还清全部利息。表 6-2 是该算法下的分期偿还表。

表 6-2 最小收益法下的分期偿还表

| 时期 | 分期付款额 | 支付利息 | 偿还本金 | 未偿还贷款余额 |
|---|---|---|---|---|
| 0 | | | | $n(L+K)/n-K=L$ |
| $1/m$ | $(L+K)/n$ | $K$ | $(L+K)/n-K$ | $(n-1)(L+K)/n$ |
| $2/m$ | $(L+K)/n$ | 0 | $(L+K)/n$ | $(n-2)(L+K)/n$ |
| ⋮ | ⋮ | ⋮ | ⋮ | ⋮ |
| $(n-1)/m$ | $(L+K)/n$ | 0 | $(L+K)/n$ | $(L+K)/n$ |
| $n/m$ | $(L+K)/n$ | 0 | $(L+K)/n$ | 0 |
| 总计 | $L+K$ | $K$ | $L$ | |

由上表，有 $\sum_{t=0}^{n-1}B_{t/m}=\frac{L+K}{n}\cdot\frac{n(n+1)}{2}-K=\frac{n+1}{2}L+\frac{n-1}{2}K$，因此，

$$i^{min}=\frac{mK}{(L+K)\frac{n-1}{2}-K}=\frac{2mK}{L(n+1)+K(n-1)} \tag{6-3}$$

融资费用大于一次付款的更一般情形留作练习。

显然，最大和最小收益法有明显的不合理之处。因为每次分期付款都应该有部分用来付息，也有部分用来支付本金，而最大和最小收益法中对各次付款的划分都没有这种特性，以下要讨论的两种方法则注意到了这个问题。

第三种方法也是最简单的方法，叫常率方法。这种方法算出 APR 的值以 $i^{cr}$ 表示。这种方法假设每次付款的固定比例用于还本，剩下的部分（当然也是固定比例部分）用于付息。表 6-3 是该方法下的分期偿还表。

表 6-3  常率方法下的分期偿还表

| 时期 | 分期付款额 | 支付利息 | 偿还本金 | 未偿还贷款余额 |
|---|---|---|---|---|
| 0 | | | | $nL/n=L$ |
| $1/m$ | $(L+K)/n$ | $K/n$ | $L/n$ | $(n-1)L/n$ |
| $2/m$ | $(L+K)/n$ | $K/n$ | $L/n$ | $(n-2)L/n$ |
| $\vdots$ | $\vdots$ | $\vdots$ | $\vdots$ | $\vdots$ |
| $(n-1)/m$ | $(L+K)/n$ | $K/n$ | $L/n$ | $L/n$ |
| $n/m$ | $(L+K)/n$ | $K/n$ | $L/n$ | 0 |
| 总计 | $L+K$ | $K$ | $L$ | |

于是，$\sum_{t=0}^{n-1} B_{t/m} = L \times \dfrac{n(n+1)}{2n} = \dfrac{n+1}{2}L$，从而

$$i^{cr} = \frac{mK}{\dfrac{n+1}{2}L} = \frac{2mK}{(n+1)L} \tag{6-4}$$

另外，上式也可由其他方法得到：每年的利息量为 $mK/n$，平均的未偿还贷款余额可以由第一期和最后一期的未偿还贷款余额的平均值得到。该平均值为 $(L+L/n)/2$，注意到将利率作为年利息与平均未偿还贷款余额的比值，就有

$$i^{cr} = \frac{mK/n}{\dfrac{n+1}{2n}L} = \frac{2mK}{(n+1)L}$$

这种方法与常率方法在本质上是一致的，因为在常率方法的假设下，未偿还贷款余额是线性的。

有时，可以得到常率方法更简单的形式，将平均贷款余额看成贷款开始时余额和期末结束时余额的平均值，即为 $(L+0)/2=L/2$，则有

$$i^{cr'} = \frac{2mK}{Ln} \tag{6-5}$$

上式用 $1/2$ 代替了式(6-4)中的 $(n+1)/2n$，一般来说，上式的精度不如式(6-4)。

常率方法注意到了每次付款都应该有部分用来支付利息，另有部分用来支付本金这一事实，不过这种方法下对利息和本金的支付都是固定的。在第四章讨论分期偿还表时，我们注意到利息的支付是在逐年减少的（针对等额还款而言），而本金的支付则在以几何级数递增。因此，常率方法的一个不合理的地方是：常率方法下，利息的支付量不是逐年减少的（而是保持为常数）。

第四种方法则改进了这个不合理的地方。

第四种方法是直接比率法。其算出的 APR 以 $i^{dr}$ 表示。这种方法注意到了在真实的分期偿还表中,支付利息列是单减而支付本金列是单增的(自上而下),因此,这种方法将付款分成本金和利息两部分的方法最接近于真实的划分。也正因为如此,一般来说,直接比率法的结果最精确。

下面举例说明直接比率法:考虑某一年期贷款,每月还款一次,总共分 12 次还清,注意到 1+2+3+⋯+12=78。直接比率法假设第一个月支付的利息是融资费用的 12/78,第二月为 11/78,余类推,最后一个月为 1/78。付息额递减自然导致还本额递增。

对于一般期限的贷款,直接比率法的规则为:

若还款期为 $n$,记前 $n$ 个数之和为 $S_n$,即 $S_n=1+2+\cdots+n$。

首年还款中支付的利息为融资费用的 $n/S_n$,第二年为 $(n-1)/S_n$,余类推,第 $n$ 年为 $1/S_n$。表 6-4 是该算法下的分期偿还表。

表 6-4 直接比率法下的分期偿还表

| 周期 | 分期偿还额 | 付息 | 还本 | 贷款余额 |
|---|---|---|---|---|
| 0 | | | | $n(L+K)/n - K S_n/S_n = L$ |
| $1/m$ | $(L+K)/n$ | $nK/S_n$ | $(L+K)/n - nK/S_n$ | $(n-1)(L+K)/n - K S_{n-1}/S_n$ |
| $2/m$ | $(L+K)/n$ | $(n-1)K/S_n$ | $(L+K)/n - (n-1)K/S_n$ | $(n-2)(L+K)/n - K S_{n-2}/S_n$ |
| ⋮ | ⋮ | ⋮ | ⋮ | ⋮ |
| $(n-1)/m$ | $(L+K)/n$ | $2K/S_n$ | $(L+K)/n - 2K/S_n$ | $(L+K)/n - K S_1/S_n$ |
| $n/m$ | $(L+K)/n$ | $K/S_n$ | $(L+K)/n - K/S_n$ | 0 |
| 合计 | $L+K$ | $K$ | $L$ | |

贷款余额之和为:

$$\sum_{t=0}^{n-1} B_{t/m} = (n)\frac{L+K}{n} - K\times\frac{S_n}{S_n} + (n-1)\frac{L+K}{n} - K\times\frac{S_{n-1}}{S_n} + \cdots + \frac{L+K}{n} - K\times\frac{S_1}{S_n}$$

因为前 $r$ 个正整数之和为

$$S_r = 1+2+3+\cdots+r = r(r+1)/2 \tag{6-6}$$

所以有

$$\sum_{r=1}^{n} S_r = \sum_{r=1}^{n}\frac{r(r+1)}{2} = \frac{1}{2}\sum_{r=1}^{n}(r^2+r)$$

$$= \frac{1}{2}\left[\frac{1}{6}n(n+1)(2n+1) + \frac{1}{2}n(n+1)\right]$$
$$= n(n+1)(n+2)/6 \tag{6-7}$$

$$\sum_{t=0}^{n-1} B_{t/m} = \frac{L+K}{n} \times \frac{n(n+1)}{2} - K\frac{\frac{1}{6}n(n+1)(n+2)}{\frac{1}{2}n(n+1)}$$
$$= (K+L)(n+1)/2 - K(n+2)/3$$
$$= [3(K+L)(n+1) - 2K(n+2)]/6$$
$$= [3L(n+1) + K(n-1)]/6 = [L(n+1) + K(n-1)/3]/2$$

由式(6-1)有,

$$i^{dr} = \frac{mK}{\frac{1}{2}\left[L(n+1) + \frac{1}{3}K(n-1)\right]} = \frac{2mK}{L(n+1) + \frac{1}{3}K(n-1)} \tag{6-8}$$

直接比率法又叫"78律"。不过事实上,"78"这个数字只来自于12次还款(或一年期,按月还款)的情况。

使用"78律"或直接比率法所产生的结果非常准确,表6-5对不同情况下各种近似方法的结果与精确结果进行了比较。

表6-5 各种近似方法产生的结果与精确结果的比较表

| 偿还频率 | 贷款期限 | 财务费用 | $i^{max}$ | $i^{min}$ | $i^{cr}$ | $i^{dr}$ | 精确的APR |
|---|---|---|---|---|---|---|---|
| 每月一次 | 6月 | 2.00% | 6.96% | 6.76% | 6.86% | 6.82% | 6.82% |
| | | 4.00% | 14.12% | 13.33% | 13.71% | 13.58% | 13.59% |
| | | 6.00% | 21.49% | 19.73% | 20.57% | 20.28% | 20.29% |
| | 1年 | 4.00% | 7.64% | 7.14% | 7.38% | 7.30% | 7.30% |
| | | 8.00% | 15.84% | 13.83% | 14.77% | 14.44% | 14.45% |
| | | 12.00% | 24.66% | 20.11% | 22.15% | 21.43% | 21.46% |
| | 2年 | 8.00% | 8.29% | 7.15% | 7.68% | 7.50% | 7.50% |
| | | 16.00% | 18.01% | 13.39% | 15.36% | 14.64% | 14.68% |
| | | 24.00% | 29.57% | 18.87% | 23.04% | 21.46% | 21.57% |
| | 5年 | 20.00% | 9.76% | 6.59% | 7.87% | 7.39% | 7.42% |
| | | 40.00% | 25.67% | 11.35% | 15.74% | 13.94% | 14.13% |
| | | 60.00% | 56.25% | 14.94% | 23.61% | 19.78% | 20.31% |
| 每季一次 | 1年 | 8.00% | 13.45% | 12.21% | 12.80% | 12.60% | 12.60% |
| | 2年 | 16.00% | 16.24% | 12.65% | 14.22% | 13.66% | 13.69% |
| | 5年 | 40.00% | 23.88% | 11.19% | 15.24% | 13.60% | 13.77% |

从上表中我们发现,各种情况下都是直接比率法的结果最接近精确的 APR,并且发现,直接比率法的误差没有超过 1%的。诚实信贷法要求的误差是 0.25%,上表中除了五年期(长期)费用为 60%(高利率)的那项外,其余均在这一标准以内。

另外,公式(6-8)还可以用在年金的未知利率的计算中,它能够产生很好的初值。若用第二章求未知利率的那些符号,则公式(6-8)可变为初值公式

$$i \approx \frac{2(n-k)}{k(n+1) + \frac{1}{3}(n-k)(n-1)} \tag{6-9}$$

式(6-9)的形式与式(2-20)类似,但是,经验表明,式(6-9)算出的初值优于式(2-20)。

前面我们曾经讨论过,提前还清贷款时未获融资费用的计算有两种方法。第一种是基于精算方法的精确应用,第二种就是基于 78 律。78 律往往更受贷款方喜欢。

**例 6-1** 分别用:(1)最大收益法;(2)最小收益法;(3)常数比例法;(4)直接比例法(78 律),求例 4-16 中分期偿还贷款的 APR。

**解:**

$$L=3000, \quad K=600, \quad m=12, \quad n=12$$

(1) $i^{max} = \dfrac{2mK}{L(n+1) - K(n-1)} = \dfrac{2 \times 12 \times 600}{3000 \times (12+1) - 600 \times (12-1)} = 44.44\%$

(2) $i^{min} = \dfrac{2mK}{L(n+1) + K(n-1)} = \dfrac{2 \times 12 \times 80}{1000 \times (12+1) + 80 \times (12-1)} = 31.58\%$

(3) $i^{cr} = \dfrac{2mK}{L(n+1)} = \dfrac{2 \times 12 \times 80}{1000 \times (12+1)} = 36.92\%$

(4) $i^{dr} = \dfrac{2mK}{L(n+1) + \frac{1}{3}K(n-1)} = \dfrac{2 \times 12 \times 80}{1000 \times (12+1) + \frac{1}{3} \times 80 \times (12-1)} = 34.95\%$

在例 4-16 中用精确方法算出的答案为 35.07%,可见,直接比率法比其他方法的精度更高。

**例 6-2** 通过求解方程 $a_{\overline{30}|} = 15.37245$ 的初值,比较式(6-9)、式(2-20)、式(2-22A)算出的初值的精确度。

**解:**

本题 $i$ 的精确值为 5%。

用式(2-20),

$$i_0 = \frac{2(n-k)}{k(n+1)} = \frac{2(30-15.37245)}{15.37245 \times (30+1)} = 6.139\%$$

由式(2-22A),有

$$i_0 = \frac{1-\left(\frac{k}{n}\right)^2}{k} = \frac{1-\left(\frac{15.37245}{30}\right)^2}{15.37245} = 4.7971\%$$

用公式(6-9),

$$i_0 = \frac{2(n-k)}{k(n+1) + \frac{1}{3}(n-k)(n-1)}$$

$$= \frac{2 \times (30 - 15.37245)}{15.37245 \times (30+1) + (30-15.37245)(30-1)/3} = 4.6607\%$$

可见,公式(6-9)优于(2-20)而不如式(2-22A)。但若将式(2-22A)用于例 4-16 中,有

$$i = 12 \times \frac{1-\left(\frac{10}{12}\right)^2}{10} = \frac{2(20-8.5136)}{8.5136 \times (20+1) + \frac{1}{3}(20-8.5136)(20-1)} = 36.6667\%$$

该结果不如直接比例法(6-9)式算出的结果。经验表明,用迭代法求年金利率的问题中,计算初值时,短期年金用直接比例法计算结果最好,而长期年金用式(2-22A)计算结果最好。

**例 6-3**  在例 4-16 中,若 6 次分期还款后就还清了全部贷款,分别用(1)精算法;(2)78 律,求借款人可收回的未获融资费用。

**解:**

(1)从未来还款角度看,6 个月的贷款余额为 $300 a_{\overline{6}|0.029} = 1629.32$,

按原还款计划,后 6 个月应还款总额为 $6 \times 300 = 1800.00$,

则未实现融资费用为 $1800.00 - 1629.32 = 170.68$。

(2)因 $S_6 = 21$,$S_{12} = 78$,而全部融资费用为 600 元,故未实现融资费用为 $600 \times 21/78 = 161.54$。

可见,借款人提前还清贷款应得的未实现融资费用,按 78 律计算对借款人不利。诚实信贷对于未实现融资费用的计算方法没有规定,两者都可以用。

## 6-2 折旧方法

利息理论的一个重要应用是对固定资产的财务分析。

在长期使用过程中，固定资产实物形态保持不变，但因使用、磨损及陈旧等原因会发生各种有形和无形的损耗。有形损耗对使用中的固定资产而言，产生于物质磨损；无形损耗是因技术进步、市场变化、企业规模改变等原因引起的。有的资产因陈旧、不适应大规模生产发展的要求而需要在其耐用年限届满前退废。

固定资产的服务能力随着时间的推移而逐步消逝，其价值也随之发生损耗，企业通常会采用系统合理的方法，将其损耗分摊到各经营期，记作每期的费用，并与当期营业收入相配比。固定资产的成本随着逐期分摊，转移到它所生产的产品或提供的劳务中去，这个过程即为计提折旧，每期分摊的成本称为折旧费用。

固定资产因使用会发生磨损，所以使用中的固定资产（如机器设备）均需计提折旧，考虑到无形损耗的原因，对未使用、不需用的固定资产，也要计提折旧，房屋和建筑物不管是否使用都要计提折旧。以融资租入方式租赁的固定资产，应当比照自有固定资产进行会计处理，所以也要计提折旧。

固定资产折旧的计算，涉及到固定资产原值、估计残值、估计使用年限内的计息期数和折旧方法等四个要素。

（1）固定资产原值，是固定资产取得时的实际成本。我们用字母 $A$ 来表示。

（2）估计残值。指固定资产在报废时，预计残料变价收入扣除清算时清算费用后的净值，也称为估计净残值，本书用字母 $S$ 表示估计残值。实物中常用固定资产原值的一定百分比估算。在计算折旧时，把固定资产原值减去估计残值后的余额称为折旧基数或折旧总额。另外，在实务中，一般情况下，残值为一个正数，但是在某些场合，残值有可能为 0 或为负数。

（3）使用年限内的计息期数。本书用字母 $n$ 表示。在确定使用年限内的计息期数时应同时考虑有形损耗和无形损耗，即实物的使用寿命和与经济效用等有关的技术寿命，在科技进步迅猛发展的现代社会，技术密集型企业应更多地考虑无形损耗，合理确定使用年限。

（4）折旧方法。不同经营规模、不同性质的企业可根据各自的特点选择相应的折旧方法，以较合理地分摊固定资产的应计折旧总额，反映本单位固定资产的实际使用现状。

除了上述四大要素外，在计算折旧时，单位计息期内投资的收益率也对折旧有重要的影响，我们用 $i$ 来表示这一收益率，在以下关于折旧方法的讨论中，还会涉及一个单位计息期的偿债基金利率，用 $j$ 来表示。另外，用字母 $R$ 表示资产的周期性收益。

对于既不增值也不贬值的资产，即 $A=S$ 的情况，显然有各计息期收益率等于周期性净收益除以资产值

$$i=R/A \tag{6-10}$$

一般的情况是 $A \neq S$，即资产值将随时间而变化。

若 $A<S$，则资产为增值资产；若 $A>S$，则为贬值资产。有些房地产在购买若干年后，价值不降反升，可以看成是增值资产的例子，其他的增值资产的例子还有像邮票、名人字画等。

更常见的资产是贬值资产，如机器设备等。对于我们将要讨论的折旧方法而言，并不要区分增值还是贬值资产，以下方法对上述两种资产均有效。

在 $A \neq S$ 的情况下，式(6-10)就不成立了，因为它没有反映出资产值的变化情况。这时，我们以偿债基金来代替资本金。根据偿债基金的理论，有

$$(R-Ai)s_{\overline{n}|j}=A-S$$

或

$$R=Ai+\frac{A-S}{s_{\overline{n}|j}} \tag{6-11}$$

$A=S$ 时，上式变为式(6-10)。在实际情况中，通常假设 $i=j$，并且一般并不真的建立一个偿债基金。上式并没有要求 $A>S$，$A<S$ 时依然成立。

注意，上述讨论与第五章中对债券的分析是类似的。以折扣购买的债券相当于增值资产，而用溢价购买的债券则类似于减值资产。事实上，式(6-11)也可用于对债券的计算。这时，$A$ 相当于价格，$S$ 为偿还值，$R$ 为息票。（证明留作练习）

如上所述，折旧指的是减值资产价值随时间推移而减少的过程。折旧主要是由于物理性能的破坏和老化，会计上要求资产的价值必须在投资者账目上定期记录下来，在任何时候投资者账目上的资产值叫做那时的账面值，每期账面值的减少金额就是该时期的折旧费。

实务中计算账面值和折旧费的方法有很多。选择何种方法折旧，除了会计上的考虑外，另一个重要的考虑因素是税法方面的考虑，因为折旧费可以作为业务费用而从所得税中扣除。有关折旧涉及的税务规定的讨论超出了本课程的

范围,故不予讨论。

这里,我们只讨论四种得到广泛应用的折旧方法。

我们记第 $t$ 期末资产账面值为 $B_t$,$0 \leq t \leq n$。显然 $B_0 = A$,$B_n = S$。记第 $t$ 期的折旧费为 $D_t$,$1 \leq t \leq n$。于是

$$D_t = B_{t-1} - B_t \tag{6-12}$$

我们讨论的第一种折旧方法是偿债基金法或复利法。这种方法下,任何时刻的资产账面值等于资产的原值减去偿债基金的金额,即

$$B_t = A - \frac{A-S}{s_{\overline{n}|j}} s_{\overline{t}|j} \tag{6-13}$$

注意,$t=0$ 或 $n$ 时,上式正好给出 $B_0$ 和 $B_n$ 的值。于是,折旧费为:

$$D_t = B_{t-1} - B_t = (A - \frac{A-S}{s_{\overline{n}|j}} s_{\overline{t-1}|j}) - (A - \frac{A-S}{s_{\overline{n}|j}} s_{\overline{t}|j})$$

$$= \frac{A-S}{s_{\overline{n}|j}} (s_{\overline{t}|j} - s_{\overline{t-1}|j}) = \frac{A-S}{s_{\overline{n}|j}} (1+j)^{t-1} \tag{6-14}$$

从上式可以发现,偿债基金法算出的折旧费随时间推移而增大,并且呈几何级数增长。这可能对有些固定资产很不合理,例如,对汽车或计算机的折旧而言,这种方法与实际情况相差就较远,而对于办公大楼的折旧,则可能比较接近,因为房产的折旧在开始时减值比较慢,随后则快速减值。

不过,需要强调的是,折旧方法的选择常常不是以产生更合理的资产账面值为目的的,对许多个人或公司来说,折旧方法的选择,其原则往往是在允许的范围内,争取付税最合算。如果想在资产寿命的早期享受高额的减税,就不应该选择偿债基金法。

注意,不要以为偿债基金法真的需要建立一个偿债基金,它只是一种计算账面值和折旧费的方法而已,实际上,可以有一个偿债基金来取代资本的损失,也可以没有。

第二种也是最简单的方法,叫直线法,由于简单,所以这种方法在实务中应用极广。这种方法下,折旧费是一个常数,因此

$$D_t = (A-S)/n \tag{6-15}$$

从而账面值是线性的,

$$B_t = A - tD_t = \left(1 - \frac{t}{n}\right)A + \frac{t}{n}S \tag{6-16}$$

值得注意的是,直线法是偿债基金法在 $j=0$ 时的特殊情况。

第三种方法是余额递减法,也称为常百分比法或复贴现法。该法算出的各

期折旧费在整个资产寿命期间单调递减。其特征是，折旧费是相应期初资产账面值的常数百分比，即

$$D_t = dB_{t-1} \tag{6-17}$$

又因为 $D_t=B_{t-1}-B_t$，故 $B_t=B_{t-1}(1-d)$，于是

$$B_0 = A$$
$$B_1 = B_0(1-d) = A(1-d)$$
$$B_2 = B_1(1-d) = A(1-d)^2$$
$$\cdots\cdots$$
$$B_t = B_{t-1}(1-d) = A(1-d)^t \tag{6-18}$$
$$\cdots\cdots$$
$$B_n = B_{n-1}(1-d) = A(1-d)^n = S$$

由于 $A$ 和 $S$ 已知，所以可求出 $d$，

$$(1-d)^n = S/A \tag{6-19}$$

或

$$d = 1 - (S/A)^{1/n}$$

"复贴现"一词由公式(6-19)而来。其中 $d$ 可以被看成一贴现率。注意，这里假设 $S>0$，如果 $S \leq 0$，这种方法就不适用了。

余额递减法通常有一种变形，称作倍数余额递减法。这种方法是将上述标准的余额递减法中的因子 $d$ 作一种变化，我们用 $d'$ 来表示，$d'$ 不是由资产原值和残值算出来，而是直线法方法中折旧率的若干倍数，即

$$d' = k/n \tag{6-20}$$

其中 $k$ 为一常数，如 1.25 或 1.5 或 2。当 $k$ 等于 2 时，称为双倍余额递减法。

按 $d'$ 建立的折旧表，由于资产账面值不能低于残值 $S$，所以折旧表最后一行不按 $d'$ 计算而是人为地计提折旧费，其原则是使账面值恰好等于 $S$。

第四种方法是年数和法。这种方法同余额递减法一样，考虑折旧费递减的情况，不过余额递减法下，折旧费呈几何级数递减，而年数和法则类似于 78 律，这种方法下算出的折旧费线性递减。

首先，令前 $r$ 个正整数之和为 $S_r=1+2+\cdots+r=r(r+1)/2$，各周期的折旧额为：

$$D_1 = n(A-S)/S_n$$
$$D_2 = (n-1)(A-S)/S_n$$
$$\cdots\cdots$$
$$D_t = (n-t+1)(A-S)/S_n \tag{6-21}$$
$$\cdots\cdots$$

$$D_n = (A-S)/S_n$$

于是：

$$B_t = A - \sum_{r=1}^{t} D_r = S + \sum_{r=t+1}^{n} D_r = S + S_{n-t}(A-S)/S_n \tag{6-22}$$

**例 6-4** 一台机器价值 30000 元，将使用 10 年，在 10 年末的残值为 2000 元，分别用：（1）偿债基金法，$j=0.06$；（2）直线法；（3）余额递减法；（4）年数和方法，计算机器的账面值和折旧额。

**解：**

(1) $\dfrac{A-S}{S_{\overline{n}|j}} = \dfrac{28000}{S_{\overline{10}|0.06}} = 2124.30$

因此，由式(6-13)和式(6-14)，各期账面值和余额如下表：

| $t$ | $D_t$ | $B_t$ |
| --- | --- | --- |
| 0 |  | 30000 |
| 1 | 2124 | 27876 |
| 2 | 2252 | 25624 |
| 3 | 2387 | 23237 |
| 4 | 2530 | 20707 |
| 5 | 2682 | 18025 |
| 6 | 2843 | 15182 |
| 7 | 3013 | 12169 |
| 8 | 3194 | 8975 |
| 9 | 3386 | 5589 |
| 10 | 3589 | 2000 |

（2）由式(6-15)和式(6-16)，有各期账面值和余额如下表：

| $t$ | $D_t$ | $B_t$ |
| --- | --- | --- |
| 0 |  | 30000 |
| 1 | 2800 | 27200 |
| 2 | 2800 | 24400 |
| 3 | 2800 | 21600 |
| 4 | 2800 | 18800 |
| 5 | 2800 | 16000 |
| 6 | 2800 | 13200 |
| 7 | 2800 | 10400 |
| 8 | 2800 | 7600 |
| 9 | 2800 | 4800 |
| 10 | 2800 | 2000 |

(3) $d=1-(2000/30000)^{1/10}=23.72\%$，于是，由式(6-17)和式(6-18)，有下表：

| $t$ | $D_t$ | $B_t$ |
| --- | --- | --- |
| 0 |  | 30000 |
| 1 | 7117 | 22883 |
| 2 | 5429 | 17454 |
| 3 | 4141 | 13314 |
| 4 | 3158 | 10155 |
| 5 | 2409 | 7746 |
| 6 | 1838 | 5908 |
| 7 | 1402 | 4507 |
| 8 | 1069 | 3438 |
| 9 | 816 | 2622 |
| 10 | 622 | 2000 |

(4) 由式(6-21)和式(6-22)，有下表：

| $t$ | $D_t$ | $B_t$ |
| --- | --- | --- |
| 0 |  | 30000 |
| 1 | 5091 | 24909 |
| 2 | 4582 | 20327 |
| 3 | 4073 | 16255 |
| 4 | 3564 | 12691 |
| 5 | 3055 | 9636 |
| 6 | 2545 | 7091 |
| 7 | 2036 | 5055 |
| 8 | 1527 | 3527 |
| 9 | 1018 | 2509 |
| 10 | 509 | 2000 |

**例 6-5** 用双倍余额递减法再做例 6-4。

**解**：$d'=2/10=0.2$

| $t$ | $D_t$ | $B_t$ |
|---|---|---|
| 0 |  | 30000 |
| 1 | 6000 | 24000 |
| 2 | 4800 | 19200 |
| 3 | 3840 | 15360 |
| 4 | 3072 | 12288 |
| 5 | 2458 | 9830 |
| 6 | 1966 | 7864 |
| 7 | 1573 | 6291 |
| 8 | 1258 | 5033 |
| 9 | 1007 | 4027 |
| 10 | 2027 | 2000 |

其中由题设 $B_{10}=2000$ 及 $D_{10}=B_9-B_{10}$，确定 $D_{10}=2027$。

## 6-3 投资成本

在实务中，对不同固定资产的成本进行比较有时很重要。

一般来说，拥有一项固定资产涉及三项成本：

（1）机会成本。即用于购买该固定资产的最近的利息损失。因为如果这笔资金不用于购买固定资产，那么一定会产生利息收入的；

（2）折旧费。正如上节讨论过的，固定资产在每一时期都会要计提折旧的；

（3）维护费。固定资产需要维护，因此将需要消耗一定的费用。

将为了拥有某固定资产而需要在每周期耗费的费用称为该固定资产的周期费用，并以 $H$ 来表示，另外，用 $M$ 表示每一期的维护费，于是，有

$$H=Ai+\frac{A-S}{s_{\overline{n}|j}}+M \tag{6-23}$$

其中 $Ai$ 为用于购买固定资产的资金的利息损失，$\dfrac{A-S}{s_{\overline{n}|j}}$ 为周期性折旧费。公式(6-23)与公式(6-11)相仿。在公式(6-11)中没有 $M$，因为 $R$ 是固定资产净费用。

在对不同的固定资产进行成本比较时，需要在相同的标准下，就像进行投资项目收益率的比较一样，只有相同期限的投资项目的收益率可以直接进行比较。对不同的固定资产进行成本比较时，也需要在相同的使用年限下进行比较。考虑到不同的固定资产的实际使用年限一般是不相同的，所以我们需要将使用年限标准化。一种方法是，我们可以比较固定资产的周期费用，即不同资产的 $H$，因为 $H$ 是拥有固定资产一期的费用。另外，我们也可以比较永久固定资产的费用，即拥有固定资产无穷期的费用，该费用显然是系数为 $H$ 的永续年金的现值，我们称之为该项固定资产的投资成本。以 $K$ 表示投资成本，则

$$K = \frac{H}{i} = A + \frac{A-S}{is_{\overline{n}|j}} + \frac{M}{i} \tag{6-24}$$

在进行固定资产的比较时，可以比较周期性费用，也可以比较它们的投资成本，由式(6-23)和式(6-24)可以发现，进行不同的比较其实结果是不会有差别的。

另外，考虑到不同固定资产在单位时间内产出的不同，所以在进行比较时应将产出标准化，即考虑单位产出的成本。例如：假设某固定资产一期内的产出为 $U$，那么，标准化产出下（即单位产出）的周期成本和投资成本分别为：

$$\frac{H}{U} = \frac{Ai + \frac{A-S}{s_{\overline{n}|j}} + M}{U} \tag{6-25A}$$

$$\frac{K}{U} = \frac{A}{U} + \frac{A-S}{iUs_{\overline{n}|j}} + \frac{M}{iU} \tag{6-26A}$$

而在进行不同资产的比较时，应该比较的是单位产出的成本，即比较各自的 $H/U$ 或 $K/U$。

另外，正如前面提到的，计提折旧时使用的偿债基金往往不是一个真实的偿债基金，而是一个假想的基金，在假想这个基金时，往往使用与 $i$ 相同的偿债基金利率，即 $i=j$。在这种情况下，我们有更简单的表达式

$$\frac{H}{U} = \frac{Ai + \frac{A-S}{s_{\overline{n}|i}} + M}{U} = \frac{\frac{A}{a_{\overline{n}|}} - \frac{S}{s_{\overline{n}|}} + M}{U} \tag{6-25B}$$

$$\frac{K}{U} = \frac{A}{U} + \frac{A-S}{iUs_{\overline{n}|j}} + \frac{M}{iU} = \frac{A}{U} + \frac{A-S}{U[(1+i)^n - 1]} + \frac{M}{iU} \tag{6-26B}$$

需要指出的是，以上分析没有考虑通货膨胀。另外，投资成本也可用于不同投资项目的比较，故投资成本的分析也可成为资本预算的一种方法。

**例 6-6** 生产某种产品可以使用两种机器。机器 I 售价 30 万元，并且每年需要维护费用 6000 元，这种机器的使用寿命为 20 年，20 年后的残值为 5000 元。机器 II 每年需要的维护费用为 5000 元，寿命为 22 年，残值为 3000。假设年度实质利率为 8%，单位时间内机器 I 的产量是机器 II 的 2 倍，要使购买者买两种机器没有差别，求机器 II 的售价。

**解：**

要使两机器等价，则有

$$\frac{300000}{a_{\overline{20}|}} - \frac{5000}{s_{\overline{20}|}} + 6000 = 2\left(\frac{A_2}{a_{\overline{22}|}} - \frac{3000}{s_{\overline{22}|}} + 5000\right)$$

将 $a_{\overline{20}|0.08}=9.81815$，$s_{\overline{20}|0.08}=45.76196$，$a_{\overline{22}|0.08}=10.2007$，$s_{\overline{22}|0.08}=55.456755$ 代入上式，解得 $A_2=135438.30$。

**例 6-7** 普通灯泡 5 元一个，能用 3 个月。高级灯泡能用 36 个月。假设两种灯泡耗电情况一样，并且均无残值，月度转换名义利率为 6%。求使购买这两种灯泡无差异的高级灯泡的价格。

**解：** 假设高级灯泡每个 $x$ 元，据公式(6-26)有 $\dfrac{5}{a_{\overline{3}|j}} = \dfrac{x}{a_{\overline{36}|j}}$，其中 $j=0.5\%$ 为月度实质利率，因为 $a_{\overline{3}|j}=2.97$，$a_{\overline{36}|j}=32.871$，代入上式，解得 $x=55.33$，即使购买这两种灯泡无差异的高级灯泡的价格为 55.33 元。

# 6-4 卖 空

有些证券投资者在他们认为证券价格将下降时进行卖空或空头交易。卖空是一种交易策略，它是指卖出并不拥有的证券，可以理解为先卖后买的交易。正常的交易都是先买后卖，这些交易经常被称为多头交易。"做多"或"做空"两个词经常出现在这些交易中。

为了解释卖空的机理，我们假设某投资者与经纪人联系，卖空 500 股某种股票。经纪人立即从另一位客户出借来 500 股该种股票，然后像平常一样将其在公开市场卖掉。

只要能借到股票，这位投资者就能够按自己的愿望不断维持该空头头寸。然而，到某个阶段，投资者会指示经纪人购买 500 股相应的股票，然后将之归还原主。如果股票价格下降，则投资者会盈利；若股票价格上升了，则投资者会有损失。投资者买回证券的过程通常被称为"平仓"。若在合约未平仓期间，经纪人借不到股票了，投资者就成了所谓挤空，尽管他或她可能并不想轧平头寸，也必须立即平仓。

卖空交易的收益率的计算与我们前面讨论过的标准做法有点不同。例如，上述投资者卖空 500 股股票的收益为 1000 元，并在一年后以 800 元将这 500 股股票买回。显然，这次交易赚得 200 元的收益，但是，相应的收益率是多少呢？

按照以往的做法，我们有 $1000(1+i)=800$。

然而，这个方程产生的收益率为 $i=-20\%$，这个结果显然是不合理的，因为这次交易是产生了收益的。

如果反过来，建立方程 $800(1+i)=1000$，则可以得到一个正的收益率 $i=25\%$。然而，这个答案似乎也不合理，因为这个答案对应的情况是投资 800 元得到 200 元的收益，而实际的情况是，并没有 800 元的投资出现过。

事实上，如果这种交易完全如上所述，那么，收益率是不存在的。或者说，这种交易的收益率是无穷大，因为收益是在没有任何投资的情况下产生的。这种情况在第三章中也曾讨论过。

不过，在实务中，卖空交易与如上所述的过程并不完全相同。因为经纪人通常要求卖空者在进行卖空交易时存入卖空价格一定的百分比（如 50%）作为卖空的初始保证金，这些保证金在平仓前不能被卖空者取出。保证金与价格的比率的大小可能根据监管部门相关规定的调整经常会发生变化。

因此，上述的卖空者在进行卖空时先存入了一定的保证金，假设保证金要求是 50%，则卖空者存入的保证金数额为 500 元。在这种情况下，因为同时有现金流的流出和流入，所以可以产生出有效的收益率。投资 500 元产生 200 元的收益，显然收益率为 40%。

不过，实际的情况比上述的还稍微复杂一点。因为对卖空者来说，其作为保证金的存款往往是会产生利息的。如果卖空者保证金存款以 8% 计息，那么一年下来保证金存款将产生 $500\times 8\%=40$ 元的利息。这样的话，收益率将变为 $240/500=48\%$。

细心的读者可能会注意到，是否最初卖出证券所得的收益也会产生利息？即上述卖空中，开始得到的 1000 元收益是否会产生利息？答案是否定的。监管者通常要求将这些收益保留在一个不产生利息的特殊账户中直到平仓时用于购买必须买回的证券，所剩下的正的节余为该交易的收益，负的节余则为该交易的损失。

实际上，如果空头头寸出现了损失，那么在平仓前可能要求有另外的追加保证金。相反，如果头寸出现利润，那么部分保证金则可以被释放或被取出用于其他的目的。具体如何调整由监管部门控制。

卖空交易还涉及一个重要的问题，那就是空头客户必须将被卖空的证券的任何收入，如股票的红利或债券的利息支付给经纪人，这些收入都是被卖空的证券应该正常得到的。经纪人然后将之转到被借了证券的客户的账户上。考虑到这些支付，最终的收益率将会有所下降。

例如，还是上述的例子，如果卖空的股票在这一年里有 60 元的分红，那么，卖空方的净利润为：

卖空价格差 200+保证金利息 40-股票的分红 60=180 元，

于是，收益率变为 180/500=36%。

根据上述的讨论，我们可以总结出卖空收益率计算的一般公式：

$$i^*=(\Delta P+I-D)/M \tag{6-27}$$

其中 $\Delta P$ 为卖空所得的利润，即卖空的价格差=先卖的价格-后买回的价格，$I$ 为卖空者保证金存款所赚取的利息，$D$ 为卖空者支付给证券原主人的红利，$M$ 为卖空所需交存的保证金。$i^*$表示该收益率是卖空期间的实质收益率，但卖空期间往往不一定是一年，所以使用星号。

如果卖空者在 $n$ 期后才买回股票，为了得到该卖空交易期化（一期上的）收益率，我们引入如下记号：

$M$：卖空时存入的保证金金额（$t=0$）；

$S_0$：卖空所得的收益；

$S_n$：在 n 时买回股票的成本；

$D_t$：在 t 时被卖空股票的红利；

$i$：保证金账户的期化（一期上的）利率；

$j$：卖空交易期化（一期上的）收益率 1，2，…，n

于是，由第三章给出的收益率的定义，有

$$M(1+j)^n=M(1+i)^n+S_0-S_n-\sum_{t=1}^{n}D_t(1+i)^{n-t}$$

由上述方程可以得到该笔卖空交易的收益率 $j$ 是 40%。

**例 6-8** 股份公司每半年支付红利 20 元/手。保证金账户可以赚取半年度转换 3%的利率。该卖空者在 18 个月后以每手 800 元买回股票，求卖空者这笔卖空交易的年度实质收益率。

**解**：$M=10\times870\times0.4=3480$

因此

$$3480(1+j)^3=M(1.015)^3+870-800-20s_{\overline{3}|0.015}$$

解得 $j$=2.34%，因此年度实质收益率为 $1.0234^2-1$=4.73%。

卖空本身是一种投机行为，因此不能轻易进入。另外，为了抵制投机风气，有些监管部门只允许在价格升档时才能卖空，即该证券的价格在最近一段时间呈上升态势时才可以卖空，因此，卖空者在进行卖空时必须是对证券价格将大幅下降抱有非常大的信心，否则，没有把握的卖空交易将是非常危险的。

**例 6-9** 在 2012 年 1 月 1 日，某人以价格 800 元卖空某股票，该笔卖空交易要求的保证金为 50%，并且保证金账户按照年度实质利率 2%计息。被卖空的股票在 2012 年 12 月 31 号支付红利 $D$，该人在 2013 年 1 月 1 号以 820 元的价格买回股票进行平仓，该人在这笔卖空交易中的收益率为-10%，求 $D$。

**解：** 已知 $S_0$=800，$S_1$=820，$i$=2%，$j$=-10%，所以
$$400 \times 0.9 = 400 \times 1.02 + 800 - 820 - D$$

解得：$D$=28。

一般情况下，卖空这种交易策略并不经常被单独使用，而是与其他的投资策略结合起来一起使用。这些不同投资策略组合在一起降低风险的做法统称为套期保值。套期保值交易通常都比较复杂。有时，套期保值能够产生确定的利润，这种能产生有保证的利润的交易又叫做套利。一般情况是，在完美市场，套利机会稍纵即逝。

# 6-5 利率与通货膨胀率

前面我们讨论金钱的价值时，只考虑了时间和利率的因素，即假设金钱的价值由支付金额以及贴现（积累）因子确定。然而，现实中，金钱的价值往往主要由其购买力决定。

比如，假定一年前你在银行存了 1 万元，期限 1 年，银行提供的实质利率为 10%，那么现在你可以从银行得到 11000 元现金。

问题是，10%的实质利率是你的真实收益吗？这取决于现在的 11000 元可以买多少东西以及一年前的 1 万元可以买多少东西。例如，一年前大米 2 元一斤，1 万元可以买 5000 斤大米，而一年后大米 2.1 元一斤，11000 元只能买 5238.1 斤。从能购买的大米的数量来看，增长了 5238.1/5000-1=4.76%，而不是 10%！

需要指出的是，现实中人们消费物品的价格的变动不是同步的，可能大米的价格上涨了 5%，其他消费品的价格只上涨了 2%，另外可能还有些消费品的价格有所下降。实务中一般用消费者物价指数（CPI）来度量城镇居民的商品

价格水平，CPI 是一些居民常用商品和服务价格的平均值，它的变动通常代表总体的物价水平的变动情况[①]。

我们将 CPI 的变化率称为通货膨胀率。如平均价格从 2 元上涨到 2.1 元，则相当于通货膨胀率为 5%，这时，人们手中的货币购买力下降，从而给握有货币的人带来损失。因此，需要将一部分利息收益用于弥补由于通货膨胀率而导致购买力下降的损失。

我们将扣除由于通货膨胀率而造成的损失后的利率称为真实利率，并用 $i'$ 表示，而市场上的实际使用的利率称为名义利率[②]，用 $i$ 表示，用没有上标的符号表示这种利率与我们前文中所用符号一致。

用 $r$ 表示通货膨胀率，假设 $r$ 为常数。于是，容易有 $1+i=(1+i')(1+r)$，解出 $i$ 得：

$$i=i'+r+i'r$$

另外，由 $1+i'=(1+i)/(1+r)$，有

$$i'=(i-r)/(1+r)$$

其中假设通货膨胀率为正数，$r>0$，$i>i'>0$。

因此，名义利率等于真实利率加上通货膨胀率再加上它们的乘积。因为乘积项相对很小，所以一般将其忽略不计，因而许多人为了方便起见将名义利率看成真实利率与通货膨胀率之和，即 $i\approx i'+r$。

**例 6-10** 假设一年期储蓄存款的利率为 6%，预期下一年的通货膨胀率为 4%，求这一年的真实利率。

**解：**

这里 $i=6\%$，$r=4\%$，所以，$i'=(i-r)/(1+r)=2/104=1.923\%$。

如果用近似公式计算，$i\approx i'+r=2\%$。

**例 6-11** 某人得到如下的系列支付承诺,每年支付具有相同购买力的金额，第一次支付 1 万元，共有 10 次支付。第一次支付在 1 年后进行，购买力由消费者物价指数（CPI）来度量，假设 CPI 每年上升 3%。若利率为 8%，求该人得到的承诺的现值。

**解：**

$$i=8\%, \quad r=5\%$$

设每次支付额为 $R_t$，$t=1, 2, \cdots, 10$。要保证每次支付具有相同的购买力，

---

[①] 由于 CPI 代表的是一种总体或平均的物价水平，所以并不一定能很好地代表某些特定的个人的消费水平，这里，为了帮助以后的讨论，我们姑且认为它可以代表。

[②] 注意：这里的名义利率与前面各章的名义利率是不一样的，请读者注意区别！

必须有 $R_{t+1}=(1+r)^t R_1$, $t=1, 2, \cdots, 9$, $R_1=1$ 万。

因此，所有承诺支付的现值为

$$R_1 v+(1+r)R_1 v^2+\cdots+(1+r)^9 R_1 v^{10} = R_1 \frac{1-(1+r)^{10}v^{10}}{1-(1+r)v}$$

$$= R_1 \frac{1-(\frac{1+r}{1+i})^{10}}{i-r} = \frac{1-(\frac{1.03}{1.08})^{10}}{0.05}$$

$$=7.550134（万元）$$

另外，在涉及真实利率的时候，还有一种考虑是不可忽视的，那就是税收。一般来说，税收是基于名义收入的支出，税率由政府部门制定，不同国家的税收制度是不同的。最简单的情况是固定税率的情况，复杂的税率可能会根据投资者收入的不同和物价指数的不同而不同。我们这里以最简单的固定税率为例来说明税收对真实利率的影响。

**例 6-12** 假设某项投资 10 万元，投资一年的收益率为 30%，该投资者的利息收入的税率为 20%，求该项投资最终真实的收益率。

**解：**
首先，该项投资的利息收入为 3 万元，因为税率为 20%，所以需要纳税 6000 元，即税后收入 24000 元，从而实际上税后的利息收入为 24000 元，即最终真实的收益率为 24%。

如果还考虑通货膨胀的影响。假设这一年的通货膨胀率为 5%，则真实的利率为

$$i'=(i-r)/(1+r)=(24-5)/105=18.1\%$$

# 6-6 利率风险和不确定性利率

本书前面的章节中，在考虑未来的支付时，总是默认支付的时间和金额都是确定的（通知偿还债券例外），并在此基础上进行分析。这种情况在某些场合是成立的，如购买国库券，然后一直持有直到到期。不过，现实中更多的情况应该是，未来支付的时间和金额通常都会有一定的不确定性，或者说会有一定的风险。

事实上，实务中，一般只认为由国家财政作为支撑的国库券的支付是没有风险的，其他一切未来支付都有一定的风险。在一般的交易中，风险和不确定

性的存在是绝对的。典型的风险如：支付的违约风险、抵押贷款的提前支付或再融资的可能性、与再投资利率有关的风险、通知偿还的不确定赎回日期等。

影响债券、抵押贷款等投资工具市场价值的风险主要有两种：

第一种是市场风险，即由于利率变化所导致的未来价格改变的风险。正如在前面我们讨论过的，投资工具市场价格的变化与利率水平的变化方向相反。

第二种是信用风险。这种风险主要源于可能存在的违约风险。例如，考虑两项债券 A 和 B，它们有相同的息票、赎回值、到期日。债券 A 为国库券，而债券 B 则是高风险的公司债券。显然，B 的违约风险比 A 的要高，因此，B 的价格将比 A 的高，否则债券 B 将卖不出去。从而由价格决定的 B 的到期收益率将明显大于 A 的。也正是因为这种原因，所以高风险债券通常也被称为高收益债券。

因此，在对债券的估值中，如果用收益率来度量违约风险，那么，违约风险的存在将引起收益率的明显增加。然而，在这种基础上计算出来的收益率是有风险的收益率，这种收益率不是保证能得到的。事实上，只有在所有支付被如期进行的情况下，这种高收益率才能实现。否则，投资者真正得到的收益率可能会远低于这个收益率。

例如，考虑 1000 元的一年期、附有 6%年度息票的债券，该债券以面值赎回。如果无风险投资的市场现行收益率为 6%，且市场相信该债券没有违约风险，则该债券将以 1000 元出售。

现在考虑其他相同的、但是有一定违约风险的债券。假设该债券在市场上卖 950 元，则另外的 50 元的价差就是用来补偿购买者所面临的违约风险的。

假如计算收益率时不考虑违约概率，则有 $950=(1000+60)/(1+i)$，可以算出 $i$=11.58%，超出无风险利率 11.58%-6%=5.58%，超出的部分通常被叫做利率的风险溢价。一般情况是，投资风险越大，风险溢价越高。

然而，上述计算出来的收益率是不可靠的。因为事实上，如果不发生违约，则可以实现 11.58%的收益率；如果出现全部违约，则实际的收益率可能为 -100%；如果出现部分违约，则实际的收益率将介于二者之间。

为确定购买高风险债券中隐含的违约概率，我们定义未来支付的期望现值（EPV）为未来履约支付金额的现值乘以履约支付的概率。设履约支付概率为 $p$，则由等式 $950=p\times(1000+60)/(1+6\%)$，可算出 $p$=0.95，从而违约概率为 1-0.95=5%。注意，此处现值是按无风险利率 6%计算的。

我们说，上述的分析在某种意义下是成立的，即，如果投资者相信，期望现值相同的未来支付之间是没有差别的，那么，上述的分析就是成立的。不过事实上，这种无差别的假设是值得怀疑的。试想，如果投资者确信违约概率高达 5%，则很可能不愿出 950 元买这种债券。因为如果可以在无风险的情况下，得到 6%的收益率，为什么要冒险去追求 6%的预期收益率呢？所以，更合理的解释应该是，50 元的价差当中，只有一部分用来反映违约的可能性，剩余部分则是用来鼓励投资者的冒险活动。

假设投资者认为冒险应该得到额外的 3%的收益，也就是使总的投资收益达到 9%，则由 $950=p\times1060/(1+6\%+3\%)$，可以解出 $p=0.9769$，即违约概率为 $1-p=0.0331$。很显然，这种违约概率是由投资者假定的额外收益率所决定的，在同一价格下，不同的额外收益率假设将产生不同的违约概率。

以上只是孤立地考虑一次购买债券的情况。如果考虑债券多样化的投资组合，其中所有的债券都类似于上述的债券，并且如果投资组合实际的违约率确是 0.0331，那么整个投资组合的收益率就是 9%。当然，实际上违约率不会恰好等于某个值，更一般的情况是，未来的支付服从某种概率分布，这时，可以利用数理统计的方法，得到整个投资组合收益率的可能情况或概率分布。

也可以以另一种方式来度量风险。假设债券的市场价是 950 元，无风险利率为 6%，那么债券在年末的价值将是 $950\times1.06=1007$ 元。也就是说，在无风险的情况下，950 元的价格只能买到在年末的 1007 元的支付。而债券预期在年末支付 1060 元，多出的 53 元就是用来反映风险的。

上述两种方式都是实务中用来度量风险的常用方式，第一种方式是通过调整利率来度量风险，第二种方式则是通过调整支付额来度量风险。这两种方式都是度量风险的有效方式。实务中在对风险进行度量时，有些人往往愿意同时使用这两种方式，即在提高利率的同时又增加预期支付，需要指出的是，这样做很容易出错，因为可能会"重复计算"所涉及到风险。

现在将上述讨论进行推广，考虑含有多次支付的更复杂的情况。设有一系列分别在时刻 1, 2, $\cdots$, $n$ 进行的支付 $R_1$, $R_2$, $\cdots$, $R_n$，例如，1000 元的附有 6%年度息票的 10 年期债券，有 $R_1=R_2=\cdots=R_9=60$, $R_{10}=1060$，相应的支付概率分别为 $p_1$, $p_2$, $\cdots$, $p_n$，则该系列支付的期望现值为

$$\text{EPV}=\sum_{t=1}^{n}R_t(1+i)^{-t}p_t \tag{6-28}$$

其中 $i$ 是如上所述的反映风险的利率。

上式包括三个关键值：期望现值 EPV、收益率 $i$、支付的概率集 $p_t$ ($t=1, 2, \cdots, n$)。实务中常见的问题是已知其中两个值而求第三个值。

很显然，概率 $p$ 可能有许多模式。对违约风险，通常假设每一期内的违约概率为常数，记这一常数违约概率为 $q$，相应的履约概率则为 $p=1-q$。这样，第 $t$ 次支付将发生的概率为

$$p_t = p^t \tag{6-29}$$

这是因为第 $t$ 次支付将发生的前提条件是 $t$ 次支付都发生。并且

$$\text{EPV} = \sum_{t=1}^{n} R_t \left( \frac{p}{1+i} \right)^t \tag{6-30}$$

现在考虑更一般的未来系列支付的期望现值的计算。此时需要考虑的涉及风险的因素包括：

（1）支付的概率，

（2）支付的金额，

（3）支付的时间安排。

例如，考虑两项投资 A 和 B，估计每项投资都将在今后 20 年中的每年末支付 1000 元。投资 A 有相对较低的风险，并且现值按照 10% 来计算，投资 B 有相对较高的风险，并且现值按照 20% 来计算。下表比较了两项投资第一次和最后一次支付的现值。

表 6-6  利用风险调整利率的现值的比较

| 投资项目 | 在第一年末支付 1000 元的现值 | 在第 20 年末支付 1000 元的现值 |
|---|---|---|
| A | 909 | 149 |
| B | 833 | 26 |
| B/A | 92% | 18% |

因此，对在第一年末的支付，B 与 A 的现值的比率为 92%，但是，在第 20 年末的支付，现值的比率为 18%。如果说，B 中更大的风险是因为随着时间的推移违约概率将增大的话，那么这种结果就是合理的。然而，如果 B 中更大的风险是因为其他的因素（如整个这 20 年期间的支付的方差更大），那么这种结果就不合理了。

**例 6-13** 假设无风险 20 年期债券的市场现行收益率为 6%，现有面值 1000 元的附有 8% 年度息票的 20 年期债券。

（1）若每年的违约概率为 0.005，考虑到风险的因素，投资者要求得到 9% 的收益率，求投资者愿付的价格。

（2）求该交易中的风险的利率溢价。

**解：**

（1）$p = 1-q = 1-0.005 = 0.995$，$i = 9\%$，$R_1 = R_2 = \cdots = R_9 = 80$，$R_{10} = 1080$

$$EPV=80\left[\frac{0.995}{1+0.09}+\left(\frac{0.995}{1+0.09}\right)^2+\cdots+\left(\frac{0.995}{1+0.09}\right)^{20}\right]+1000\left(\frac{0.995}{1+0.09}\right)^{20}=864.06$$

（2）不考虑违约的情况下，该债券的风险收益率 $j$ 满足：

$$864.06=80\,a_{\overline{20}|j}+100(1+j)^{-20}$$

用迭代法解此等式，得 $j$=9.55%。风险溢价为 9.55%−6%=3.55%。可见，风险溢价约等于两利率（9%和6%）之差加上违约概率 0.5%。

**例 6-14** 考虑本节上面讨论过的例子，面值 1000 元的附 6%年度息票的一年期债券，以 950 元发行，并产生 9%的收益率，债券隐含的违约为 0.0331。假设某投资者购买了一份由 1000 种此类债券构成的多样化的投资组合，由大数法则，求整个投资组合平均违约概率的 95%置信区间。

**解：**

违约概率的标准差为 $\sigma_p=\sqrt{\dfrac{pq}{n}}=\sqrt{\dfrac{0.0331\times 0.9669}{1000}}=0.005657$，

正态分布的 95%的置信区间为 $\mu_p\pm 1.96\sigma_p=0.0331\pm 1.96\times 0.005657$，

即(0.0220，0.04419)。

转换成收益率，置信区间为(6.65%，9.12%)。

## 6-7 利率的期限结构

在实务中，我们通常能够注意到这样一个事实，即投资收益率与到期期限有一定关系，比如，1 年期的存款与 2 年期、3 年期的存款总是不一样的，债券的收益率也总与债券的期限有关，我们将这种关系称为利率的期限结构。表 6-7 为某金融机构定期存款利率表：

**表 6-7 不同期限定期存款利率表**

| 期限 | 利率 |
| --- | --- |
| 一年 | 2.25% |
| 二年 | 2.43% |
| 三年 | 2.70% |
| 四年 | 2.81% |
| 五年 | 2.88% |

表 6-7 中的数据显示了利率随投资期限增长而增长的情况。换句话说,长期利率比短期利率要高,这种情况也是实际中最常见的。

收益率曲线是一种用于描述利率期限结构的重要工具,图 6-1 中曲线即为上表中利率的收益率曲线。

当利率随着投资期的加长而增加时,如上表所示,那么,我们就可以说"收益率曲线有正的坡度",图 6-1 所示的收益率曲线就有正的坡度。

利率期限结构是金融分析中的一个重要的概念,有关的研究也有很多,下面我们简要介绍两种有关的理论,它们分别是纯预期理论和流动性偏好理论。

## (一)纯预期理论

纯预期理论是建立在一系列前提假设的基础上的。该理论认为,投资者投资长期资产的收益等于投资于一系列短期资产的累积收益,即长期投资利率是该期限内预期的短期投资利率的几何加权平均值。也即,长期利率与短期利率存在如下关系:

$$(1+R_n)^n = (1+r_1)(1+r_2)(1+r_3)\cdots(1+r_n) \tag{6-31}$$

其中,$R_n$ 为长期利率,$n$ 为年限,$r_1$ 为现行短期(1年期)利率,$r_2, r_3, \cdots, r_n$ 为将来(从第2年开始)每年短期的预期利率。

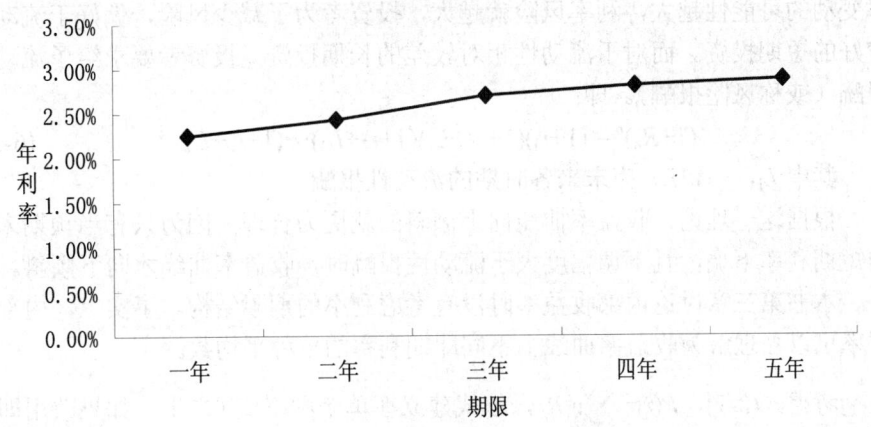

**图 6-1　金融机构定期存款收益率曲线图**

通常,我们将现行利率也即收益率曲线上的利率称为即期利率,或者说,当前使用的各种期限的利率为即期利率,而将在未来使用的即期利率称为远期利率。

因此,式(6-31)中的 $R_n$ 为 $n$ 年期即期利率,$r_1$ 为 1 年期即期利率,$r_2, r_3, \cdots,$

$r_n$ 则均为远期利率。

根据式(6-31)及表 6-7 中数据,我们可以确定在即期利率如表(6-7) 所示情况下各年的远期利率。

例如,由一年期即期利率 2.25%和两年期即期利率 2.43%,我们可以确定一年后的一年期存款利率,即远期利率为:

$$r_2=(1+R_2)^2/(1+r_1)-1=102.43\%^2/102.25\%-1$$
$$=1.02610316870416-1=2.61\%$$

即,根据预期理论,一年后的 1 年期存款利率应该从目前的 2.25%上升到 2.61%。

需要注意的是,在使用远期利率时,需要指明远期利率起始的时间,即使用远期利率的时间区间。例如,上例中 $r_2=2.61\%$ 表示自现在起 1 年后将使用的 1 年期即期利率为 2.61%。这个利率是利用现有的实际使用的即期利率估算出来的。

## (二)流动性偏好理论

流动性偏好理论认为风险和预期是影响利率期限结构的两大因素,因为经济活动具有不确定性,对未来短期利率是不能完全预期的。到期期限越长,利率变动的可能性越大,利率风险就越大,投资者为了减少风险,偏好于流动性较好的短期投资。而对于流动性相对较差的长期投资,投资者要求给予流动性报酬(或称风险报酬)。即:

$$(1+R_n)^n=(1+r_1)(1+r_2+L_1)(1+r_3+L_2)\cdots(1+r_n+L_{n-1}) \qquad (6-32)$$

其中 $L_1$,…,$L_{n-1}$ 为未来各时期的流动性报酬。

根据这一理论,收益率曲线向上倾斜的就更为合理,因为只有当预期未来的短期利率下调,且下调幅度大于流动性报酬时,收益率曲线才向下倾斜。

本书第三章讨论内部收益率时没有考虑利率的期限结构。事实上,内部收益率可以被理解为收益率曲线上不同即期利率的一种平均数。

考虑式(3-1),$P(i)=\sum_{t=0}^{n}v^tR_t$,该式建立在单个利率值 $i$ 之上。如果改用即期利率的话,那么净现值的更一般的计算公式将变为

$$P(i_*)=\sum_{t=0}^{n}(1+i_t)^{-t}R_t \qquad (6-33)$$

其中 $i_t$ 为 $t$ 期即期利率,记号 $P(i_*)$ 用来表示净现值是基于一系列的即期利率的。

一般认为,以这种即期利率来计算现值的方法比使用常数收益率进行计算

更合理。例如，考虑两支 10 年期债券 A 和 B，债券 A 附有 5%的年度息票，债券 B 则附有 10%的年度息票。假设它们以相同的收益率定价，根据前面的分析，我们能够得出的结论是，投资者将认为这两支债券是无区别的，因为它们的收益率相同。

然而，如果用即期利率来计算的话，我们将发现这种"无区别"将不再成立，原因出自不同的支付：在到期前债券 A 的支付相对债券 B 来说更少，因此，债券 A 实际上相对于债券 B 来说是一种更长期的投资，这种长期性在利用不同的即期利率计算时将得到反映。后文中我们还将讨论如何度量债券的平均期限。

**例 6-15** 根据表 6-7 中的即期利率，求分别在今后 5 年的年末各支付 1 万元的现值，并求等价的年度平均收益率。

**解：**

$$V(0)=\sum_{t=1}^{5}(1+i_t)^{-t}=(1.0225)^{-1}+(1.0243)^{-2}+(1.0270)^{-3}+(1.0281)^{-4}+(1.0288)^{-5}$$

$$=4.617020（万元）$$

假设等价的年度平均收益率为 $i$，则有 $a_{\overline{5}|i}$=4.617020，可得，

$i$=0.0272 或 $i$=2.72%

# 6-8 利率假设

在标准的借贷业务中，利率一般都在借贷合同条款中明文规定，或根据实际业务很容易就能得出。例如，抵押贷款利率和债券的到期收益率要么是已知的，要么可以根据计划的支付情况来确定。本书中讨论过的其他借贷交易也都如此。

然而，我们讨论的贴现现金流分析方法并不局限应用于一般的借贷业务，它的使用范围非常广泛。事实上，贴现现金流分析方法已经成为一种非常有用的金融分析和决策工具。如，在第三章中有关资本预算、净现值和内部收益率等的讨论显示，贴现现金流分析方法对涉及未来在不同时点上有不同支付的一般的金融交易和业务的分析具有重要的应用价值。

在精算学的范围内，这种分析尤为重要，因为精算的基本目标就是分析未来意外事件的现值。另外，这种分析在会计领域的应用也变得越来越重要，会计的财务报表上有越来越多的数值是通过现值的计算而得到的。当然，还可以

列举其他许多的例子来说明贴现现金流分析方法在金融分析和决策中的重要性。

在使用贴现现金流分析方法来研究更复杂的问题时，首先需要解决如下几个基本问题：

（1）支付的概率；

（2）支付的金额；

（3）支付的时间安排。

在这些问题被解决后，还存在一个关键的问题：在计算现值时，应该使用什么样的利率？

下面我们列出可能影响、甚至决定利率选择的一些因素。我们并不想得出在某种特定环境下应该怎样选择的结论，我们的目的只是给读者提供一些选择和提醒读者在做相关选择时所需要考虑的东西：

（1）利率应为真实利率还是名义利率，即应怎样反映通货膨胀？这个问题前面已经讨论过了；

（2）应该为无风险利率还是风险调整利率？这个问题在前面也讨论过了；

（3）应为固定不变的利率还是反映期限结构的利率？这在前面也讨论过，另外，利率是否可以按照不同于收益率曲线的方式变化吗？常见的精算中，一般情况下，利率通常都是按照收益率曲线而变化的；

（4）利率应该基于"最优估计"还是应该有某种程度的"保守"估计？如果是保守估计的，那么应该保守到什么程度？此外，保守的程度取决于不确定程度(反映在方差上)还是出于其他什么考虑？

（5）利率应具体情况具体确定，还是对整体以平均方式用同一利率呢？

（6）利率应该是"税前的"还是"税后的"？本书中，我们尽量回避了有关税收的考虑。然而，实务中在为特定情况的计算选择正确的利率时，不能忽视这种考虑。一般来说，"税前"和"税后"的不同考虑，将给结果带来很大的不同。

以上六点是针对特定现值计算中有关利率选择的一些基本考虑。接下来的5点所列出的是用来选择利率的一些一般的方法：

（1）新交易利率。用于"在边际上"新交易的利率。在借入的情况下，**这是新债务所承担的利率**；在贷出的情况下，这是新投资资产所获得的利率。**新交易利率有时也叫机会利率**。

（2）平均交易利率。这是类似的一批资产或负债组合的平均利率。在借入的情况下，这是被支付在债务余额上的平均利率；在贷出的情况下，这是投资资产余额所获得的平均利率。后者类似于甚至经常等同于第三章中"投资组合法"算出的利率。

（3）交割利率。如果有关的系列支付在今天被买或被卖，那么，交割利率就是可以被应用的市场利率。在有些情况下，这种利率相对比较容易确定，因为对相应的支付有相应的活跃的市场。然而，在其他情况下，一个现成的市场可能不存在，在这种情况下，相应利率的确定可能就比较困难。

（4）与资产和负债相关的利率。这个利率是将资产和负债联系起来确定所用的利率，而不是单独地考虑资产或负债。

（5）特定的利率。在这种情况下，用的是与所涉及的实体和具体的交易都无关的利率。如法律或监管所规定的利率，或者基于某种外部指数的利率，如基础利率或某种特定期限的国库券的利率等。

## 6-9 久期

根据以上的讨论可以发现，未来支付的时间安排在金融分析中是非常重要的。本节我们讨论一些度量未来支付的时间安排的指标。

常见的、也是最简单的用来度量未来支付时间安排的指标为"到期期限"。例如，在发行日，10年期债券的到期期限为10年，30年的抵押贷款的到期期限为30年。对于零息票债券或定期存款而言，到期期限是准确的。然而，对于不是在到期时一次性支付的系列付款来说，到期期限的含义就不是很清楚了。例如，对于附有不同息票但是到期期限相同的不同债券而言，从到期期限的角度看，是看不出它们之间的差别的。

在第一章中我们曾经讨论过"等时间法"，由等时间法可以得到一种平均期限，即对于分别在 1，2，$\cdots$，$n$ 时的一系列付款 $R_1$，$R_2$，$\cdots$，$R_n$，通过等时间法，有 $\bar{t} = \dfrac{\sum_{t=1}^{n} tR_t}{\sum_{t=1}^{n} R_t}$。

我们可以用这个 $\bar{t}$ 来表示由这些付款构成的资产的期限。

例如，考虑两支面值均为 100 元的 10 年期债券，它们分别附有息率 5% 和 10% 的年度息票，由等时间法，附有 5% 年度息率的债券的平均到期年限为

$$\bar{t} = \frac{1 \times 5 + 2 \times 5 + \cdots + 10 \times 5 + 10 \times 100}{5 + 5 + \cdots + 5 + 100} = 8.50$$

附有10%年度息率的债券的平均到期年限为

$$\bar{t} = \frac{1\times 10 + 2\times 10 + \cdots + 10\times 10 + 10\times 100}{10+10+\cdots+10+100} = 7.75$$

可见，附有5%年度息率的债券比附有10%年度息率的债券期限更长。

显然，$\bar{t}$ 是一种比到期期限更好的一种期限，因为对于在到期时一次性付款的资产，$\bar{t}$ 与到期期限是一致的，而对于由多次付款组成的资产而言，$\bar{t}$ 相对于到期期限而言的好处是明显的。

另一个更好一点的指标是"久期"，久期类似于等时间法，只是其中的权重使用的是每次支付的现值，而不是支付本身。

我们以 $\bar{d}$ 表示久期，则

$$\bar{d} = \frac{\sum_{t=1}^{n} t v^t R_t}{\sum_{t=1}^{n} v^t R_t} \tag{6-34}$$

注意到 $\bar{d}$ 是 $i$ 的函数。

关于上式，需要指出的是，

（1）若 $i=0$，则 $\bar{d}=\bar{t}$。因此等时间法实际上是久期的一种特殊情况，或者说，久期是等时间法的更一般形式；

（2）久期 $\bar{d}$ 是 $i$ 的减函数，后面将证明这一点。这里可以对这个结果进行解释：当利率增加时，式(6-34)分子中较大 $t$ 对应的项比较小，从而对应的项贴现的更多，这样的话，对于大 $t$ 的权重就变小了，从而降低了整体的加权平均值，使得 $\bar{d}$ 降低。

（3）若未来只有一次付款，则 $\bar{d}$ 就是付款发生的时间点，即到期期限。

久期是用来度量资产/负债期限的一个重要指标。首先，它能给出由多次付款组成的资产的一种简单的平均期限；其次，它也是资产负债管理以及免疫理论中一个重要的工具，本章后面还将介绍资产负债匹配以及免疫理论的基础知识；最后，久期还是资产组合相对于利率敏感性的测度。例如，考虑利率改变时，对一系列未来支付现值的影响，令现值记为 $P(i)$，则

$$P(i) = \sum_{t=1}^{n} v^t R_t = \sum_{t=1}^{n} (1+i)^{-t} R_t \tag{6-35}$$

考虑单位现值的变化率 $\bar{v}$，为：

$$\bar{v} = -\frac{P'(i)}{P(i)} \tag{6-36}$$

其中 $\bar{v}$ 是 $i$ 的函数。上式中 $P'(i)$ 项度量的是支付现值随利率变化的瞬时变

化率,除以 $P(i)$ 则表示独立于现值本身的单位现值的瞬时变化率,前面加上负号的目的是为了保证 $\bar{v}$ 的值为正数,因为 $P'(i)$ 为负。

如果将式(6-35)代入式(6-36),则有

$$\bar{v} = -\frac{P'(i)}{P(i)} = -\frac{\dfrac{d}{di}\sum_{t=1}^{n}(1+i)^{-t}R_t}{\sum_{t=1}^{n}(1+i)^{-t}R_t}$$

$$= \frac{\sum_{t=1}^{n}t(1+i)^{-t-1}R_t}{\sum_{t=1}^{n}(1+i)^{-t}R_t} = \frac{\bar{d}}{1+i} \tag{6-37}$$

上式表明,单位现值的变化率其实等于久期除以 $1+i$,也正因为如此,我们又称单位现值的变化率为修正久期。

修正久期和久期一样,都是金融分析中的重要工具。例如,考虑以相同收益率购买的两种债券 C 和 D,如果 C 的久期为 5,D 的久期为 10,那么,债券 D 获得该收益率的时间将两倍于债券 C,因此,再投资问题对 C 来说将更为迫切。另一方面,债券 C 比债券 D 有更大的流动性,这对有早期现金流需要的人来说非常重要。修正久期的概念也是免疫理论的一个重要概念。

式(6-34)定义的久期有时又叫做麦考利久期(Macaulay duration),这个久期是由佛雷德里克·麦考利(Frederick Macaulay)在 1938 年[①]给出的。

注意到,$\bar{d}$ 是 $i$ 的函数,考虑 $\bar{d}$ 关于 $i$ 的变化,

$$\frac{d\bar{d}}{di} = \frac{d}{di}\frac{\sum_{t=1}^{n}tv^tR_t}{\sum_{t=1}^{n}v_tR_t} = -v\frac{\left[\sum_{t=1}^{n}v^tR_t\right]\left[\sum_{t=1}^{n}t^2v^tR_t\right] - \left[\sum_{t=1}^{n}tv^tR_t\right]^2}{\left[\sum_{t=1}^{n}v^tR_t\right]^2}$$

$$= -v\left[\frac{\sum_{t=1}^{n}t^2v^tR_t}{\sum_{t=1}^{n}v^tR_t} - \left[\frac{\sum_{t=1}^{n}tv^tR_t}{\sum_{t=1}^{n}v^tR_t}\right]^2\right] = -v\left[\frac{\sum_{t=1}^{n}t^2v^tR_t}{\sum_{t=1}^{n}v^tR_t} - \bar{d}^2\right]$$

$$= -v\sigma^2 \tag{6-38}$$

其中

---

[①] Macaulay, F.R. Some Theoretical Problems Suggested by the Movement of Interest Rates, Bond Yields, and Stock Prices in the United States Since 1856, New York: National Bureau of Economic Reserch, 1938.

$$\sigma^2 = \frac{\sum_{t=1}^{n} t^2 v^t R_t}{\sum_{t=1}^{n} v^t R_t} - \bar{d}^2$$

为相应的均值为 $\bar{d}$ 的分布的方差。同时，因为 $-v\sigma^2$ 小于 0，所以 $\bar{d}$ 是 $i$ 的减函数。

需要说明的是，本节关于久期的分析都假设支付 $R_t$ 与利率独立。在实务中这个假设有时成立，但也有时不成立。例如，抵押贷款的提前偿还和通知偿还债券的通知权的执行都受利率变化的影响。我们说，当付款 $R_t$ 随利率变化时，上述结论不成立。

**例 6-16** 假设真实利率为 8%，求下列投资的久期：

（1）10 年期零票息票债券；
（2）10 年期附 8% 年度息票的债券；
（3）以等额支付分期偿还的 10 年期抵押贷款；
（4）有等额年度分红的优先股。

**解：**

（1）因为只有一次支付，所以显然有 $\bar{d}=10$。注意到该答案与零息票债券的利率无关。

（2）对每单位赎回值，由公式(6-34)，有

$$\bar{d} = \frac{0.08(Ia)_{\overline{10|}} + 10v^{10}}{0.08 a_{\overline{10|}} + v^{10}}$$

$$= \frac{0.08 \times 32.6872 + 10 \times 0.46319}{0.08 \times 6.7101 + 0.46319} = 7.25$$

因此，附息的债券的久期比无息债券的久期要短。

（3）对单位抵押贷款额，由公式(6-34)，有

$$\bar{d} = \frac{(Ia)_{\overline{10|}}}{a_{\overline{10|}}} = 4.87$$

注意到该答案与抵押贷款的金额无关。这个结果看起来可能有点奇怪，不过这个结果是合理的：在等额付款的情况下，久期的大小由支付的方式决定，支付金额则对久期没有影响。

另外，注意到，10 年期抵押贷款的久期比 10 年期债券的久期短得多，这是因为抵押贷款的每次分期偿还额中都有相当多的本金部分，而债券的本金偿

还只在赎回日支付。(这种说法并不准确,因为对于溢价债券而言,在每期的息票中,都包含一定的本金成分,不过这些少量的本金成分不足以对上述有关久期的比较产生影响。)

(4) 对每单位分红,由公式(6-34),有

$$\bar{d} = \frac{(Ia)_{\overline{\infty}|}}{a_{\overline{\infty}|}} = \frac{1.08/0.08^2}{1/0.08} = 13.5$$

注意到,该答案与优先股的分红率无关。同时可见,优先股的久期比前几种投资的久期都长,这显然是合理的,因为优先股涉及的支付是永续年金。

## 6-10 免 疫

到目前为止,我们主要讨论的都是些个人的交易。在本节,我们来讨论集团交易的情况。更明确地说,我们考虑一些机构(如银行、保险公司、养老基金)的资产和负债之间的关系。

资产将产生一系列现金流入,分别记在 1, 2, $\cdots$, n 时的现金流入为 $A_1$、$A_2$, $\cdots$, $A_n$,类似地,负债将产生一系列现金流出,分别记在 1, 2, $\cdots$, n 时的现金流出为 $L_1$, $L_2$, $\cdots$, $L_n$。接下来,我们要考虑的问题是,如何实现现金流入与现金流出间的均衡或安全的平衡。

在进一步讨论之前,先考虑如果这种均衡不存在的后果。后果主要来自于利率风险,因为均衡不存在的情况下,利率水平的些微改变可能导致严重的价值损失。

考虑一个金融机构,如银行或保险公司,其发行一种有保证利率的一年期的金融工具,如大额存单(CD)或保证投资合约(GIC)。如果支撑这些合约的资产被投资"过长"或"过短",都将给金融机构带来显著的风险。

首先,考虑资产被投资"过长"的情形。此时,如果利率上升,那么金融机构的顾客很可能会提前收回他们的资金,金融机构为了对这些将提前退出的合约持有人进行支付,可能不得不卖掉其还未到期的资产。然而,利率的上升可能导致资产的卖价下降,所以很容易导致损失。

再考虑资产被投资"过短"的情形。这种情况下,在利率下降时,同样容易导致损失。因为如果资产的投资期限过短,则将增加其再投资的难度,从而导致整个期间总的利息收入降低。

"免疫"是用来合理安排资产与负债的结构,以减少甚至完全消除利率风险带来的不利后果的一种技术。换句话说,可以通过"免疫"来降低或消除由利率水平变化而引起的不利后果。

令 $t$ 时的净收入为 $R_t$,即

$$R_t = A_t - L_t, \quad t=1, 2, \ldots, n \tag{6-39}$$

假设开始时,资产现金流入的现值等于负债现金流出的现值,即

$$P(i) = \sum_{t=1}^{n} v^t R_t = \sum_{t=1}^{n} (1+i)^{-t} R_t = 0 \tag{6-40}$$

现在令利率有一个小的变动,从 $i$ 变到 $i+\varepsilon$。如果将 $P(i)$ 按泰勒级数展开到二阶导数,则有

$$P(i+\varepsilon) = P(i) + \varepsilon P'(i) + \varepsilon^2 P''(i+\xi)/2, \quad \text{其中} \ 0 < |\xi| < |\varepsilon|$$

如果

$$P'(i) = 0 \tag{6-41}$$

和

$$P''(i) > 0 \tag{6-42}$$

同时成立,则 $P(i)$ 在 $i$ 的一个邻域内取极小值。

注意到式(6-41)相当于是净收入的修正久期为 0。

如果 $P(i)$ 在 $i$ 的一个邻域内取极小值,那么,对于利率在任何方向上的微小变化,都将增加收入的净现值。如果是这样的话,显然是大家所想要的。

我们用 $P(i)$ 的二阶导数来定义"凸性",记为 $\bar{c}$,如下

$$\bar{c} = \frac{P''(i)}{P(i)} \tag{6-43}$$

$\bar{c}$ 也是 $i$ 的函数。

需要指出的是,负债一般由相关机构难以控制的外力所决定,因此,免疫主要针对的是资产的结构。在安排资产时,免疫策略主要考虑如下三个条件:

(1)资产现金流入的现值等于负债现金流出的现值。该条件可以确定用于支撑负债的合适的资产量;

(2)资产的修正久期等于负债的修正久期。该条件保证了利率的改变对资产和负债的价格敏感性是相同的;

(3)资产的凸性大于负债的凸性。当这个条件满足时,那么利率减少时,所引起的资产价值的增加将超过负债价值的增加。反过来,利率上升时,所引起的资产价值的减少将少于负债价值的减少。

实务中,在应用上述的免疫策略时会遇到一些困难和限制。下面列出 7 种这样的困难:

(1) 用于计算的利率 $i$ 的选择并不总是很清楚。不同的 $i$ 可能产生不同的策略；

(2) 这种技术只针对 $i$ 的很小的变动，并没有保证对 $i$ 的较大的变动依然有效。然而，有一种所谓的"完全免疫"方法，它推广了免疫理论，使当利率 $i$ 有较大的变动时依然有效；

(3) 在这种技术中，没有反映收益率；

(4) 免疫要求对投资组合进行频繁的调整以保持资产和负债的修正久期相等。需要注意的是，修正久期的减少与时间的流逝并不同步；

(5) 一般情况下，可能并不知道资产和负债的确切的现金流，所以通常使用估计的现金流来进行计算；

(6) 凸性条件似乎隐含着，无论利率发生何种方向的变动，都将产生利润。这似乎与金融理论的一条原则相冲突，那就是，在有效市场，无风险套利的机会稍纵即逝；

(7) 可能不存在满足免疫要求的资产。

尽管存在这么多的限制，如上所述的免疫理论对提高投资策略还是有很大的用处。即使是在免疫不能被完全实行的情况下，部分免疫也要比完全不考虑资产和负债之间关系要强得多。

最早引入免疫理论的是英国精算师 F.M.Redington(1952)[①]。这种概念被 I.T. VanderHoof(1972)[②]引入到北美。

此外，免疫技术可用作有关排除或减少以上所列问题的影响的技术的基础。有很多相关的论文讨论这样的问题。

**例 6-17** 甲向乙借款 1000 元，按约定应该在 1 年末的时候还乙 1100 元。为了保证还款，甲被要求将借来的 1000 元进行投资以建立一项投资基金来保证还款的需要。可供甲选择的投资是一种当前利率为 10%的并且利率每日变动的活期存款和一种利率为 10%的两年期定期存款。根据免疫理论，建立一个投资计划；

**解：**

设活期和两年期定期存款的金额分别为 $x$ 和 $y$，则

$$P(i) = x + 1.21y(1+i)^{-2} - 1100(1+i)^{-1}$$

$$P'(i) = -2.42y(1+i)^{-3} + 1100(1+i)^{-2}$$

---

[①] Redington, F.M. "Review of the Principles of Life-Office Valuations," Journal of the Institute of Actuaries Vol. 78 (1952), 286-315.

[②] Vanderhoof, I.T. "The Interest Rate Assumption and Maturity Structure of the Assets of a Life Insurance Company," Transactions of the Society of Actuaries Vol. 24 (1972), 157-192.

$$P''(i)=7.26y(1+i)^{-4}-2200(1+i)^{-3}$$

由 $P(i)=0$，有 $P(0.1)=x+y-1000=0$，

由 $P'(i)=0$，有 $P'(0.1)=-2y/1.1+1000/1.1=0$，

解方程，得 $y=500$，$x=500$。

虽然在进行投资分配时，我们没有利用 $P''(i)>0$，不过我们可以检验答案的凸性。我们有

$$P''(i)=7.26\times500(1+10\%)^{-4}-2200(1+10\%)^{-3}=826.45>0$$

因此，我们的答案满足 $P''(i)>0$，所以这是非常好的结果。

我们再来检验一下利率的不同变化所带来的经验结果。我们有

$$P(0.1)=0$$
$$P(0.11)=500+1.21\times500/1.11^2-1100/1.11=0.0496>0$$
$$P(0.09)=500+1.21\times500/1.09^2-1100/1.09=0.0421>0$$

因此，无论 $i$ 从 10% 朝哪个方向变化，$P(i)$ 的值都将增加。这看起来似乎太好了，以至于难以相信这种好事会是真的，但是，这也从另一方面显示了免疫所追求的结果。

**例 6-18** 计算上例中资产的

（1）修正久期；

（2）凸性。

**解：**

（1）对上例表达式中的资产部分，有

$$P(i)=x+1.21y(1+i)^{-2}=1000$$
$$P'(i)=-2.42y(1+i)^{-3}=-909.09$$
$$P''(i)=7.26(1+i)^{-4}=2479.34$$

其中 $x=500$，$y=500$，$i=0.1$。由修正久期的定义，有

$$\bar{v}=-\frac{P'(i)}{P(i)}=0.90909$$

也可以利用式(6-37)，有以下的修正久期：

活期存款：$\bar{v}=0$，

两年期定期存款：$\bar{v}=2/1.1=0.90909$。

这两个值的加权平均反映了我们的投资分配为：

$$0.5\times0+0.5\times2/1.1=0.90909$$

作为练习，请读者证明这个值也等于负债的修正久期。

（2）再次使用上例表达式中的资产部分，我们有

$$P''(i)=7.26(1+i)^{-4}=2,479.34$$

由 $\bar{c}=P''(i)/P(i)$，将 $y$=500，$i$=10%代入，有
$$\bar{c}=P''(i)/P(i)=2.47934$$
作为练习，请读者证明这个值大于负债的凸性。

**例 6-19** 30 年期住房抵押贷款，利率为每年计息 12 次的年名义利率 10.2%，按月等额偿还。求

（1）支付的修正期限；

（2）支付的凸性。

**解：**

（1）月度实质利率为 10.2%÷12=0.0085，

因此，对每一单位的月度支付，有
$$P(i)=\sum_{t=1}^{n}(1+i)^{-t}=a_{\overline{n}|}$$
$$P'(i)=-\sum_{t=1}^{n}t(1+i)^{-t-1}=-\frac{(Ia)_{\overline{n}|}}{1+i}$$

因此，$\bar{v}=-\dfrac{P'(i)}{P(i)}=\dfrac{(Ia)_{\overline{n}|}}{(1+i)a_{\overline{n}|}}$，

将 $n$=360，$i$=0.0085 代入上式，有
$$\bar{v}=\frac{1}{1.0085}\cdot\frac{11{,}283.80}{112.0591}=99.85$$

因此，该 360 个月的抵押贷款的修正久期在 100 个月内。

（2）为了度量支付的凸性，我们需要取 $P(i)$ 的二阶导数
$$P''(i)=\sum_{t=1}^{n}t(t+1)(1+i)^{-t-2}=v^{2}\sum_{t=1}^{n}(t^{2}+t)v^{t}$$
$$=v^{2}\left[(Ia)_{\overline{n}|}+\sum_{t=1}^{n}t^{2}v^{t}\right]$$

于是
$$\bar{c}=\frac{P''(i)}{P(i)}=v^{2}\frac{\left[\sum_{t=1}^{n}t^{2}v^{t}+(Ia)_{\overline{n}|}\right]}{a_{\overline{n}|}}=17121.40$$

## 6-11 资产和负债的匹配

随着古典免疫理论的出现，后来还发展了许多其他的方法。所有这些方法都有同样的一个目的，那就是，在给定的负债结构下，找出最小化或最终排除由利率水平的变动而带来的风险的投资资产处理方式。

本节我们简要地介绍其中的两种非随机性方法。

第一种方法为绝对匹配。这种方法构造资产组合的方式是，将生成的现金流入在每一期都正好与负债的现金流出相匹配。如果能做到这一点，那么利率变动带来的风险就可以避免。

当然，要做到绝对匹配是非常困难的，甚至是不可能的。下面列出一些在实行这种策略时经常遇到的困难：

（1）资产和/或负债的现金流不好预测；

（2）如果负债是长期的，那么要想找到正好与负债匹配又没有再投资风险的资产几乎是不可能的；

（3）绝对匹配的要求将降低资产投资组合的收益率，有时这种收益率的损失可能超过绝对匹配所能带来的收益。

第二种方法是 J.A.Tilley 在 1980 年[1]提出的一种方法。

再次考虑利率变动给投资资产带来的两种风险：

（1）当利率降低时，只能以更低的利率再投资的风险。这种风险的存在可能会增加人们对长期投资工具的偏好；

（2）当利率上升时，风险可能导致人们将原有未到期投资提前兑现的需要，从而可能在提前兑现时出现损失，否则可能失去以高的再投资利率再投资的机会。这种可能性的存在又会刺激人们对短期投资工具进行投资的动机。

下面举例说明平衡这两种相互冲突的动机的一种方法。假设银行保证两年期存单的实质利率为 8%，存单持有人可在一年末或两年末提取存款资金，不交罚金。银行仅能以两种方式投资：

（1）实质收益率 8%的一年期票据；

（2）实质收益率 8.5%的两年期票据。

---

[1] Tilley, J.A. "The Matching of Assets and Liabilities," Transactions of the Society of Actuaries Vol. 32(1980), 263-300.

这种模型反映了有正的坡度的正常的收益率曲线。注意到利率期限结构的特征是这种模型的一个特征，也是古典免疫理论所没有的。

令存单持有人在第 1 年末和第 2 年末取出的资金额分别为 $s_1$ 和 $s_2$。对存单中的每一元存款有 $1=(1+8\%)^{-1}s_1+(1+8\%)^{-2}s_2$，于是，$s_2=1.08^2-1.08s_1$。

给出未来取款率的准确表达式是这个模型的第二个新特征。

设银行投资于一年期和两年期票据的资金比例分别为 $p_1$ 和 $p_2$，显然 $p_1+p_2=1$。再设 $f$ 为一年期票据在第二年的再投资（远期）利率。精确考虑再投资利率是这种模型的第三个新特征。

最后，设银行来自这笔业务的基金在第二年末的终值为 $A_2$，则

$$A_2=[p_1(1+8\%)-s_1](1+f)+[p_2(1+8.5\%)^2-s_2]$$
$$=[1.08(1+f)-1.085^2]p_1+s_1(0.08-f)+1.085^2-1.08^2 \qquad (6\text{-}44)$$

为了更好地选择 $p_1$（同时也是 $p_2$），我们需要分析 $f$ 的变动将带给 $A_2$ 的影响。

首先，考虑利率下降的情况。假设 $f=7\%$，那么，在第一年末，存单持有人更愿意将存款继续留在存单中，因此第一年末的取款率将降低。假设每元的原始投资中只有 0.1 元在第一年末被取走，即 $s_1=0.1$。于是，$A_2=-0.021625p_1+0.011825$。

我们希望 $A_2>0$，为此要求 $p_1<0.011825/0.021625=0.5468$。

其次，考虑利率升高的情况，假设 $f=9.5\%$，这将导致在第一年末产生高的取款率，因为在其他的地方可以赚取更高的利率。假设 $s_1=0.9$，则 $A_2=0.005375p_1-0.002675$。

同样希望 $A_2>0$，所以要求 $p_1>0.4977$。

因此，在上述假设条件下，建议银行选择满足 $0.4977<p_1<0.5468$ 的 $p_1$ 进行投资，因为 $p_2=1-p_1$，所以 $p_1$ 确定后，也可以确定 $p_2$。

这种技术的应用要求投资经理要作一些重要的假设，这种要求在古典免疫理论中是没有的。这里，一个关键的假设是远期利率（或再投资利率）有多高或有多低，另一个关键的假设是提前取出率的水平。不幸的是，这种技术对这些假设是敏感的，这意味着假设的些许改变将导致结果的明显不同，或导致不同的投资策略。除了敏感性以外，这种技术在实际应用中被证明也是有用的。

## 习题六

1. 一笔 10000 的贷款用 24 次月度分期付款来偿还，每月末还款一次，每次还款 500。该贷款利用直接比率方法（"78 律"）建立分期偿还表，求第 6 次还款支付后的未偿还余额。

2. 一项资产有初始值 1000,并在 10 年末有残值 100。分别用以下 4 种方法在 10 年期上折旧:

(1) 5%的复利;

(2) 直线方法;

(3) 常百分率方法;

(4) 年数和方法。

比较各种方法下,第 1 年折旧费的大小。

3. 在利率 $i$ 下,定义债券的久期为:$(\sum_t tC_t v^t) \div (\sum_t C_t v^t)$。其中 $C_t$ 为来自息票的净现金流和在 $t$ 时债券的偿还值。

现有一项面值 1000 的 20 年期债券,该债券附有 4%的年度息票并以面值到期。在利率 5%下,求该债券的久期。

4. 某公司购买两台机器。两台机器都预期能使用 14 年,并且它们的残值都是 1050。机器 I 的成本为 2450,机器 II 的成本为 $P$。机器 I 使用的折旧方法为直线方法,机器 II 使用的折旧方法为年数和方法,在利率 $i=10\%$ 的情况下,机器 I 每年折旧费的现值和与机器 II 每年折旧费的现值和相等,求 $P$。

5. 某新机器的成本为 11000,并有残值 900,该机器的有效使用寿命为 100 年。

(1) $Z_t$ 是在直线折旧方法下,该机器在 $t$ 年末的账面值;

(2) $Y_t$ 是在年数和折旧方法下,该机器在 $t$ 年末的账面值。

求使 $(Y_t - Z_t)$ 最小的 $t$。

6. 某公司购置了两项资产,两项资产的成本均为 1800,并且有相同的残值,它们都在 15 年期上被折旧。其中一项资产利用直线方法折旧,另一项资产则用偿债基金方法折旧。在偿债基金方法中,$i=5\%$,并且第 7 年的折旧费为 100。求两项资产在第 12 年的折旧费之和。

7. 某建筑物的原始成本为 100 万元,使用寿命 60 年,并且用常百分比方法折旧。4 年后,该建筑物的账面值为 918820 元,求该建筑物的残值。

8. 某项 10000 元的贷款将通过 30 次的月度付款来还清,每月还款支付 387.48 元。该贷款按照直接比率方法,求在第 12 次支付中所含的利息。

9. $X$、$Y$、$Z$ 分别为三项在 10 年期上折旧的资产的购买价格,这三项资产的残值都是 100,并且:

| 价格 | 折旧方法 | 第 5 年的折旧费 |
|---|---|---|
| $X$ | 偿债基金方法 | 570 |
| $Y$ | 直线方法 | 580 |
| $Z$ | 年数和方法 | 630 |

偿债基金利率为 5%，试比较 $X$、$Y$、$Z$ 的大小。

10．某机器购买价为 50000。该机器预期有效的使用年限为 15 年，并且有残值 3000。该机器用 $Y\%$ 的下降余额方法折旧，$Y<300$。在第二年的折旧费为 7219，求在第 15 年的折旧费。

11．一项贷款在年度实质利率 $i$ 下，用 5 次年度支付 P 来偿还，该贷款用直接比例方法来计算；第二项贷款同样用 5 次年度支付 P 来偿还，但是是在精算方法和年度实质利率 5%的基础上的分期偿还。在 2 年末，两项贷款的未偿还贷款余额相等，求 $a_{\overline{5}|i}$。

12．某项 100 元的贷款，期限为 6 年，利用每次支付 4.70 的季度支付来偿还。分别在以下三种方法下，估计贷款的利率：

（1）常率方法；

（2）直接比率方法；

（3）贸易商规则。

试比较不同方法下利率的大小顺序。

13．某公司以 $X$ 的价格购买了一项新资产。该资产预期可以使用 20 年，并有残值 700，该公司最初决定以年数和的方法来折旧该资产，然而，5 年后，公司决定改用直线方法。在 13 年末，资产的折余价值为 1540，求 $X$。

14．某资产在 7 年期上被折旧。其残值为初始成本的 50%，已知：

（1）用年数和方法，第三年的折旧费为 1000；

（2）用偿债基金方法，在年度实质利率 5%下，第三年的折旧费为 $X$。

求 $X$。

15．某机器价格为 1000，在 8 年后的残值为 50。分别利用年数和方法和下降余额方法折旧，求这两种方法下该机器在第 6 年末的账面值之差。

16．某机器价格为 21000，预期寿命为 19 年，残值为 2000。4 年后，用 $X\%$ 下降余额法确定的账面值和用年数和方法确定的一样。求 $X$。

17．某投资者以每股 10 元的价格卖空 500 股股票，一年后，当价格跌至 7.5 元/股时买回股票。保证金要求为 50%，保证金存款的利率为 8%，并且在这期间，股票进行了 4 次季度分红，每次每股红利为 0.15 元，求收益率。

18．某建筑物价值 10000，在 5 年末的残值为 $S$。其周期维持费为 500 且周期费用为 638.05，偿债基金率和收益率均为 5%，求 $S$。

19．某公司购买某种新机器，在第 $n$ 年末，该机器的残值为 1 万元。公司利用偿债基金的方法对该机器进行折旧。已知：

（1）在第 4 年和第 12 年的折旧费分别是 13310 元和 28531 元；

（2）在第 8 年末，机器的账面值为 1106641 元。

求该机器的购买价格。

20. 某机器的购买价格为 108000 元，预期使用 8 年。利用复贴现方法折旧，该机器在第二年末的账面价值为 44091。分别利用复贴现方法和年数和方法进行折旧，计算这两种折旧方法下，在第 4 年末的机器的账面值之差的绝对值。

21. 某公司花费 60 万元购买了一种新机器，预计可以使用 10 年，10 年后的残值为 5 万元。在年度实质利率 $i$ 下，已知：

（1）利用直线方法折旧，所有的折旧费的现值为 310750 元；

（2）利用年数和方法折旧，所有的折旧费的现值为 362500 元。

求 $i$。

22. 有一种机器，购买价格为 $A$，2 年后有残值 $S$，$S<A$。已知：

（1）利用复贴现方法折旧，在第一年末机器的账面价值为 8000；

（2）利用直线方法折旧，在第一年末机器的账面价值为 8200。

求 $S$。

23. 某资产的购置价格为 8000，4 年后的残值为 $S$。已知：

（1）利用复贴现方法折旧，在 2 年后的账面价值为 4000；

（2）利用偿债基金方法折旧，第一年的折旧费为 1412.93；

（3）年度实质收益率和偿债基金利率均为 $i$。

求 $i$。

24. 一项 10 年期的定期存款，年利率 8%。若通货膨胀率为 10%，求这 10 年间存款丧失购买力的百分比。

25. 某人将一笔钱存入某基金 10 年，年利率 10%。假设利息收入需要按 20% 的所得税率纳税。该人可以有两种选择：可以在投资期末一次性纳税，也可以每年分别纳税。求两种选择下税后积累值之比。

26. 某人 20 岁参加工作，到 60 岁退休，共工作 40 年。假设该人刚参加工作时的工资为 1000 元/年，并且已知其工资每年上涨 10%。求：

（1）最后的年薪；

（2）最后 10 年的平均年薪；

（3）整个工作年限的平均年薪。

27. 15 年前，某投资者投入 1 万元进行了某种商业交易，该交易在每年末给该投资者带来 1200 元的回报。现在，在收到第 15 次支付后，这笔交易遭遇意外，所有的投资全部损失了。假设投资者在每年末得到投资回报的同时，及时将所得到的投资回报按 6% 的实质利率进行了再投资，求投资者这项投资到目前实现的收益率。

28. 某项 30 年期的债券面值 1000 元,附有半年度息票,息率为 8%。假设该债券的息票的支付没有任何风险,但是到期偿还的本金的支付却有一定的风险,其中的违约概率为 5%。投资者要实现 10%的半年度转换收益率,利用支付的期望现值,求该债券的价格。

29. 一项 10 年期的投资的回报情况如下:可能在 10 年末一次性得到 1000 元,这种可能的概率为 80%;也可能在 10 年末什么也得不到,这种可能性为 20%。假设年度实质利率为 16%。求

(1) 该投资现值的均值,即 EPV;

(2) 该投资现值的标准差;

(3) 该投资的利率风险溢价。

30. 某抵押公司发放 1000 万元的两年期抵押贷款,实际利率为 10%。要求借款方按等额本金的方式分期偿还,每年末偿还一次。借款人有权在第一年末提前还清贷款,且无需交罚金。现假设到第一年末时,市场的实质利率可能为 7%或 13%,其中为 7%的概率为 30%,为 13%的概率为 70%,同时已知抵押公司能以该利率将其全部收入再贷出。另外假设借款人将根据自己是否有利来决定是否提前还清债务,并且违约概率为 0。求

(1) 抵押公司在两年末得到的所有还款的期望终值;

(2) 第(1)问里终值的标准差;

(3) 发行这些抵押贷款的抵押公司的预期收益率。

31. 20 年期的抵押贷款的贷款利率为 8%,每年年末等额偿还。假设每年的违约概率为 1%,在这种情况下偿还付款的期望现值为 300000 元。

(1) 若每年违约概率翻倍,求期望现值;

(2) 在(1)的基础上,按 10%的实质利率计算期望现值,再做第(1)问。

32. 某投资者购买 1000 元的可通知偿还债券,年度息率为 8%。债券在 10 年末以面值到期,但是可能在 5 年末以 1050 元通知偿还。投资者能将取得的各种收入以 5%的实质利率再投资。投资者买此债券的价格为 1100 元。假设债券提前赎回的概率为 0.40,计算投资者在 10 年中该投资的总体预期收益率。

33. 系列支付为:在时刻 $t=1,4,7,\ldots,19$ 为 100 元;在时刻 $t=2,5,8,\ldots,20$ 为 200 元;在时刻 $t=3,6,9,\ldots,18$ 为 300 元。为使该系列支付的现值等于时刻 $t^*$ 支付的 3900 元的现值,设 $i>0$,推导 $t^*$ 的准确表达式。

34. 每年末支付红利和股息的普通股,若每年红利比前一年红利多 5%,实质利率为 9%,求该普通股的久期。

35. 求

（1）$(Ia)_{\overline{n}|}$；

（2）$a_{\overline{\infty}|}$。

的修正久期的表达式。

36. 有一笔贷款，在一年末还 3000 元，两年末还 4000 元，三年末还 5000 元，四年末还款 8000。假设实质利率为 10%。求

（1）贷款额；

（2）久期；

（3）修正久期；

（4）式(6-38)中的方差 $\sigma^2$。

37. 3 年期延付年金，月度转换名义利率为 12%，各月的支付额依次为 2，5，10，17，…，$1+36^2=1297$。求现值。

38. 对于例 6-15，

（1）设甲活期存款 600 元，两年定期存款 400 元，求 $P(0.09)$、$P(0.10)$、$P(0.11)$；

（2）若甲活期存款 400 元，两年定期存款 600 元，再做第（1）问。

39. 设实质利率为 10%，求以下投资的凸性：（1）活期存款；（2）20 年期零票息债券；（3）永久性支付等额红利的优先股。

40. 求 $n$ 期等额偿还的贷款的凸性，设 $i=0$。

# 附录一 投资学基础知识

从广义上讲，投资是为未来收入货币而奉献当前的货币。投资一般具有两点特征：时间和风险。奉献是当前发生的，确定的；而回报（要有的话）是以后才有的，而且数量是不确定的。在这两者（时间和风险）中间，有时时间因素是主要的，如：政府债券；有时风险因素是主要的，如：普通股的买进期权；有时两者都是重要的，如：普通股。

最简单的投资策略就是将他（或她）的所有的钱存入银行（更广义地讲，把钱埋入地下，也可算是一种投资。不过在稳定社会里，这种投资策略几乎没有什么理由被接受）。这个策略有许多优点：它是安全的，它不要求投资者有什么专门知识；同时，它也不需要投资者劳神费力，并为之辗转反侧。

但是，这个策略的缺点也是明显的。它得不到由于冒一定的风险而带来的、潜在的、更高的可能回报。

人们经常将这种简单的、安全的、无需思考的投资——即所谓的储蓄与其他的投资区分开来。储蓄相当于投资者放弃了自己的能动性（在某种意义上，事实上，储蓄也包括定期、活期等多种）。于是投资者对未来的收入并不产生影响，而其他的投资则是由于投资者积极参与投资决策之中，以自己的行动决定或影响未来收益。一般情况下，人们谈及的投资主要指后一种投资。

可供投资的对象——投资资产——一般被分为两大类：金融资产和实物资产。

所谓实物资产，指的是社会的原始的原料财富以及由这些原料生产的经济产品。它包括诸如土地、机器、建筑物等物质资产，也包括进行生产的工人、知识等"人类"资产等。

与实物资产相对的是金融资产。它包括股票、债券等。这些资产，就本身而论，并不是社会的财富。股票不过是一纸（现在实行无纸化）合同，它们对经济的产品容量并没有直接的贡献。但是，它们有间接的贡献，它们的贡献是：它们实现了公司所有权和管理权的分离以及引导资金向有吸引力的投资项目转移。确切地讲，金融资产能向拥有它的个人或企业贡献财富。这是因为拥有金融资产实际上就是拥有由实物资产生成的收入或由政府产生的收入的一种所有权。

当实物资产被一个公司使用并最终产生收入时，收入按照投资者拥有的金融资产或公司发行的证券的情况分配给投资者。例如：债券拥有人有权按照债券的利率和面值得到一笔收入流；股东权益人或股票持有人在债券持有人和其他债务被支付后，有权分配到剩余收入。这样看来，金融资产的价值来自于并且依赖于相应的公司的实物资产的价值。

实物资产是用来生成收入的资产，而金融资产决定着收入或财富在投资者中间的分配。个人能够选择是今天就消费掉当前所拥有的财富还是为了未来而投资。当他们为了未来而投资时，他们可以选择拥有金融资产。公司发行证券（卖给投资者）收到的钱被用于购买实物资产，然后，将由这些实物资产创造的收入返还给金融资产。这样，可以把金融资产看成是个人拥有在良性经济中的实物资产所有权的一种工具（媒介）。绝大多数人都不可能一个人就拥有汽车制造业，但我们可以拥有汽车制造公司的股票，它们将给我们提供来自于汽车生产的收入。

我们更关心的是对金融资产的投资。

一般情况下，投资者拥有对一定财产或财富的权利以及行使这些权利的条件是以一纸凭证作为代表的。这一纸财产权利的证明被称为证券，它可以被转让给另一位投资者。权利和条件随之同时转移。如当铺的当票、普通股股份、国库券、借据等都是证券，所以，证券一词被解释为在规定条件下取得未来收益权利的法定代表。

以下简要介绍基金、股票、债券、期货、期权等几种常见的证券。

## 一、基金

基金有时又叫共同基金，是指集合众多投资者的零星资金，交由专门的投资机构进行投资，投资收益归原投资者所有。其基本过程是，代理投资机构把众多的、不特定的投资者的资金集中起来，组成一个共同的财产进行投资。主要的投资对象有：资本市场上股票与债券，货币市场上的短期票据与银行同业拆借，以及金融期货、黄金、期权交易、不动产等。

作为一种投资工具，共同基金既可以是一种金融中介，也可以是一种投资方式。

作为一种金融中介，共同基金最基本的功能是吸收公众手中的资金，并将这些资金投资于金融市场中，以满足资金使用者的需要。一般来讲，共同基金是一种大众化的信托投资工具，它由基金公司或其他发起人向不确定的投资者发行受益凭证，将大众手中的零散资金集中起来，汇集成具有一定规模的信托财产，然后，将这笔资产委托基金经理人（他们大都是具有专业知识和投资经验的金融专家）进行管理和运作，并由信誉良好的金融机构充当所募集资金的托管人。基金经理人将这些财产主要投资于股票、债券等各类有价证券上，获得收益后，由投资者按出资比例分享。通过这种多元化的投资组合，可以有效地降低投资风险，使投资者的资本获得长期而稳定的增值。

另一方面，也可以说，共同基金是一种大众集体投资方式。我们可以用以下几个基本特征来概括它：

首先，共同基金通过募集方式来筹集资金，并把这些资金用于设立基金；

其次，共同基金经理人将基金资产投资于各类有价证券（主要是资本市场上的股票与债券、国库券、货币市场上的短期票据等等）以及其他领域（如金融期货、期权交易、黄金、不动产等），以此获得投资收益。显然，对于基金投资者来讲，这是间接进入证券市场的投资方式，投资者不是直接向股票、债券等金融产品投资，而是通过共同基金投资；

再次，共同基金经理人利用多种组合投资方式，把资金按照不同比例投资于各种不同的投资工具，以分散投资风险；

最后，投资者按其出资比例分享投资收益，共同分担风险。

我们可以用下图来对基金投资作一形象描述。

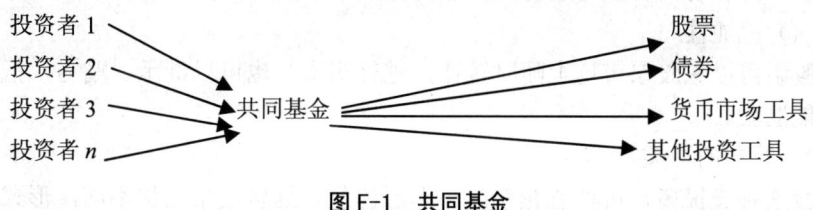

图 F-1　共同基金

二、股 票

1. 股票的概念与特征

股票是股份证书的简称，是股份公司为筹集资金而发行给股东作为持股凭证并借以取得股息和红利的一种有价证券。每股股票都代表股东对企业拥有一个基本单位的所有权。股票是股份公司资本的构成部分，可以转让、买卖或作价抵押，是资金市场主要的长期信用工具。

股票的作用有三点：（1）股票是一种出资证明，当一个自然人或法人向股份有限公司参股投资时，便可获得股票作为出资的凭证；（2）股票的持有者凭借股票来证明自己的股东身份，参加股份公司的股东大会，对股份公司的经营发表意见；(3) 股票持有者凭借股票参加股份发行企业的利润分配，也就是通常所说的分红，以此获得一定的经济利益。

股票作为一种有价证券，具有如下特征：

(1) 稳定性

股票投资是一种没有期限的长期投资。股票一经买入，只要股票发行公司存在，任何股票持有者都不能退股，即不能向股票发行公司要求抽回本金。同样，股票持有者的股东身份和股东权益就不能改变，但他可以通过股票交易市场将股票卖出，使股份转让给其他投资者，以收回自己原来的投资。

(2) 风险性

任何一种投资都是有风险的，股票投资也不例外。股票投资者能否获得预期的回报，首先取决于企业的盈利情况，利大则多分，利小则少分，公司破产时则可能血本无归；其次，股票作为交易对象，就如同商品一样，有着自己的价格。而股票的价格除了受制于企业的经营状况之外，还受经济的、政治的、社会的甚至人为的等诸多因素的影响，处于不断变化的状态中，大起大落的现象也时有发生。股票市场上股票价格的波动虽然不会影响上市公司的经营业绩，从而影响股息与红利，但股票的贬值还是会使投资者蒙受部分损失。

(3) 责权性

股票持有者具有参与股份公司盈利分配和承担有限责任的权利和义务。

(4) 流通性

股票可以在股票市场上随时转让，进行买卖，也可以继承、赠与、抵押，但不能退股。

## 2. 股票的种类

股票种类很多，可谓五花八门、形形色色。这些股票名称不同，形式和权益各异。按股东权利分类，股票可分为普通股、优先股和后配股。

(1) 普通股

普通股是随着企业利润变动而变动的一种股份，是股份公司资本构成中最普通、最基本的股份，是股份企业资金的基础部分。

普通股的基本特点是其投资收益(股息和分红)不是在购买时约定，而是事后根据股票发行公司的经营业绩来确定。公司的经营业绩好，普通股的收益就高；反之，若经营业绩差，普通股的收益就低。普通股是股份公司资本构成中最重要、最基本的股份，亦是风险最大的一种股份，但又是股票中最基本、最常见的一种。在我国上交所与深交所上市的股票都是普通股。

(2) 优先股

优先股是"普通股"的对称，是股份公司发行的在分配红利和剩余财产时比普通股具有优先权的股份。优先股也是一种没有期限的有权凭证,优先股股东一般不能在中途向公司要求退股(少数可赎回的优先股除外)。

(3) 后配股

后配股是在利益或利息分红及剩余财产分配时比普通股处于劣势的股票,一般是在普通股分配之后,对剩余利益进行再分配。如果公司的盈利巨大,后配股的发行数量又很有限,则购买后配股的股东可以取得很高的收益。发行后配股,一般所筹措的资金不能立即产生收益,投资者的范围又受限制,因此利用率不高。

3. 股票的作用

(1) 对上市公司的好处

(ⅰ)股票上市后,上市公司就成为投资大众的投资对象,因而容易吸收投资大众的储蓄资金,扩大了筹资的来源。

(ⅱ)股票上市后,上市公司的股权就分散在千千万万个大小不一的投资者手中,这种股权分散化能有效地避免公司被少数股东单独支配的危险,赋予公司更大的经营自由度。

(ⅲ)股票交易所对上市公司股票行情及定期会计表册的公告,起了一种广告效果,有效地扩大了上市公司的知名度,提高了上市公司的信誉。

(ⅳ)上市公司主权分散及资本大众化的直接效果就是使股东人数大大增加,这些数量极大的股东及其亲朋好友自然会购买上市公司的产品,成为上市公司的顾客。

(ⅴ)可争取更多的股东。上市公司对此一般都非常重视,因为股票多就意味着消费者多,这利于公共关系的改善和实现所有者的多样化,对公司的广告亦有强化作用。

(ⅵ)利于公司股票价格的确定。

(ⅶ)上市公司既可公开发行证券,又可对原有股东增发新股,这样,上市公司的资金来源就很充分。

(ⅷ)为鼓励资本市场的建立与资本积累的形成,一般对上市公司进行减税优待。

(2) 对投资者的好处

(ⅰ)挂牌上市为股票提供了一个连续性市场,这利于股票的流通。证券流通性越好,投资者就越愿意购买。

(ⅱ)利于获得上市公司的经营及财务方面的资料,了解公司的现状,从而做出正确的投资决策。

(ⅲ)上市股票的买卖,须经买卖双方的竞争,只有在买进与卖出报价一致时方能成交，成交价格(比较)公平合理。

(iv)股票交易所利用传播媒介，迅速宣布上市股票的成交行情。这样，投资者就能了解市价变动的趋势，作为投资决策的参考。

(v)证券交易所对经纪人所收取的佣金有统一的标准，老幼无欺。

## 三、债券

债券是一种债务型金融工具，是表明债务人与债权人关系的凭证。债券发行人（又称债务人或借款人）承诺在预先规定的时期内向债券的投资人（贷款人或债权人）支付约定的金额。因此，债券相当于一种带利息的证券，是由借款人出具的具有法律效力的债务单据。

债券通常有一个固定的期限，这一固定期限称为债券的期限，债券的期限的最后日期称为债券的到期日，到期也是债务人归还债券本金的日期。

债券的期限一般为有限年，如5年，10年，30年等，不过市场上也有少量的期限为无限年的债券，如英国政府发行的无偿还期的证券，这种债券叫做永续债券。另外，尽管一般的债券的期限都是固定的，但是也有一些债券的期限可以变化，由借款人自己决定，这种债券叫做通知偿还债券（或可提前赎回债券）。任何早于或等于到期日的可以偿还债券的日期都叫做赎回日（偿还日）。

债券可按照不同的方式分类。

第一种分类根据是否附有息票（coupon），可以将债券分为积累债券（bond accumulation）和附息票债券（bond with coupons）。息票是债券发行者在到期偿还前向债权人所作的周期性支付。积累债券则是偿还价格包含了原始贷款本利的积累值的债券，这种债券有时也叫做零息票债券（zero coupon bond）。零息票债券是一种重要的债券，不过更多的债券都是附有周期性息票的债券。

第二种分类方法是将债券分为记名债券（registered bond）和无记名债券（unregistered bond）。记名债券是在借款人的记录中载明贷款人，如果贷款人决定出售债券，则所有权的变化必须报告借款人，在每个息票支付日期，由借款人按照记录将周期性息票支付给拥有该记录的人。贷款人无须记录借款人的债券为无记名债券，这种债券无论属于谁，都具有法律上的合理的财产的资格。无记名债券有时又叫做持票人债券（bearer bond）。这种债券一般都附有息票，息票可由债券持有人撕下并兑现，因此，这种债券又经常被称为见票即付债券（coupon bond）。

第三种方法是按照债券的抵押品来分类，可以分为抵押债券和无抵押债券。抵押债券（mortgage bond）是用不动产作抵押来保证的债券，无抵押债券（debenture bond）则仅凭借款人的一般信用作保证。这两类债券是有区别的。

一般来说，抵押债券比无抵押债券更安全，因为在抵押债券违约时，贷方可以取消借方赎回抵押品的权利。

有一种所谓的可转换债券（convertible bond），这种债券在一定的条件下，在约定的时期内，可以转换为债券发行公司的普通股。可转换债券通常是无抵押债券，这种债券给投资者提供了一次选择的机会：可以继续将其作为债券，也可以根据对发债公司未来业绩的向好预期，而将该债券转为普通股。

有些债券的发债人有选择偿还日期的权利，这种债券被称为通知偿还债券（callable bond）或可提前赎回债券。

需要大额资金的借款者在发行债券时，往往需要考虑大额债务集中还款可能存在的困难。为此，一些借款人就把总额很大的借款分为不同日期的还款，相当于将一项偿还值巨大的债券分拆成有不同偿还日期的、偿还值较小的若干项债券，这种债券叫做分期偿还债券或系列债券（serial bond）。

## 四、期货与期权

### 1. 期货

期货是一种买卖双方当时谈定买卖条件，同意在将来某一日交货的交易方式。期货有以下的功能：

（1）风险转移的功能

风险转移功能指投资者可以通过在期货市场进行套期保值业务，避免价格波动造成的损失，把这种影响锁定在套期保值交易成本范围内。在套期保值中，投资者放弃了价格、汇率、利率、股市波动中获得投机利润的机会，但是把风险转移给了其他的投资者。

（2）价格发现的功能

价格发现是指在期货交易所中，所有的交易价格都是由买卖双方公开竞价来决定的，而所有的交易者都有同等机会在其现有的供给或需求情况下，以此认为最适当的价格成交，因此，期货交易价格反映出许多买卖双方对目前、几个月及一年以后供求关系、价格走势的综合观点。

期货包括商品（实物）期货和金融期货。金融期货是以现金或金融证券为内容的期货交易。金融期货是期货交易运用领域的新拓展，在本世纪 70 年代才出现，但发展十分迅速。包括外汇期货、利率期货、股票指数期货等。

外汇期货是指外币期货合约的交易。外汇是一种可自由兑换的国际化货币，外汇交易则是以一种货币兑换另一种货币的行为。

利率期货是指在期货市场上进行的标准化的以国债为主的各种金融凭证的期货合约的买卖。金融凭证是资金借贷的产物，即有价证券，是一种生息资产。

包括国库券、政府债券商业票据、定期存单等。由于债券的实际价格与利率水平的高低密切相关，因此称为利率期货。

股票指数期货是在期货市场上进行的以股市指数为基础的标准化合约的买卖。股票指数期货的产生源于股票市场的风险，股票价格经常的剧烈波动会给股票投资者带来巨大的风险，为了减轻风险，同时也为一些无力从事股票交易的投资者提供机会，反映整个股市价格总体走势的股票价格指数期货就产生了。在金融期货的品种中，股票指数期货是唯一用现金结算的期货品种。

2. 期权

期权（option），是期货合约选择权的简称。根据选择权利的不同，可分为看涨期权和看跌期权。从不同国家期权市场的发展来看，期权市场运作的主要内容在于期权实施、对冲与保证机制。

看涨期权（call option）又称买进期权，是期权出售者给予期权持有者在将来确定的到期日或之前以确定的价格（称为敲定价格（strike price）或执行价格（exercise price））购买某种特定基础证券的权利（但不是义务）。期权持有者不一定要行使这一权利，事实上，期权的持有者仅仅在基础证券的价格超过执行价格的情况下才会执行期权合约。当基础证券的价格超过执行价格时，期权持有者要么卖掉期权，要么执行该期权，从而获得利润。反之，当市值低于执行价格时，则放弃期权。如果期权在到期日之前没有执行，就会自然失效，不再有价值。

期权的购买价格称为期权价格或期权费（premium）。它表示，如果执行期权有利可图，买方为获得执行的权利而付出的代价。期权的卖方出售期权，收到期权价格，来抵偿日后当执行价格可能低于资产市价时他仍需履约的损失。如果在期权失效之前，执行价格一直高于基础证券的价格，期权就不会被执行，那么期权卖方就净获一笔等于期权价格的利润。

例如，假定有一看涨期权，1998年1月8日时期权价格为5美元，期权合约规定合约持有人于1998年2月到期前可以以105美元购入IBM股票，交易所交易的期权在到期月的第三个星期五到期，在本例中，是2月20日。在这以前，期权买方有权以105美元/股购得IBM股票。1月8日，IBM股票的价格为104.3125美元/股，低于期权执行价格。因此，此时不会有人执行期权。实际上，如果在到期前IBM股价一直低于105美元，期权会执行失效。反之，如果到期时IBM股价高于105美元，则期权持有者会执行，例如，如果2月10日IBM的股价为108美元，执行者就会执行，因为他花105美元就得到了价值108美元的股票。执行期权的收入为：

收入=股票价格−执行价格=108−105=3（美元）

尽管在到期日收入为 3 美元，但投资者仍然损失 2 美元，因为当初他购买期权时花去了 5 美元：

利润=收入-初始投资=3-5=-2（美元）

但无论如何，只要到期日股价高于执行价格，那么执行期权就是最优选择，因为执行期权带来的收益至少会冲销部分初始投资。

看跌期权（put option）又称卖出期权，是期权出售者赋予期权所有者在到期日或之前以确定的执行价格出售某种资产的权利。一份执行价格为 105 美元的 IBM 股票 2 月份看跌期权赋予其持有者在到期日前以 105 美元将 IBM 股票卖给期权卖方的权利，即便股票市场价格当时低于 105 美元。于是，看涨期权是随资产市值升高而增值，而看跌期权是随资产市值降低而增值。一般来说只有在执行价格高于标的物市场价格时看跌期权才会被执行，即持有者只愿意以高价（执行价格）卖出低值资产（市价）。需要注意的是，投资者不需要持有 IBM 股票来执行看跌期权，只需到期时由经纪人按市场价格购买到所需的 IBM 股票，然后出售给期权卖方，从中即可净赚执行价格与市场价格的价差。

例如，假定有一份 1998 年 2 月份到期、执行价格为 105 美元的 IBM 股票看跌期权，其在 1998 年 1 月 8 日时的价格为 5.25 美元，它赋予期权持有者以 105 美元/股在 2 月 20 日之前出售 IBM 股票的权利。现同样假设 1 月 8 日，IBM 股票的价格为 104.3125 美元/股，考虑到期权的价格为 5.25 美元，所以尽管股票价格低于期权执行价格，期权持有人也不会立刻执行该期权的。如果 2 月 20 日 IBM 股票的价格跌到 96 美元/股，则该看跌期权将有利可图，执行该期权的收入为

收入=执行价格-股票价格=105-96=9（美元）

利润=9-5.25=3.75（美元）

当期权持有者执行期权能产生利润时，称此期权处于实值（in the money）状态；当执行期权无利可图时，称处于虚值（out of the money）状态。当执行价格高于资产价值时，看涨期权处于实值状态，因为以执行价格购买资产有利可图。当执行价格高于资产价值时它处于虚值，这时没有人会执行该期权，以执行价格购买价值低于执行价格的资产。对看跌期权情况正好相反。当执行价格高于资产价值时其为实值，因为以执行价格卖出低值资产对持有者来说有利可图。当执行价格等于资产价格时，称期权为两平期权（at the money）。

根据对期权的执行时间的规定的不同，可以将期权分为美式期权（American option）和欧式期权（European option）。美式期权允许其持有人在期权有效期内的任何一天行使买入或卖出标的物的权利，欧式期权则只允许在到期日当天执行。美式期权比欧式期权的余地多，所以一般来说价值更高。

在标准化的期权合约中，期权的有效期、履约价格、基础证券的种类和数量等都是事先规定的，只有期权的价格是期权合约中唯一的变量，是交易双方在交易所内用公开竞价方式决定出来的。

下表摘自《华尔街日报》的股票期权行情，我们以该表为例来对期权作进一步的说明。

表 F-1  期权市场牌价表

| LISTED OPTIONS QUOTATIONS | | | -Call- | | -Put- | |
|---|---|---|---|---|---|---|
| Option | Strike | Exp. | Vol. | Last | Vol. | Last |
| Komag | 20 | Dec | 351 | $1^{11}/_{16}$ | ... | ... |
| LSI | $22^{1}/_{2}$ | Nov | 384 | $1^{11}/_{16}$ | 85 | $^{5}/_{8}$ |
| $22^{15}/_{16}$ | $22^{1}/_{2}$ | Dec | 348 | $2^{1}/_{8}$ | 12 | $1^{5}/_{16}$ |
| $22^{15}/_{16}$ | 25 | Nov | 638 | $^{1}/_{8}$ | 84 | $2^{7}/_{16}$ |
| LamRs | 45 | Dec | 201 | $^{1}/_{2}$ | ... | ... |
| LearngCo | 20 | Jan | 310 | $1^{1}/_{2}$ | 20 | $2^{7}/_{8}$ |
| LegatoSy | 35 | Nov | 219 | $4^{5}/_{8}$ | ... | ... |
| Lilly | $42^{1}/_{2}$ | Jan | ... | ... | 200 | $^{1}/_{8}$ |
| $66^{1}/_{2}$ | 60 | Nov | 595 | $6^{3}/_{4}$ | 19 | $^{1}/_{8}$ |
| $66^{1}/_{2}$ | 65 | Nov | 976 | $2^{3}/_{4}$ | 690 | $1^{5}/_{16}$ |
| $66^{1}/_{2}$ | 65 | Dec | 536 | $4^{7}/_{8}$ | 420 | $3^{1}/_{8}$ |
| $66^{1}/_{2}$ | 65 | Jan | 213 | $5^{7}/_{8}$ | 2 | $3^{3}/_{4}$ |
| $66^{1}/_{2}$ | $67^{1}/_{2}$ | Nov | 241 | $1^{1}/_{8}$ | 146 | 2 |
| $66^{1}/_{2}$ | $67^{1}/_{2}$ | Jan | 266 | $4^{1}/_{4}$ | ... | ... |
| $66^{1}/_{2}$ | 70 | Nov | 320 | $^{3}/_{8}$ | 115 | $4^{1}/_{2}$ |
| $66^{1}/_{2}$ | 70 | Jan | 225 | $3^{1}/_{2}$ | ... | ... |
| LoralSp | 20 | Jan | 597 | $1^{13}/_{16}$ | 5 | $1^{1}/_{4}$ |
| $20^{7}/_{16}$ | $22^{1}/_{2}$ | Jan | 1000 | $^{3}/_{4}$ | 10 | $2^{5}/_{8}$ |
| LaPac | 20 | Feb | 200 | $2^{1}/_{16}$ | ... | ... |
| Lucent | 75 | Nov | 50 | $7^{1}/_{8}$ | 284 | $^{3}/_{16}$ |
| $81^{3}/_{16}$ | 80 | Nov | 863 | $2^{7}/_{8}$ | 205 | $1^{1}/_{8}$ |
| $81^{3}/_{16}$ | 80 | Dec | 212 | $5^{1}/_{2}$ | 2 | $3^{1}/_{8}$ |
| $81^{3}/_{16}$ | 80 | Jan | 86 | 7 | 304 | $4^{3}/_{8}$ |
| $81^{3}/_{16}$ | 85 | Nov | 397 | $^{5}/_{8}$ | 11 | $4^{3}/_{4}$ |
| $81^{3}/_{16}$ | 85 | Dec | 143 | $2^{13}/_{16}$ | 218 | $6^{1}/_{8}$ |

资料来源：The Wall Street Journal, November 17, 1997.

上表中，从左到右，各列依次为：期权名称、期权敲定价格、期权的到期日、看涨期权的成交量、看涨期权的收盘价、看跌期权的成交量、看跌期权的收盘价。其中左边第一列各字母行以下的数字行中的数字为相应期权基础股票的现行价格。

我们以其中的 Lilly 股票期权为例（图中黑体部分）。

左边第一列中"Lilly"以下反复出现的数字 $66\frac{1}{2}$ 是 Lilly 公司股票的现行价格，从表中可以看出，在 1 月、11 月、12 月到期的每股看涨期权的执行价格从 $42\frac{1}{2}$ 到 70（美元）不等，这些执行价格将现行股价分门别类地区分开来。

例如，1 月到期，执行价格为 65 美元的看涨期权，成交了 213 个单位，收盘价为 $5\frac{7}{8}$，意味着以执行价 65 美元买入 1 股 Lilly 公司的股权，必须支付的成本是 5.875 美元，因此，每 1 单位（通常以 100 股为一交易单位）期权交易合约价值，即期权买入价为 587.5 美元。

需要注意的是，当执行价格上升时，看涨期权的价格下降。例如，1 月到期看涨期权执行价格是 $67\frac{1}{2}$ 美元，仅仅需付 $4\frac{1}{4}$ 美元。这是有道理的，因为，以较高的执行价格购买 1 股和以较低的执行价格购买 1 股相比，前者就不那么值了。相反，执行价格上升时，看跌期权的价格也随之上升。在 11 月，1 股 Lilly 股权的执行价格为 65 美元，售出价格为 $1\frac{5}{16}$ 美元，当执行价格上升为 70 美元时，售出价格为 $4\frac{1}{2}$。

**例 F-1：** 根据表 F-1，假设一个投资者买入一份执行价格为 65 美元的 11 月到期的 Lilly 股票的看涨期权，如果在到期日股票的价格为 68 美元，此人的赢利额或亏损额为多少？有相同执行价格与到期时间的看跌期权的投资人的情况又如何？

**解：**

看涨期权使投资者有权以 65 美元的价格买入价值 68 美元的股票，因此可以产生收益 3 美元，由表 F-1 知，看涨期权本身的价格为 $2\frac{3}{4}$ 美元，所以投资者总的收益为 $3-2\frac{3}{4}=0.25$ 美元。

这种情况下，看跌期权不会执行，所以购买看跌期权的投资者将出现大小等于看跌期权本身价格的损失。由表 F-1 知，这一价格为 $1\frac{5}{16}=1.3125$ 美元。

## 五、其他金融工具

### 1. 大额存单（Certificates of deposit）

大额存单，或简称为 CD，是银行的定期存款。定期存款的存款者不能因需用资金而随时任意提取存款，银行只在定期存款到期时才付给储户利息与本金。面额超过 10 万美元的大额存单通常可以转让，也就是说，在到期前，如存单持有者需要现金，它可将存单转售给其他投资者，短期大额存单市场流动性很强，但到期日在六个月或以上的大额存单，其流动性会大大下降。大额存单被美国联邦存款保险公司视为一种银行存款，所以，当银行倒闭时，持有人享有最高为10万美元的保额。

2. 保证投资合约（Guaranteed investment contracts）

保证投资合约，简称为GIC，是由保险公司发行给大的机构投资者的一种投资工具，它类似于CD，因为它在约定的时期保证利息和本金，这种约定的时期通常为1到5年。在保证下，它们的市场价值就不会随着利率水平的变化而波动。

不过，一些GIC比CD更为灵活，因为它们可能允许在头3个月到1年中有另外的存款。对于提前取款，GIC通常有严格的限制。GIC通常还有一些保险合约的特性，如当GIC被养老基金用来作为一种投资工具时，它往往有一种年金购买的选择权。

GIC通常比CD有更高的利率，通常会比较接近相应期限美国国库券的利率。然而，GIC没有被FDIC保险。

为了与保险公司竞争，银行也开发出了一种类似的投资工具，叫做银行投资合约（BIC），BIC则有类似于CD的存款保险，其最大的保额也为10万美元。

3. 抵押支撑证券（MBS）和担保抵押债务（CMOs）

直到20世纪70年代，几乎所有的住宅抵押贷款都是长期的（到期期限为15~30年），并且在贷款期内利率不变，每月支付固定数额。这些所谓的传统抵押贷款现在也还仍然是最流行的形式，但是目前已经发展出来其他几种新的形式。

由于利率逐年上升，固定利率的抵押贷款为贷款人带来困难。因为银行及储蓄机构通常担负短期负债（指客户存款），但持有长期资产，如固定利率的抵押贷款。这样，当利率上升时，银行就会遭受损失。因为此时付给客户的存款利率会增加，但与此同时，银行抵押贷款的收入却固定不变。

可调整利率的抵押贷款就是针对这种利率风险应运而生的。这类抵押贷款要求借款人所支付的利率随当前市场利率的升降程度而变化。例如，可将利率定为高出一年期国库券现行利率的2个百分点，并一年调整一次。通常，合约中会对一年内或合约有效期内的利率变化幅度确定一个界限。可调整利率的合约，将大量利率波动风险从银行转嫁给了借款人。

由于利率风险转嫁到了客户身上，银行就愿意对可调整利率的抵押贷款要求比传统的固定利率的抵押贷款更低的利率。对于借款人来说，在高利率时期，这种方式是很有吸引力的。当利率下降时，传统的固定利率抵押贷款又再度风行起来。

  抵押支撑证券是一组抵押组合或由这样一组抵押组合支撑的债权的所有权，这些所有权代表着抵押贷款走向了证券化。抵押贷款的发起人将这些贷款经包装组合后在二级市场出售，特别是，他们将抵押清偿时的现金流作为一种要求权售出。而抵押贷款的发起人继续经营这种贷款，收取本金与利息，并转给抵押证券的购买者。正因为如此，这些抵押支撑证券被称为转手证券。

  例如，有10份30年期的抵押证券，每份价值100000元，共计1000000元，如果抵押贷款利率为10%，那么每份贷款在第一个月的支付额为877.57元，其中的833.33元为利息，44.24元为偿还的本金。转手证券的持有人第一个月可获得支付8775.70元，这是10份的支付总额[①]。另外，无论在哪一个月份，如果其中的一份抵押契据支付完毕，则转手证券的持有人也可获得本金的支付。在以后的时间中，自然，抵押组合中包含的贷款会越来越少，本息支付也就更少。先付的抵押实际上表示转手证券持有者投资的已偿付的部分。

  抵押支撑的转手证券是由美国政府国民抵押协会（GNMA或Mae）在1970年首次引入的。美国政府国民抵押协会转手证券得到美国政府的担保，甚至在发生借款人违约的情况下，政府也确保本息的及时支付。这种政府担保增加了证券的市场交易能力。因此，投资者就能够像买卖其他证券一样购买美国政府国民抵押协会转手证券了。

  其他类型的转手证券也从而流行开来。它们是由美国联邦国民抵押协会（FNMA或Fannie）和美国联邦住宅贷款抵押公司（FHLMC）发起的。1997年第二季度，大约1.76万亿美元的抵押贷款被证券化成抵押证券。这个市场的规模大于1.44万亿美元的公司债券市场，几乎占到3.55万亿美元国债市场的一半。

  抵押支撑转手证券的成功，刺激了以其他资产形式担保转手证券的出现。

  虽然转手证券通常能够保证本息的支付，但它们并不能保证一定的收益率。当利率大跌时，抵押转手证券的持有人会对利率下跌年份的收益率大失所望。这是因为房主通常有先付款的期权，他们可能比按计划预定的时间提前支付部分款项，其余未付本金部分继续采取抵押贷款的方式。

  这种权利，本质上是一种赋予借款者的对未偿付本金的"赎回"权，十分类似于发行可赎回债券的政府机构及公司所拥有的可赎回权。先付的期权给予借款人买回未偿付本金额的权利，而不是以计划的尚未还款的现值来买回贷款。

---

  ① 事实上，提供贷款和担保转手证券的机构每月都要按比例提留一部分收入作为服务费。这样一来，转手证券投资者所得到的利率收益就会略小于借款者所实际支付的数额。例如，虽然10份抵押贷款的每月总收入是8775.70元，但是，转手证券持有人所得到的总收入可能只有8740元。

当利率下跌时，计划抵押支付的现值增长，借款人可能愿意以今日的低利率重新借款，用借款的收入去先付或偿还未偿付的抵押债务。这种再融资方式可能会让转手证券投资者失望，这些人只是在从利率下跌预期到资本所得时，才愿意接受一个赎回。

# 附录二  等价利率表

| $i$ | 0.50% | 1.00% | 1.50% | 2.00% | 2.50% | 3.00% | 3.50% | 4.00% | 4.50% | 5.00% | 6.00% |
|---|---|---|---|---|---|---|---|---|---|---|---|
| $i^{(2)}$ | 0.004994 | 0.009975 | 0.014944 | 0.019901 | 0.024846 | 0.029778 | 0.034699 | 0.039608 | 0.044505 | 0.049390 | 0.059126 |
| $i^{(4)}$ | 0.004991 | 0.009963 | 0.014916 | 0.019852 | 0.024769 | 0.029668 | 0.034550 | 0.039414 | 0.044260 | 0.049089 | 0.058695 |
| $i^{(12)}$ | 0.004989 | 0.009954 | 0.014898 | 0.019819 | 0.024718 | 0.029595 | 0.034451 | 0.039285 | 0.044098 | 0.048889 | 0.058411 |
| $\delta$ | 0.004988 | 0.009950 | 0.014889 | 0.019803 | 0.024693 | 0.029559 | 0.034401 | 0.039221 | 0.044017 | 0.048790 | 0.058269 |
| $d$ | 0.004975 | 0.009901 | 0.014778 | 0.019608 | 0.024390 | 0.029126 | 0.033816 | 0.038462 | 0.043062 | 0.047619 | 0.056604 |
| $d^{(2)}$ | 0.004981 | 0.009926 | 0.014833 | 0.019705 | 0.024541 | 0.029341 | 0.034107 | 0.038839 | 0.043536 | 0.048200 | 0.057428 |
| $d^{(4)}$ | 0.004984 | 0.009938 | 0.014861 | 0.019754 | 0.024617 | 0.029450 | 0.034254 | 0.039029 | 0.043776 | 0.048494 | 0.057847 |
| $d^{(12)}$ | 0.004987 | 0.009946 | 0.014879 | 0.019786 | 0.024667 | 0.029522 | 0.034352 | 0.039157 | 0.043936 | 0.048691 | 0.058128 |
| $v$ | 0.995025 | 0.990099 | 0.985222 | 0.980392 | 0.975610 | 0.970874 | 0.966184 | 0.961538 | 0.956938 | 0.952381 | 0.943396 |
| $v^{1/2}$ | 0.997509 | 0.995037 | 0.992583 | 0.990148 | 0.987730 | 0.985329 | 0.982946 | 0.980581 | 0.978232 | 0.975900 | 0.971286 |
| $v^{1/4}$ | 0.998754 | 0.997516 | 0.996285 | 0.995062 | 0.993846 | 0.992638 | 0.991437 | 0.990243 | 0.989056 | 0.987877 | 0.985538 |
| $v^{1/12}$ | 0.999584 | 0.999171 | 0.998760 | 0.998351 | 0.997944 | 0.997540 | 0.997137 | 0.996737 | 0.996339 | 0.995942 | 0.995156 |
| $(1+i)$ | 1.005000 | 1.010000 | 1.015000 | 1.020000 | 1.025000 | 1.030000 | 1.035000 | 1.040000 | 1.045000 | 1.050000 | 1.060000 |
| $(1+i)^{1/2}$ | 1.002497 | 1.004988 | 1.007472 | 1.009950 | 1.012423 | 1.014889 | 1.017349 | 1.019804 | 1.022252 | 1.024695 | 1.029563 |
| $(1+i)^{1/4}$ | 1.001248 | 1.002491 | 1.003729 | 1.004963 | 1.006192 | 1.007417 | 1.008637 | 1.009853 | 1.011065 | 1.012272 | 1.014674 |
| $(1+i)^{1/12}$ | 1.000416 | 1.000830 | 1.001241 | 1.001652 | 1.002060 | 1.002466 | 1.002871 | 1.003274 | 1.003675 | 1.004074 | 1.004868 |
| $i/i^{(2)}$ | 1.001248 | 1.002494 | 1.003736 | 1.004975 | 1.006211 | 1.007445 | 1.008675 | 1.009902 | 1.011126 | 1.012348 | 1.014782 |
| $i/i^{(4)}$ | 1.001873 | 1.003742 | 1.005608 | 1.007469 | 1.009327 | 1.011181 | 1.013031 | 1.014877 | 1.016720 | 1.018559 | 1.022227 |
| $i/i^{(12)}$ | 1.002290 | 1.004575 | 1.006857 | 1.009134 | 1.011407 | 1.013677 | 1.015942 | 1.018204 | 1.020461 | 1.022715 | 1.027211 |
| $i/\delta$ | 1.002498 | 1.004992 | 1.007481 | 1.009967 | 1.012449 | 1.014926 | 1.017400 | 1.019869 | 1.022335 | 1.024797 | 1.029709 |
| $i/d^{(2)}$ | 1.003748 | 1.007494 | 1.011236 | 1.014975 | 1.018711 | 1.022445 | 1.026175 | 1.029902 | 1.033626 | 1.037348 | 1.044782 |
| $i/d^{(4)}$ | 1.003123 | 1.006242 | 1.009358 | 1.012469 | 1.015577 | 1.018681 | 1.021781 | 1.024877 | 1.027970 | 1.031059 | 1.037227 |
| $i/d^{(12)}$ | 1.002706 | 1.005408 | 1.008107 | 1.010801 | 1.013491 | 1.016177 | 1.018859 | 1.021537 | 1.024211 | 1.026881 | 1.032211 |
| $i/\delta$ | 1.002498 | 1.004992 | 1.007481 | 1.009967 | 1.012449 | 1.014926 | 1.017400 | 1.019869 | 1.022335 | 1.024797 | 1.029709 |

| $i$ | 7.00% | 8.00% | 9.00% | 10.00% | 11.00% | 12.00% | 13.00% | 14.00% | 15.00% | 18% | 20% |
|---|---|---|---|---|---|---|---|---|---|---|---|
| $i^{(2)}$ | 0.068816 | 0.078461 | 0.088061 | 0.097618 | 0.107131 | 0.116601 | 0.126029 | 0.135416 | 0.144761 | 0.172556 | 0.190890 |
| $i^{(4)}$ | 0.068234 | 0.077706 | 0.087113 | 0.096455 | 0.105733 | 0.114949 | 0.124104 | 0.133198 | 0.142232 | 0.168987 | 0.186541 |
| $i^{(12)}$ | 0.067850 | 0.077208 | 0.086488 | 0.095690 | 0.104815 | 0.113866 | 0.122842 | 0.131746 | 0.140579 | 0.166661 | 0.183714 |
| $\delta$ | 0.067659 | 0.076961 | 0.086178 | 0.095310 | 0.104360 | 0.113329 | 0.122218 | 0.131028 | 0.139762 | 0.165514 | 0.182322 |
| $d$ | 0.065421 | 0.074074 | 0.082569 | 0.090909 | 0.099099 | 0.107143 | 0.115044 | 0.122807 | 0.130435 | 0.152542 | 0.166667 |
| $d^{(2)}$ | 0.066527 | 0.075499 | 0.084347 | 0.093075 | 0.101684 | 0.110178 | 0.118558 | 0.126828 | 0.134990 | 0.158851 | 0.174258 |
| $d^{(4)}$ | 0.067090 | 0.076225 | 0.085256 | 0.094184 | 0.103010 | 0.111738 | 0.120369 | 0.128905 | 0.137348 | 0.162137 | 0.178229 |
| $d^{(12)}$ | 0.067468 | 0.076715 | 0.085869 | 0.094933 | 0.103908 | 0.112795 | 0.121597 | 0.130316 | 0.138951 | 0.164378 | 0.180943 |
| $v$ | 0.934579 | 0.925926 | 0.917431 | 0.909091 | 0.900901 | 0.892857 | 0.884956 | 0.877193 | 0.869565 | 0.847458 | 0.833333 |
| $v^{1/2}$ | 0.966736 | 0.962250 | 0.957826 | 0.953463 | 0.949158 | 0.944911 | 0.940721 | 0.936586 | 0.932505 | 0.920575 | 0.912871 |
| $v^{1/4}$ | 0.983228 | 0.980944 | 0.978686 | 0.976454 | 0.974247 | 0.972065 | 0.969908 | 0.967774 | 0.965663 | 0.959466 | 0.955443 |
| $v^{1/12}$ | 0.994378 | 0.993607 | 0.992844 | 0.992089 | 0.991341 | 0.990600 | 0.989867 | 0.989140 | 0.988421 | 0.986302 | 0.984921 |
| $(1+i)$ | 1.070000 | 1.080000 | 1.090000 | 1.100000 | 1.110000 | 1.120000 | 1.130000 | 1.140000 | 1.150000 | 1.180000 | 1.200000 |
| $(1+i)^{1/2}$ | 1.034408 | 1.039230 | 1.044031 | 1.048809 | 1.053565 | 1.058301 | 1.063015 | 1.067708 | 1.072381 | 1.086278 | 1.095445 |
| $(1+i)^{1/4}$ | 1.017059 | 1.019427 | 1.021778 | 1.024114 | 1.026433 | 1.028737 | 1.031026 | 1.033299 | 1.035558 | 1.042247 | 1.046635 |
| $(1+i)^{1/12}$ | 1.005654 | 1.006434 | 1.007207 | 1.007974 | 1.008735 | 1.009489 | 1.010237 | 1.010979 | 1.011715 | 1.013888 | 1.015309 |
| $i/i^{(2)}$ | 1.017204 | 1.019615 | 1.022015 | 1.024404 | 1.026783 | 1.029150 | 1.031507 | 1.033854 | 1.036190 | 1.043139 | 1.047723 |
| $i/i^{(4)}$ | 1.025880 | 1.029519 | 1.033144 | 1.036756 | 1.040353 | 1.043938 | 1.047509 | 1.051067 | 1.054613 | 1.065174 | 1.072153 |
| $i/i^{(12)}$ | 1.031691 | 1.036157 | 1.040608 | 1.045045 | 1.049467 | 1.053875 | 1.058269 | 1.062649 | 1.067016 | 1.080036 | 1.088651 |
| $i/\delta$ | 1.034605 | 1.039487 | 1.044354 | 1.049206 | 1.054044 | 1.058867 | 1.063676 | 1.068472 | 1.073254 | 1.087518 | 1.096963 |
| $i/d^{(2)}$ | 1.052204 | 1.059615 | 1.067015 | 1.074404 | 1.081783 | 1.089150 | 1.096507 | 1.103854 | 1.111190 | 1.133139 | 1.147723 |
| $i/d^{(4)}$ | 1.043380 | 1.049519 | 1.055644 | 1.061756 | 1.067853 | 1.073938 | 1.080009 | 1.086067 | 1.092113 | 1.110174 | 1.122153 |
| $i/d^{(12)}$ | 1.037525 | 1.042824 | 1.048108 | 1.053378 | 1.058634 | 1.063875 | 1.069102 | 1.074316 | 1.079516 | 1.095036 | 1.105317 |
| $i/\delta$ | 1.034605 | 1.039487 | 1.044354 | 1.049206 | 1.054044 | 1.058867 | 1.063676 | 1.068472 | 1.073254 | 1.087518 | 1.096963 |

# 附录三 利息因子表

$i=0.5\%$

| $n$ | $v^n$ | $(1+i)^n$ | $a_{\overline{n}|}$ | $s_{\overline{n}|}$ | $1/s_{\overline{n}|}$ |
| --- | --- | --- | --- | --- | --- |
| 1 | 0.99502 | 1.00500 | 0.99502 | 1.00000 | 1.00000 |
| 2 | 0.99007 | 1.01003 | 1.98510 | 2.00500 | 0.49875 |
| 3 | 0.98515 | 1.01508 | 2.97025 | 3.01502 | 0.33167 |
| 4 | 0.98025 | 1.02015 | 3.95050 | 4.03010 | 0.24813 |
| 5 | 0.97537 | 1.02525 | 4.92587 | 5.05025 | 0.19801 |
| 6 | 0.97052 | 1.03038 | 5.89638 | 6.07550 | 0.16460 |
| 7 | 0.96569 | 1.03553 | 6.86207 | 7.10588 | 0.14073 |
| 8 | 0.96089 | 1.04071 | 7.82296 | 8.14141 | 0.12283 |
| 9 | 0.95610 | 1.04591 | 8.77906 | 9.18212 | 0.10891 |
| 10 | 0.95135 | 1.05114 | 9.73041 | 10.22803 | 0.09777 |
| 11 | 0.94661 | 1.05640 | 10.67703 | 11.27917 | 0.08866 |
| 12 | 0.94191 | 1.06168 | 11.61893 | 12.33556 | 0.08107 |
| 13 | 0.93722 | 1.06699 | 12.55615 | 13.39724 | 0.07464 |
| 14 | 0.93256 | 1.07232 | 13.48871 | 14.46423 | 0.06914 |
| 15 | 0.92792 | 1.07768 | 14.41662 | 15.53655 | 0.06436 |
| 16 | 0.92330 | 1.08307 | 15.33993 | 16.61423 | 0.06019 |
| 17 | 0.91871 | 1.08849 | 16.25863 | 17.69730 | 0.05651 |
| 18 | 0.91414 | 1.09393 | 17.17277 | 18.78579 | 0.05323 |
| 19 | 0.90959 | 1.09940 | 18.08236 | 19.87972 | 0.05030 |
| 20 | 0.90506 | 1.10490 | 18.98742 | 20.97912 | 0.04767 |
| 21 | 0.90056 | 1.11042 | 19.88798 | 22.08401 | 0.04528 |
| 22 | 0.89608 | 1.11597 | 20.78406 | 23.19443 | 0.04311 |
| 23 | 0.89162 | 1.12155 | 21.67568 | 24.31040 | 0.04113 |

$i=0.5\%$

| $n$ | $v^n$ | $(1+i)^n$ | $a_{\overline{n}|}$ | $s_{\overline{n}|}$ | $1/s_{\overline{n}|}$ |
|---|---|---|---|---|---|
| 24 | 0.88719 | 1.12716 | 22.56287 | 25.43196 | 0.03932 |
| 25 | 0.88277 | 1.13280 | 23.44564 | 26.55912 | 0.03765 |
| 26 | 0.87838 | 1.13846 | 24.32402 | 27.69191 | 0.03611 |
| 27 | 0.87401 | 1.14415 | 25.19803 | 28.83037 | 0.03469 |
| 28 | 0.86966 | 1.14987 | 26.06769 | 29.97452 | 0.03336 |
| 29 | 0.86533 | 1.15562 | 26.93302 | 31.12439 | 0.03213 |
| 30 | 0.86103 | 1.16140 | 27.79405 | 32.28002 | 0.03098 |
| 31 | 0.85675 | 1.16721 | 28.65080 | 33.44142 | 0.02990 |
| 32 | 0.85248 | 1.17304 | 29.50328 | 34.60862 | 0.02889 |
| 33 | 0.84824 | 1.17891 | 30.35153 | 35.78167 | 0.02795 |
| 34 | 0.84402 | 1.18480 | 31.19555 | 36.96058 | 0.02706 |
| 35 | 0.83982 | 1.19073 | 32.03537 | 38.14538 | 0.02622 |
| 36 | 0.83564 | 1.19668 | 32.87102 | 39.33610 | 0.02542 |
| 37 | 0.83149 | 1.20266 | 33.70250 | 40.53279 | 0.02467 |
| 38 | 0.82735 | 1.20868 | 34.52985 | 41.73545 | 0.02396 |
| 39 | 0.82323 | 1.21472 | 35.35309 | 42.94413 | 0.02329 |
| 40 | 0.81914 | 1.22079 | 36.17223 | 44.15885 | 0.02265 |
| 41 | 0.81506 | 1.22690 | 36.98729 | 45.37964 | 0.02204 |
| 42 | 0.81101 | 1.23303 | 37.79830 | 46.60654 | 0.02146 |
| 43 | 0.80697 | 1.23920 | 38.60527 | 47.83957 | 0.02090 |
| 44 | 0.80296 | 1.24539 | 39.40823 | 49.07877 | 0.02038 |
| 45 | 0.79896 | 1.25162 | 40.20720 | 50.32416 | 0.01987 |
| 46 | 0.79499 | 1.25788 | 41.00219 | 51.57578 | 0.01939 |
| 47 | 0.79103 | 1.26417 | 41.79322 | 52.83366 | 0.01893 |
| 48 | 0.78710 | 1.27049 | 42.58032 | 54.09783 | 0.01849 |
| 49 | 0.78318 | 1.27684 | 43.36350 | 55.36832 | 0.01806 |
| 50 | 0.77929 | 1.28323 | 44.14279 | 56.64516 | 0.01765 |

$i=1\%$

| $n$ | $v^n$ | $(1+i)^n$ | $a_{\overline{n}|}$ | $s_{\overline{n}|}$ | $1/s_{\overline{n}|}$ |
| --- | --- | --- | --- | --- | --- |
| 1 | 0.99010 | 1.01000 | 0.99010 | 1.00000 | 1.00000 |
| 2 | 0.98030 | 1.02010 | 1.97040 | 2.01000 | 0.49751 |
| 3 | 0.97059 | 1.03030 | 2.94099 | 3.03010 | 0.33002 |
| 4 | 0.96098 | 1.04060 | 3.90197 | 4.06040 | 0.24628 |
| 5 | 0.95147 | 1.05101 | 4.85343 | 5.10101 | 0.19604 |
| 6 | 0.94205 | 1.06152 | 5.79548 | 6.15202 | 0.16255 |
| 7 | 0.93272 | 1.07214 | 6.72819 | 7.21354 | 0.13863 |
| 8 | 0.92348 | 1.08286 | 7.65168 | 8.28567 | 0.12069 |
| 9 | 0.91434 | 1.09369 | 8.56602 | 9.36853 | 0.10674 |
| 10 | 0.90529 | 1.10462 | 9.47130 | 10.46221 | 0.09558 |
| 11 | 0.89632 | 1.11567 | 10.36763 | 11.56683 | 0.08645 |
| 12 | 0.88745 | 1.12683 | 11.25508 | 12.68250 | 0.07885 |
| 13 | 0.87866 | 1.13809 | 12.13374 | 13.80933 | 0.07241 |
| 14 | 0.86996 | 1.14947 | 13.00370 | 14.94742 | 0.06690 |
| 15 | 0.86135 | 1.16097 | 13.86505 | 16.09690 | 0.06212 |
| 16 | 0.85282 | 1.17258 | 14.71787 | 17.25786 | 0.05794 |
| 17 | 0.84438 | 1.18430 | 15.56225 | 18.43044 | 0.05426 |
| 18 | 0.83602 | 1.19615 | 16.39827 | 19.61475 | 0.05098 |
| 19 | 0.82774 | 1.20811 | 17.22601 | 20.81090 | 0.04805 |
| 20 | 0.81954 | 1.22019 | 18.04555 | 22.01900 | 0.04542 |
| 21 | 0.81143 | 1.23239 | 18.85698 | 23.23919 | 0.04303 |
| 22 | 0.80340 | 1.24472 | 19.66038 | 24.47159 | 0.04086 |
| 23 | 0.79544 | 1.25716 | 20.45582 | 25.71630 | 0.03889 |
| 24 | 0.78757 | 1.26973 | 21.24339 | 26.97346 | 0.03707 |
| 25 | 0.77977 | 1.28243 | 22.02316 | 28.24320 | 0.03541 |
| 26 | 0.77205 | 1.29526 | 22.79520 | 29.52563 | 0.03387 |
| 27 | 0.76440 | 1.30821 | 23.55961 | 30.82089 | 0.03245 |

$i=1\%$

| $n$ | $v^n$ | $(1+i)^n$ | $a_{\overline{n}|}$ | $s_{\overline{n}|}$ | $1/s_{\overline{n}|}$ |
|---|---|---|---|---|---|
| 28 | 0.75684 | 1.32129 | 24.31644 | 32.12910 | 0.03112 |
| 29 | 0.74934 | 1.33450 | 25.06579 | 33.45039 | 0.02990 |
| 30 | 0.74192 | 1.34785 | 25.80771 | 34.78489 | 0.02875 |
| 31 | 0.73458 | 1.36133 | 26.54229 | 36.13274 | 0.02768 |
| 32 | 0.72730 | 1.37494 | 27.26959 | 37.49407 | 0.02667 |
| 33 | 0.72010 | 1.38869 | 27.98969 | 38.86901 | 0.02573 |
| 34 | 0.71297 | 1.40258 | 28.70267 | 40.25770 | 0.02484 |
| 35 | 0.70591 | 1.41660 | 29.40858 | 41.66028 | 0.02400 |
| 36 | 0.69892 | 1.43077 | 30.10751 | 43.07688 | 0.02321 |
| 37 | 0.69200 | 1.44508 | 30.79951 | 44.50765 | 0.02247 |
| 38 | 0.68515 | 1.45953 | 31.48466 | 45.95272 | 0.02176 |
| 39 | 0.67837 | 1.47412 | 32.16303 | 47.41225 | 0.02109 |
| 40 | 0.67165 | 1.48886 | 32.83469 | 48.88637 | 0.02046 |
| 41 | 0.66500 | 1.50375 | 33.49969 | 50.37524 | 0.01985 |
| 42 | 0.65842 | 1.51879 | 34.15811 | 51.87899 | 0.01928 |
| 43 | 0.65190 | 1.53398 | 34.81001 | 53.39778 | 0.01873 |
| 44 | 0.64545 | 1.54932 | 35.45545 | 54.93176 | 0.01820 |
| 45 | 0.63905 | 1.56481 | 36.09451 | 56.48107 | 0.01771 |
| 46 | 0.63273 | 1.58046 | 36.72724 | 58.04589 | 0.01723 |
| 47 | 0.62646 | 1.59626 | 37.35370 | 59.62634 | 0.01677 |
| 48 | 0.62026 | 1.61223 | 37.97396 | 61.22261 | 0.01633 |
| 49 | 0.61412 | 1.62835 | 38.58808 | 62.83483 | 0.01591 |
| 50 | 0.60804 | 1.64463 | 39.19612 | 64.46318 | 0.01551 |

$i=1.5\%$

| $n$ | $v^n$ | $(1+i)^n$ | $a_{\overline{n}|}$ | $s_{\overline{n}|}$ | $1/s_{\overline{n}|}$ |
| --- | --- | --- | --- | --- | --- |
| 1 | 0.98522 | 1.01500 | 0.98522 | 1.00000 | 1.00000 |
| 2 | 0.97066 | 1.03023 | 1.95588 | 2.01500 | 0.49628 |
| 3 | 0.95632 | 1.04568 | 2.91220 | 3.04522 | 0.32838 |
| 4 | 0.94218 | 1.06136 | 3.85438 | 4.09090 | 0.24444 |
| 5 | 0.92826 | 1.07728 | 4.78264 | 5.15227 | 0.19409 |
| 6 | 0.91454 | 1.09344 | 5.69719 | 6.22955 | 0.16053 |
| 7 | 0.90103 | 1.10984 | 6.59821 | 7.32299 | 0.13656 |
| 8 | 0.88771 | 1.12649 | 7.48593 | 8.43284 | 0.11858 |
| 9 | 0.87459 | 1.14339 | 8.36052 | 9.55933 | 0.10461 |
| 10 | 0.86167 | 1.16054 | 9.22218 | 10.70272 | 0.09343 |
| 11 | 0.84893 | 1.17795 | 10.07112 | 11.86326 | 0.08429 |
| 12 | 0.83639 | 1.19562 | 10.90751 | 13.04121 | 0.07668 |
| 13 | 0.82403 | 1.21355 | 11.73153 | 14.23683 | 0.07024 |
| 14 | 0.81185 | 1.23176 | 12.54338 | 15.45038 | 0.06472 |
| 15 | 0.79985 | 1.25023 | 13.34323 | 16.68214 | 0.05994 |
| 16 | 0.78803 | 1.26899 | 14.13126 | 17.93237 | 0.05577 |
| 17 | 0.77639 | 1.28802 | 14.90765 | 19.20136 | 0.05208 |
| 18 | 0.76491 | 1.30734 | 15.67256 | 20.48938 | 0.04881 |
| 19 | 0.75361 | 1.32695 | 16.42617 | 21.79672 | 0.04588 |
| 20 | 0.74247 | 1.34686 | 17.16864 | 23.12367 | 0.04325 |
| 21 | 0.73150 | 1.36706 | 17.90014 | 24.47052 | 0.04087 |
| 22 | 0.72069 | 1.38756 | 18.62082 | 25.83758 | 0.03870 |
| 23 | 0.71004 | 1.40838 | 19.33086 | 27.22514 | 0.03673 |
| 24 | 0.69954 | 1.42950 | 20.03041 | 28.63352 | 0.03492 |
| 25 | 0.68921 | 1.45095 | 20.71961 | 30.06302 | 0.03326 |
| 26 | 0.67902 | 1.47271 | 21.39863 | 31.51397 | 0.03173 |
| 27 | 0.66899 | 1.49480 | 22.06762 | 32.98668 | 0.03032 |

$i=1.5\%$

| $n$ | $v^n$ | $(1+i)^n$ | $a_{\overline{n}|}$ | $s_{\overline{n}|}$ | $1/s_{\overline{n}|}$ |
|---|---|---|---|---|---|
| 28 | 0.65910 | 1.51722 | 22.72672 | 34.48148 | 0.02900 |
| 29 | 0.64936 | 1.53998 | 23.37608 | 35.99870 | 0.02778 |
| 30 | 0.63976 | 1.56308 | 24.01584 | 37.53868 | 0.02664 |
| 31 | 0.63031 | 1.58653 | 24.64615 | 39.10176 | 0.02557 |
| 32 | 0.62099 | 1.61032 | 25.26714 | 40.68829 | 0.02458 |
| 33 | 0.61182 | 1.63448 | 25.87895 | 42.29861 | 0.02364 |
| 34 | 0.60277 | 1.65900 | 26.48173 | 43.93309 | 0.02276 |
| 35 | 0.59387 | 1.68388 | 27.07559 | 45.59209 | 0.02193 |
| 36 | 0.58509 | 1.70914 | 27.66068 | 47.27597 | 0.02115 |
| 37 | 0.57644 | 1.73478 | 28.23713 | 48.98511 | 0.02041 |
| 38 | 0.56792 | 1.76080 | 28.80505 | 50.71989 | 0.01972 |
| 39 | 0.55953 | 1.78721 | 29.36458 | 52.48068 | 0.01905 |
| 40 | 0.55126 | 1.81402 | 29.91585 | 54.26789 | 0.01843 |
| 41 | 0.54312 | 1.84123 | 30.45896 | 56.08191 | 0.01783 |
| 42 | 0.53509 | 1.86885 | 30.99405 | 57.92314 | 0.01726 |
| 43 | 0.52718 | 1.89688 | 31.52123 | 59.79199 | 0.01672 |
| 44 | 0.51939 | 1.92533 | 32.04062 | 61.68887 | 0.01621 |
| 45 | 0.51171 | 1.95421 | 32.55234 | 63.61420 | 0.01572 |
| 46 | 0.50415 | 1.98353 | 33.05649 | 65.56841 | 0.01525 |
| 47 | 0.49670 | 2.01328 | 33.55319 | 67.55194 | 0.01480 |
| 48 | 0.48936 | 2.04348 | 34.04255 | 69.56522 | 0.01437 |
| 49 | 0.48213 | 2.07413 | 34.52468 | 71.60870 | 0.01396 |
| 50 | 0.47500 | 2.10524 | 34.99969 | 73.68283 | 0.01357 |

$i=2\%$

| $n$ | $v^n$ | $(1+i)^n$ | $a_{\overline{n}|}$ | $s_{\overline{n}|}$ | $1/s_{\overline{n}|}$ |
|---|---|---|---|---|---|
| 1 | 0.98039 | 1.02000 | 0.98039 | 1.00000 | 1.00000 |
| 2 | 0.96117 | 1.04040 | 1.94156 | 2.02000 | 0.49505 |
| 3 | 0.94232 | 1.06121 | 2.88388 | 3.06040 | 0.32675 |
| 4 | 0.92385 | 1.08243 | 3.80773 | 4.12161 | 0.24262 |
| 5 | 0.90573 | 1.10408 | 4.71346 | 5.20404 | 0.19216 |
| 6 | 0.88797 | 1.12616 | 5.60143 | 6.30812 | 0.15853 |
| 7 | 0.87056 | 1.14869 | 6.47199 | 7.43428 | 0.13451 |
| 8 | 0.85349 | 1.17166 | 7.32548 | 8.58297 | 0.11651 |
| 9 | 0.83676 | 1.19509 | 8.16224 | 9.75463 | 0.10252 |
| 10 | 0.82035 | 1.21899 | 8.98259 | 10.94972 | 0.09133 |
| 11 | 0.80426 | 1.24337 | 9.78685 | 12.16872 | 0.08218 |
| 12 | 0.78849 | 1.26824 | 10.57534 | 13.41209 | 0.07456 |
| 13 | 0.77303 | 1.29361 | 11.34837 | 14.68033 | 0.06812 |
| 14 | 0.75788 | 1.31948 | 12.10625 | 15.97394 | 0.06260 |
| 15 | 0.74301 | 1.34587 | 12.84926 | 17.29342 | 0.05783 |
| 16 | 0.72845 | 1.37279 | 13.57771 | 18.63929 | 0.05365 |
| 17 | 0.71416 | 1.40024 | 14.29187 | 20.01207 | 0.04997 |
| 18 | 0.70016 | 1.42825 | 14.99203 | 21.41231 | 0.04670 |
| 19 | 0.68643 | 1.45681 | 15.67846 | 22.84056 | 0.04378 |
| 20 | 0.67297 | 1.48595 | 16.35143 | 24.29737 | 0.04116 |
| 21 | 0.65978 | 1.51567 | 17.01121 | 25.78332 | 0.03878 |
| 22 | 0.64684 | 1.54598 | 17.65805 | 27.29898 | 0.03663 |
| 23 | 0.63416 | 1.57690 | 18.29220 | 28.84496 | 0.03467 |
| 24 | 0.62172 | 1.60844 | 18.91393 | 30.42186 | 0.03287 |
| 25 | 0.60953 | 1.64061 | 19.52346 | 32.03030 | 0.03122 |
| 26 | 0.59758 | 1.67342 | 20.12104 | 33.67091 | 0.02970 |
| 27 | 0.58586 | 1.70689 | 20.70690 | 35.34432 | 0.02829 |

$i=2\%$

| $n$ | $v^n$ | $(1+i)^n$ | $a_{\overline{n}|}$ | $s_{\overline{n}|}$ | $1/s_{\overline{n}|}$ |
|---|---|---|---|---|---|
| 28 | 0.57437 | 1.74102 | 21.28127 | 37.05121 | 0.02699 |
| 29 | 0.56311 | 1.77584 | 21.84438 | 38.79223 | 0.02578 |
| 30 | 0.55207 | 1.81136 | 22.39646 | 40.56808 | 0.02465 |
| 31 | 0.54125 | 1.84759 | 22.93770 | 42.37944 | 0.02360 |
| 32 | 0.53063 | 1.88454 | 23.46833 | 44.22703 | 0.02261 |
| 33 | 0.52023 | 1.92223 | 23.98856 | 46.11157 | 0.02169 |
| 34 | 0.51003 | 1.96068 | 24.49859 | 48.03380 | 0.02082 |
| 35 | 0.50003 | 1.99989 | 24.99862 | 49.99448 | 0.02000 |
| 36 | 0.49022 | 2.03989 | 25.48884 | 51.99437 | 0.01923 |
| 37 | 0.48061 | 2.08069 | 25.96945 | 54.03425 | 0.01851 |
| 38 | 0.47119 | 2.12230 | 26.44064 | 56.11494 | 0.01782 |
| 39 | 0.46195 | 2.16474 | 26.90259 | 58.23724 | 0.01717 |
| 40 | 0.45289 | 2.20804 | 27.35548 | 60.40198 | 0.01656 |
| 41 | 0.44401 | 2.25220 | 27.79949 | 62.61002 | 0.01597 |
| 42 | 0.43530 | 2.29724 | 28.23479 | 64.86222 | 0.01542 |
| 43 | 0.42677 | 2.34319 | 28.66156 | 67.15947 | 0.01489 |
| 44 | 0.41840 | 2.39005 | 29.07996 | 69.50266 | 0.01439 |
| 45 | 0.41020 | 2.43785 | 29.49016 | 71.89271 | 0.01391 |
| 46 | 0.40215 | 2.48661 | 29.89231 | 74.33056 | 0.01345 |
| 47 | 0.39427 | 2.53634 | 30.28658 | 76.81718 | 0.01302 |
| 48 | 0.38654 | 2.58707 | 30.67312 | 79.35352 | 0.01260 |
| 49 | 0.37896 | 2.63881 | 31.05208 | 81.94059 | 0.01220 |
| 50 | 0.37153 | 2.69159 | 31.42361 | 84.57940 | 0.01182 |

$i=2.5\%$

| $n$ | $v^n$ | $(1+i)^n$ | $a_{\overline{n}|}$ | $s_{\overline{n}|}$ | $1/s_{\overline{n}|}$ |
| --- | --- | --- | --- | --- | --- |
| 1 | 0.97561 | 1.02500 | 0.97561 | 1.00000 | 1.00000 |
| 2 | 0.95181 | 1.05063 | 1.92742 | 2.02500 | 0.49383 |
| 3 | 0.92860 | 1.07689 | 2.85602 | 3.07562 | 0.32514 |
| 4 | 0.90595 | 1.10381 | 3.76197 | 4.15252 | 0.24082 |
| 5 | 0.88385 | 1.13141 | 4.64583 | 5.25633 | 0.19025 |
| 6 | 0.86230 | 1.15969 | 5.50813 | 6.38774 | 0.15655 |
| 7 | 0.84127 | 1.18869 | 6.34939 | 7.54743 | 0.13250 |
| 8 | 0.82075 | 1.21840 | 7.17014 | 8.73612 | 0.11447 |
| 9 | 0.80073 | 1.24886 | 7.97087 | 9.95452 | 0.10046 |
| 10 | 0.78120 | 1.28008 | 8.75206 | 11.20338 | 0.08926 |
| 11 | 0.76214 | 1.31209 | 9.51421 | 12.48347 | 0.08011 |
| 12 | 0.74356 | 1.34489 | 10.25776 | 13.79555 | 0.07249 |
| 13 | 0.72542 | 1.37851 | 10.98318 | 15.14044 | 0.06605 |
| 14 | 0.70773 | 1.41297 | 11.69091 | 16.51895 | 0.06054 |
| 15 | 0.69047 | 1.44830 | 12.38138 | 17.93193 | 0.05577 |
| 16 | 0.67362 | 1.48451 | 13.05500 | 19.38022 | 0.05160 |
| 17 | 0.65720 | 1.52162 | 13.71220 | 20.86473 | 0.04793 |
| 18 | 0.64117 | 1.55966 | 14.35336 | 22.38635 | 0.04467 |
| 19 | 0.62553 | 1.59865 | 14.97889 | 23.94601 | 0.04176 |
| 20 | 0.61027 | 1.63862 | 15.58916 | 25.54466 | 0.03915 |
| 21 | 0.59539 | 1.67958 | 16.18455 | 27.18327 | 0.03679 |
| 22 | 0.58086 | 1.72157 | 16.76541 | 28.86286 | 0.03465 |
| 23 | 0.56670 | 1.76461 | 17.33211 | 30.58443 | 0.03270 |
| 24 | 0.55288 | 1.80873 | 17.88499 | 32.34904 | 0.03091 |
| 25 | 0.53939 | 1.85394 | 18.42438 | 34.15776 | 0.02928 |
| 26 | 0.52623 | 1.90029 | 18.95061 | 36.01171 | 0.02777 |
| 27 | 0.51340 | 1.94780 | 19.46401 | 37.91200 | 0.02638 |

$i=2.5\%$

| $n$ | $v^n$ | $(1+i)^n$ | $a_{\overline{n}|}$ | $s_{\overline{n}|}$ | $1/s_{\overline{n}|}$ |
|---|---|---|---|---|---|
| 28 | 0.50088 | 1.99650 | 19.96489 | 39.85980 | 0.02509 |
| 29 | 0.48866 | 2.04641 | 20.45355 | 41.85630 | 0.02389 |
| 30 | 0.47674 | 2.09757 | 20.93029 | 43.90270 | 0.02278 |
| 31 | 0.46511 | 2.15001 | 21.39541 | 46.00027 | 0.02174 |
| 32 | 0.45377 | 2.20376 | 21.84918 | 48.15028 | 0.02077 |
| 33 | 0.44270 | 2.25885 | 22.29188 | 50.35403 | 0.01986 |
| 34 | 0.43191 | 2.31532 | 22.72379 | 52.61289 | 0.01901 |
| 35 | 0.42137 | 2.37321 | 23.14516 | 54.92821 | 0.01821 |
| 36 | 0.41109 | 2.43254 | 23.55625 | 57.30141 | 0.01745 |
| 37 | 0.40107 | 2.49335 | 23.95732 | 59.73395 | 0.01674 |
| 38 | 0.39128 | 2.55568 | 24.34860 | 62.22730 | 0.01607 |
| 39 | 0.38174 | 2.61957 | 24.73034 | 64.78298 | 0.01544 |
| 40 | 0.37243 | 2.68506 | 25.10278 | 67.40255 | 0.01484 |
| 41 | 0.36335 | 2.75219 | 25.46612 | 70.08762 | 0.01427 |
| 42 | 0.35448 | 2.82100 | 25.82061 | 72.83981 | 0.01373 |
| 43 | 0.34584 | 2.89152 | 26.16645 | 75.66080 | 0.01322 |
| 44 | 0.33740 | 2.96381 | 26.50385 | 78.55232 | 0.01273 |
| 45 | 0.32917 | 3.03790 | 26.83302 | 81.51613 | 0.01227 |
| 46 | 0.32115 | 3.11385 | 27.15417 | 84.55403 | 0.01183 |
| 47 | 0.31331 | 3.19170 | 27.46748 | 87.66789 | 0.01141 |
| 48 | 0.30567 | 3.27149 | 27.77315 | 90.85958 | 0.01101 |
| 49 | 0.29822 | 3.35328 | 28.07137 | 94.13107 | 0.01062 |
| 50 | 0.29094 | 3.43711 | 28.36231 | 97.48435 | 0.01026 |

$i=3\%$

| $n$ | $v^n$ | $(1+i)^n$ | $a_{\overline{n}|}$ | $s_{\overline{n}|}$ | $1/s_{\overline{n}|}$ |
| --- | --- | --- | --- | --- | --- |
| 1 | 0.97087 | 1.03000 | 0.97087 | 1.00000 | 1.00000 |
| 2 | 0.94260 | 1.06090 | 1.91347 | 2.03000 | 0.49261 |
| 3 | 0.91514 | 1.09273 | 2.82861 | 3.09090 | 0.32353 |
| 4 | 0.88849 | 1.12551 | 3.71710 | 4.18363 | 0.23903 |
| 5 | 0.86261 | 1.15927 | 4.57971 | 5.30914 | 0.18835 |
| 6 | 0.83748 | 1.19405 | 5.41719 | 6.46841 | 0.15460 |
| 7 | 0.81309 | 1.22987 | 6.23028 | 7.66246 | 0.13051 |
| 8 | 0.78941 | 1.26677 | 7.01969 | 8.89234 | 0.11246 |
| 9 | 0.76642 | 1.30477 | 7.78611 | 10.15911 | 0.09843 |
| 10 | 0.74409 | 1.34392 | 8.53020 | 11.46388 | 0.08723 |
| 11 | 0.72242 | 1.38423 | 9.25262 | 12.80780 | 0.07808 |
| 12 | 0.70138 | 1.42576 | 9.95400 | 14.19203 | 0.07046 |
| 13 | 0.68095 | 1.46853 | 10.63496 | 15.61779 | 0.06403 |
| 14 | 0.66112 | 1.51259 | 11.29607 | 17.08632 | 0.05853 |
| 15 | 0.64186 | 1.55797 | 11.93794 | 18.59891 | 0.05377 |
| 16 | 0.62317 | 1.60471 | 12.56110 | 20.15688 | 0.04961 |
| 17 | 0.60502 | 1.65285 | 13.16612 | 21.76159 | 0.04595 |
| 18 | 0.58739 | 1.70243 | 13.75351 | 23.41444 | 0.04271 |
| 19 | 0.57029 | 1.75351 | 14.32380 | 25.11687 | 0.03981 |
| 20 | 0.55368 | 1.80611 | 14.87747 | 26.87037 | 0.03722 |
| 21 | 0.53755 | 1.86029 | 15.41502 | 28.67649 | 0.03487 |
| 22 | 0.52189 | 1.91610 | 15.93692 | 30.53678 | 0.03275 |
| 23 | 0.50669 | 1.97359 | 16.44361 | 32.45288 | 0.03081 |
| 24 | 0.49193 | 2.03279 | 16.93554 | 34.42647 | 0.02905 |
| 25 | 0.47761 | 2.09378 | 17.41315 | 36.45926 | 0.02743 |
| 26 | 0.46369 | 2.15659 | 17.87684 | 38.55304 | 0.02594 |
| 27 | 0.45019 | 2.22129 | 18.32703 | 40.70963 | 0.02456 |

$i=3\%$

| $n$ | $v^n$ | $(1+i)^n$ | $a_{\overline{n}|}$ | $s_{\overline{n}|}$ | $1/s_{\overline{n}|}$ |
|---|---|---|---|---|---|
| 28 | 0.43708 | 2.28793 | 18.76411 | 42.93092 | 0.02329 |
| 29 | 0.42435 | 2.35657 | 19.18845 | 45.21885 | 0.02211 |
| 30 | 0.41199 | 2.42726 | 19.60044 | 47.57542 | 0.02102 |
| 31 | 0.39999 | 2.50008 | 20.00043 | 50.00268 | 0.02000 |
| 32 | 0.38834 | 2.57508 | 20.38877 | 52.50276 | 0.01905 |
| 33 | 0.37703 | 2.65234 | 20.76579 | 55.07784 | 0.01816 |
| 34 | 0.36604 | 2.73191 | 21.13184 | 57.73018 | 0.01732 |
| 35 | 0.35538 | 2.81386 | 21.48722 | 60.46208 | 0.01654 |
| 36 | 0.34503 | 2.89828 | 21.83225 | 63.27594 | 0.01580 |
| 37 | 0.33498 | 2.98523 | 22.16724 | 66.17422 | 0.01511 |
| 38 | 0.32523 | 3.07478 | 22.49246 | 69.15945 | 0.01446 |
| 39 | 0.31575 | 3.16703 | 22.80822 | 72.23423 | 0.01384 |
| 40 | 0.30656 | 3.26204 | 23.11477 | 75.40126 | 0.01326 |
| 41 | 0.29763 | 3.35990 | 23.41240 | 78.66330 | 0.01271 |
| 42 | 0.28896 | 3.46070 | 23.70136 | 82.02320 | 0.01219 |
| 43 | 0.28054 | 3.56452 | 23.98190 | 85.48389 | 0.01170 |
| 44 | 0.27237 | 3.67145 | 24.25427 | 89.04841 | 0.01123 |
| 45 | 0.26444 | 3.78160 | 24.51871 | 92.71986 | 0.01079 |
| 46 | 0.25674 | 3.89504 | 24.77545 | 96.50146 | 0.01036 |
| 47 | 0.24926 | 4.01190 | 25.02471 | 100.39650 | 0.00996 |
| 48 | 0.24200 | 4.13225 | 25.26671 | 104.40840 | 0.00958 |
| 49 | 0.23495 | 4.25622 | 25.50166 | 108.54065 | 0.00921 |
| 50 | 0.22811 | 4.38391 | 25.72976 | 112.79687 | 0.00887 |

$i=3.5\%$

| $n$ | $v^n$ | $(1+i)^n$ | $a_{\overline{n}|}$ | $s_{\overline{n}|}$ | $1/s_{\overline{n}|}$ |
|---|---|---|---|---|---|
| 1 | 0.96618 | 1.03500 | 0.96618 | 1.00000 | 1.00000 |
| 2 | 0.93351 | 1.07123 | 1.89969 | 2.03500 | 0.49140 |
| 3 | 0.90194 | 1.10872 | 2.80164 | 3.10622 | 0.32193 |
| 4 | 0.87144 | 1.14752 | 3.67308 | 4.21494 | 0.23725 |
| 5 | 0.84197 | 1.18769 | 4.51505 | 5.36247 | 0.18648 |
| 6 | 0.81350 | 1.22926 | 5.32855 | 6.55015 | 0.15267 |
| 7 | 0.78599 | 1.27228 | 6.11454 | 7.77941 | 0.12854 |
| 8 | 0.75941 | 1.31681 | 6.87396 | 9.05169 | 0.11048 |
| 9 | 0.73373 | 1.36290 | 7.60769 | 10.36850 | 0.09645 |
| 10 | 0.70892 | 1.41060 | 8.31661 | 11.73139 | 0.08524 |
| 11 | 0.68495 | 1.45997 | 9.00155 | 13.14199 | 0.07609 |
| 12 | 0.66178 | 1.51107 | 9.66333 | 14.60196 | 0.06848 |
| 13 | 0.63940 | 1.56396 | 10.30274 | 16.11303 | 0.06206 |
| 14 | 0.61778 | 1.61869 | 10.92052 | 17.67699 | 0.05657 |
| 15 | 0.59689 | 1.67535 | 11.51741 | 19.29568 | 0.05183 |
| 16 | 0.57671 | 1.73399 | 12.09412 | 20.97103 | 0.04768 |
| 17 | 0.55720 | 1.79468 | 12.65132 | 22.70502 | 0.04404 |
| 18 | 0.53836 | 1.85749 | 13.18968 | 24.49969 | 0.04082 |
| 19 | 0.52016 | 1.92250 | 13.70984 | 26.35718 | 0.03794 |
| 20 | 0.50257 | 1.98979 | 14.21240 | 28.27968 | 0.03536 |
| 21 | 0.48557 | 2.05943 | 14.69797 | 30.26947 | 0.03304 |
| 22 | 0.46915 | 2.13151 | 15.16712 | 32.32890 | 0.03093 |
| 23 | 0.45329 | 2.20611 | 15.62041 | 34.46041 | 0.02902 |
| 24 | 0.43796 | 2.28333 | 16.05837 | 36.66653 | 0.02727 |
| 25 | 0.42315 | 2.36324 | 16.48151 | 38.94986 | 0.02567 |
| 26 | 0.40884 | 2.44596 | 16.89035 | 41.31310 | 0.02421 |
| 27 | 0.39501 | 2.53157 | 17.28536 | 43.75906 | 0.02285 |

$i=3.5\%$

| $n$ | $v^n$ | $(1+i)^n$ | $a_{\overline{n}|}$ | $s_{\overline{n}|}$ | $1/s_{\overline{n}|}$ |
| --- | --- | --- | --- | --- | --- |
| 28 | 0.38165 | 2.62017 | 17.66702 | 46.29063 | 0.02160 |
| 29 | 0.36875 | 2.71188 | 18.03577 | 48.91080 | 0.02045 |
| 30 | 0.35628 | 2.80679 | 18.39205 | 51.62268 | 0.01937 |
| 31 | 0.34423 | 2.90503 | 18.73628 | 54.42947 | 0.01837 |
| 32 | 0.33259 | 3.00671 | 19.06887 | 57.33450 | 0.01744 |
| 33 | 0.32134 | 3.11194 | 19.39021 | 60.34121 | 0.01657 |
| 34 | 0.31048 | 3.22086 | 19.70068 | 63.45315 | 0.01576 |
| 35 | 0.29998 | 3.33359 | 20.00066 | 66.67401 | 0.01500 |
| 36 | 0.28983 | 3.45027 | 20.29049 | 70.00760 | 0.01428 |
| 37 | 0.28003 | 3.57103 | 20.57053 | 73.45787 | 0.01361 |
| 38 | 0.27056 | 3.69601 | 20.84109 | 77.02889 | 0.01298 |
| 39 | 0.26141 | 3.82537 | 21.10250 | 80.72491 | 0.01239 |
| 40 | 0.25257 | 3.95926 | 21.35507 | 84.55028 | 0.01183 |
| 41 | 0.24403 | 4.09783 | 21.59910 | 88.50954 | 0.01130 |
| 42 | 0.23578 | 4.24126 | 21.83488 | 92.60737 | 0.01080 |
| 43 | 0.22781 | 4.38970 | 22.06269 | 96.84863 | 0.01033 |
| 44 | 0.22010 | 4.54334 | 22.28279 | 101.23833 | 0.00988 |
| 45 | 0.21266 | 4.70236 | 22.49545 | 105.78167 | 0.00945 |
| 46 | 0.20547 | 4.86694 | 22.70092 | 110.48403 | 0.00905 |
| 47 | 0.19852 | 5.03728 | 22.89944 | 115.35097 | 0.00867 |
| 48 | 0.19181 | 5.21359 | 23.09124 | 120.38826 | 0.00831 |
| 49 | 0.18532 | 5.39606 | 23.27656 | 125.60185 | 0.00796 |
| 50 | 0.17905 | 5.58493 | 23.45562 | 130.99791 | 0.00763 |

$i=4\%$

| $n$ | $v^n$ | $(1+i)^n$ | $a_{\overline{n}|}$ | $s_{\overline{n}|}$ | $1/s_{\overline{n}|}$ |
| --- | --- | --- | --- | --- | --- |
| 1 | 0.96154 | 1.04000 | 0.96154 | 1.00000 | 1.00000 |
| 2 | 0.92456 | 1.08160 | 1.88609 | 2.04000 | 0.49020 |
| 3 | 0.88900 | 1.12486 | 2.77509 | 3.12160 | 0.32035 |
| 4 | 0.85480 | 1.16986 | 3.62990 | 4.24646 | 0.23549 |
| 5 | 0.82193 | 1.21665 | 4.45182 | 5.41632 | 0.18463 |
| 6 | 0.79031 | 1.26532 | 5.24214 | 6.63298 | 0.15076 |
| 7 | 0.75992 | 1.31593 | 6.00205 | 7.89829 | 0.12661 |
| 8 | 0.73069 | 1.36857 | 6.73274 | 9.21423 | 0.10853 |
| 9 | 0.70259 | 1.42331 | 7.43533 | 10.58280 | 0.09449 |
| 10 | 0.67556 | 1.48024 | 8.11090 | 12.00611 | 0.08329 |
| 11 | 0.64958 | 1.53945 | 8.76048 | 13.48635 | 0.07415 |
| 12 | 0.62460 | 1.60103 | 9.38507 | 15.02581 | 0.06655 |
| 13 | 0.60057 | 1.66507 | 9.98565 | 16.62684 | 0.06014 |
| 14 | 0.57748 | 1.73168 | 10.56312 | 18.29191 | 0.05467 |
| 15 | 0.55526 | 1.80094 | 11.11839 | 20.02359 | 0.04994 |
| 16 | 0.53391 | 1.87298 | 11.65230 | 21.82453 | 0.04582 |
| 17 | 0.51337 | 1.94790 | 12.16567 | 23.69751 | 0.04220 |
| 18 | 0.49363 | 2.02582 | 12.65930 | 25.64541 | 0.03899 |
| 19 | 0.47464 | 2.10685 | 13.13394 | 27.67123 | 0.03614 |
| 20 | 0.45639 | 2.19112 | 13.59033 | 29.77808 | 0.03358 |
| 21 | 0.43883 | 2.27877 | 14.02916 | 31.96920 | 0.03128 |
| 22 | 0.42196 | 2.36992 | 14.45112 | 34.24797 | 0.02920 |
| 23 | 0.40573 | 2.46472 | 14.85684 | 36.61789 | 0.02731 |
| 24 | 0.39012 | 2.56330 | 15.24696 | 39.08260 | 0.02559 |
| 25 | 0.37512 | 2.66584 | 15.62208 | 41.64591 | 0.02401 |
| 26 | 0.36069 | 2.77247 | 15.98277 | 44.31174 | 0.02257 |
| 27 | 0.34682 | 2.88337 | 16.32959 | 47.08421 | 0.02124 |

$i=4\%$

| $n$ | $v^n$ | $(1+i)^n$ | $a_{\overline{n}|}$ | $s_{\overline{n}|}$ | $1/s_{\overline{n}|}$ |
|---|---|---|---|---|---|
| 28 | 0.33348 | 2.99870 | 16.66306 | 49.96758 | 0.02001 |
| 29 | 0.32065 | 3.11865 | 16.98371 | 52.96629 | 0.01888 |
| 30 | 0.30832 | 3.24340 | 17.29203 | 56.08494 | 0.01783 |
| 31 | 0.29646 | 3.37313 | 17.58849 | 59.32834 | 0.01686 |
| 32 | 0.28506 | 3.50806 | 17.87355 | 62.70147 | 0.01595 |
| 33 | 0.27409 | 3.64838 | 18.14765 | 66.20953 | 0.01510 |
| 34 | 0.26355 | 3.79432 | 18.41120 | 69.85791 | 0.01431 |
| 35 | 0.25342 | 3.94609 | 18.66461 | 73.65222 | 0.01358 |
| 36 | 0.24367 | 4.10393 | 18.90828 | 77.59831 | 0.01289 |
| 37 | 0.23430 | 4.26809 | 19.14258 | 81.70225 | 0.01224 |
| 38 | 0.22529 | 4.43881 | 19.36786 | 85.97034 | 0.01163 |
| 39 | 0.21662 | 4.61637 | 19.58448 | 90.40915 | 0.01106 |
| 40 | 0.20829 | 4.80102 | 19.79277 | 95.02552 | 0.01052 |
| 41 | 0.20028 | 4.99306 | 19.99305 | 99.82654 | 0.01002 |
| 42 | 0.19257 | 5.19278 | 20.18563 | 104.81960 | 0.00954 |
| 43 | 0.18517 | 5.40050 | 20.37079 | 110.01238 | 0.00909 |
| 44 | 0.17805 | 5.61652 | 20.54884 | 115.41288 | 0.00866 |
| 45 | 0.17120 | 5.84118 | 20.72004 | 121.02939 | 0.00826 |
| 46 | 0.16461 | 6.07482 | 20.88465 | 126.87057 | 0.00788 |
| 47 | 0.15828 | 6.31782 | 21.04294 | 132.94539 | 0.00752 |
| 48 | 0.15219 | 6.57053 | 21.19513 | 139.26321 | 0.00718 |
| 49 | 0.14634 | 6.83335 | 21.34147 | 145.83373 | 0.00686 |
| 50 | 0.14071 | 7.10668 | 21.48218 | 152.66708 | 0.00655 |

$i=4.5\%$

| $n$ | $v^n$ | $(1+i)^n$ | $a_{\overline{n}|}$ | $s_{\overline{n}|}$ | $1/s_{\overline{n}|}$ |
| --- | --- | --- | --- | --- | --- |
| 1 | 0.95694 | 1.04500 | 0.95694 | 1.00000 | 1.00000 |
| 2 | 0.91573 | 1.09203 | 1.87267 | 2.04500 | 0.48900 |
| 3 | 0.87630 | 1.14117 | 2.74896 | 3.13703 | 0.31877 |
| 4 | 0.83856 | 1.19252 | 3.58753 | 4.27819 | 0.23374 |
| 5 | 0.80245 | 1.24618 | 4.38998 | 5.47071 | 0.18279 |
| 6 | 0.76790 | 1.30226 | 5.15787 | 6.71689 | 0.14888 |
| 7 | 0.73483 | 1.36086 | 5.89270 | 8.01915 | 0.12470 |
| 8 | 0.70319 | 1.42210 | 6.59589 | 9.38001 | 0.10661 |
| 9 | 0.67290 | 1.48610 | 7.26879 | 10.80211 | 0.09257 |
| 10 | 0.64393 | 1.55297 | 7.91272 | 12.28821 | 0.08138 |
| 11 | 0.61620 | 1.62285 | 8.52892 | 13.84118 | 0.07225 |
| 12 | 0.58966 | 1.69588 | 9.11858 | 15.46403 | 0.06467 |
| 13 | 0.56427 | 1.77220 | 9.68285 | 17.15991 | 0.05828 |
| 14 | 0.53997 | 1.85194 | 10.22283 | 18.93211 | 0.05282 |
| 15 | 0.51672 | 1.93528 | 10.73955 | 20.78405 | 0.04811 |
| 16 | 0.49447 | 2.02237 | 11.23402 | 22.71934 | 0.04402 |
| 17 | 0.47318 | 2.11338 | 11.70719 | 24.74171 | 0.04042 |
| 18 | 0.45280 | 2.20848 | 12.15999 | 26.85508 | 0.03724 |
| 19 | 0.43330 | 2.30786 | 12.59329 | 29.06356 | 0.03441 |
| 20 | 0.41464 | 2.41171 | 13.00794 | 31.37142 | 0.03188 |
| 21 | 0.39679 | 2.52024 | 13.40472 | 33.78314 | 0.02960 |
| 22 | 0.37970 | 2.63365 | 13.78442 | 36.30338 | 0.02755 |
| 23 | 0.36335 | 2.75217 | 14.14777 | 38.93703 | 0.02568 |
| 24 | 0.34770 | 2.87601 | 14.49548 | 41.68920 | 0.02399 |
| 25 | 0.33273 | 3.00543 | 14.82821 | 44.56521 | 0.02244 |
| 26 | 0.31840 | 3.14068 | 15.14661 | 47.57064 | 0.02102 |
| 27 | 0.30469 | 3.28201 | 15.45130 | 50.71132 | 0.01972 |

$i=4.5\%$

| $n$ | $v^n$ | $(1+i)^n$ | $a_{\overline{n}|}$ | $s_{\overline{n}|}$ | $1/s_{\overline{n}|}$ |
|---|---|---|---|---|---|
| 28 | 0.29157 | 3.42970 | 15.74287 | 53.99333 | 0.01852 |
| 29 | 0.27902 | 3.58404 | 16.02189 | 57.42303 | 0.01741 |
| 30 | 0.26700 | 3.74532 | 16.28889 | 61.00707 | 0.01639 |
| 31 | 0.25550 | 3.91386 | 16.54439 | 64.75239 | 0.01544 |
| 32 | 0.24450 | 4.08998 | 16.78889 | 68.66625 | 0.01456 |
| 33 | 0.23397 | 4.27403 | 17.02286 | 72.75623 | 0.01374 |
| 34 | 0.22390 | 4.46636 | 17.24676 | 77.03026 | 0.01298 |
| 35 | 0.21425 | 4.66735 | 17.46101 | 81.49662 | 0.01227 |
| 36 | 0.20503 | 4.87738 | 17.66604 | 86.16397 | 0.01161 |
| 37 | 0.19620 | 5.09686 | 17.86224 | 91.04134 | 0.01098 |
| 38 | 0.18775 | 5.32622 | 18.04999 | 96.13820 | 0.01040 |
| 39 | 0.17967 | 5.56590 | 18.22966 | 101.46442 | 0.00986 |
| 40 | 0.17193 | 5.81636 | 18.40158 | 107.03032 | 0.00934 |
| 41 | 0.16453 | 6.07810 | 18.56611 | 112.84669 | 0.00886 |
| 42 | 0.15744 | 6.35162 | 18.72355 | 118.92479 | 0.00841 |
| 43 | 0.15066 | 6.63744 | 18.87421 | 125.27640 | 0.00798 |
| 44 | 0.14417 | 6.93612 | 19.01838 | 131.91384 | 0.00758 |
| 45 | 0.13796 | 7.24825 | 19.15635 | 138.84997 | 0.00720 |
| 46 | 0.13202 | 7.57442 | 19.28837 | 146.09821 | 0.00684 |
| 47 | 0.12634 | 7.91527 | 19.41471 | 153.67263 | 0.00651 |
| 48 | 0.12090 | 8.27146 | 19.53561 | 161.58790 | 0.00619 |
| 49 | 0.11569 | 8.64367 | 19.65130 | 169.85936 | 0.00589 |
| 50 | 0.11071 | 9.03264 | 19.76201 | 178.50303 | 0.00560 |

$i=5\%$

| $n$ | $v^n$ | $(1+i)^n$ | $a_{\overline{n}|}$ | $s_{\overline{n}|}$ | $1/s_{\overline{n}|}$ |
|---|---|---|---|---|---|
| 1 | 0.95238 | 1.05000 | 0.95238 | 1.00000 | 1.00000 |
| 2 | 0.90703 | 1.10250 | 1.85941 | 2.05000 | 0.48780 |
| 3 | 0.86384 | 1.15763 | 2.72325 | 3.15250 | 0.31721 |
| 4 | 0.82270 | 1.21551 | 3.54595 | 4.31013 | 0.23201 |
| 5 | 0.78353 | 1.27628 | 4.32948 | 5.52563 | 0.18097 |
| 6 | 0.74622 | 1.34010 | 5.07569 | 6.80191 | 0.14702 |
| 7 | 0.71068 | 1.40710 | 5.78637 | 8.14201 | 0.12282 |
| 8 | 0.67684 | 1.47746 | 6.46321 | 9.54911 | 0.10472 |
| 9 | 0.64461 | 1.55133 | 7.10782 | 11.02656 | 0.09069 |
| 10 | 0.61391 | 1.62889 | 7.72173 | 12.57789 | 0.07950 |
| 11 | 0.58468 | 1.71034 | 8.30641 | 14.20679 | 0.07039 |
| 12 | 0.55684 | 1.79586 | 8.86325 | 15.91713 | 0.06283 |
| 13 | 0.53032 | 1.88565 | 9.39357 | 17.71298 | 0.05646 |
| 14 | 0.50507 | 1.97993 | 9.89864 | 19.59863 | 0.05102 |
| 15 | 0.48102 | 2.07893 | 10.37966 | 21.57856 | 0.04634 |
| 16 | 0.45811 | 2.18287 | 10.83777 | 23.65749 | 0.04227 |
| 17 | 0.43630 | 2.29202 | 11.27407 | 25.84037 | 0.03870 |
| 18 | 0.41552 | 2.40662 | 11.68959 | 28.13238 | 0.03555 |
| 19 | 0.39573 | 2.52695 | 12.08532 | 30.53900 | 0.03275 |
| 20 | 0.37689 | 2.65330 | 12.46221 | 33.06595 | 0.03024 |
| 21 | 0.35894 | 2.78596 | 12.82115 | 35.71925 | 0.02800 |
| 22 | 0.34185 | 2.92526 | 13.16300 | 38.50521 | 0.02597 |
| 23 | 0.32557 | 3.07152 | 13.48857 | 41.43048 | 0.02414 |
| 24 | 0.31007 | 3.22510 | 13.79864 | 44.50200 | 0.02247 |
| 25 | 0.29530 | 3.38635 | 14.09394 | 47.72710 | 0.02095 |
| 26 | 0.28124 | 3.55567 | 14.37519 | 51.11345 | 0.01956 |
| 27 | 0.26785 | 3.73346 | 14.64303 | 54.66913 | 0.01829 |

$i=5\%$

| $n$ | $v^n$ | $(1+i)^n$ | $a_{\overline{n}|}$ | $s_{\overline{n}|}$ | $1/s_{\overline{n}|}$ |
|---|---|---|---|---|---|
| 28 | 0.25509 | 3.92013 | 14.89813 | 58.40258 | 0.01712 |
| 29 | 0.24295 | 4.11614 | 15.14107 | 62.32271 | 0.01605 |
| 30 | 0.23138 | 4.32194 | 15.37245 | 66.43885 | 0.01505 |
| 31 | 0.22036 | 4.53804 | 15.59281 | 70.76079 | 0.01413 |
| 32 | 0.20987 | 4.76494 | 15.80268 | 75.29883 | 0.01328 |
| 33 | 0.19987 | 5.00319 | 16.00255 | 80.06377 | 0.01249 |
| 34 | 0.19035 | 5.25335 | 16.19290 | 85.06696 | 0.01176 |
| 35 | 0.18129 | 5.51602 | 16.37419 | 90.32031 | 0.01107 |
| 36 | 0.17266 | 5.79182 | 16.54685 | 95.83632 | 0.01043 |
| 37 | 0.16444 | 6.08141 | 16.71129 | 101.62814 | 0.00984 |
| 38 | 0.15661 | 6.38548 | 16.86789 | 107.70955 | 0.00928 |
| 39 | 0.14915 | 6.70475 | 17.01704 | 114.09502 | 0.00876 |
| 40 | 0.14205 | 7.03999 | 17.15909 | 120.79977 | 0.00828 |
| 41 | 0.13528 | 7.39199 | 17.29437 | 127.83976 | 0.00782 |
| 42 | 0.12884 | 7.76159 | 17.42321 | 135.23175 | 0.00739 |
| 43 | 0.12270 | 8.14967 | 17.54591 | 142.99334 | 0.00699 |
| 44 | 0.11686 | 8.55715 | 17.66277 | 151.14301 | 0.00662 |
| 45 | 0.11130 | 8.98501 | 17.77407 | 159.70016 | 0.00626 |
| 46 | 0.10600 | 9.43426 | 17.88007 | 168.68516 | 0.00593 |
| 47 | 0.10095 | 9.90597 | 17.98102 | 178.11942 | 0.00561 |
| 48 | 0.09614 | 10.40127 | 18.07716 | 188.02539 | 0.00532 |
| 49 | 0.09156 | 10.92133 | 18.16872 | 198.42666 | 0.00504 |
| 50 | 0.08720 | 11.46740 | 18.25593 | 209.34800 | 0.00478 |

$i=6\%$

| $n$ | $v^n$ | $(1+i)^n$ | $a_{\overline{n}|}$ | $s_{\overline{n}|}$ | $1/s_{\overline{n}|}$ |
|---|---|---|---|---|---|
| 1 | 0.94340 | 1.06000 | 0.94340 | 1.00000 | 1.00000 |
| 2 | 0.89000 | 1.12360 | 1.83339 | 2.06000 | 0.48544 |
| 3 | 0.83962 | 1.19102 | 2.67301 | 3.18360 | 0.31411 |
| 4 | 0.79209 | 1.26248 | 3.46511 | 4.37462 | 0.22859 |
| 5 | 0.74726 | 1.33823 | 4.21236 | 5.63709 | 0.17740 |
| 6 | 0.70496 | 1.41852 | 4.91732 | 6.97532 | 0.14336 |
| 7 | 0.66506 | 1.50363 | 5.58238 | 8.39384 | 0.11914 |
| 8 | 0.62741 | 1.59385 | 6.20979 | 9.89747 | 0.10104 |
| 9 | 0.59190 | 1.68948 | 6.80169 | 11.49132 | 0.08702 |
| 10 | 0.55839 | 1.79085 | 7.36009 | 13.18079 | 0.07587 |
| 11 | 0.52679 | 1.89830 | 7.88687 | 14.97164 | 0.06679 |
| 12 | 0.49697 | 2.01220 | 8.38384 | 16.86994 | 0.05928 |
| 13 | 0.46884 | 2.13293 | 8.85268 | 18.88214 | 0.05296 |
| 14 | 0.44230 | 2.26090 | 9.29498 | 21.01507 | 0.04758 |
| 15 | 0.41727 | 2.39656 | 9.71225 | 23.27597 | 0.04296 |
| 16 | 0.39365 | 2.54035 | 10.10590 | 25.67253 | 0.03895 |
| 17 | 0.37136 | 2.69277 | 10.47726 | 28.21288 | 0.03544 |
| 18 | 0.35034 | 2.85434 | 10.82760 | 30.90565 | 0.03236 |
| 19 | 0.33051 | 3.02560 | 11.15812 | 33.75999 | 0.02962 |
| 20 | 0.31180 | 3.20714 | 11.46992 | 36.78559 | 0.02718 |
| 21 | 0.29416 | 3.39956 | 11.76408 | 39.99273 | 0.02500 |
| 22 | 0.27751 | 3.60354 | 12.04158 | 43.39229 | 0.02305 |
| 23 | 0.26180 | 3.81975 | 12.30338 | 46.99583 | 0.02128 |
| 24 | 0.24698 | 4.04893 | 12.55036 | 50.81558 | 0.01968 |
| 25 | 0.23300 | 4.29187 | 12.78336 | 54.86451 | 0.01823 |
| 26 | 0.21981 | 4.54938 | 13.00317 | 59.15638 | 0.01690 |
| 27 | 0.20737 | 4.82235 | 13.21053 | 63.70577 | 0.01570 |

$i=6\%$

| $n$ | $v^n$ | $(1+i)^n$ | $a_{\overline{n}|}$ | $s_{\overline{n}|}$ | $1/s_{\overline{n}|}$ |
|---|---|---|---|---|---|
| 28 | 0.19563 | 5.11169 | 13.40616 | 68.52811 | 0.01459 |
| 29 | 0.18456 | 5.41839 | 13.59072 | 73.63980 | 0.01358 |
| 30 | 0.17411 | 5.74349 | 13.76483 | 79.05819 | 0.01265 |
| 31 | 0.16425 | 6.08810 | 13.92909 | 84.80168 | 0.01179 |
| 32 | 0.15496 | 6.45339 | 14.08404 | 90.88978 | 0.01100 |
| 33 | 0.14619 | 6.84059 | 14.23023 | 97.34316 | 0.01027 |
| 34 | 0.13791 | 7.25103 | 14.36814 | 104.18375 | 0.00960 |
| 35 | 0.13011 | 7.68609 | 14.49825 | 111.43478 | 0.00897 |
| 36 | 0.12274 | 8.14725 | 14.62099 | 119.12087 | 0.00839 |
| 37 | 0.11579 | 8.63609 | 14.73678 | 127.26812 | 0.00786 |
| 38 | 0.10924 | 9.15425 | 14.84602 | 135.90421 | 0.00736 |
| 39 | 0.10306 | 9.70351 | 14.94907 | 145.05846 | 0.00689 |
| 40 | 0.09722 | 10.28572 | 15.04630 | 154.76197 | 0.00646 |
| 41 | 0.09172 | 10.90286 | 15.13802 | 165.04768 | 0.00606 |
| 42 | 0.08653 | 11.55703 | 15.22454 | 175.95054 | 0.00568 |
| 43 | 0.08163 | 12.25045 | 15.30617 | 187.50758 | 0.00533 |
| 44 | 0.07701 | 12.98548 | 15.38318 | 199.75803 | 0.00501 |
| 45 | 0.07265 | 13.76461 | 15.45583 | 212.74351 | 0.00470 |
| 46 | 0.06854 | 14.59049 | 15.52437 | 226.50812 | 0.00441 |
| 47 | 0.06466 | 15.46592 | 15.58903 | 241.09861 | 0.00415 |
| 48 | 0.06100 | 16.39387 | 15.65003 | 256.56453 | 0.00390 |
| 49 | 0.05755 | 17.37750 | 15.70757 | 272.95840 | 0.00366 |
| 50 | 0.05429 | 18.42015 | 15.76186 | 290.33590 | 0.00344 |

$i=7\%$

| $n$ | $v^n$ | $(1+i)^n$ | $a_{\overline{n}\rceil}$ | $s_{\overline{n}\rceil}$ | $1/s_{\overline{n}\rceil}$ |
|---|---|---|---|---|---|
| 1 | 0.93458 | 1.07000 | 0.93458 | 1.00000 | 1.00000 |
| 2 | 0.87344 | 1.14490 | 1.80802 | 2.07000 | 0.48309 |
| 3 | 0.81630 | 1.22504 | 2.62432 | 3.21490 | 0.31105 |
| 4 | 0.76290 | 1.31080 | 3.38721 | 4.43994 | 0.22523 |
| 5 | 0.71299 | 1.40255 | 4.10020 | 5.75074 | 0.17389 |
| 6 | 0.66634 | 1.50073 | 4.76654 | 7.15329 | 0.13980 |
| 7 | 0.62275 | 1.60578 | 5.38929 | 8.65402 | 0.11555 |
| 8 | 0.58201 | 1.71819 | 5.97130 | 10.25980 | 0.09747 |
| 9 | 0.54393 | 1.83846 | 6.51523 | 11.97799 | 0.08349 |
| 10 | 0.50835 | 1.96715 | 7.02358 | 13.81645 | 0.07238 |
| 11 | 0.47509 | 2.10485 | 7.49867 | 15.78360 | 0.06336 |
| 12 | 0.44401 | 2.25219 | 7.94269 | 17.88845 | 0.05590 |
| 13 | 0.41496 | 2.40985 | 8.35765 | 20.14064 | 0.04965 |
| 14 | 0.38782 | 2.57853 | 8.74547 | 22.55049 | 0.04434 |
| 15 | 0.36245 | 2.75903 | 9.10791 | 25.12902 | 0.03979 |
| 16 | 0.33873 | 2.95216 | 9.44665 | 27.88805 | 0.03586 |
| 17 | 0.31657 | 3.15882 | 9.76322 | 30.84022 | 0.03243 |
| 18 | 0.29586 | 3.37993 | 10.05909 | 33.99903 | 0.02941 |
| 19 | 0.27651 | 3.61653 | 10.33560 | 37.37896 | 0.02675 |
| 20 | 0.25842 | 3.86968 | 10.59401 | 40.99549 | 0.02439 |
| 21 | 0.24151 | 4.14056 | 10.83553 | 44.86518 | 0.02229 |
| 22 | 0.22571 | 4.43040 | 11.06124 | 49.00574 | 0.02041 |
| 23 | 0.21095 | 4.74053 | 11.27219 | 53.43614 | 0.01871 |
| 24 | 0.19715 | 5.07237 | 11.46933 | 58.17667 | 0.01719 |
| 25 | 0.18425 | 5.42743 | 11.65358 | 63.24904 | 0.01581 |
| 26 | 0.17220 | 5.80735 | 11.82578 | 68.67647 | 0.01456 |
| 27 | 0.16093 | 6.21387 | 11.98671 | 74.48382 | 0.01343 |

$i=7\%$

| $n$ | $v^n$ | $(1+i)^n$ | $a_{\overline{n}|}$ | $s_{\overline{n}|}$ | $1/s_{\overline{n}|}$ |
|---|---|---|---|---|---|
| 28 | 0.15040 | 6.64884 | 12.13711 | 80.69769 | 0.01239 |
| 29 | 0.14056 | 7.11426 | 12.27767 | 87.34653 | 0.01145 |
| 30 | 0.13137 | 7.61226 | 12.40904 | 94.46079 | 0.01059 |
| 31 | 0.12277 | 8.14511 | 12.53181 | 102.07304 | 0.00980 |
| 32 | 0.11474 | 8.71527 | 12.64656 | 110.21815 | 0.00907 |
| 33 | 0.10723 | 9.32534 | 12.75379 | 118.93343 | 0.00841 |
| 34 | 0.10022 | 9.97811 | 12.85401 | 128.25876 | 0.00780 |
| 35 | 0.09366 | 10.67658 | 12.94767 | 138.23688 | 0.00723 |
| 36 | 0.08754 | 11.42394 | 13.03521 | 148.91346 | 0.00672 |
| 37 | 0.08181 | 12.22362 | 13.11702 | 160.33740 | 0.00624 |
| 38 | 0.07646 | 13.07927 | 13.19347 | 172.56102 | 0.00580 |
| 39 | 0.07146 | 13.99482 | 13.26493 | 185.64029 | 0.00539 |
| 40 | 0.06678 | 14.97446 | 13.33171 | 199.63511 | 0.00501 |
| 41 | 0.06241 | 16.02267 | 13.39412 | 214.60957 | 0.00466 |
| 42 | 0.05833 | 17.14426 | 13.45245 | 230.63224 | 0.00434 |
| 43 | 0.05451 | 18.34435 | 13.50696 | 247.77650 | 0.00404 |
| 44 | 0.05095 | 19.62846 | 13.55791 | 266.12085 | 0.00376 |
| 45 | 0.04761 | 21.00245 | 13.60552 | 285.74931 | 0.00350 |
| 46 | 0.04450 | 22.47262 | 13.65002 | 306.75176 | 0.00326 |
| 47 | 0.04159 | 24.04571 | 13.69161 | 329.22439 | 0.00304 |
| 48 | 0.03887 | 25.72891 | 13.73047 | 353.27009 | 0.00283 |
| 49 | 0.03632 | 27.52993 | 13.76680 | 378.99900 | 0.00264 |
| 50 | 0.03395 | 29.45703 | 13.80075 | 406.52893 | 0.00246 |

$i=8\%$

| $n$ | $v^n$ | $(1+i)^n$ | $a_{\overline{n}|}$ | $s_{\overline{n}|}$ | $1/s_{\overline{n}|}$ |
| --- | --- | --- | --- | --- | --- |
| 1 | 0.92593 | 1.08000 | 0.92593 | 1.00000 | 1.00000 |
| 2 | 0.85734 | 1.16640 | 1.78326 | 2.08000 | 0.48077 |
| 3 | 0.79383 | 1.25971 | 2.57710 | 3.24640 | 0.30803 |
| 4 | 0.73503 | 1.36049 | 3.31213 | 4.50611 | 0.22192 |
| 5 | 0.68058 | 1.46933 | 3.99271 | 5.86660 | 0.17046 |
| 6 | 0.63017 | 1.58687 | 4.62288 | 7.33593 | 0.13632 |
| 7 | 0.58349 | 1.71382 | 5.20637 | 8.92280 | 0.11207 |
| 8 | 0.54027 | 1.85093 | 5.74664 | 10.63663 | 0.09401 |
| 9 | 0.50025 | 1.99900 | 6.24689 | 12.48756 | 0.08008 |
| 10 | 0.46319 | 2.15892 | 6.71008 | 14.48656 | 0.06903 |
| 11 | 0.42888 | 2.33164 | 7.13896 | 16.64549 | 0.06008 |
| 12 | 0.39711 | 2.51817 | 7.53608 | 18.97713 | 0.05270 |
| 13 | 0.36770 | 2.71962 | 7.90378 | 21.49530 | 0.04652 |
| 14 | 0.34046 | 2.93719 | 8.24424 | 24.21492 | 0.04130 |
| 15 | 0.31524 | 3.17217 | 8.55948 | 27.15211 | 0.03683 |
| 16 | 0.29189 | 3.42594 | 8.85137 | 30.32428 | 0.03298 |
| 17 | 0.27027 | 3.70002 | 9.12164 | 33.75023 | 0.02963 |
| 18 | 0.25025 | 3.99602 | 9.37189 | 37.45024 | 0.02670 |
| 19 | 0.23171 | 4.31570 | 9.60360 | 41.44626 | 0.02413 |
| 20 | 0.21455 | 4.66096 | 9.81815 | 45.76196 | 0.02185 |
| 21 | 0.19866 | 5.03383 | 10.01680 | 50.42292 | 0.01983 |
| 22 | 0.18394 | 5.43654 | 10.20074 | 55.45676 | 0.01803 |
| 23 | 0.17032 | 5.87146 | 10.37106 | 60.89330 | 0.01642 |
| 24 | 0.15770 | 6.34118 | 10.52876 | 66.76476 | 0.01498 |
| 25 | 0.14602 | 6.84848 | 10.67478 | 73.10594 | 0.01368 |
| 26 | 0.13520 | 7.39635 | 10.80998 | 79.95442 | 0.01251 |
| 27 | 0.12519 | 7.98806 | 10.93516 | 87.35077 | 0.01145 |

$i=8\%$

| $n$ | $v^n$ | $(1+i)^n$ | $a_{\overline{n}|}$ | $s_{\overline{n}|}$ | $1/s_{\overline{n}|}$ |
| --- | --- | --- | --- | --- | --- |
| 28 | 0.11591 | 8.62711 | 11.05108 | 95.33883 | 0.01049 |
| 29 | 0.10733 | 9.31727 | 11.15841 | 103.96594 | 0.00962 |
| 30 | 0.09938 | 10.06266 | 11.25778 | 113.28321 | 0.00883 |
| 31 | 0.09202 | 10.86767 | 11.34980 | 123.34587 | 0.00811 |
| 32 | 0.08520 | 11.73708 | 11.43500 | 134.21354 | 0.00745 |
| 33 | 0.07889 | 12.67605 | 11.51389 | 145.95062 | 0.00685 |
| 34 | 0.07305 | 13.69013 | 11.58693 | 158.62667 | 0.00630 |
| 35 | 0.06763 | 14.78534 | 11.65457 | 172.31680 | 0.00580 |
| 36 | 0.06262 | 15.96817 | 11.71719 | 187.10215 | 0.00534 |
| 37 | 0.05799 | 17.24563 | 11.77518 | 203.07032 | 0.00492 |
| 38 | 0.05369 | 18.62528 | 11.82887 | 220.31595 | 0.00454 |
| 39 | 0.04971 | 20.11530 | 11.87858 | 238.94122 | 0.00419 |
| 40 | 0.04603 | 21.72452 | 11.92461 | 259.05652 | 0.00386 |
| 41 | 0.04262 | 23.46248 | 11.96723 | 280.78104 | 0.00356 |
| 42 | 0.03946 | 25.33948 | 12.00670 | 304.24352 | 0.00329 |
| 43 | 0.03654 | 27.36664 | 12.04324 | 329.58301 | 0.00303 |
| 44 | 0.03383 | 29.55597 | 12.07707 | 356.94965 | 0.00280 |
| 45 | 0.03133 | 31.92045 | 12.10840 | 386.50562 | 0.00259 |
| 46 | 0.02901 | 34.47409 | 12.13741 | 418.42607 | 0.00239 |
| 47 | 0.02686 | 37.23201 | 12.16427 | 452.90015 | 0.00221 |
| 48 | 0.02487 | 40.21057 | 12.18914 | 490.13216 | 0.00204 |
| 49 | 0.02303 | 43.42742 | 12.21216 | 530.34274 | 0.00189 |
| 50 | 0.02132 | 46.90161 | 12.23348 | 573.77016 | 0.00174 |

$i=9\%$

| $n$ | $v^n$ | $(1+i)^n$ | $a_{\overline{n}|}$ | $s_{\overline{n}|}$ | $1/s_{\overline{n}|}$ |
|---|---|---|---|---|---|
| 1 | 0.91743 | 1.09000 | 0.91743 | 1.00000 | 1.00000 |
| 2 | 0.84168 | 1.18810 | 1.75911 | 2.09000 | 0.47847 |
| 3 | 0.77218 | 1.29503 | 2.53129 | 3.27810 | 0.30505 |
| 4 | 0.70843 | 1.41158 | 3.23972 | 4.57313 | 0.21867 |
| 5 | 0.64993 | 1.53862 | 3.88965 | 5.98471 | 0.16709 |
| 6 | 0.59627 | 1.67710 | 4.48592 | 7.52333 | 0.13292 |
| 7 | 0.54703 | 1.82804 | 5.03295 | 9.20043 | 0.10869 |
| 8 | 0.50187 | 1.99256 | 5.53482 | 11.02847 | 0.09067 |
| 9 | 0.46043 | 2.17189 | 5.99525 | 13.02104 | 0.07680 |
| 10 | 0.42241 | 2.36736 | 6.41766 | 15.19293 | 0.06582 |
| 11 | 0.38753 | 2.58043 | 6.80519 | 17.56029 | 0.05695 |
| 12 | 0.35553 | 2.81266 | 7.16073 | 20.14072 | 0.04965 |
| 13 | 0.32618 | 3.06580 | 7.48690 | 22.95338 | 0.04357 |
| 14 | 0.29925 | 3.34173 | 7.78615 | 26.01919 | 0.03843 |
| 15 | 0.27454 | 3.64248 | 8.06069 | 29.36092 | 0.03406 |
| 16 | 0.25187 | 3.97031 | 8.31256 | 33.00340 | 0.03030 |
| 17 | 0.23107 | 4.32763 | 8.54363 | 36.97370 | 0.02705 |
| 18 | 0.21199 | 4.71712 | 8.75563 | 41.30134 | 0.02421 |
| 19 | 0.19449 | 5.14166 | 8.95011 | 46.01846 | 0.02173 |
| 20 | 0.17843 | 5.60441 | 9.12855 | 51.16012 | 0.01955 |
| 21 | 0.16370 | 6.10881 | 9.29224 | 56.76453 | 0.01762 |
| 22 | 0.15018 | 6.65860 | 9.44243 | 62.87334 | 0.01590 |
| 23 | 0.13778 | 7.25787 | 9.58021 | 69.53194 | 0.01438 |
| 24 | 0.12640 | 7.91108 | 9.70661 | 76.78981 | 0.01302 |
| 25 | 0.11597 | 8.62308 | 9.82258 | 84.70090 | 0.01181 |
| 26 | 0.10639 | 9.39916 | 9.92897 | 93.32398 | 0.01072 |

$i=9\%$

| $n$ | $v^n$ | $(1+i)^n$ | $a_{\overline{n}|}$ | $s_{\overline{n}|}$ | $1/s_{\overline{n}|}$ |
|---|---|---|---|---|---|
| 27 | 0.09761 | 10.24508 | 10.02658 | 102.72313 | 0.00973 |
| 28 | 0.08955 | 11.16714 | 10.11613 | 112.96822 | 0.00885 |
| 29 | 0.08215 | 12.17218 | 10.19828 | 124.13536 | 0.00806 |
| 30 | 0.07537 | 13.26768 | 10.27365 | 136.30754 | 0.00734 |
| 31 | 0.06915 | 14.46177 | 10.34280 | 149.57522 | 0.00669 |
| 32 | 0.06344 | 15.76333 | 10.40624 | 164.03699 | 0.00610 |
| 33 | 0.05820 | 17.18203 | 10.46444 | 179.80032 | 0.00556 |
| 34 | 0.05339 | 18.72841 | 10.51784 | 196.98234 | 0.00508 |
| 35 | 0.04899 | 20.41397 | 10.56682 | 215.71075 | 0.00464 |
| 36 | 0.04494 | 22.25123 | 10.61176 | 236.12472 | 0.00424 |
| 37 | 0.04123 | 24.25384 | 10.65299 | 258.37595 | 0.00387 |
| 38 | 0.03783 | 26.43668 | 10.69082 | 282.62978 | 0.00354 |
| 39 | 0.03470 | 28.81598 | 10.72552 | 309.06646 | 0.00324 |
| 40 | 0.03184 | 31.40942 | 10.75736 | 337.88245 | 0.00296 |
| 41 | 0.02921 | 34.23627 | 10.78657 | 369.29187 | 0.00271 |
| 42 | 0.02680 | 37.31753 | 10.81337 | 403.52813 | 0.00248 |
| 43 | 0.02458 | 40.67611 | 10.83795 | 440.84566 | 0.00227 |
| 44 | 0.02255 | 44.33696 | 10.86051 | 481.52177 | 0.00208 |
| 45 | 0.02069 | 48.32729 | 10.88120 | 525.85873 | 0.00190 |
| 46 | 0.01898 | 52.67674 | 10.90018 | 574.18602 | 0.00174 |
| 47 | 0.01742 | 57.41765 | 10.91760 | 626.86276 | 0.00160 |
| 48 | 0.01598 | 62.58524 | 10.93358 | 684.28041 | 0.00146 |
| 49 | 0.01466 | 68.21791 | 10.94823 | 746.86565 | 0.00134 |
| 50 | 0.01345 | 74.35752 | 10.96168 | 815.08356 | 0.00123 |

$i$=10%

| $n$ | $v^n$ | $(1+i)^n$ | $a_{\overline{n}|}$ | $s_{\overline{n}|}$ | $1/s_{\overline{n}|}$ |
|---|---|---|---|---|---|
| 1 | 0.90909 | 1.10000 | 0.90909 | 1.00000 | 1.00000 |
| 2 | 0.82645 | 1.21000 | 1.73554 | 2.10000 | 0.47619 |
| 3 | 0.75131 | 1.33100 | 2.48685 | 3.31000 | 0.30211 |
| 4 | 0.68301 | 1.46410 | 3.16987 | 4.64100 | 0.21547 |
| 5 | 0.62092 | 1.61051 | 3.79079 | 6.10510 | 0.16380 |
| 6 | 0.56447 | 1.77156 | 4.35526 | 7.71561 | 0.12961 |
| 7 | 0.51316 | 1.94872 | 4.86842 | 9.48717 | 0.10541 |
| 8 | 0.46651 | 2.14359 | 5.33493 | 11.43589 | 0.08744 |
| 9 | 0.42410 | 2.35795 | 5.75902 | 13.57948 | 0.07364 |
| 10 | 0.38554 | 2.59374 | 6.14457 | 15.93742 | 0.06275 |
| 11 | 0.35049 | 2.85312 | 6.49506 | 18.53117 | 0.05396 |
| 12 | 0.31863 | 3.13843 | 6.81369 | 21.38428 | 0.04676 |
| 13 | 0.28966 | 3.45227 | 7.10336 | 24.52271 | 0.04078 |
| 14 | 0.26333 | 3.79750 | 7.36669 | 27.97498 | 0.03575 |
| 15 | 0.23939 | 4.17725 | 7.60608 | 31.77248 | 0.03147 |
| 16 | 0.21763 | 4.59497 | 7.82371 | 35.94973 | 0.02782 |
| 17 | 0.19784 | 5.05447 | 8.02155 | 40.54470 | 0.02466 |
| 18 | 0.17986 | 5.55992 | 8.20141 | 45.59917 | 0.02193 |
| 19 | 0.16351 | 6.11591 | 8.36492 | 51.15909 | 0.01955 |
| 20 | 0.14864 | 6.72750 | 8.51356 | 57.27500 | 0.01746 |
| 21 | 0.13513 | 7.40025 | 8.64869 | 64.00250 | 0.01562 |
| 22 | 0.12285 | 8.14027 | 8.77154 | 71.40275 | 0.01401 |
| 23 | 0.11168 | 8.95430 | 8.88322 | 79.54302 | 0.01257 |
| 24 | 0.10153 | 9.84973 | 8.98474 | 88.49733 | 0.01130 |
| 25 | 0.09230 | 10.83471 | 9.07704 | 98.34706 | 0.01017 |
| 26 | 0.08391 | 11.91818 | 9.16095 | 109.18177 | 0.00916 |
| 27 | 0.07628 | 13.10999 | 9.23722 | 121.09994 | 0.00826 |

$i$=10%

| $n$ | $v^n$ | $(1+i)^n$ | $a_{\overline{n}|}$ | $s_{\overline{n}|}$ | $1/s_{\overline{n}|}$ |
|---|---|---|---|---|---|
| 28 | 0.06934 | 14.42099 | 9.30657 | 134.20994 | 0.00745 |
| 29 | 0.06304 | 15.86309 | 9.36961 | 148.63093 | 0.00673 |
| 30 | 0.05731 | 17.44940 | 9.42691 | 164.49402 | 0.00608 |
| 31 | 0.05210 | 19.19434 | 9.47901 | 181.94342 | 0.00550 |
| 32 | 0.04736 | 21.11378 | 9.52638 | 201.13777 | 0.00497 |
| 33 | 0.04306 | 23.22515 | 9.56943 | 222.25154 | 0.00450 |
| 34 | 0.03914 | 25.54767 | 9.60857 | 245.47670 | 0.00407 |
| 35 | 0.03558 | 28.10244 | 9.64416 | 271.02437 | 0.00369 |
| 36 | 0.03235 | 30.91268 | 9.67651 | 299.12681 | 0.00334 |
| 37 | 0.02941 | 34.00395 | 9.70592 | 330.03949 | 0.00303 |
| 38 | 0.02673 | 37.40434 | 9.73265 | 364.04343 | 0.00275 |
| 39 | 0.02430 | 41.14478 | 9.75696 | 401.44778 | 0.00249 |
| 40 | 0.02209 | 45.25926 | 9.77905 | 442.59256 | 0.00226 |
| 41 | 0.02009 | 49.78518 | 9.79914 | 487.85181 | 0.00205 |
| 42 | 0.01826 | 54.76370 | 9.81740 | 537.63699 | 0.00186 |
| 43 | 0.01660 | 60.24007 | 9.83400 | 592.40069 | 0.00169 |
| 44 | 0.01509 | 66.26408 | 9.84909 | 652.64076 | 0.00153 |
| 45 | 0.01372 | 72.89048 | 9.86281 | 718.90484 | 0.00139 |
| 46 | 0.01247 | 80.17953 | 9.87528 | 791.79532 | 0.00126 |
| 47 | 0.01134 | 88.19749 | 9.88662 | 871.97485 | 0.00115 |
| 48 | 0.01031 | 97.01723 | 9.89693 | 960.17234 | 0.00104 |
| 49 | 0.00937 | 106.71896 | 9.90630 | 1057.18957 | 0.00095 |
| 50 | 0.00852 | 117.39085 | 9.91481 | 1163.90853 | 0.00086 |

$i=12\%$

| $n$ | $v^n$ | $(1+i)^n$ | $a_{\overline{n}|}$ | $s_{\overline{n}|}$ | $1/s_{\overline{n}|}$ |
|---|---|---|---|---|---|
| 1 | 0.89286 | 1.12000 | 0.89286 | 1.00000 | 1.00000 |
| 2 | 0.79719 | 1.25440 | 1.69005 | 2.12000 | 0.47170 |
| 3 | 0.71178 | 1.40493 | 2.40183 | 3.37440 | 0.29635 |
| 4 | 0.63552 | 1.57352 | 3.03735 | 4.77933 | 0.20923 |
| 5 | 0.56743 | 1.76234 | 3.60478 | 6.35285 | 0.15741 |
| 6 | 0.50663 | 1.97382 | 4.11141 | 8.11519 | 0.12323 |
| 7 | 0.45235 | 2.21068 | 4.56376 | 10.08901 | 0.09912 |
| 8 | 0.40388 | 2.47596 | 4.96764 | 12.29969 | 0.08130 |
| 9 | 0.36061 | 2.77308 | 5.32825 | 14.77566 | 0.06768 |
| 10 | 0.32197 | 3.10585 | 5.65022 | 17.54874 | 0.05698 |
| 11 | 0.28748 | 3.47855 | 5.93770 | 20.65458 | 0.04842 |
| 12 | 0.25668 | 3.89598 | 6.19437 | 24.13313 | 0.04144 |
| 13 | 0.22917 | 4.36349 | 6.42355 | 28.02911 | 0.03568 |
| 14 | 0.20462 | 4.88711 | 6.62817 | 32.39260 | 0.03087 |
| 15 | 0.18270 | 5.47357 | 6.81086 | 37.27971 | 0.02682 |
| 16 | 0.16312 | 6.13039 | 6.97399 | 42.75328 | 0.02339 |
| 17 | 0.14564 | 6.86604 | 7.11963 | 48.88367 | 0.02046 |
| 18 | 0.13004 | 7.68997 | 7.24967 | 55.74971 | 0.01794 |
| 19 | 0.11611 | 8.61276 | 7.36578 | 63.43968 | 0.01576 |
| 20 | 0.10367 | 9.64629 | 7.46944 | 72.05244 | 0.01388 |
| 21 | 0.09256 | 10.80385 | 7.56200 | 81.69874 | 0.01224 |
| 22 | 0.08264 | 12.10031 | 7.64465 | 92.50258 | 0.01081 |
| 23 | 0.07379 | 13.55235 | 7.71843 | 104.60289 | 0.00956 |
| 24 | 0.06588 | 15.17863 | 7.78432 | 118.15524 | 0.00846 |
| 25 | 0.05882 | 17.00006 | 7.84314 | 133.33387 | 0.00750 |
| 26 | 0.05252 | 19.04007 | 7.89566 | 150.33393 | 0.00665 |
| 27 | 0.04689 | 21.32488 | 7.94255 | 169.37401 | 0.00590 |

$i=12\%$

| $n$ | $v^n$ | $(1+i)^n$ | $a_{\overline{n}|}$ | $s_{\overline{n}|}$ | $1/s_{\overline{n}|}$ |
|---|---|---|---|---|---|
| 28 | 0.04187 | 23.88387 | 7.98442 | 190.69889 | 0.00524 |
| 29 | 0.03738 | 26.74993 | 8.02181 | 214.58275 | 0.00466 |
| 30 | 0.03338 | 29.95992 | 8.05518 | 241.33268 | 0.00414 |
| 31 | 0.02980 | 33.55511 | 8.08499 | 271.29261 | 0.00369 |
| 32 | 0.02661 | 37.58173 | 8.11159 | 304.84772 | 0.00328 |
| 33 | 0.02376 | 42.09153 | 8.13535 | 342.42945 | 0.00292 |
| 34 | 0.02121 | 47.14252 | 8.15656 | 384.52098 | 0.00260 |
| 35 | 0.01894 | 52.79962 | 8.17550 | 431.66350 | 0.00232 |
| 36 | 0.01691 | 59.13557 | 8.19241 | 484.46312 | 0.00206 |
| 37 | 0.01510 | 66.23184 | 8.20751 | 543.59869 | 0.00184 |
| 38 | 0.01348 | 74.17966 | 8.22099 | 609.83053 | 0.00164 |
| 39 | 0.01204 | 83.08122 | 8.23303 | 684.01020 | 0.00146 |
| 40 | 0.01075 | 93.05097 | 8.24378 | 767.09142 | 0.00130 |
| 41 | 0.00960 | 104.21709 | 8.25337 | 860.14239 | 0.00116 |
| 42 | 0.00857 | 116.72314 | 8.26194 | 964.35948 | 0.00104 |
| 43 | 0.00765 | 130.72991 | 8.26959 | 1081.08262 | 0.00092 |
| 44 | 0.00683 | 146.41750 | 8.27642 | 1211.81253 | 0.00083 |
| 45 | 0.00610 | 163.98760 | 8.28252 | 1358.23003 | 0.00074 |
| 46 | 0.00544 | 183.66612 | 8.28796 | 1522.21764 | 0.00066 |
| 47 | 0.00486 | 205.70605 | 8.29282 | 1705.88375 | 0.00059 |
| 48 | 0.00434 | 230.39078 | 8.29716 | 1911.58980 | 0.00052 |
| 49 | 0.00388 | 258.03767 | 8.30104 | 2141.98058 | 0.00047 |
| 50 | 0.00346 | 289.00219 | 8.30450 | 2400.01825 | 0.00042 |

# 附录四 日期序数表

| 日期 | 一月 | 二月 | 三月 | 四月 | 五月 | 六月 | 七月 | 八月 | 九月 | 十月 | 十一月 | 十二月 |
|---|---|---|---|---|---|---|---|---|---|---|---|---|
| 1号 | 1 | 32 | 60 | 91 | 121 | 152 | 182 | 213 | 244 | 274 | 305 | 335 |
| 2号 | 2 | 33 | 61 | 92 | 122 | 153 | 183 | 214 | 245 | 275 | 306 | 336 |
| 3号 | 3 | 34 | 62 | 93 | 123 | 154 | 184 | 215 | 246 | 276 | 307 | 337 |
| 4号 | 4 | 35 | 63 | 94 | 124 | 155 | 185 | 216 | 247 | 277 | 308 | 338 |
| 5号 | 5 | 36 | 64 | 95 | 125 | 156 | 186 | 217 | 248 | 278 | 309 | 339 |
| 6号 | 6 | 37 | 65 | 96 | 126 | 157 | 187 | 218 | 249 | 279 | 310 | 340 |
| 7号 | 7 | 38 | 66 | 97 | 127 | 158 | 188 | 219 | 250 | 280 | 311 | 341 |
| 8号 | 8 | 39 | 67 | 98 | 128 | 159 | 189 | 220 | 251 | 281 | 312 | 342 |
| 9号 | 9 | 40 | 68 | 99 | 129 | 160 | 190 | 221 | 252 | 282 | 313 | 343 |
| 10号 | 10 | 41 | 69 | 100 | 130 | 161 | 191 | 222 | 253 | 283 | 314 | 344 |
| 11号 | 11 | 42 | 70 | 101 | 131 | 162 | 192 | 223 | 254 | 284 | 315 | 345 |
| 12号 | 12 | 43 | 71 | 102 | 132 | 163 | 193 | 224 | 255 | 285 | 316 | 346 |
| 13号 | 13 | 44 | 72 | 103 | 133 | 164 | 194 | 225 | 256 | 286 | 317 | 347 |
| 14号 | 14 | 45 | 73 | 104 | 134 | 165 | 195 | 226 | 257 | 287 | 318 | 348 |
| 15号 | 15 | 46 | 74 | 105 | 135 | 166 | 196 | 227 | 258 | 288 | 319 | 349 |
| 16号 | 16 | 47 | 75 | 106 | 136 | 167 | 197 | 228 | 259 | 289 | 320 | 350 |
| 17号 | 17 | 48 | 76 | 107 | 137 | 168 | 198 | 229 | 260 | 290 | 321 | 351 |
| 18号 | 18 | 49 | 77 | 108 | 138 | 169 | 199 | 230 | 261 | 291 | 322 | 352 |
| 19号 | 19 | 50 | 78 | 109 | 139 | 170 | 200 | 231 | 262 | 292 | 323 | 353 |

续表

| 日期 | 一月 | 二月 | 三月 | 四月 | 五月 | 六月 | 七月 | 八月 | 九月 | 十月 | 十一月 | 十二月 |
|---|---|---|---|---|---|---|---|---|---|---|---|---|
| 20号 | 20 | 51 | 79 | 110 | 140 | 171 | 201 | 232 | 263 | 293 | 324 | 354 |
| 21号 | 21 | 52 | 80 | 111 | 141 | 172 | 202 | 233 | 264 | 294 | 325 | 355 |
| 22号 | 22 | 53 | 81 | 112 | 142 | 173 | 203 | 234 | 265 | 295 | 326 | 356 |
| 23号 | 23 | 54 | 82 | 113 | 143 | 174 | 204 | 235 | 266 | 296 | 327 | 357 |
| 24号 | 24 | 55 | 83 | 114 | 144 | 175 | 205 | 236 | 267 | 297 | 328 | 358 |
| 25号 | 25 | 56 | 84 | 115 | 145 | 176 | 206 | 237 | 268 | 298 | 329 | 359 |
| 26号 | 26 | 57 | 85 | 116 | 146 | 177 | 207 | 238 | 269 | 299 | 330 | 360 |
| 27号 | 27 | 58 | 86 | 117 | 147 | 178 | 208 | 239 | 270 | 300 | 331 | 361 |
| 28号 | 28 | 59 | 87 | 118 | 148 | 179 | 209 | 240 | 271 | 301 | 332 | 362 |
| 29号 | 29 |  | 88 | 119 | 149 | 180 | 210 | 241 | 272 | 302 | 333 | 363 |
| 30号 | 30 |  | 89 | 120 | 150 | 181 | 211 | 242 | 273 | 303 | 334 | 364 |
| 31号 | 31 |  | 90 |  | 151 |  | 212 | 243 |  | 304 |  | 365 |

说明：对于闰年，因为有2月29日，2月29日对应数字60，2月28日以后对应的数字加1。

# 附录五 分期偿还表

**表一** 20万元住房抵押贷款，年利率为6.5%，按月等额还款，20年期

| 月份 | 本金 | 利息 | 余额 | 月份 | 本金 | 利息 | 余额 |
|---|---|---|---|---|---|---|---|
| 0 | | | 200000 | 40 | 503.45 | 987.69 | 181840.09 |
| 1 | 407.81 | 1083.33 | 199592.19 | 41 | 506.18 | 984.97 | 181333.91 |
| 2 | 410.02 | 1081.12 | 199182.17 | 42 | 508.92 | 982.23 | 180824.99 |
| 3 | 412.24 | 1078.90 | 198769.92 | 43 | 511.68 | 979.47 | 180313.32 |
| 4 | 414.48 | 1076.67 | 198355.45 | 44 | 514.45 | 976.70 | 179798.87 |
| 5 | 416.72 | 1074.43 | 197938.73 | 45 | 517.24 | 973.91 | 179281.63 |
| 6 | 418.98 | 1072.17 | 197519.75 | 46 | 520.04 | 971.11 | 178761.59 |
| 7 | 421.25 | 1069.90 | 197098.50 | 47 | 522.85 | 968.29 | 178238.74 |
| 8 | 423.53 | 1067.62 | 196674.97 | 48 | 525.69 | 965.46 | 177713.05 |
| 9 | 425.82 | 1065.32 | 196249.15 | 49 | 528.53 | 962.61 | 177184.52 |
| 10 | 428.13 | 1063.02 | 195821.02 | 50 | 531.40 | 959.75 | 176653.12 |
| 11 | 430.45 | 1060.70 | 195390.57 | 51 | 534.28 | 956.87 | 176118.85 |
| 12 | 432.78 | 1058.37 | 194957.79 | 52 | 537.17 | 953.98 | 175581.68 |
| 13 | 435.12 | 1056.02 | 194522.66 | 53 | 540.08 | 951.07 | 175041.60 |
| 14 | 437.48 | 1053.66 | 194085.18 | 54 | 543.00 | 948.14 | 174498.59 |
| 15 | 439.85 | 1051.29 | 193645.33 | 55 | 545.95 | 945.20 | 173952.65 |
| 16 | 442.23 | 1048.91 | 193203.09 | 56 | 548.90 | 942.24 | 173403.75 |
| 17 | 444.63 | 1046.52 | 192758.46 | 57 | 551.88 | 939.27 | 172851.87 |
| 18 | 447.04 | 1044.11 | 192311.43 | 58 | 554.87 | 936.28 | 172297.01 |
| 19 | 449.46 | 1041.69 | 191861.97 | 59 | 557.87 | 933.28 | 171739.13 |
| 20 | 451.89 | 1039.25 | 191410.07 | 60 | 560.89 | 930.25 | 171178.24 |
| 21 | 454.34 | 1036.80 | 190955.73 | 61 | 563.93 | 927.22 | 170614.31 |
| 22 | 456.80 | 1034.34 | 190498.93 | 62 | 566.99 | 924.16 | 170047.33 |
| 23 | 459.28 | 1031.87 | 190039.65 | 63 | 570.06 | 921.09 | 169477.27 |
| 24 | 461.76 | 1029.38 | 189577.89 | 64 | 573.14 | 918.00 | 168904.12 |
| 25 | 464.27 | 1026.88 | 189113.62 | 65 | 576.25 | 914.90 | 168327.88 |
| 26 | 466.78 | 1024.37 | 188646.84 | 66 | 579.37 | 911.78 | 167748.51 |
| 27 | 469.31 | 1021.84 | 188177.53 | 67 | 582.51 | 908.64 | 167166.00 |
| 28 | 471.85 | 1019.29 | 187705.68 | 68 | 585.66 | 905.48 | 166580.33 |
| 29 | 474.41 | 1016.74 | 187231.27 | 69 | 588.84 | 902.31 | 165991.50 |
| 30 | 476.98 | 1014.17 | 186754.30 | 70 | 592.03 | 899.12 | 165399.47 |
| 31 | 479.56 | 1011.59 | 186274.74 | 71 | 595.23 | 895.91 | 164804.24 |
| 32 | 482.16 | 1008.99 | 185792.58 | 72 | 598.46 | 892.69 | 164205.78 |
| 33 | 484.77 | 1006.38 | 185307.81 | 73 | 601.70 | 889.45 | 163604.08 |
| 34 | 487.40 | 1003.75 | 184820.41 | 74 | 604.96 | 886.19 | 162999.13 |
| 35 | 490.04 | 1001.11 | 184330.38 | 75 | 608.23 | 882.91 | 162390.89 |
| 36 | 492.69 | 998.46 | 183837.69 | 76 | 611.53 | 879.62 | 161779.36 |
| 37 | 495.36 | 995.79 | 183342.33 | 77 | 614.84 | 876.30 | 161164.52 |
| 38 | 498.04 | 993.10 | 182844.29 | 78 | 618.17 | 872.97 | 160546.35 |
| 39 | 500.74 | 990.41 | 182343.55 | 79 | 621.52 | 869.63 | 159924.83 |

| 月份 | 本金 | 利息 | 余额 | 月份 | 本金 | 利息 | 余额 |
|---|---|---|---|---|---|---|---|
| 80 | 624.89 | 866.26 | 159299.94 | 121 | 779.81 | 711.33 | 130543.20 |
| 81 | 628.27 | 862.87 | 158671.67 | 122 | 784.04 | 707.11 | 129759.16 |
| 82 | 631.67 | 859.47 | 158040.00 | 123 | 788.28 | 702.86 | 128970.88 |
| 83 | 635.10 | 856.05 | 157404.90 | 124 | 792.55 | 698.59 | 128178.33 |
| 84 | 638.54 | 852.61 | 156766.36 | 125 | 796.85 | 694.30 | 127381.48 |
| 85 | 642.00 | 849.15 | 156124.37 | 126 | 801.16 | 689.98 | 126580.32 |
| 86 | 645.47 | 845.67 | 155478.90 | 127 | 805.50 | 685.64 | 125774.81 |
| 87 | 648.97 | 842.18 | 154829.93 | 128 | 809.87 | 681.28 | 124964.95 |
| 88 | 652.48 | 838.66 | 154177.44 | 129 | 814.25 | 676.89 | 124150.69 |
| 89 | 656.02 | 835.13 | 153521.42 | 130 | 818.66 | 672.48 | 123332.03 |
| 90 | 659.57 | 831.57 | 152861.85 | 131 | 823.10 | 668.05 | 122508.93 |
| 91 | 663.14 | 828.00 | 152198.71 | 132 | 827.56 | 663.59 | 121681.38 |
| 92 | 666.74 | 824.41 | 151531.97 | 133 | 832.04 | 659.11 | 120849.34 |
| 93 | 670.35 | 820.80 | 150861.62 | 134 | 836.55 | 654.60 | 120012.79 |
| 94 | 673.98 | 817.17 | 150187.64 | 135 | 841.08 | 650.07 | 119171.72 |
| 95 | 677.63 | 813.52 | 149510.01 | 136 | 845.63 | 645.51 | 118326.08 |
| 96 | 681.30 | 809.85 | 148828.71 | 137 | 850.21 | 640.93 | 117475.87 |
| 97 | 684.99 | 806.16 | 148143.72 | 138 | 854.82 | 636.33 | 116621.05 |
| 98 | 688.70 | 802.45 | 147455.02 | 139 | 859.45 | 631.70 | 115761.60 |
| 99 | 692.43 | 798.71 | 146762.59 | 140 | 864.10 | 627.04 | 114897.50 |
| 100 | 696.18 | 794.96 | 146066.41 | 141 | 868.78 | 622.36 | 114028.71 |
| 101 | 699.95 | 791.19 | 145366.46 | 142 | 873.49 | 617.66 | 113155.22 |
| 102 | 703.74 | 787.40 | 144662.71 | 143 | 878.22 | 612.92 | 112277.00 |
| 103 | 707.56 | 783.59 | 143955.15 | 144 | 882.98 | 608.17 | 111394.02 |
| 104 | 711.39 | 779.76 | 143243.76 | 145 | 887.76 | 603.38 | 110506.26 |
| 105 | 715.24 | 775.90 | 142528.52 | 146 | 892.57 | 598.58 | 109613.69 |
| 106 | 719.12 | 772.03 | 141809.41 | 147 | 897.41 | 593.74 | 108716.28 |
| 107 | 723.01 | 768.13 | 141086.39 | 148 | 902.27 | 588.88 | 107814.02 |
| 108 | 726.93 | 764.22 | 140359.47 | 149 | 907.15 | 583.99 | 106906.86 |
| 109 | 730.87 | 760.28 | 139628.60 | 150 | 912.07 | 579.08 | 105994.79 |
| 110 | 734.82 | 756.32 | 138893.77 | 151 | 917.01 | 574.14 | 105077.79 |
| 111 | 738.80 | 752.34 | 138154.97 | 152 | 921.97 | 569.17 | 104155.81 |
| 112 | 742.81 | 748.34 | 137412.16 | 153 | 926.97 | 564.18 | 103228.84 |
| 113 | 746.83 | 744.32 | 136665.33 | 154 | 931.99 | 559.16 | 102296.85 |
| 114 | 750.88 | 740.27 | 135914.46 | 155 | 937.04 | 554.11 | 101359.81 |
| 115 | 754.94 | 736.20 | 135159.51 | 156 | 942.11 | 549.03 | 100417.70 |
| 116 | 759.03 | 732.11 | 134400.48 | 157 | 947.22 | 543.93 | 99470.48 |
| 117 | 763.14 | 728.00 | 133637.34 | 158 | 952.35 | 538.80 | 98518.14 |
| 118 | 767.28 | 723.87 | 132870.06 | 159 | 957.51 | 533.64 | 97560.63 |
| 119 | 771.43 | 719.71 | 132098.63 | 160 | 962.69 | 528.45 | 96597.94 |
| 120 | 775.61 | 715.53 | 131323.01 | 161 | 967.91 | 523.24 | 95630.03 |

## 附录五 分期偿还表

| 月份 | 本金 | 利息 | 余额 | 月份 | 本金 | 利息 | 余额 |
|---|---|---|---|---|---|---|---|
| 162 | 973.15 | 518.00 | 94656.88 | 202 | 1207.88 | 283.27 | 51087.78 |
| 163 | 978.42 | 512.72 | 93678.46 | 203 | 1214.42 | 276.73 | 49873.36 |
| 164 | 983.72 | 507.42 | 92694.74 | 204 | 1221.00 | 270.15 | 48652.36 |
| 165 | 989.05 | 502.10 | 91705.69 | 205 | 1227.61 | 263.53 | 47424.75 |
| 166 | 994.41 | 496.74 | 90711.28 | 206 | 1234.26 | 256.88 | 46190.48 |
| 167 | 999.79 | 491.35 | 89711.49 | 207 | 1240.95 | 250.20 | 44949.54 |
| 168 | 1005.21 | 485.94 | 88706.28 | 208 | 1247.67 | 243.48 | 43701.87 |
| 169 | 1010.65 | 480.49 | 87695.62 | 209 | 1254.43 | 236.72 | 42447.44 |
| 170 | 1016.13 | 475.02 | 86679.49 | 210 | 1261.22 | 229.92 | 41186.22 |
| 171 | 1021.63 | 469.51 | 85657.86 | 211 | 1268.05 | 223.09 | 39918.16 |
| 172 | 1027.17 | 463.98 | 84630.70 | 212 | 1274.92 | 216.22 | 38643.24 |
| 173 | 1032.73 | 458.42 | 83597.97 | 213 | 1281.83 | 209.32 | 37361.41 |
| 174 | 1038.32 | 452.82 | 82559.64 | 214 | 1288.77 | 202.37 | 36072.64 |
| 175 | 1043.95 | 447.20 | 81515.69 | 215 | 1295.75 | 195.39 | 34776.88 |
| 176 | 1049.60 | 441.54 | 80466.09 | 216 | 1302.77 | 188.37 | 33474.11 |
| 177 | 1055.29 | 435.86 | 79410.80 | 217 | 1309.83 | 181.32 | 32164.29 |
| 178 | 1061.00 | 430.14 | 78349.80 | 218 | 1316.92 | 174.22 | 30847.36 |
| 179 | 1066.75 | 424.39 | 77283.05 | 219 | 1324.06 | 167.09 | 29523.31 |
| 180 | 1072.53 | 418.62 | 76210.52 | 220 | 1331.23 | 159.92 | 28192.08 |
| 181 | 1078.34 | 412.81 | 75132.18 | 221 | 1338.44 | 152.71 | 26853.64 |
| 182 | 1084.18 | 406.97 | 74048.00 | 222 | 1345.69 | 145.46 | 25507.95 |
| 183 | 1090.05 | 401.09 | 72957.94 | 223 | 1352.98 | 138.17 | 24154.97 |
| 184 | 1095.96 | 395.19 | 71861.99 | 224 | 1360.31 | 130.84 | 22794.66 |
| 185 | 1101.89 | 389.25 | 70760.09 | 225 | 1367.68 | 123.47 | 21426.99 |
| 186 | 1107.86 | 383.28 | 69652.23 | 226 | 1375.08 | 116.06 | 20051.91 |
| 187 | 1113.86 | 377.28 | 68538.37 | 227 | 1382.53 | 108.61 | 18669.37 |
| 188 | 1119.90 | 371.25 | 67418.47 | 228 | 1390.02 | 101.13 | 17279.35 |
| 189 | 1125.96 | 365.18 | 66292.51 | 229 | 1397.55 | 93.60 | 15881.80 |
| 190 | 1132.06 | 359.08 | 65160.45 | 230 | 1405.12 | 86.03 | 14476.68 |
| 191 | 1138.19 | 352.95 | 64022.25 | 231 | 1412.73 | 78.42 | 13063.95 |
| 192 | 1144.36 | 346.79 | 62877.89 | 232 | 1420.38 | 70.76 | 11643.57 |
| 193 | 1150.56 | 340.59 | 61727.34 | 233 | 1428.08 | 63.07 | 10215.49 |
| 194 | 1156.79 | 334.36 | 60570.55 | 234 | 1435.81 | 55.33 | 8779.68 |
| 195 | 1163.06 | 328.09 | 59407.49 | 235 | 1443.59 | 47.56 | 7336.09 |
| 196 | 1169.36 | 321.79 | 58238.13 | 236 | 1451.41 | 39.74 | 5884.68 |
| 197 | 1175.69 | 315.46 | 57062.44 | 237 | 1459.27 | 31.88 | 4425.41 |
| 198 | 1182.06 | 309.09 | 55880.39 | 238 | 1467.18 | 23.97 | 2958.24 |
| 199 | 1188.46 | 302.69 | 54691.93 | 239 | 1475.12 | 16.02 | 1483.11 |
| 200 | 1194.90 | 296.25 | 53497.03 | 240 | 1483.11 | 8.03 | 0.00 |
| 201 | 1201.37 | 289.78 | 52295.66 | 总计 | 200000 | 157875.11 | |

**表二　20万元住房抵押贷款，年利率为 6.5%，按月等额本金还款，20 年期**

| 月份 | 本金 | 利息 | 余额 | 月份 | 本金 | 利息 | 余额 |
|---|---|---|---|---|---|---|---|
| 0 | | | 200000 | 41 | 833.33 | 902.78 | 165833.33 |
| 1 | 833.33 | 1083.33 | 199166.67 | 42 | 833.33 | 898.26 | 165000.00 |
| 2 | 833.33 | 1078.82 | 198333.33 | 43 | 833.33 | 893.75 | 164166.67 |
| 3 | 833.33 | 1074.31 | 197500.00 | 44 | 833.33 | 889.24 | 163333.33 |
| 4 | 833.33 | 1069.79 | 196666.67 | 45 | 833.33 | 884.72 | 162500.00 |
| 5 | 833.33 | 1065.28 | 195833.33 | 46 | 833.33 | 880.21 | 161666.67 |
| 6 | 833.33 | 1060.76 | 195000.00 | 47 | 833.33 | 875.69 | 160833.33 |
| 7 | 833.33 | 1056.25 | 194166.67 | 48 | 833.33 | 871.18 | 160000.00 |
| 8 | 833.33 | 1051.74 | 193333.33 | 49 | 833.33 | 866.67 | 159166.67 |
| 9 | 833.33 | 1047.22 | 192500.00 | 50 | 833.33 | 862.15 | 158333.33 |
| 10 | 833.33 | 1042.71 | 191666.67 | 51 | 833.33 | 857.64 | 157500.00 |
| 11 | 833.33 | 1038.19 | 190833.33 | 52 | 833.33 | 853.12 | 156666.67 |
| 12 | 833.33 | 1033.68 | 190000.00 | 53 | 833.33 | 848.61 | 155833.33 |
| 13 | 833.33 | 1029.17 | 189166.67 | 54 | 833.33 | 844.10 | 155000.00 |
| 14 | 833.33 | 1024.65 | 188333.33 | 55 | 833.33 | 839.58 | 154166.67 |
| 15 | 833.33 | 1020.14 | 187500.00 | 56 | 833.33 | 835.07 | 153333.33 |
| 16 | 833.33 | 1015.63 | 186666.67 | 57 | 833.33 | 830.56 | 152500.00 |
| 17 | 833.33 | 1011.11 | 185833.33 | 58 | 833.33 | 826.04 | 151666.67 |
| 18 | 833.33 | 1006.60 | 185000.00 | 59 | 833.33 | 821.53 | 150833.33 |
| 19 | 833.33 | 1002.08 | 184166.67 | 60 | 833.33 | 817.01 | 150000.00 |
| 20 | 833.33 | 997.57 | 183333.33 | 61 | 833.33 | 812.50 | 149166.67 |
| 21 | 833.33 | 993.06 | 182500.00 | 62 | 833.33 | 807.99 | 148333.33 |
| 22 | 833.33 | 988.54 | 181666.67 | 63 | 833.33 | 803.47 | 147500.00 |
| 23 | 833.33 | 984.03 | 180833.33 | 64 | 833.33 | 798.96 | 146666.67 |
| 24 | 833.33 | 979.51 | 180000.00 | 65 | 833.33 | 794.44 | 145833.33 |
| 25 | 833.33 | 975.00 | 179166.67 | 66 | 833.33 | 789.93 | 145000.00 |
| 26 | 833.33 | 970.49 | 178333.33 | 67 | 833.33 | 785.42 | 144166.67 |
| 27 | 833.33 | 965.97 | 177500.00 | 68 | 833.33 | 780.90 | 143333.33 |
| 28 | 833.33 | 961.46 | 176666.67 | 69 | 833.33 | 776.39 | 142500.00 |
| 29 | 833.33 | 956.94 | 175833.33 | 70 | 833.33 | 771.87 | 141666.67 |
| 30 | 833.33 | 952.43 | 175000.00 | 71 | 833.33 | 767.36 | 140833.33 |
| 31 | 833.33 | 947.92 | 174166.67 | 72 | 833.33 | 762.85 | 140000.00 |
| 32 | 833.33 | 943.40 | 173333.33 | 73 | 833.33 | 758.33 | 139166.67 |
| 33 | 833.33 | 938.89 | 172500.00 | 74 | 833.33 | 753.82 | 138333.33 |
| 34 | 833.33 | 934.37 | 171666.67 | 75 | 833.33 | 749.31 | 137500.00 |
| 35 | 833.33 | 929.86 | 170833.33 | 76 | 833.33 | 744.79 | 136666.67 |
| 36 | 833.33 | 925.35 | 170000.00 | 77 | 833.33 | 740.28 | 135833.33 |
| 37 | 833.33 | 920.83 | 169166.67 | 78 | 833.33 | 735.76 | 135000.00 |
| 38 | 833.33 | 916.32 | 168333.33 | 79 | 833.33 | 731.25 | 134166.67 |
| 39 | 833.33 | 911.81 | 167500.00 | 80 | 833.33 | 726.74 | 133333.33 |
| 40 | 833.33 | 907.29 | 166666.67 | 81 | 833.33 | 722.22 | 132500.00 |

## 附录五 分期偿还表

| 月份 | 本金 | 利息 | 余额 | 月份 | 本金 | 利息 | 余额 |
|---|---|---|---|---|---|---|---|
| 82 | 833.33 | 717.71 | 131666.67 | 124 | 833.33 | 528.12 | 96666.67 |
| 83 | 833.33 | 713.19 | 130833.33 | 125 | 833.33 | 523.61 | 95833.33 |
| 84 | 833.33 | 708.68 | 130000.00 | 126 | 833.33 | 519.10 | 95000.00 |
| 85 | 833.33 | 704.17 | 129166.67 | 127 | 833.33 | 514.58 | 94166.67 |
| 86 | 833.33 | 699.65 | 128333.33 | 128 | 833.33 | 510.07 | 93333.33 |
| 87 | 833.33 | 695.14 | 127500.00 | 129 | 833.33 | 505.56 | 92500.00 |
| 88 | 833.33 | 690.62 | 126666.67 | 130 | 833.33 | 501.04 | 91666.67 |
| 89 | 833.33 | 686.11 | 125833.33 | 131 | 833.33 | 496.53 | 90833.33 |
| 90 | 833.33 | 681.60 | 125000.00 | 132 | 833.33 | 492.01 | 90000.00 |
| 91 | 833.33 | 677.08 | 124166.67 | 133 | 833.33 | 487.50 | 89166.67 |
| 92 | 833.33 | 672.57 | 123333.33 | 134 | 833.33 | 482.99 | 88333.33 |
| 93 | 833.33 | 668.06 | 122500.00 | 135 | 833.33 | 478.47 | 87500.00 |
| 94 | 833.33 | 663.54 | 121666.67 | 136 | 833.33 | 473.96 | 86666.67 |
| 95 | 833.33 | 659.03 | 120833.33 | 137 | 833.33 | 469.44 | 85833.33 |
| 96 | 833.33 | 654.51 | 120000.00 | 138 | 833.33 | 464.93 | 85000.00 |
| 97 | 833.33 | 650.00 | 119166.67 | 139 | 833.33 | 460.42 | 84166.67 |
| 98 | 833.33 | 645.49 | 118333.33 | 140 | 833.33 | 455.90 | 83333.33 |
| 99 | 833.33 | 640.97 | 117500.00 | 141 | 833.33 | 451.39 | 82500.00 |
| 100 | 833.33 | 636.46 | 116666.67 | 142 | 833.33 | 446.87 | 81666.67 |
| 101 | 833.33 | 631.94 | 115833.33 | 143 | 833.33 | 442.36 | 80833.33 |
| 102 | 833.33 | 627.43 | 115000.00 | 144 | 833.33 | 437.85 | 80000.00 |
| 103 | 833.33 | 622.92 | 114166.67 | 145 | 833.33 | 433.33 | 79166.67 |
| 104 | 833.33 | 618.40 | 113333.33 | 146 | 833.33 | 428.82 | 78333.33 |
| 105 | 833.33 | 613.89 | 112500.00 | 147 | 833.33 | 424.31 | 77500.00 |
| 106 | 833.33 | 609.37 | 111666.67 | 148 | 833.33 | 419.79 | 76666.67 |
| 107 | 833.33 | 604.86 | 110833.33 | 149 | 833.33 | 415.28 | 75833.33 |
| 108 | 833.33 | 600.35 | 110000.00 | 150 | 833.33 | 410.76 | 75000.00 |
| 109 | 833.33 | 595.83 | 109166.67 | 151 | 833.33 | 406.25 | 74166.67 |
| 110 | 833.33 | 591.32 | 108333.33 | 152 | 833.33 | 401.74 | 73333.33 |
| 111 | 833.33 | 586.81 | 107500.00 | 153 | 833.33 | 397.22 | 72500.00 |
| 112 | 833.33 | 582.29 | 106666.67 | 154 | 833.33 | 392.71 | 71666.67 |
| 113 | 833.33 | 577.78 | 105833.33 | 155 | 833.33 | 388.19 | 70833.33 |
| 114 | 833.33 | 573.26 | 105000.00 | 156 | 833.33 | 383.68 | 70000.00 |
| 115 | 833.33 | 568.75 | 104166.67 | 157 | 833.33 | 379.17 | 69166.67 |
| 116 | 833.33 | 564.24 | 103333.33 | 158 | 833.33 | 374.65 | 68333.33 |
| 117 | 833.33 | 559.72 | 102500.00 | 159 | 833.33 | 370.14 | 67500.00 |
| 118 | 833.33 | 555.21 | 101666.67 | 160 | 833.33 | 365.62 | 66666.67 |
| 119 | 833.33 | 550.69 | 100833.33 | 161 | 833.33 | 361.11 | 65833.33 |
| 120 | 833.33 | 546.18 | 100000.00 | 162 | 833.33 | 356.60 | 65000.00 |
| 121 | 833.33 | 541.67 | 99166.67 | 163 | 833.33 | 352.08 | 64166.67 |
| 122 | 833.33 | 537.15 | 98333.33 | 164 | 833.33 | 347.57 | 63333.33 |
| 123 | 833.33 | 532.64 | 97500.00 | 165 | 833.33 | 343.06 | 62500.00 |

| 月份 | 本金 | 利息 | 余额 | 月份 | 本金 | 利息 | 余额 |
|---|---|---|---|---|---|---|---|
| 166 | 833.33 | 338.54 | 61666.67 | 204 | 833.33 | 167.01 | 30000.00 |
| 167 | 833.33 | 334.03 | 60833.33 | 205 | 833.33 | 162.50 | 29166.67 |
| 168 | 833.33 | 329.51 | 60000.00 | 206 | 833.33 | 157.99 | 28333.33 |
| 169 | 833.33 | 325.00 | 59166.67 | 207 | 833.33 | 153.47 | 27500.00 |
| 170 | 833.33 | 320.49 | 58333.33 | 208 | 833.33 | 148.96 | 26666.67 |
| 171 | 833.33 | 315.97 | 57500.00 | 209 | 833.33 | 144.44 | 25833.33 |
| 172 | 833.33 | 311.46 | 56666.67 | 210 | 833.33 | 139.93 | 25000.00 |
| 173 | 833.33 | 306.94 | 55833.33 | 211 | 833.33 | 135.42 | 24166.67 |
| 174 | 833.33 | 302.43 | 55000.00 | 212 | 833.33 | 130.90 | 23333.33 |
| 175 | 833.33 | 297.92 | 54166.67 | 213 | 833.33 | 126.39 | 22500.00 |
| 176 | 833.33 | 293.40 | 53333.33 | 214 | 833.33 | 121.87 | 21666.67 |
| 177 | 833.33 | 288.89 | 52500.00 | 215 | 833.33 | 117.36 | 20833.33 |
| 178 | 833.33 | 284.37 | 51666.67 | 216 | 833.33 | 112.85 | 20000.00 |
| 179 | 833.33 | 279.86 | 50833.33 | 217 | 833.33 | 108.33 | 19166.67 |
| 180 | 833.33 | 275.35 | 50000.00 | 218 | 833.33 | 103.82 | 18333.33 |
| 181 | 833.33 | 270.83 | 49166.67 | 219 | 833.33 | 99.31 | 17500.00 |
| 182 | 833.33 | 266.32 | 48333.33 | 220 | 833.33 | 94.79 | 16666.67 |
| 183 | 833.33 | 261.81 | 47500.00 | 221 | 833.33 | 90.28 | 15833.33 |
| 184 | 833.33 | 257.29 | 46666.67 | 222 | 833.33 | 85.76 | 15000.00 |
| 185 | 833.33 | 252.78 | 45833.33 | 223 | 833.33 | 81.25 | 14166.67 |
| 186 | 833.33 | 248.26 | 45000.00 | 224 | 833.33 | 76.74 | 13333.33 |
| 187 | 833.33 | 243.75 | 44166.67 | 225 | 833.33 | 72.22 | 12500.00 |
| 188 | 833.33 | 239.24 | 43333.33 | 226 | 833.33 | 67.71 | 11666.67 |
| 189 | 833.33 | 234.72 | 42500.00 | 227 | 833.33 | 63.19 | 10833.33 |
| 190 | 833.33 | 230.21 | 41666.67 | 228 | 833.33 | 58.68 | 10000.00 |
| 191 | 833.33 | 225.69 | 40833.33 | 229 | 833.33 | 54.17 | 9166.67 |
| 192 | 833.33 | 221.18 | 40000.00 | 230 | 833.33 | 49.65 | 8333.33 |
| 193 | 833.33 | 216.67 | 39166.67 | 231 | 833.33 | 45.14 | 7500.00 |
| 194 | 833.33 | 212.15 | 38333.33 | 232 | 833.33 | 40.62 | 6666.67 |
| 195 | 833.33 | 207.64 | 37500.00 | 233 | 833.33 | 36.11 | 5833.33 |
| 196 | 833.33 | 203.12 | 36666.67 | 234 | 833.33 | 31.60 | 5000.00 |
| 197 | 833.33 | 198.61 | 35833.33 | 235 | 833.33 | 27.08 | 4166.67 |
| 198 | 833.33 | 194.10 | 35000.00 | 236 | 833.33 | 22.57 | 3333.33 |
| 199 | 833.33 | 189.58 | 34166.67 | 237 | 833.33 | 18.06 | 2500.00 |
| 200 | 833.33 | 185.07 | 33333.33 | 238 | 833.33 | 13.54 | 1666.67 |
| 201 | 833.33 | 180.56 | 32500.00 | 239 | 833.33 | 9.03 | 833.33 |
| 202 | 833.33 | 176.04 | 31666.67 | 240 | 833.33 | 4.51 | 0.00 |
| 203 | 833.33 | 171.53 | 30833.33 | 总计 | 200000 | 130541.67 | |